青年学者文库

# 当代国际体系中的国际集体领导研究

周国荣 著

天津出版传媒集团

天津人民出版社

**图书在版编目(CIP)数据**

当代国际体系中的国际集体领导研究 / 周国荣著
. -- 天津:天津人民出版社, 2022.3
（青年学者文库）
ISBN 978-7-201-17776-2

Ⅰ.①当… Ⅱ.①周… Ⅲ.①国际政治—研究 Ⅳ.
①D5

中国版本图书馆 CIP 数据核字(2021)第 221132 号

# 当代国际体系中的国际集体领导研究
DANGDAI GUOJI TIXI ZHONG DE GUOJI JITI LINGDAO YANJIU

| | |
|---|---|
| 出　　版 | 天津人民出版社 |
| 出版人 | 刘　庆 |
| 地　　址 | 天津市和平区西康路35号康岳大厦 |
| 邮政编码 | 300051 |
| 邮购电话 | (022)23332469 |
| 电子信箱 | reader@tjrmcbs.com |

| | |
|---|---|
| 策划编辑 | 王　康 |
| 责任编辑 | 王　玎 |
| 封面设计 | 明轩文化·王　烨 |

| | |
|---|---|
| 印　　刷 | 天津新华印务有限公司 |
| 经　　销 | 新华书店 |
| 开　　本 | 710毫米×1000毫米 1/16 |
| 印　　张 | 22.5 |
| 插　　页 | 2 |
| 字　　数 | 290千字 |
| 版次印次 | 2022年3月第1版　2022年3月第1次印刷 |
| 定　　价 | 98.00元 |

# 前　言

　　当代国际体系中的国际集体领导现象可概括为三个或三个以上的国家引领其他国家实现共同任务目标的行动过程,其中,国际领导权共享和"引领-支持"关系构成评判国际集体领导的两大基本要件。多国共享国际领导权一方面意味着提供国际公共产品、动员协调他国行为的国际领导责任由多国分担,另一方面也蕴含着因"引领-支持"关系而来的国际领导权益由多国分享。在主权平等独立的国际舞台上,无论国际领导权共享还是"引领-支持"关系的构建,均需出现国家不得不如此行为的外在动力,促使领导国不仅愿意承担国际领导责任,而且愿意与他国共享国际领导权益;促使支持国甘愿舍弃部分行动自由,转而支持领导国的引领倡议。

　　自1648年现代国际体系诞生以来,国际关系长期处于多元权力中心状态,始终缺少如古罗马帝国、古中华帝国那般绝对主导当时国际体系的一元权力中心,即便是冷战后的唯一超级大国美国,其行动自由也小于二战结束初期。权力多极、权力承载主体多元(主权国家数目众多)、权力内容形态多样的国际体系权力多元三重事实背后,是国际舞台上集体行动难题的凸显,表现为参与集体行动报酬不合理、行动能力与行动意愿不匹配、调和行为主体认知差异难三个方面。当爆发波及多国利益且需多国协作来解决的跨国危机时,往往因国家间的相互猜忌、成本收益争执、"搭便车"现象,从而陷入议而不决、决而不干的行动僵局。解决国际集体行动难题,客观上需要某些能力优势国家发挥国际领导作用。不过承担国际领导责任的理性估算和国际领导权的竞逐特性,却决定了多国集体领导比一国国际领导更具合法性、可行性。

本书的目的不仅在于提出国际集体领导的一般概念及其对于当代国际体系的合理合法性,更希望在此基础上揭示国际集体领导何以实现的内在逻辑,即在什么样的情境下容易出现和遵循怎样的形成路径,前者聚焦于国际体系层次,后者聚焦于国家单元层次。本书认为,在爆发体系危机的多极权力情境中,以治理危机为目标的国际集体领导,阻力最小、最容易实现。理由一,因外在压力而来的多国协作紧迫性,既让领导国愿意承担并共享国际领导权责,也让支持国产生国际领导需求。理由二,领导国与支持国之间较大的权力差距,赋予前者更多能力去赢得后者支持,构建起"引领–支持"国际领导关系。通过与国际议题、国际制度、价值文化、行为体数目等其他竞争性因素的对比分析,本书进一步肯定了在权力多元国际体系情境中,体系危机之于国际集体领导从无到有的显著影响。

国际体系层次影响因素的厘清,只是指明了国际集体领导实现的较大可能情境,并不能保证国际集体领导就此一定出现,毕竟无论共享国际领导权还是支持他国的国际引领,归根结底皆是国家单元层次的行为。在国际领导权共享路径中,集体领导国首先通过"关注点趋同和妥协共识",初步取得国际领导权共享,之后通过"战略磋商和分歧管控",保证共享领导权的平稳运行和领导任务的完成。在"引领–支持"关系构建路径中,集体领导国一方面通过提出契合支持国利益、理念的领导方案,另一方面通过约束优势领导权、淡化等级/支配色彩、开放讨论议程等缓解支持国的担心和忧虑,赢得后者支持,将领导国的行动倡议转化为国际社会的行动共识。

体系危机的消退,意味着由治理危机而来的国际集体领导不得不正视之后的存续或解体,尽管避免体系危机再次爆发的目标使国际集体领导较大可能得以延续,但其延续却需解决外部压力消退后不断显现的国际领导权竞逐和"引领-支持"关系维系难题。就共享国际领导权而言,只有之前共同引领实践中培植起正向的集体情感和集体命运认同,厚植的战略互信才可能推动集体领导国未来继续共享领导权;倘若累积起负向集体情感,战略互疑将极有可能驱使集体领导国滑入对抗互动。就"引领-支持"关系而言,只有领导国集团相对支持国仍享有较大权力优势时,国际领导关系的维系方较容易。

案例部分,本书选取了1939—1947年期间美苏英重建国际秩序、20世纪70年代七国集团治理西方经济动荡、2008—2010年二十国集团应对全球金融危机三大国际集体领导现象。试图说明,第一,国际集体领导的实现有赖于各国行动关注点的趋近,而非宽泛的共同利益;随着体系危机的加剧,意向领导国由潜在共同利益迈向共同行动关注,国际领导权共享由此取得。第二,分歧管控的效果深刻影响着集体领导国共享领导权期间和之后的互动。第三,"引领-支持"关系的构建,不仅需要领导国提出足以吸引起支持国利益、理念的引领方案,也需在推广方案倡议时具备适宜的领导技能;权力差距越大,集体领导的封闭性越强,反之亦然,二十国集团的国际领导开放性、包容性均高于美苏英和七国集团。第四,经由共同引领危机治理而培植起的集体情感、集体命运认知,根源上决定着集体领导国在危机过后的互动形态,美苏英二战后国际领导权共享的失落,多半可归结为负向集体情感累积下相互行为的敌对解读;而国际体系权力格局朝向不利于传统领导国的变迁,则从根本上挑战了后者的国际领导能力,如2000年后七国集团国际领导力的式微。

21世纪,随着非西方国家、非国家行为体影响力的提升,国际体系权力多元分散愈加凸显,少数大国俱乐部型国际集体领导的能力、合法性饱受质疑,"最少多边"式集体领导主体扩容势在必行。然而在金融危机后,缺少集体身份命运认同的传统强国、新兴大国却被证明共享领导权遇阻不断,短期内较难弥合的关注点差异不仅引发国际领导权的竞逐,而且放大地缘政治冲突和权力转移结构矛盾。不满于领导国"特权"的缩减,美、欧等传统领导国或选择拒绝国际领导责任,或选择强化约束性制度领导——要求新兴领导国在西方主导的国际制度框架内行事。与此同时,新兴经济体、发展中国家对主权和权利的珍视,又使其无法完全认同美欧国际理念下的强约束型领导模式制度,更倾心于自主责任贡献。针对关注点差异下的领导赤字和治理非传统跨国问题的领导需求,本书提出调和这一两难的协进型国际集体领导。以"协作、共进、吸引、赋权"为基本内容的领导方式,既缓和了传统强国忧心国际领导权的旁落,也赋予了新兴大国承担国际领导责任的自由空间。在缺少体系危机集体领导和大国关注焦点相左的当下,注重关系治理的协进型国际集体领导或许更契合世界政治多样、基础互信不足的多国集体行动。

总而言之,本书立意探究当代国际舞台上的国际集体领导现象。围绕"国际集体领导的概念、合理性、影响因素和形成路径"四个问题,首先梳理出国际集体领导的概念内涵、外延和类型,进而指出多国集体领导在解决国际集体行动难题时相较一国国际领导的合理性。在此基础上,指出在权力多元的主权国际体系中,体系危机对国际集体领导实现的显著影响,以及之后的国际领导权共享和"引领-支持"关系形成路径,最终揭示国际集体领导的内在兴衰机理。

# 目录
## CONTENTS

# 第一章 当代国际舞台上的国际领导

全球热点问题的频发与国际社会对有效多边行动需求的呼吁，使得国际领导研究早已不在止步于要不要领导，而是聚焦于怎样领导及领导方式选择。国际领导的实现需要兼顾问题治理和他国支持，如打击恐怖主义、人道主义援助、减排温室气体、维护全球经济秩序稳定等，这些领域的多边治理行动很可能带来对传统国家主权的侵蚀。因此对国际领导认知不应仅局限于跨国问题的治理，更应顾及国际社会的支持或反对。无疑，供给全球或地区公共产品是观察国际领导的一项重要指标。2013年中国国家主席习近平提出的"一带一路"倡议代表了中国新时期作为负责任大国，助推世界经济持续增长的一次全球公共产品供给尝试，但"一带一路"建设推进之余，我们也看到区域或域外大国供给的其他类型的公共产品，如2014年印度提出的"季风计划"、2018年美国国务卿提出的"亚太新投资计划"等。中国提出的"建设相互尊重、公平正义、合作共赢的新型国际关系，共商共建共享全球治理观和构建人类命运共同体"等国际倡议，在引起国际社会广泛共鸣的同时，也饱受美国、日本、印度、澳大利亚等一些国家的动机质疑或恶意解读。因此，实现多国倡议或不同类型国际公共产品的对接互补而非彼此拆台，不仅有益于收获全球治理的最大效益，而且有助于缓和时下日渐凸显的大国分歧、大国竞争。本书希望通过对国际集体领导的系统分析研究，能够探索出化解不同国家/地区公共产品的恶性竞争之道，从而助力国家间从经济共赢到政治共赢，从地区经济发展、地区秩序安排上的共商共享到不同政治体制、社会文化间的相互尊重包容。

## 第一节　国际舞台上的"领导者"

对于个人为元单位的群体而言，领导并非一个陌生的词汇，在日常的政治、经济、社会活动中，我们会看到不同行业、各色各样的领导者，协调和引导着群体成员的集体行动，从一国政府的总统总理到一个公司企业的董事长总裁等，法国著名心理学者古斯塔夫·勒庞直言，领导和追随领导是人类的一种天性本能，领导者的作用就是在纷繁复杂环境中充当被领导者的引路人。[①]但当我们把视角调转到国家为组成单位的国际体系中来，人们对国际领导的认识则微妙的多，因为参照个人为单位的群体内领导角色、职能而言，不管我们如何强调领导者的公共服务属性，领导者与追随者之间总是存在着地位上的差异，前者往往收获为后者所艳羡的声望或特权，这在国际舞台上却非理所当然。在当代国际体系中，由主权独立而来的国家间法理平等，使得国家对超越其主权之上的权威格外敏感，国际领导极容易被怀疑为帝国或霸权的托词。亨利·基辛格（Henry Kissinger）在其著作《世界秩序》一书中将当代国际体系源头上溯至 17 世纪威斯特伐利亚和会及其确立的"主

---

① 〔法〕古斯塔夫·勒庞：《乌合之众：大众心理学研究》，冯克利译，中央编译出版社，2017 年，第 89~94 页。

权原则",与同一时期其他地区国际体系相比,行为体多元和主权有限成为初始国际体系最为显著的两大特征。①这也深刻映射出一个无奈的事实:历经三十年(1618—1648 年)冲突纷争后,当时欧陆国际体系内没有一个国家有能力将自身偏好秩序安排强加于整个国际体系,只好退而求其次为多元权力中心的相互妥协。1945 年之后的当代国际体系维持原先的延续了这一命题,据《世界知识年鉴》(2015/2016)统计数据显示,当今世界共有 230 个国家和地区,其中联合国会员国 193 个,②众多独立主权国家重叠上多个权力中心的一大负面效应便是多国集体行动的难题,中国学者时殷弘将这一集体行动困局形象概述为在最需要国际合作和多边体制时,呈现的却是自顾自保优先,合作意愿减退,义务分配困难,体制创建艰难,已有体制低效。③

针对多国集体行动困境,罗伯特·吉尔平(Robert Gilpin)、伊曼纽尔·沃勒斯坦(Immanuel Wallerstein)等学者提出霸权领导缓解说,即国际体系中的霸权国依托优势权力主动创设规范国家行为的国际制度和保证国际制度得以实施,维系着体系内国家行为体间的有序互动。④新自由制度主义的代表人物罗伯特·基欧汉(Robert O. Keohane)则认为,霸权领导并非一定带来国家间合作的实现,在指出霸权领导非国家间合作的充分和必要条件后,基于国际制度的"降低交易成本、供给信息、减少不确定性和稳定预期"和国家行为体的经济理性,提出了国际制度促进国家间有序互动。⑤然而在今天一系列新兴全球问题的冲击下,国际制度理论也开始面临解释乏力的挑战,国际

---

①　Henry Kissinger, *World Order*, Penguin Press, 2014, pp.2–8.

②　《世界知识年鉴》(2015/2016),世界知识出版社,2016 年,第 1075 页。

③　时殷弘:《对外政策与历史教益:研判与透视》,世界知识出版社,2014 年,第 9 页。

④　Robert Gilpin, *War and Change in World Politics*, Cambridge University Press, 1981, pp.9–49. [美]伊曼纽尔·沃勒斯坦:《现代世界体系》(第二卷),郭方、吴必廉等译,社会科学出版社,2013 年,第 11~12 页。

⑤　Robert O. Keohane, *After Hegemony Cooperation and Discard in the World Political Economy*, Princeton University Press, 1984, pp.32–39, 177–181, 237–240.

制度既需要回应不同国家对国际制度效力的分歧认知，也需要回应已有国际制度改革、新兴国际制度创建进程中的领导权竞争和合法性问题（国际社会对国际制度改革或创设的认可支持）。在奥兰·扬（Oran R. Young）和约翰·伊肯伯里（G. John Ikenberry）看来，即使存在国际制度，成功的集体行动仍需国家行为体或非国家行为体协调和引领各方行为。①尽管奥兰·扬也承认国际领导的存在并不必然带来国际集体行动的成功，但国际领导的存在却增加了国际集体行动成功的可能性，通过设计所有参与方都甘愿接受的章程合约，努力克服或缓解那些在制度谈判过程中困扰参与各方达成共同收益的集体行动问题，推动国际制度谈判走向成功。②

事实上，当国际体系爆发涉及多个国家的重大危机挑战时，透过多边合作集体行动，我们总会发现相应问题领域内，那些资源、技术或知识优势的国家引领各方共抗危局的现象。不过与霸权学派强调的单个政治或经济大国独自进行国际领导不同，现当代国际体系中的国际领导更多时候是由多个国家共同分享，无论19世纪前期解决拿破仑战争引发欧洲秩序危机的维也纳和会，还是第二次世界大战（以下简称"二战"）后重建被法西斯破坏的世界政治经济秩序，发挥领导作用的并非仅有霸权国一家，而是霸权国与其他大国集体领导下的重建。不止国际安全秩序领域，在二战后的全球经济、环境等领域的问题危机治理中，协调各国行动的往往也是几个国家的集体领导，如全球经济问题治理中的"七国集团"和"二十国集团"，欧洲一体化进程中的法德轴心。实际上，全球问题的复杂、治理主体的多元以及治理行动

---

① Oran R. Young. "Political Leadership and Regime Formation:On the Development of Institutions in International Society", *International Organization*,1991,45(3). G. John Ikenberry. "The Future of International Leadership", *Political Science Quarterly*,1996,111(3).

② Oran R. Young. "Political Leadership and Regime Formation:On the Development of Institutions in International Society", *International Organization*,1991,45(3).

的合法性，决定了引领多国集体行动的国际领导权责更应由多个国家共同承担。

21世纪以来，新兴经济体的崛起等深切地改变着现代国际体系的情境，经济、社会、人文、环境等先前低级政治议题或从属于军事安全的议题，开始成为国家间博弈的焦点领域。传统的以"极"为焦点的国际体系正逐步演变为一个无"极"体系，国际体系权力多元呈现出一种分散化的演进趋势，权力多元化在不同的问题领域内呈现不同的状态，这无疑增加着国家间协调行动的难度。与此同时，恐怖主义、地区冲突、气候变暖、贫富差距等跨国挑战在全球化进程的催化下呈放大效应，往往一国一地爆发的局部问题随着全球化潮流即刻演变成关乎多个国家地区的全域问题，导出有效多边集体行动的需求。但当下国际社会对此应对却乏善可陈，不仅表现为面对全球挑战时的治理缺位和领导赤字①，还表现为西方发达国家过分自信下的错误治理，如美国在中东地区的军事干预、欧洲周边地区的民主输出等，非但未能形成良好的治理效果，相反进一步滋生出难民、极端组织"伊斯兰国"出现、地区动荡等新一轮的全球问题。②如何组织起有效全球治理行动自然成为应对全球化危机挑战的一大关注，理论和事实均折射出无政府状态下国际集体行动的成功有赖于国际领导作用的发挥。不止如此，2008年金融危机后中国快速增长的国际影响力与2017年入主白宫后特朗普蓄意挑起的美国与主要经济大国、国际组织的摩擦纠纷，使得原本供给不足的全球治理雪上加霜，治理赤字、领导赤字成为当下全球治理有效多边集体行动不得不正视的难题。2020年的新冠肺炎疫情更是放大了中美已有的摩擦矛盾，造成本应由

---

① 关于全球治理缺位及国际领导赤字的分析论述，参见 Lan Bremmer. "The Absence of International Leadership Will Shape a Tumultuous 2016", *TIME*, 2015(12)。

② 陈志敏：《推进一带一路突围全球治理困境：中国智库的责任与希望》，澎湃新闻，2017年11月5日，http://www.thepaper.cn/newsDetail_forward_1850897。

主要大国共同引领全球公共卫生危机治理的集体行动愿景化为疫苗研发、疫情物资生产、全球供应链等多领域竞赛为特征的领导权全方位竞争。不少学者将中美之间的经贸摩擦、国际公共产品竞争描述为权力转移视角下"崛起国"与"守成国"之间的博弈,实际上,从国际领导视角来看,权力转移过程中的种种矛盾冲突恰恰是"崛起国"与"守成国"围绕国际事务安排领导权的争端,避免这一争端也意味着"崛起国"与"守成国"取得了国际领导权的某种共享,至少体现为双方在未来国际秩序安排方面的共商共建,因此揭示国际领导权共享成功或失败的根本因素与共享之道无疑将有益于缓和当下日趋加剧的大国紧张关系。

总而言之,现当代国际体系权力多元特征,决定了国际领导的实现形式更多时候是由体系内多个权力中心共同实施的,然而历史上的国际集体领导却非普遍现象,许多情形下即使出现损害国际体系正常运转的危机、挑战,国际社会也未能涌现各国所期盼的集体领导,因此分析和揭示国际集体领导的实现规律顺理成为本书的主要研究目标。

## 第二节　国际领导与国际集体领导
### 既有研究路径与不足

自国际关系作为一门独立学科诞生以来,国际领导研究一直颇受学界青睐,人们从不同的视角阐释对国际领导现象的认识,如霸权国的优势权力维系、供给国际公共产品、缓解多国集体行动困境。在这些硕果颇丰的研究中,其关注焦点有:什么是国际领导,国际领导的承载主体,国际领导基础、国际领导方式、国际领导类型和国际领导权,以及国际领导与霸权、帝国等相似概念的联系与区别,国际领导的兴起与衰落等系列衍生问题。从研究路径上看,主要有领导任务分析路径与领导关系分析路径两大类,领导任务分析路径多聚焦于提供公共产品、协调集体行动等国际领导的职能或实现方式,而领导关系分析路径则聚焦多国集体行动中国家之间"引导-支持"关系的形成与维系。从研究方法上看,传统国际领导研究普遍集中为概念辨析、规范解析、历史理解和定性案例分析,进入 20 世纪 90 年代后开始引入定量统计实证分析,[①]不过前者仍占据着国际领导研究方法的主流。

　　虽然学界对国际领导研究已然取得丰硕成果,但与当下国际公共产品供给多元且竞争激烈、部分全球议题领域中国际领导赤字凸显等新趋势和新特点相比,国际领导学理研究似乎有点落后于国际关系现实的发展,尤其是对多国共享国际领导权的国际集体领导现象关注欠缺——只是将这一现象简单归类为大国协调。加之,一直以来学界对国际领导、国际集体领导、国际领导权等基础概念缺少共识性界定,更使得国际领导研究百花齐放但却缺少系统,往往见仁见智。因此,本书计划选取较少关注的国际集体领导现象作为研究对象,通过分析梳理国际集体领导现象的概念、理论和实践案例,试图对国际领导系统研究有所裨益。

　　作为国际领导研究中的一个重要分支,对国际集体领导分析探究离不开对国际领导已有研究成果的总结汲取,为此文章计划分别对国际领导与国际集体领导进行综述评价,希冀揭示已有相关研究成果的现状成就、存在不足,进而引出文章研究的学理共享。相比于国际集体领导研究,学界对国际领导的研究成果要丰富得多,所以对国际领导研究成果的评述,本书计划采用主题分类的方式进行,即国际领导、领导权基础核心概念,国际领导承

---

　　① 有关应用定量研究方法进行国际领导现象研究的作品,参见 Lien Thi Quynh Le. "Global Leadership and International Regime:Empirical Testing of Cooperation without Hegemony Paradigm on the Basis of 120 Multilateral Conventions Data Deposited to the United Nations System". *Japanese Journal of Political Science*,2014,15(4)。

载主体,与国际领导新近的模糊性概念,国际领导基础和国际领导方式等五大部分;而鉴于国际集体领导研究成果的分散、碎片化现状,对其评述则依照研究历程进行时序综述。

# 一、国际领导的既有研究成果评述

## (一)国际领导的概念界定

关于国际领导的概念界定本质上要回答国际领导是什么的问题,由于学界尚无共识、普遍性的国际领导界定,对国际领导内涵的理解也多种多样,很多时候是参照政治学、管理学对领导界定来推演国际领导的内涵。

第一,国际领导的过程属性。将国际领导视为组成领导的若干部件的动态互动,美国学者彼得·诺斯豪斯(Peter G. Northouse)认为,领导是个体左右集体去完成共同目标的过程,过程、影响力、组织和共同目标等四大要件构成领导的核心内容。[1]约瑟夫·奈(Joseph S. Nye)则认为,领导是由"领导者、追随者、环境情境"三大要素构成的一个动态过程,在这一过程中领导者与追随者依据环境情境的需要学习和改变着自身的角色,以期在更加宽泛的环境中实现高效的领导。[2]罗伯特·塔克(Robert C. Tucker)在其《政治领导》一书中,从领导者任务角度认为一个完整的领导过程应有三重部分组成,问题情势的权威性诊断,制定旨在解决或缓和问题的行动方针,动员政治共同支持领导者关于情势的判断和拟定的应对政策。[3]

---

[1] [美]彼得·诺斯豪斯:《领导学:理论与实践》(第六版),吴爱明、陈爱明、陈晓明译,中国人民大学出版社,2014年,第5页。

[2] Joseph S. Nye, *The Powers to Lead*, Oxford University Press, 2008, p.21.

[3] Robert C. Tucker, *Politics as Leadership*, University of Missouri Press, 1995, p.31.

　　第二,国际领导是否排斥强权下的支持/追随。支持/追随状态无疑是界定领导的一个核心,但支持状态的形成却有着被动和主动两种,对于通过胁迫形成的支持追随关系是否被视为领导现象,学界对这一问题存在着一定的分歧。政治学、管理学视野下对"领导"的界定认为领导者不同于一般的管理者、官僚、政客,强调领导关系建立过程中领导者与追随者的互动,不将胁迫下出现的"带领–追随"视为一种领导关系。詹姆斯·伯恩斯(James Burns)在其经典著作《领袖》一书中指出,领导不同于赤裸裸的权力行使,应与追随者的需求和目标密切相关,领导过程当是具有特定动机和目标的领导主体,在与其他主体竞争和冲突中,调动制度、政治、心理及其他各方资源,去激发、吸引、满足追随者的过程,在伯恩斯眼中希特勒是不能被归为领导者行列的。①米歇尔·海克曼(Michael Hackman)与克雷格·约翰逊(Craig Johnson)认为,领导是一个人类沟通的过程,领导者通过沟通改变追随者的态度和行为,不同于管理者对当下问题任务的侧重,领导者更着眼团体的未来,管理者是解决问题的,而领导者是确定方向,激励和启发人们的。②

　　中国学者朱明权在分析冷战后美国国家安全战略时明确区分了领导战略与支配战略的不同,他认为在领导战略中美国与其他国家地位是平等的,美国带领其他国家一起实现既定目标,而支配战略则意味着美国处于压制其他国家的地位,统治和控制世界。③庞中英也认为国际领导不同于霸权,特指对国家关系的组织、塑造和引导,而那些能让国际关系大体按照其设计

---

　　①　[美]詹姆斯·麦格雷戈·伯恩斯:《领袖》,常健、孙海云译,中国人民大学出版社,2016年,第11~12页。

　　②　[美]米歇尔·海克曼、克雷格·约翰逊:《领导学:沟通的视角》,王瑞华译,上海人民出版社,2004年,第29页。

　　③　朱明权:《领导世界还是支配世界? 分析美国国家安全战略的一种视角》,《国际观察》,2004年第1期。

（规划）、提议和推动的方向而演变的国家就是领导国家。①然而部分学者却表示了对将强权、霸权排除出国际领导范畴之外的异议，阎学通在吸收借鉴中国先秦时期的政治思想和历史经验基础上，将国家间的领导类型划分为强权领导、霸权领导和王权领导，阐述了强权、霸权下的国际领导特征。②刘建军在其著作《领导学原理》中将国际领导视为公众领导的一种类型，认为主权国家构成的国际体系中国际领导实际上是引导与支配相互交织，很难泾渭分明。③

美国学者约瑟夫·奈与彼得·诺斯豪斯在分析领导与权力关系时，均将硬权力、威慑力视为国际领导形成重要手段。④国际领导中对霸权、强权的争执背后实际上反映了对国际领导合法性的争论，基于霸权、强权产生的影响力在形成支持追随关系状态是否冲击着领导国的国际领导权威，损害着领导国的国际形象，不过学界对此却无共识。

由此可看出，学界对国际领导概念研究的不足主要体现为未能区别国际领导与一般意义上的领导之间的差异，未能明确国际体系中对国际领导现象的评判标准。国际领导实质上是一个组织间领导，意味着国际舞台上互不隶属的主权国家间，只有出现引领与支持关系状态时，方能被视为政治学、管理学意义上的领导，因此本书将国际领导界定为，国际体系中的一个或多个行为体通过创设国际共识、提供公共产品和软硬权力运用等来发挥自身影响力，赢得他国支持，进而引领其他国家实现共同目标的行为过程。⑤这

---

① 庞中英：《效果不佳的多边主义和国际领导赤字》，《世界经济与政治》，2010 年第 6 期。

② 阎学通：《政治领导与际规范的演化》，《国际政治科学》，2011 年第 1 期。

③ 刘建军：《领导学原理——科学与艺术》（第四版），复旦大学出版社，2014 年，第 348~351 页。

④ Joseph S. Nye, *The Powers to Lead*, Oxford University Press, 2008, pp.37~44. ［美］彼得·诺斯豪斯：《领导学：理论与实践》（第六版），吴爱明、陈爱明、陈晓明译，中国人民大学出版社，2014 年，第 9~11 页。

⑤ 陈志敏、周国荣：《国际领导与中国协进型国际领导角色的构建》，《世界经济与政治》，2017 年第 3 期。

里需要区分相关书籍、报纸、杂志文献中常见的国际领导、国际引领二者间的联系与区别,依据前文概念界定,国际领导主要指领导国与支持国的双向行为互动,而国际引领则主要指国家行为体单方面的行为,一个完整意义上的国际领导当包括国际引领和国际支持。不过由于学界对领导内核的界定存在"行为"和"过程"两种,所以当从领导国视角导出国际领导,如发挥国际领导作用时,该语境下国际领导大体等同于国际引领。

## (二)国际领导权的界定

国际领导权几乎是现有国际领导研究中达成共识最少的核心概念之一,很多情况下是依据上下行文来对其做出诠释,较为代表性的有将国际领导权理解为协调塑造多国集体行动能力、国际影响力或国际威望,国际体系优势权力的合法化或国际权威。中国学者陈琪、管传靖将国际领导权理解为国际制度创设过程中的一种能力,即协调和塑造国际事务集体行动的能力,这种能力外在表现为强制、设置议程和影响观念。[1]但从作者后来提出的取得和维持国际领导权的三个要素来看,作者实际上是将国际领导权等同于国际领导。在戴维来对中等强国的领导权分析中,国际领导权被理解为对国际体系的主导能力或对国际事务议程引导、掌握、处置的能力,随着时代的变化国际领导权也不断被赋予新的内涵,为此作者提出了国际领导权的三种类型:结构型领导权、技能型领导权和说服型领导权,可以看出,国际领导权在戴维来文中不仅是一种引导能力还是一种体系结构的优势权力。[2]另外,在中国学者周方银、贺凯和冯惠云两部新近研究作品中,国际领导权被分别界定为国际体系中的安全经济影响力和促进国际合作而赢得的国际威

---

[1] 陈琪、管传靖:《国际制度、设计的领导权分析》,《世界经济与政治》,2015 年第 8 期。

[2] 戴维来:《中等强国的国际领导权问题初探》,《世界经济与政治论坛》,2016 年第 2 期。

望,三位作者看来国际领导权体现了领导国在国际体系中的影响程度和范围,其并非具有排他性相反应服务于有形国家利益并为多国共享。①

在一些国外学者看来,国际领导权实质上是霸权的巩固和延续——某种合法化的体系霸权或让他国主动追随的关系权威。借鉴英国学者史蒂文·卢克斯(Steven Lukes)关于权力的三维概念:迫使他人做出改变的强制力,制度框架内操纵,对他人信念诉求潜移默化的影响。②德克·纳柏斯(Dirk Nabers)认为国际领导权虽然以霸权为基石,但绝不等同于赤裸裸的暴力,相反可以是一种通过交往互动来塑造追随者需求的综合性权力,霸权借此转化为较为持久的国际领导权。③约翰·伊肯伯里与查尔斯·库普乾(Charles A. Kupchan)两位学者虽然没有直接界定国际领导权的具体内容,但其在分析霸权与国际体系中"引领-支持"关系形成时,提出了权力的两面性:强迫性权力和社会化权力,而霸权在国际"引领-支持"关系形成过程中的实际运用,也相应有两种形态:其一是霸权通过惩罚威胁和利益奖励来改变他国的政治经济动机,从而建立国际领导关系;其二则是霸权通过社会化将领导国的价值偏好和倡导规则内化为支持国自身的价值理念,进而构建国际领导关系。④

显然,在德克·纳柏斯、约翰·伊肯伯里与查尔斯·库普乾三位学者眼中,国际领导权首先应是一种优势性的权力,霸权构成国际领导权的基础,国际领导权是霸权的某种延展;其次是一种吸引追随者生成国际领导关系的权

---

① 周方银:《国际领导权之争的误区和中美关系的前景》,《战略决策研究》,2018年第2期;贺凯、冯惠云:《中美领导权的竞争与共享》,《战略决策研究》,2018年第2期。

② [英]史蒂文·卢克斯:《权力:一种激进的观点》,彭斌译,江苏人民出版社,2012年,第18~38页。

③ Dirk Nabers. "Power,Leadership,and Hegemony in International Politics:The Case of East Asia". *Review of International Studies*,2010,36(4).

④ G. John Ikenberry and Charles A. Kupchan. "Socialization and Hegemony Power". *International Organization*,1990,44(3).

力,这种优势性权力在生成国际领导关系中实践应运形态,并非仅"胡萝卜加大棒"这般单一,也包含着互动过程中的价值理念同化。不过对比国际领导的概念内涵,便会发现将观念内化视为国际领导一项生成渠道的不妥之处,因为很难将一个国家主动学习模仿先进国家的发展理念,视为后者对前者的领导,二战后,前殖民地、半殖民地在开启工业化进程中曾主动学习借鉴西方发达国家的先进发展经验和理念,这显然不能归类为国际领导现象。

尽管学界对国际领导权有着多角度的认知,但这些不同聚焦背后也暗含了一项潜在共识,即国际领导权应是一种能够影响或改变其他国家行为偏好的能力,这一点也基本符合了多数国际关系学者将权力内核理解为一种能够影响改变他国对外理念、对外行为和行动结果的能力。[①]迈克尔·巴涅特(Michael Barnet)和雷蒙德·迪瓦尔(Raymond Duvall)两位学者2005年发表于《国际组织》上的《国际政治中的权力》一文中,系统梳理了权力在国际舞台上的四种形态,两位学者将权力界定为——通过社会互动或社会关系而产生的促使国家行为主体得以决定其命运和所处环境的能力。国际舞台上的国际政治权力划分为强制型权力、制度型权力、结构型权力和生产型权力,其中前两种权力一如字面意思;结构型权力指某一议题领域内主导国通过构建国际行为规范而获得的权力优势,如行业准则、意识形态等;生产型权力则指行为体实际互动过程中产生的行为规范或约定俗成基础上的权力,如《日内瓦公约》中规定的善待战俘、尊重人权等。[②]

因此,本书认为国际领导权实质上一种突出"引领-支持/追随"关系特性

---

① 关于权力的概念,参见[美]汉斯·摩根索:《国家间政治:权力斗争与和平》(第七版),北京大学出版社,2005年,第113~116页。另见[美]罗伯特·基欧汉、约瑟夫·奈:《权力与相互依赖》(第四版),门洪华译,北京大学出版社,2012年,第11~12页。

② 关于强制型权力、制度型权力、结构型权力、生产型权力四种权力形态的分析,参见 Michael Barnett and Raymond Duvall, "Power in International Politics". *International Organization*,2005,59(1).

的特殊权力,<sup>①</sup>一种能够塑造国际秩序、国际行为规则规范的优势性权力,近似于上文"结构型权力"和"制度型权力"的综合,相比于组织内领导将领导权聚焦于决策权,国际体系中的领导权主要体现为对国际事务治理的影响权重,如相关国际议题领域中的话语权(国际倡议的权重)。国际领导引领共同目标取得和培育"引领-支持"关系的两重特质,也决定了国际领导权之于国际体系,不仅意味着协调他国行为,提供公共产品等国际责任负担,而且外溢出"引领-支持"关系为特征的影响力范围,<sup>②</sup>从这层意义上讲,国际领导权是一种权责一体的复合体。

此外,还需补充一点,国际领导权内容或评估参照物在不同的议题情境和不同的时代背景下是有所变化的,如在国际政治经济秩序重建和维系领域,军事实力、经济实力、秩序设计内容的吸引力等基本构成了国际领导权的主要内容,而在全球气候问题治理领域,排放量、减排技术、治理方案的可行性及普适性将是该领域中国际领导权的主要内容;在 1945 年以前,对各国人口、军力、经济产值的统计即可大致得出国际体系领导权的概况,但在今天,这样一种评估显然不够充分。

(三)国际领导承载主体的界定:个人或组织

与政治学、组织学领域立足于个人来界定领导不同,国际领导的承载主体是有着组织和个人之分的。<sup>③</sup>奥兰·扬就认为对领导本质的理解应聚焦于

---

① 此处所提到的权力基本等同于实力,虽然学界对权力和实力二者是否等价关系问题上有不同的意见,认为权力不同于实力,认为权力是实力的运用和体现,实力只是一种潜在的权力。

② Walter Mattli and Jack Seddon. "New Organizational Leadership:Non-state Actors in Global Economic Governance". *Global Policy*,2015,6(3).

③ 立足于组织来界定国际领导,主要指国际体系中发挥国际领导作用的主体为国家、国际组织;立足于个人来界定国际领导特指对国际事务产生重大影响的国家元首、政府首长、外长,以及国际组织的官员,如联合国秘书长等。

个人行为,因为国际谈判过程中发挥引领协调作用的是单个个体,而非组织机构。①马努斯·米德拉斯基(Manus I. Midlarsky)与埃瑞尔·罗斯(Ariel Ilan Roth)两位学者同样立足于大国政治领导人来阐释国际领导现象,马努斯·米德拉斯基(Manus I. Midlarsky)通过对比俾斯麦与乔治·华盛顿的政治领导行为,进而概述出国际领导的 14 项特质,认为国际领导就是大国政治领导人对现有国际规则的创造性运用或将新的规范体系引入现有国际体系中。②埃瑞尔·罗斯(Ariel Ilan Roth)则是对比了 20 世纪 30 年代英国鲍德温、张伯伦两位首相执政下的英国,在面对希特勒德国挑战凡尔赛体系时的不同国际领导行为,认为 20 世纪 30 年代英国的错误领导、错误治理助长了希特勒的扩张气焰。③然而霸权学派眼中的国际领导承载主体却是主权国家,虽然列宁、富兰克林·罗斯福、丘吉尔、毛泽东这类大国领袖在国际体系发展进程中发挥了举足轻重的影响,但他们引领作用的发挥更多是以国家力量为支撑,代表国家行事而已,很难将个人的作用独立于国家或所代表的某一国际组织之处,因此鉴于现存国际体系仍以主权国家为主体,本书对国际领导、国际集体领导的界定将立足于国家行为体,分析主权国家为领导主体和支持主体的国际领导行为。

## (四)帝国支配、霸权主导和国际领导的联系与区别

帝国、霸权主导和国际领导在某种程度上都反映了国际体系中的一种优势权力状态,不过看似相近的表象下却掩盖了三者之间的巨大差异,尤其

---

① [美]奥兰·扬:《政治领导与机制形成:论国际社会中的制度发展》,载[美]莉萨·马丁、贝思·西蒙斯编:《国际制度》,黄仁伟、蔡鹏鸿等译,上海人民出版社,2006 年,第 10~11 页。

② Manus I. Midlarsky, "leadership in the International System:Bismarck and Washington Compared", in Bryan D. Jones ed., *Leadership and Politics*, University Press of Kansas, 1989, pp.190–191.

③ Ariel Ilan Roth, *Leadership In International Relations:The Balance of Power and the Origins of World War II*, Palgrave Macmillan Press, 2010, pp.25–30.

在"引领-支持"国际领导关系的实现和维系方面,至少帝国所承载的价值内核就违背于现代国际体系主权平等、独立的宗旨,霸权主导可谓杂糅有古代主权等级国际体系和现代主权平等国际体系的混合体。德国学者桑德拉·德斯特迪从"领导目标、领导方式、领导互动和领导结果"三个方面区分了帝国支配、霸权主导和国际领导三者的差异:一是在领导目标方面:帝国支配和霸权主导出发点均在于维护中心国、主导国的一己之利,国际领导国的出发点则在于捍卫国际社会的公共利益。二是在领导方式上,帝国主要依靠强力胁迫的手段来实现和维系其"领导地位",附庸国对帝国领导的拒绝通常招致武力征服或威慑;霸权主导主要依赖强力胁迫、有利于霸权国的利益交易的方式来换取其他国家追随,对"追随国"的支配程度弱于帝国,国际领导则主要凭借共同目标收益和协商、说服等非强制手段来赢得其他国家的支持。三是在领导互动上,帝国、霸权主导中主要是从帝国、霸权国到附庸国、"追随国"的单项互动,国际领导中则是领导国与支持国的双向互动,附庸国和"追随国"几乎不会参与到集体行动的决策讨论中,但支持国是有机会参与到领导决策讨论中的。四是在领导结果上,在帝国领导下,帝国与附庸国处于上下等级的不平等关系,帝国全面掌控附庸国的内外政策,霸权主导虽然赋予了"追随国"法理意义上平等关系。但事实上,后者的对外行为却受制于霸权国,国际领导尽管也存在着领导国与支持国在权力上不平等,但这种不平等绝非主导与被主导、支配与被支配,只是一种相互需求下的主权平等间的"引领-支持"关系。[①]不过,桑德拉·德斯特迪也备注了三者区分更多是一种理想层面的学理划分,国际关系现实中的"引领-支持",往往是帝国支配、霸权主导、国际领导三者混合的产物。

---

① Sandra Destradi. "Regional Powers and Their Strategies:Empire,Hegemony and Leadership". *Review of International Studies*,2010,36(4).

关于帝国与霸权的区别,美国学者戴维·莱克也从安全依赖和经济依赖两个方面梳理了二者的差异,认为帝国和霸权只是程度上不同,即帝国体系下,附庸国几乎所用内外政治、经济、军事行为均依附于帝国,而在霸权体系下,被支持国只是少数几个核心部门受制于霸权国,在其他一些非核心领域仍享有行动自由,莱克将其视为一种非正式帝国。①约翰·伊肯伯里通过提炼历史上中心国与附庸国和二战以来美国与国际体系关系互动实践,提出帝国领导、自由霸权领导两种范式,认为帝国领导实质上是一种国家间等级关系结构模式,中央帝国直接或间接控制着弱国和附属国的政策行为,通过多种多样的"中心-外围"精英关系网络来实施帝国领导,如历史上的古罗马、古中国中央帝国、现代欧洲海外殖民帝国等;与帝国领导的强制胁迫集权相比,自由霸权领导则内嵌于一套系统的谈判规则和制度中(领导国同样受到其倡议的国际规则约束),主导国通过提供安全秩序、开放贸易体制等系列公共产品以"交易"其他国家的合作追随,与德斯特迪对霸权领导的界定不同,伊肯伯里认为在自由霸权领导中领导国铺设了与追随国相互交流的影响渠道,并非一概自上而下的信息传导,如美国二战后的国际领导。②伊肯伯里关于自由霸权国际领导特征的梳理界定,在很大程度上美化了美国二战后的霸权领导行径,不过其关于自由霸权领导与帝国领导的对比分析却也道出了自由霸权领导与国际领导的一些共有特征,即国际制度多边主义、国际规则的相互协商、赞成许可基础上的追随,对支持国主权的尊重。③

---

① David A. Lake. "Anarchy Hierarchy and the Variety of International Relations". *International Organization*, 1996, 50(1). David A. Lake. "Regional Authority and Legitimacy in International Relations". *American Behavior Scientist*, 2009, 53(3).

② G. John Ikenberry. *Liberal Leviathan the Origins, Crisis, and Transformation of the American World Order*. Princeton University, 2011, pp.66-75.

③ Ibid., p.71.

由此可以看出,学界从帝国领导到霸权领导再到国际领导的认知演进,尽管均先天接受了领导国即国际体系权力大国的假定,但也认识到国际领导是在国家相互主权独立的基础上领导国与支持国平等协商的产物,而非一方依附于另一方或一方强加于另一方的结果,"引领-支持"国际领导关系的实现不应损害国家主权的完整。对支持国主权和情感的尊重,正是国际领导区别于帝国领导、霸权领导的关键所在。

(五)国际领导形成的基础研究

与组织内的领导的不同,国际领导本质上是一个组织间的领导,因此对国际领导的研究中一个不可回避的问题便是多元权力国际体系中领导国是怎样诞生的。学界对国际领导何以形成的研究主要集中在体系霸权(领导能力)、国内政治支持、国际制度建设三个方面。

1. 国际领导是否依赖于体系霸权

传统国际领导研究通常默认国家若想成为领导国必须首先成为体系中的霸权国,拥有优于其他国家的军事经济实力,尽管权力结构本身不一定必然带来国际领导,但缺少优势权力支撑的国际领导注定难以持久,由此造成国际关系学界对国际领导的研究很多时候是同霸权理论研究交织在一起,区别于政治学、管理学对领导研究。早期的世界体系理论、霸权稳定论的研究中,霸权基本等同于国际领导,霸权国即领导国。在美国学者伊曼纽尔·沃勒斯坦看来,国际体系中的霸权国即体系中的领导国,特指那些能够将自己所倡导的规则施加于国际体系,并创建一种新型国际秩序的国家,作为回报,国际体系将获得霸权国供给的某种公共物品,沃勒斯坦认为自现代世界体系诞生以来,共出现过荷兰、英国、美国三个领导国,荷兰向国际体系供给了宗教宽容、尊重国家主权、海洋开放,英国供给了宪政自由主义国家制度、金本位制、终结奴隶制,美国供给多党选举制、人权、非殖民化、资本自由流动。①与沃勒斯坦全方位的国际领导视野相比,查尔斯·金德尔伯格、罗伯特·吉尔平将国际领导聚焦于国际政治经济秩序创建和维护, 金德尔伯格认为国际经济和货币体系的稳定需要一个领导国,为国际社会创设行为准则,并确保这些规则得到遵守,当体系遇到危机时通过接纳过剩商品、供给流动资本、贴现票据来支撑国际经济的正常运转。②吉尔平在指出国际领导维持国际经济秩序有序运转同时,还申明了领导国的自我牺牲,即为国际经济的整体长远利益,暂时"牺牲"本国的短期经济利益。③金德尔伯格和吉尔平均指出,国际领导缺失是 20 世纪 30 年代世界政治经济大动荡的根源,金本位的崩溃意味着英国无力再承担国际领导, 美国虽有力量却不愿意发挥领导作用,结果是各国以邻为壑、各自为政,无法形成有效集体行动,最终滑入世界大战漩涡。④

　　20 世纪 90 年代后,学术界霸权研究和国际领导研究开始分流,许多学者指出国际领导不同于霸权,戴维·莱克、马蒂亚·克贝勒(Matthias Kaelberer)等学者认为,将国际领导混同于霸权实际上模糊了二者侧重点的差异。戴维·莱克认为,霸权稳定论事实上由领导理论和霸权理论两部分构成,领导理论试图说明国际经济体系稳定源于领导国的国际公共产品供给, 而霸权理论则关注霸权国的经济贸易偏好,不同于领导国聚焦国际体系公共利益,

---

　　① ［美］伊曼纽尔·沃勒斯坦:《现代世界体系》(第二卷),郭方、吴必廉等译,社会科学出版社,2013 年,第 11~16 页。

　　② Charles P. Kindleberger. *The World in Depression 1929-1939*, University of California Press, 2013, p.28.

　　③ ［美］罗伯特·吉尔平:《国际关系政治经济学》,杨宇光等译,上海人民出版社,2006 年,第 335~351 页。

　　④ 同上,第 119~123 页。Charles P. Kindleberger. *The World in Depression 1929-1939*, University of California Press, 2013, pp.291-308.

霸权国是有着多重目标,霸权既可以生成领导,也可能引发体系动荡。[1]与莱克对霸权国、领导国预设行为的差异分析相似,马蒂亚·克贝勒认为,霸权反映的是国家对国际体系的影响程度,本身并不能形成国际领导;国际领导更关注多国集体合作的出现,认为多国合作只有在某些国家承担起组织协调它国行为、创设行为标准等国际领导职能后,方有可能形成;不过马蒂亚·克贝勒也承认了国际领导虽需要一定的实力资源支撑,但实力资源本身并不必然带来国际领导,作者以二战后德国在欧洲货币一体化进程中的引领事例,说明国际领导并不要求领导国是事先必须成为体系中的霸权国或主导国。[2]

2. 领导国的国内政治支持

相较于霸权理论对国际领导中优势物质资源的关注,这部分学者提出国际领导的形成不仅需要一国的能力资源,更有赖于一国的领导意愿,后者来源于领导国的国内政治支持,因此国际领导是霸权和霸权国国内政治相互叠加的结果。[3]萨缪尔·巴晋(J. Samuel Barkin)就曾提出国际经济领导背后的国家能力与国家动机,认为一国在国际经济体系主导权力的获得只是构成该国际领导的必要条件——有能力供给国际公共物品,只有辅之以主导国的国际领导动机时,国际领导才能出现;在巴晋看来,经济主导国的国际领导动机,取决于领导成本和领导收益的比较,而主导国对国际领导成本与收益的权衡,深深植根于国内利益集团之间的相互博弈,所以那些因国家承担国际领导而获益的利益集团,便是主导国对外国际领导动机的最大动

---

① David A. Lake. "Leadership, Hegemony, and the International Economy: Naked Emperor or Tattered Monarch with Potential?". *International Studies Quarterly*, 1993, 37(4).

② Matthias Kaelberer. "Hegemony, Dominance, or Leadership? Explaining Germany's Role in European Monentary Cooperation", *Europran Journal of International Relations*, 1997, 3(1).

③ 这里的霸权特指国际体系内一个国家在政治、经济、军事、文化等领域拥有着其他国家难以企及的权力优势和主导地位。

力。①与巴晋的结论相似,欧洲学者詹斯·摩腾森(Jens L. Mortensen)在谈及全球自由贸易秩序危机治理时，也认为主导国承担国际领导进而捍卫国际自由贸易秩序是主导国权力利益与国内社会需求之间相互妥协的产物。②马蒂亚·克贝勒(Matthias Kaelberer)在理清霸权、主导与国际领导的区别后，又指出20世纪90年代后德国在推动欧洲货币一体化进程中领导乏力，很大程度上可归因于德国国内的反对,在支付两德统一进程中的高额开支后,德国国内不愿再为推进欧洲货币联盟而妥协国内优先事项。③

3. 领导国的国际制度建设

该部分的核心观点是将优势权力斩获的暂时性国际领导通过国际制度转化为更为持久的国际领导。代表性研究成果有美国学者约翰·伊肯伯里提出的主导国约束性制度战略，认为主导国凭借权力优势获得国际领导地位后,为将暂时的实力优势转化为持久优势,为将他国"被迫"追随转变为主动支持,通常选择行动自由的设限,创建反映现有"领导–支持"关系的国际制度,将追随的次大国、弱国捆绑于一系列国际行为规则,规范这些国家的未来行为模式,防止今后体系权力格局变化对主导国领导地位的冲击,而其他国家也希望通过国际制度来约束国际领导权的肆意使用,④为此伊肯伯里将美国二战后的国际领导行为提炼为国际制度领导。与金德尔伯格、吉尔平、缪尔·巴晋等将国际领导聚焦于国际经济体系不同,伊肯伯里对国际领导的

---

①　J. Samuel Barkin. *Social Construction and the Logic of Money:Financial Predominance and International Economic Leadership.* State University of New York Press,2003,pp.1–7.

②　Jens L. Mortensen, "Crisis,Compromise and Institutional Leadership in Global Trade:Unfair Trade,Sustainable Trade and Durability of the Liberal Trading Order", *Chinese Political Science Review*, 2017,2(4).

③　Matthias Kaelberer. "Hegemony,Dominance,or Leadership? Explaining Germany's Role in European Monentary Cooperation", *Europran Journal of International Relations*,1997,3(1).

④　[美]约翰·伊肯伯里:《大战胜利之后:制度、战略约束和战后秩序重建》,门洪华译,北京大学出版社,2008年,第45~71页。

研究主要聚焦在国际政治秩序领域，领导国的国际领导行为也由公共物品供给转变为国际制度的创建、国际领导权的约束，国际制度由先前国际领导产品内容扩展为国际领导确立和巩固的一大手段。

可以说，已有研究成果从体系霸权、国内政治、国际制度三个方面揭示了国际领导形成的基础，指出了国际领导形成三大途径——战争、利益交易和国际倡议竞争。然而由于过分关注霸权国在国际领导形成中的作用，现有研究成果也忽视了国际领导实际生成中的诸多细节：一是过分关注霸权国，忽视次大国在创建国际制度、国际危机治理中的领导作用，霸权国在创建国际秩序、治理国际危机时，更多时候是与其他国家一起行动，而非独自行动；二是无法解释历史出现的非霸权国国际领导现象，如拿破仑战争后在欧洲秩序重建过程中次大国奥地利帝国的领导行为；三是无法解释霸权缺失情况下的国际领导现象，如东南亚国际秩序建设进程中新加坡的国际领导作用。

（六）国际领导领导方式研究

学界对国际领导领导方式的研究，主要关注作为领导者的组织或个人如何引领国际事务的问题，研究成果可以划分为两大类：基于实现领导目标的领导方式研究和基于构建适宜领导关系的领导方式研究。奥兰·扬在分析政治领导在国际制度研判中的不同表现时，依据不同的谈判情境提出了各自应对应的领导方式，如结构型领导、企业家型领导和智慧型领导，[1]与奥兰·扬相似，约翰·伊肯伯里在《国际领导未来》一文同样认为，领导国应根据不同的问题领域展现不同的领导方式，相应提出结构型领导、制度型领导和

---

① Oran R. Young："Political Leadership and Regime Formation：On the Development of Institutions in International Society"，*International Organization*，1991，45（3）.

情境型领导三种国际领导实现方式。①迈克尔·格拉布(Michael Grubb)与乔伊塔·古普塔(Joyeeta Grupta)两位学者分析欧盟全球气候治理进程中的领导方式时,依据国家间多边合作、制度谈判进程中涉及的政治经济权力、问题结构和外交技能、意图思想与国内实施等,将欧盟全球气候治理中的领导分为结构型领导,工具型领导与方向型领导,针对学界已有国际领导方式的繁杂多样,两位学者认为症结在于国际领导作用领域的不同,但也指出不同类型的国际领导之间并非相互隔绝。②从构建领导关系角度进行的国际领导行为方式研究,充分借鉴了管理学中领导情境理论、领导–成员交换理论成果,③认为领导者进行领导时除关注领导目标外,还应关注领导过程中领导者与追随者之间的交流互动,国际领导过程中领导国与支持国之间的双向交流。对此,中国学者陈志敏认为全球化的今天,领导国在引领国际事务时,应主要通过影响力的运用,依托协作、共进、吸引和赋权的方式,引领和推动国际社会其他成员达成共同目标。④总而言之,已有关于国际领导领导方式的研究,较为详细的回答了领导国在国际谈判、制度构建、问题治理中如何领导的问题, 不足之处在于已有关于领导方式的研究成果多是单个问题领域内

---

① G. John Ikenberry, "The Future of International Leadership", *Political Science Quarterly*, 1996,111(3).

② Michael Grubb and Joyeeta Grupta, "Leadership Theory and Methodology", in Joyeeta Grupta and Michael Grubb ed., *Climate Change and European Leadership*, A Sustainable Role for Europe?, Kluwer Academic Publishers,2000,pp.18–23.

③ 管理学中的领导情境理论, 主要指领导者应根据领导对象的不同特质采取不同的领导风格,代表型、支持型、教练型、指导型等;领导–成员交换理论,指目标确定、决策实施等领导过程中领导者与成员之间的交流互动,认为领导过程并非从领导者向成员的单向过程,而是双向影响的过程。参见[美]彼得·诺斯豪斯:《领导学:理论与实践》(第六版),中国人民大学出版社,2014 年,第 5 至 8 章。

④ 关于协进型领导的分析,参见陈志敏、周国荣:《国际领导与中国协进型国际领导角色的构建》,《世界经济与政治》,2017 年第 3 期;陈志敏:《全球治理中中国的协进性力量定位》,《国际政治研究》,2012 年第 4 期。

的经验性总结概括,推广性不足。

综上所述,已有研究成果从多个视角丰富了我们对国际领导的认识,然而对于居于源头的国际体系内为什么会出现国际领导这一问题却未予以充分解答,加之对国际领导概念内涵的模糊界定,造成了学界国际领导研究的杂乱。部分研究、对国际领导的认知在笔者看来尚存偏颇:一是国际领导关系判定应当聚焦于国与国之间的"引领–支持"关系形成而非其他;二是光有霸权国的领导能力和领导意愿并不能保证国际领导的出现,还应囊括其他国家的领导需求,即领导需求、领导能力、领导意愿三者兼备;三是现代国际体系中的国际领导类型更多时候是一种集体领导而非一国领导,对此学界关注较少。

## 二、国际集体领导既有研究成果评述

学界对国际集体领导的研究主要集中在功能性领域的多国集体行动和公共物品供给,兴起于 20 世纪 70 年代末 80 年代初,关注防止核扩散、石油危机引发的经济动荡等领域中的大国联合应对, 背景为 20 世纪 60 年代后期美苏核均势逐步形成,以及美国深陷越南战争实力大损,西欧、日本经济力量的崛起,石油输出国组织、七十七国集团等第三世界国家在国际舞台的影响力不断提升, 动摇二战后美国在西方资本主义阵营一枝独秀的领导能力,迫使美国开始尝试将全球经济事务中的领导权分享与德国、法国、英国、日本等经济强国。从时间脉络上看,国际集体领导研究大体经历了大国共管国际事务、地区一体化进程中的共同引领、全球治理中的联合治理,以及"守成国"与"崛起国"的领导权共享四个阶段。

### （一）大国共管国际事务下的国际集体领导

权力/能力大国协调协商共管国际事务无疑是国际集体领导现象最为直观的认知，相关研究成果可归为两类，一类为一般意义上的大国协调协作，另一类为内嵌于多边国际组织中的少数大国小团体非正式协商。罗伯特·基欧汉、约瑟夫·奈(Joseph S. Nye)在1977年便提出复合相互依赖时代一元霸权领导将难以有效发挥作用，受其他国家的抵制和领导合法性需求的影响，国际领导形式应由一元领导演变为多元领导，供给公共物品的责任将由多个国家联合承担。①查尔斯·金德尔伯格在其1981年《国际经济中的主导与领导》一文中一改《世界大萧条1929—1939》一书中对多国共担国际领导权责的保留态度，②指出国际领导除一元霸权领导形式外，还存在两个或多个国家共同承担供给国际领导的可能，从而减少其他国家担心被领导国主导剥削的顾虑。③罗伯特·基欧汉1984年在《霸权之后，世界政治经济中的合作与纷争》一书中亦提出在霸权非完全衰落的情形下，霸权国与次大国合作共享国际领导权的可能，将国际集体领导概括为少数大国为中心，大量小国追随其后的合作状态。④同一时期，英国学派的代表人物赫德利·布尔在其代表著作《无政府社会，世界政治秩序研究中》也将国际集体领导具体理解为国

---

① [美]罗伯特·基欧汉、约瑟夫·奈：《权力与相互依赖》，门洪华译，北京大学出版社，2012年，第222~227页。

② 查尔斯·金德尔伯格在书中虽然论述了在国际经济秩序维系中，英美联合供给公共物品的国际领导行为，但同时他也指出这种联合领导模式是不稳定的，很可能因为领导国之间因经济危机治理的紧迫性、治理方式等问题的争执，带来国际领导权的竞争和领导效力的抵消，进而造成国际领导的缺失。See Charles P. Kindleberger. *The World in Depression 1929–1939*, University of California Press, 2013, pp.298–300, 398.

③ Charles P. Kindleberger. "Dominance and Leadership in the International Economy". *International Studies Quarterly*, 1981, 25(2).

④ [美]罗伯特·基欧汉：《霸权之后，世界政治经济中的合作与纷争》，苏长和等译，上海人民出版社，2012年，第135~230页。

际秩序创建或维系过程中的大国共管或大国协调，即大国联合倡议有关国际体系秩序安排的共同政策等行为，将 20 世纪 60 年代以来美苏合作共同防止核武器扩散的行为视为大国共管国际事务的一个代表事例。①

此外，在对多边国际制度、国际组织框架内的多国引领现象剖析上，罗伯特·基欧汉和约瑟夫·奈将始于 1944 年布雷顿森林会议，且长期存在于关税及贸易总协定（简称关贸总协定，GATT）、国际货币基金组织（IMF）、国际清算银行（BIS）等国际组织中的少数富裕国家先期达成共识提出规则，之后将共识规则扩散到其他国际组织成员国，并赢得后者支持和追随的过程概述为俱乐部式多边引领。②约翰·伊肯伯里在《国际领导未来》一文中也将集体领导归入制度领导，即几个大国联合领导的努力，认为美日德等少数几个经济发达国家形成世界经济的核心（领导国集团），进而强化着国际经济事务中制度领导的实施。③由此可看出，20 世纪七八十年代国际经济领域兴起的国际集体领导更像是西方少数经济大国协调下的共管国际经济事务。

## （二）地区一体化进程中的国际集体领导

进入 20 世纪 90 年代后，随着区域一体化进程的勃兴，学界对国际领导的认识也开始由权力结构型、组织制度型进入地区一体化进程中的多国引领，对国际集体领导的认识也不再局限于对现象概念的阐释，开始尝试总结

---

① ［英］赫德利·布尔：《无政府社会：世界政治秩序研究》（第三版），张小明译，北京大学出版社，2007 年，第 218~220 页。该书英文原版第一版出版于 1977 年，后于 1995 年和 2002 年两次再版，本书所提到的"同一时期"指第一版出版时间。

② Robert O. Keohane, Joseph S. Nye. "The Club of Multilateral Cooperation and Problems of Democratic Legitimacy", in Robert O. Keohane. *Power and Governance in a Partially Globalized World*, Routledge, 2002, pp.220–221.

③ G. John Ikenberry. "The Future of International Leadership", *Political Science Quarterly*, 1996, 111(3).

和提出国际集体领导的类型、领导权共享所需的条件和遇到的挑战等。这方面相关的研究成果主要集中在两个方面：一是对法德在欧洲一体化进程中领导作用的理论性总结，二是对中国、日本、东盟在推动东亚一体化进程中可能形成的集体领导模式进行探讨。

中国学者肖云上通过梳理回顾二战后法德（西德）和解的历史进程以及伴随和解进程的欧洲一体化，指出作为区域最具政治影响力的法国与区域经济实力最为雄厚的德国二者之间的动态均势与利益互需，促成法德在推动欧洲一体化进程中的共同领导，即法德两国通过内政、外交领域政策的协调一致，进而引导欧盟其他成员国共同推进欧洲一体化。[1]伍贻康则探讨了随着冷战结束法德轴心基础开始动摇，法德在欧洲一体化进程上分歧加剧，法德轴心进入新的调整阶段，未来欧洲一体化进程中将可能出现新基础上的法德共同领导或领导权扩大至英国，法德英三国协调领导。[2]这两位作者不约而同地指出了国际集体领导（双重领导）中领导权持久共享的一个前提，不仅在于领导国之间利益的相互需求，也有赖于包括领导国之间实力的动态均衡和优势互补。与伍贻康、肖云上两位学者从欧洲一体化进程中揭示法德双重领导现象相比，熊炜则直接借用国际领导权共享的视角来探讨更广泛欧盟国际事务中的德法合作领导现象，他认为国际领导权实质是实力与权威的综合，两德统一后德国虽然实力上超越法国，但由于历史负担，其国际权威不足亦是事实，且这一不足短期内又无法通过国际公共产品供给弥补，为此在欧洲一体化、主权债务危机、乌克兰地缘政治冲突等国际事件中，德国不得不妥协自身实力优势，向法国"借权威"，与法国合作领导欧盟内外事务。[3]

---

① 肖云上：《欧盟轴心：法德关系》，《国际观察》，2000 年第 2 期。

② 伍贻康：《法德轴心与欧洲一体化》，《欧洲》，1996 年第 1 期。

③ 熊炜：《"借权威"与妥协的领导——德法合作的欧盟领导权模式》，《世界经济与政治》，2018 年第 6 期。

相比于对欧盟区域一体化进程中法德二元领导实践的归纳提炼，学界对东亚一体化进程中，可能的国际集体领导形态还处于一种理论上演绎阶段。英国学者克里斯托弗·邓特在其编著的《中国、日本和东亚地区领导》一书中概述了未来东亚地区可能出现的以中国和日本为潜在领导国的四种地区集体领导类型，分工领导，中国与日本在地区领导权共享方面达成分工协议；共同领导，中国与日本，或者各自分别与东亚其他国家，在某些议题中进行共同行使地区领导权；联合领导，中国和日本在特定的议题中，通过分别组织东亚国家子联盟来发挥地区领导作用；团体共识领导，指地区领导权通过地区组织或地区论坛来行使（不同于国际组织为领导主体的国际领导现象）。①虽然克里斯托弗·邓特详细阐述了地区集体领导在不同情境下的多样形态，但作者划分出四种地区集体领导类型的标准却是模糊的，共同领导、联盟型领导、集团共识型领导之间无疑有着诸多重合之处。

与克里斯托弗·邓特不同，中国学者祁怀高认为中国与日本之间较大的差异和分歧，以及美国与日本的特殊关系，使得中日之间很难在东亚地区形成联合领导，而东亚地区政治、经济、文化、制度的多样性，又使得无论地区内中国、日本还是区域外的美国，难以独享地区领导权，虽然目前东亚地区存在着以东南亚小国集团东盟为主导的地区领导模式，但东盟日益不足的领导能力却也是一个不容忽视的事实，为此作者提出未来东亚地区的领导模式将是东盟机制下的中美日合作领导。②与祁怀高提出的东盟机制下的中美日合作领导相似，北京大学博士向宇在其博士论文《论东亚经济合作中的领导问题》中将未来东亚经济合作中的领导模式归结为大国合作领导，文中

---

① Christopher M. Dent，ed. *China，Japan and Regional Leadership in East Asia*. Edward Elgar，2008，pp.23—24.

② 祁怀高：《东亚区域合作领导权模式构想：东盟机制下的中美日合作领导模式》，《东南亚研究》，2011 年第 4 期。

首先指出东亚地区经济合作中大国单独领导的不现实，而现有中小国家为主导东盟领导模式，因东盟自身实力而限制着其未来供给公共物品的能力，中日联合领导成为未来东亚地区经济合作中较大可能的领导形态，但中日联合领导的实现却有赖于两国和解、战略互信、赢得周边国家支持和美国的默许等四项前提条件的满足。①另外，曹云华也归纳和演绎了东亚地区一体化进程中的领导形态发展趋势，即从起步阶段的东盟领导，到初级整合阶段的中日韩东盟集体领导，再到高级整合阶段的中日共同领导，作者将初级整合阶段的集体领导形象地比喻为轮流坐庄式领导，即中、日、韩、东盟在不同的议题上轮流扮演着领导国与追随国。②

可以看出，克里斯托弗·邓特、祁怀高、向宇、曹云华四位学者不仅阐释了东亚地区一体化进程中可能的多种集体领导类型，也讨论了领导国的候选资格问题，虽然祁怀高、向宇、曹云华三位学者承认中小国为领导主体的国际集体领导现实，但三位学者无疑更钟情于将领导国的参与资格定为在提供国际公共物品方面有着先天优势的地区大国。

关于地区一体化进程中如何缓解和克服集体领导中较为敏感的领导权竞争问题，中国学者王玉主提出了区域公共产品供给中"门类分割"和"时间分割"两种领导权共享方式，他认为1997年金融危机后，中日韩东盟通过对东亚区域公共产品供给份额的分割，较为成功地避免地区领导权的恶性竞争，而对未来东亚自由贸易区域市场建设上可能出现的领导权竞争问题，他提出可以通过细分功能性合作领域的办法来超越地区领导权的竞争。③

---

① 向宇：《论东亚经济合作中的领导问题》，北京大学博士论文，2005年，第124~127页。

② 曹云华：《论东亚一体化进程中的领导权问题》，《东南亚研究》，2004年第4期。

③ 虽然作者在文中用的是"主导权"而非"领导权"，但其对"主导权"的理解基本等同于"领导权"，作者在论文中英文摘要部分也将"主导权"译为"Leadership"。参见王玉主：《区域公共产品供给与东亚合作主导权问题的超越》，《当代亚太》，2011年第6期。

### (三)全球问题治理中的国际集体领导

2005—2010 年，学界对国际集体领导的关注层面进一步从地区层面转向全球层面，领导主体参与资格也不再局限于传统经济发达国家，开始探讨中等强国、国际组织或非国家行为体在全球低级政治经济环境事务治理领域中的联合领导现象，特别是 2010 年中国成为全球第二大经济体后，中国学界对集体领导的研究不再停留于中日东亚地区的共享领导模式之上，开始探讨中美能否避免权力转移过程中的"修昔底德陷阱"，在全球事务中实现合作共赢和领导权共享。

瑞士学者斯特凡·博瑞(Stefan Brem)认为，全球化时代的国际领导不仅依赖于体系结构权力，也依赖于知识理念和社会网络，中等国家和国际组织虽然在国际体系政治经济军事权力格局中居于次等地位，但在知识理念和国际社会关系网络中却拥有着权力大国不具备的独特优势，这些优势促成中等国家和国际组织在诸如防止小(轻)武器扩散、全面禁止地雷、维护全球生态安全等功能性领域中扮演着合作引领问题治理的技术型、协调型领导角色。[①]中国学者陈志敏在比较世界军事、经济、规范多极化进程中的大国协调、西方自由国际秩序和板块化地区治理等三类治理模式后，认为未来全球治理中的领导权共享模式，应该是大国协调下的包容治理，即能力优势的大国(力量中心)在全球治理中仍承担引领责任，但不再是先前少数大国垄断国际事务，而是以协作、共进、吸引和赋权的方式，引领推动体系其他成员国

---

① Stefan Brem, "Is There a Future for Non-Hegemonic Cooperation? Explaining Success and Failure of Alternative Regime Creation", in Stefan Brem & Kendall Stiles, eds. *Cooperation without America*, Routledge, 2009, pp.173-184.

达成行动共识,共同应对全球系列挑战。①

(四)共享国际领导权视域下的国际集体领导

此外,部分中国学者也探讨了权力转移大背景下如何避免"守成国"与"崛起国"因国际领导权争执而爆发冲突的问题,中国学者顾炜在分析"主导国"和"崛起国"关于地区秩序构建过程中的主导权博弈时,曾提出"主导国"和"崛起国"共享地区领导权的双重领导模型,认为当地区权力格局呈现"两强多弱"的局面时,通过两大国之间利益、目标、行动的协调,促使众小国同时接受两大国的领导,共同塑造整体性的地区机制。②管传靖和陈琪两位学者则从权力转移视角分析了"崛起国"在改革国际经济制度的进程中如何规避与"主导国"就领导权的恶性竞争,认为"崛起国"进行的国际制度的改革如果对"主导国"的领导权冲击程度低,利益兼容度高,则不易招致"主导国"对国际制度改革的抵制。③

不同于前一节国际领导研究成果的综述方式,本书对已有国际集体领导研究成果主要选择的是时序评述而非类别评述,原因在于学界对国际集体领导缺少系统性的研究,并未提出一个相对完整的国际集体领导分析理论框架,有关国际集体领导的成果多散落于霸权之后的大国合作或大国协调、地区一体化、全球治理、权力转移等相近理论成果或经验分析中。从 20世纪 70 年代后期大国合作共同规范国际经济秩序,到 90 年代的地区一体化进程中区域大国合作引领,再到 21 世纪全球治理中多元领导、大国协作

---

① 陈志敏:《多极世界的治理模式》,《世界经济与政治》,2013 年第 10 期;陈志敏:《全球治理中中国的协进力量定位》,《国际政治研究》,2012 年第 4 期;陈志敏、周国荣:《国际领导与中国协进型领导角色的构建》,《世界经济与政治》,2016 年第 3 期。

② 顾炜:《双重领导型地区秩序的构建逻辑》,《世界经济与政治》,2017 年第 1 期。

③ 管传靖、陈琪:《领导权的适应性逻辑与国际经济制度变革》,《世界经济与政治》,2017 年第 3 期。

包容,学界对国际集体领导的认识早已不再止步于概念提出,逐步扩大至以共享领导权为中心的集体领导类型、领导成员资格、规避领导权竞争的方式、领导权的共享途径等,这为本书进一步对国际集体领导的系统性研究奠定了扎实的基础。大体而言,现有国际集体领导研究成果的不足主要有:一是将国际集体领导等同于大国协调,缺少对其内涵和外延的清晰界定;二是对国际领导权的共享或竞争认识不完整,领导权的共享过程中必然伴随着领导成员间的纷争,重点在于管控分歧而非一味避免纷争;三是缺少对国际集体领导为何得以实现和领导形态的系统性解释,如为什么说大国协调式的国际集体领导在 21 世纪饱受诟病等。(见表 1.1)

表 1.1　国际集体领导现有研究评述

| 时间脉络 | 研究成果 | 已有贡献 | 研究不足 | 文章贡献 |
|---|---|---|---|---|
| 1970—1991 年 | 后霸权时代国际经济事务中的大国协调。 | 定义国际领导权共享内涵,大国共管国际事务。 | ①缺少国际领导权为何能够成功共享的系统解释。<br>②国际集体领导不同于大国协调。<br>③共享国际领导权必然有分歧冲突,关键在分歧管控,而非杜绝。 | ★厘清国际集体领导的概念认知和评判标准。<br><br>★提出关于国际集体领导何以出现或不出现的理论解释框架。 |
| 1991—2008 年 | 地区一体化进程中的多国引领,如法德轴心、东盟、中日韩。 | ①如何规避国际领导权的恶性竞争。<br>②探讨多国共享国际领导权方式。<br>③国际领导主体资格探讨。 | | |
| 2000—2008 年 | 全球问题治理行动中的多国引领。 | ①国际领导权主体不局限于权力大国。<br>②国际领导权共享的开放包容性增强。 | | |
| 2008 年至今 | 如何避免权力转移进程中的"守成国"与"崛起国"冲突 | 探讨两强共享国际领导权的方式。 | | |

# 第三节　从全球治理多国集体行动视角来研究国际集体领导

本书将围绕与国际集体领导相关的四个具体问题展开，即什么是国际集体领导、为什么多国集体领导相比一国国际领导更具可行性、国际集体领导在什么样的情境下更容易实现及实现路径。为此，本书首先通过词源梳理、概念对比，厘清国际集体领导的内涵、外延和观测指标。其次，通过现代国际体系 1648 年以来的权力格局变迁梳理，论证国际集体领导的合法性和可行性。再次，借鉴中国学者陈志敏的多极世界治理、新型大国关系形态理论，时殷弘、唐世平的国际系统分析理论，秦亚青的"关系–过程"建构主义理论，美国学者罗伯特·杰维斯（Robert Jervis）的国际关系认知心理学研究，查尔斯·库普乾的和解理论分析路径，曼瑟尔·奥尔森（Mancur Olson）的集体行动理论和埃莉诺·奥斯特罗姆（Einor Ostrom）的公共事务治理理论，[①]提出国际集体领导何以实现的理论假说——从国际体系层次和国家行为体互动层次，构建起解释国际集体领导现象的理论模型，其中权力格局和体系危机构成解释国际集体领导形成难易的影响因素（体系层次），之后在权力格局和体系危机两大影响因素二分变化的刺激下，国家行为主体开始沿着国际领导权共享和国际"引领–支持"关系实现路径，生成国际舞台上形形色色的多国集体领导现象。最后选取现当代国际关系史上较为著名的三段国际集体领导现象案例，1939—1947 年的美苏英国际集体领导，20 世纪 70 年代的七

---

① 关于国际系统构成部件及分析路径，参见时殷弘：《现当代国际关系史——从 16 世纪到 20 世纪末》，中国人民大学出版社，2006 年，第 52~53 页；唐世平：《国际政治的社会演化：从公元前 8000 年到未来》，董杰旻、朱鸣译，中信出版社，2017，第 249~254 页。

国集团国际经济集体领导和 2008—2010 年二十国集团治理金融危机中的国际集体领导，与前述理论假设进行交互检验，得出无政府国际舞台上国际集体领导得以实现的内在规律。

围绕研究问题和研究设想，本书计划分为七个章节对研究对象——国际集体领导进行系统阐述。第一章是导论，即本章，阐明国际集体领导的研究背景、研究意义、研究成果、研究路径与章节安排。

第二章是概念辨析部分，试图厘清学界对国际集体领导现象的模糊性解读，结合管理学上的集体领导概念和国际领导概念，提出本书关于国际集体领导的内涵、外延及观测指标。该章由三小节构成，其中第一节从词源上厘清集体和领导的内核，以及管理学上集体领导的概念、类型。第二节从"引领-支持"关系视角提出本书关于国际集体领导的概念界定，以及国际集体领导的理论形态和实践形态。第三节对比廓清学界容易混淆的国际集体领导、大国协调和联盟之间的异同。

第三章是理论部分，试图提出一个分析理解当代国际体系国际集体领导从无到有的解释框架。该章由五小节组成，第一节通过分析梳理现代国际体系 1648 年诞生以来的权力多元演进趋势，以及因权力多元而产生的多国集体行动难题和国际领导权竞逐结构性矛盾，进而指出国际集体领导的合理合法性。第二节在国际集体领导得以实现的权力多元必要基础上，通过加入国际体系危机这一影响因素，对比分析国际集体领导在四类不同情境中的取得难易程度，统合参考国际议题、国际制度、文化价值、行为体数目等其他竞争性解释因素，得出国际集体领导在爆发体系危机的权力多极情境中最容易实现的理论命题。第三节和第四节主要梳理了国际集体领导在国家单元层面的形成路径，第三节关注多个意向领导国如何取得国际领导权共享，第四节关注集体领导成员国在取得国际集体领导权共享后，如何赢得他国支持，培育起"引领-支持"国际领导关系。第五节则尝试解释引领体系危机治理后国际集体领导为何能够延续,或为何走向失落。

第四章、第五章和第六章是案例部分,通过选取现当代国际关系史上较为知名的三段国际集体领导史进行剖析, 以佐证本书关于国际集体领导兴衰的解释分析框架。第四章介绍了 1939—1947 年美苏英重建国际政治经济秩序中的集体领导兴衰。该章分为五小节,第一节介绍了德意日轴心国军事扩张下"凡尔赛-华盛顿"国际秩序的崩溃和美苏英引领反法西斯集体行动的意愿和能力。第二节介绍了国际体系安全威胁不断加重下,美英苏三国如何由共同利益下关注差异到关注趋同,再到妥协共识,取得反法西斯国际领导权共享。第三节介绍了美苏英共同引领反法西斯军事行动和重建战后国际政治、经济秩序中的战略磋商和分歧管控。第四节介绍了美英苏共享国际领导权后,如何赢得其他国家国对其军事、政治、经济全方位引领行为的支持。第五节介绍了在负向集体情感的驱使下美苏分歧升级以致无法妥善管控,最终走向对抗,二战后五常国际集体领导初衷就此解体。

第五章介绍了 20 世纪 70 年代以来七国集团的国际经济领导兴衰。该章同样分为五节,第一节介绍了"美元-黄金"固定汇率体系解体、石油危机、经济滞涨等多重危机冲击下的西方国际经济体系动荡和 20 世纪 60 年代后期兴起的国际经济美日欧三足权力格局,两者交互作用下,生成国际领导需求和集体领导意愿。第二节介绍了西方国际经济危机的不断加剧下,美法谅解和美英法德日意六大国关注点的趋同、领导权共享妥协与共识的达成。第三节介绍了七国集团从 1975 年朗布依埃峰会至 1978 年波恩峰会共同引领国际经济危机治理中的战略磋商和分歧管控。第四节介绍了七国集团如何赢得国际社会其他国家支持, 将自身倡议的国际经济治理呼吁转化为国际社会的行动共识,赢得其他国家对七国国际集体领导的支持。第五节介绍了正向集体情感增进和集体身份认同形成后,七国国际经济集体领导的定型延续,以及新兴经济体崛起后,七国国际集体领导式微。

第六章介绍了 2008 年全球金融危机后二十国集团集体领导的兴起。该章分四节，第一节介绍了由美国次贷危机引发的全球金融体系动荡以及深处金融风暴中心的七国集团的国际领导力不足，迫使其求助于中印等新兴经济体共同承担起危机治理领导责任。第二节介绍了华盛顿首脑峰会前夕，传统经济大国与新兴经济体在关注点趋同下的妥协谈判，最终达成二十国集团的框架内共享金融危机治理领导权；之后通过 2008 年华盛顿峰会到 2010 年首尔峰会五轮战略磋商，管控分歧、稳定国际金融秩序和重振全球经济。第三节介绍了二十国集团共享国际经济领导权后，如何回应和消除新加坡、挪威等中小国家的质疑和不满，进而赢得国际社会的认可与支持。第四节介绍金融危机的迅速遏制和防止危机再次上演的正向集体情感，促使 2009 年匹兹堡峰会上二十国集团跻身国际经济治理中心论坛，但集体身份命运认同缺失下，传统经济体与新兴经济体关注点分歧在金融危机后不断显露，双方在二十国集团框架内的集体领导时隐时现。

第七章为本书的总结和反思部分，主要包括三节内容。第一节对比评述了美苏英、七国集团和二十国集团的国际集体领导相同和不同特征。第二节论述国际集体领导在全球化复合相互依赖情境中的供需形态，参与"引领-支持"国际集体领导行动意愿的减弱、全球化能力与认知结构的失衡、为摆脱全球化绑缚效应而加剧的大国纷争，所有这一切为后金融危机时代的国际集体领导蒙上了一层阴影。第三节意在阐明封闭俱乐部型国际集体领导的乏力，以及协进型国际集体领导之于新型国际关系视野下应对大国摩擦加剧、全球治理国际领导赤字等难题的积极作用。

# 第二章 国际集体领导的概念厘清

## 第一节 集体领导相关概念探析

### 一、集体领导概念的词源探析——中西语境下的内核对比

领导现象在日常实践中多样和复杂的特征，深刻影响了单一领导定义范式的形成，学术界对领导、集体领导等概念的认识一直仁者见仁，[①]尽管如此，对国际集体领导理论分析框架的构建却离不开对其基础概念内涵和外延相对明晰的界定，因此在开启对国际集体领导的研究之前，笔者将首先对

---

① 关于领导、集体领导概念及其类型的认识，参见 Jessica E. Dinh, et al., "Leadership theory and research in the new millennium: Current theoretical trends and changing perspectives", *The Leadership Quarterly*, 2014, 25(1). Noshir S. Contractor, et al. "The topology of collective leadership", *The Leadership Quarterly*, 2012, 23(6)。

国际集体领导的内核——集体领导,做一番梳理阐释。

根据上海辞书出版社 2009 年第六次修订出版的《辞海》中内容,"领导"有两层含义:单向行为意义上的带领引导(也指带领引导的人)和互动过程意义上的带领引导,即在一定的领导环境中,领导主体引导、带领领导客体(社会组织或群体)为实现共同目标而进行的领航导向的过程;"集体"则指涉有组织的群体。①关于集体领导,《辞海》则界定为民主集中制在无产阶级政党领导工作中的体现。②此外,在巢峰主编的《小辞海》中,虽未明确给出领导、集体领导的指涉,但却从字面意思上阐释了"集体、领、导"一词二字的含义。《小辞海》将"集体"界定为多个个体集合而成的有组织的整体;将"领"界定为六层含义——带领引导、管领统属、颈、衣领、领取接受和领会欣赏;将"导"界定为四层含义——引导带领(导游)、开导启发(劝导)、疏通和传导。③显然从字面意思看,"领"字与"导"字均含有"带领引导"这层含义。《简明华夏百科全书》亦将"集体"界定为与个体相对的组织群体,④将"领导"界定为在一定的情境下,指引和影响个人或组织实现某种目标的行动过程,其中致力于实现这一过程的人即领导者。⑤在这里,领导被视作领导者发挥引领作用的动态过程。因此,参照《辞海》中对领导和集体领导的界定,中文词源含义上的集体领导更多时候被理解为"集体"词义与领导学意义上的"领导"词

---

① 夏征农、陈至立主编:《辞海》(第六版)(第二册),上海辞书出版社,2009 年,第 1409、1023 页。

② 集体领导是无产阶级政党的领导原则,在党的各级领导班子中实行党委书记和委员必须遵守少数服从多数的原则,一切重要问题均须交委员会民主讨论做出决定。在党委内部,认真实行集体领导和分工负责制相结合的原则,依靠集体的政治经验和集体的智慧,防止和减少片面性,避免个人包办或者无人负责的不良倾向。内容参见夏征农、陈至立主编:《辞海》(第六版)(第二册),上海辞书出版社,2009 年,第 1023 页。另外,关于民主集中制阐述,参见《中国百科大辞典》,华夏出版社,1990 年,第 169 页。

③ 巢峰主编:《小辞海》,上海辞书出版社,2016 年,第 650、905、249 页。

④ 《简明华夏百科全书》(第三卷),华夏出版社,1998 年,第 232 页。

⑤ 《简明华夏百科全书》(第四卷),华夏出版社,1998 年,第 137 页。

义相融合的产物,即在实现带领引导或领航导向的动态过程中,领导主体不再由单个个体来扮演,而是由多个个体集合而成的组织群体来整体扮演,领导权由个人独享转变为集体成员共享,领导决议由组成领导集体的多数成员在民主讨论和少数服从多数的原则下产生。一言以蔽之,在中文语境下,集体领导词义内涵可概括为领导权共享下的带领引导过程。

相比于《辞海》从"带领引导"角度认识"领导",《朗文当代英语大辞典》中"领导"一词主要包含四层含义:领导地位、领导才能(领导力)、领导人员(领导层)和领先地位。[①]同时,"集体"一词则有形容词和名词两种用法,在作为形容词时,"集体"主要指群体的、共享的、共同的;作为名词时,"集体"主要指群体事业(组织)或参与运行群体事业(组织)中的人员。[②]《麦克米伦词典》对"领导"和"集体"内涵的界定基本类同于《朗文当代英语大辞典》,不同之处仅在于"集体"(collective)在《麦克米伦词典》作为形容词时没有共享(shared)这一含义,以及作为名词时仅指群体事业(组织)。[③]然而在《韦氏高阶词典》中,"领导"一词只有领导地位、领导才能(领导力)和领导层三层含

---

① 在《朗文当代英语大辞典》中,领导(leadership)有四层含义:the position of being the leader of a team/organization;the quality of being good at leading a team/organization/country;the people who lead a group/organization;the position of being in front of actors in a competition。参见《朗文当代英语大辞典》(英英·英汉双解),商务印书馆,2011 年,第 1047 页。

② 在《朗文当代英语大辞典》中,集体(collective)有形容词和名词两种用法:*Adjective*,involving a group,or shared or made by every member of a group;*Noun*,the business or farm that is run by the group,a group of people who work together to run something such as a business or farm。参见《朗文当代英语大辞典》(英英·英汉双解),商务印书馆,2011 年,第 336 页。

③ 在《麦克米伦词典》中,领导(leadership)主要指:the position of being the leader or being in charge of an organization/country;the senior people in an organization or the people who are in charge of a country;the quality and skills of a good leader;the position of being more successful than anyone you are competing against。集体(collective)同样有作为形容词和名词时的含义:*Adjective*,involving all the members of a group,or owned by the government and run by a group of works;*Noun*,a business or farm owned by the government and run by a group workers。参见《麦克米伦高阶英汉双解词典》,外语教学与研究出版社,2005 年,第 1186、390 页。

义,未包含"领先地位"这层意思;其关于"集体"一词的诠释基本同于《朗文当代英语大辞典》对"集体"一词的阐释。① 此外,《牛津当代百科大辞典》也将"领导"和"集体"两词分别界定为:领导地位、领导才能、领导人员和集合的、总体的、团体的。②

对比中文词源和英文词源中对"领导"和"集体"两词不同的解释,可以看出中文词源中的"领导"更突出了领导的职能定位——带领引导,并将领导视为一个动态的作用过程;而英文词源中的"领导"含义则相对丰富的多,呈现一种对"领导"这一现象的综合性静态描述,除了"带领引导"对应的领导技能外,还包含了领导地位、领先地位和领导主体三项内容,不再将领导局限于"带领引导"的动态过程,③ 依此我们便可以理解在金德尔伯格、吉尔平等早期从事国际领导研究学者的研究作品中,领导为何有时直接等同于权力优势、霸权等。虽然中文词源和英文词源中"集体"一词均指涉群体组织,但显然英文词源中"集体"一词的内涵要丰富得多,除群体组织这层含义外,又有共享、共同、共有等意思。(见表 2.1)而这一点也间接反映到,集体领导类型在中西语境下不同的发展趋势, 英文语境中集体领导进一步衍生出共享领导(shared leadership)、分工型领导(distributed leadership)、分散型领导(dispersed leadership)、协调型领导(coordinative leadership)与合作型领导(cooperative leadership)等多种形态,而中文语境中对集体领导理解更聚焦在

---

① 在《韦氏高阶词典》中领导(leadership)有三个含义:a position as a leader of a group/organization;the power or ability to lead other people;the leaders of a group/organization/country。集体(collective)一词同样有作为形容词和名词两种含义:*Adjective*,shared or done by a group of people,involving all members of a group;*Noun*,A business or organization that owned by the people who work there,the people who own such a business or organization。参见《韦氏高阶英汉双解词典》,中国大百科全书出版社,2017 年,第 1186、400 页。

② 《牛津当代百科大辞典》,中国人民大学出版社,2004 年,第 1034、338 页。

③ 需要指出的是,英文词典中对"领导"的界定不同于领导学研究中对"领导"的定义,中文词源中对"领导"的定义更接近于英文语境下领导学研究中对"领导"的定义。

民主集中制原则下领导成员之间的分工与统一。①

表 2.1　"集体"与"领导"在中英文词源中的对比

| 中文词源 | 集体(中) | 集体(英) | 英文词源 |
|---|---|---|---|
| 《辞海》 | 有组织的群体 | 群体的、共享的、共同的；群体事业(组织)或群体事业(组织)中的人员 | 《朗文当代英语大辞典》 |
| 《小辞海》 | 多个个体集合而成的有组织的整体 | 群体的、共同的；群体事业(组织) | 《麦克米伦高阶英汉双解词典》 |
| 《简明华夏百科全书》 | 与个体相对的组织群体 | 群体的、共享的、共同的；群体事业(组织)或群体事业(组织)中的人员 | 《韦氏高阶英汉双解词典》 |
| 中文词源 | 领导(中) | 领导(英) | 英文词源 |
| 《辞海》 | 带领引导(动态过程) | 领导地位、领导才能、领导层和领先地位 | 《朗文当代英语大辞典》 |
| 《小辞海》 | 带领引导 | 领导地位、领导才能、领导层和领先地位 | 《麦克米伦高阶英汉双解词典》 |
| 《简明华夏百科全书》 | 指引和影响个人或组织实现某种目标的行动过程 | 领导地位、领导才能和领导层 | 《韦氏高阶英汉双解词典》 |

## 二、厘清集体领导概念的缘由、内涵及外延

如果将领导现象视为一个以带领引导为特征的动态过程，那么学界对领导现象的认识与分析，可以概述一个由领导过程及围绕其四周的四大部件共同组成的研究图景——领导主体(领导者)、领导客体(追随者)、领导情景、领导过程和领导结果。②在这五大部件中,领导者及以其为焦点的延展研

---

① 关于集体领导的不同类型,本书将在下文集体领导类型章节中予以进一步阐述。此外,关于集体领导不同变体类型的分析阐述,可参见 Francis J. Yammarino, et al., "Collectivistic Leadership Approaches: Putting the 'We' in Leadership Science and Practice". *Industrial and Organizational Psychology*, 2012, 5(4)。

② [美]乔恩·皮尔斯、约翰·纽斯特罗姆编：《领导力：阅读与训练》,马志英等译,中国人民大学出版社,2009 年,第 15~16 页。

究无疑占据了领导学研究领域中的绝大部分，似乎学界对领导现象的研究暗含着一个前提，即领导是内嵌于领导主体之中的而非领导客体，领导是领导者的行为过程。作为建立在领导概念基础上的复合概念，集体领导亦未能免俗。如果说领导是涉及领导者与追随者，在一定的情景中基于实现共同目标，而形成的带领与被带领、引导与被引导的互动过程，那么集体领导则聚焦于两个或多个行为主体共享领导权的领导现象。需要说明的是，这里的领导权主要指决策权，毕竟决策是领导者最为根本性的工作。①

在传统领导学研究中，领导通常被聚焦于单个领导者与众多追随者的互动过程，领导主体亦被抽象为单一或单个行为体，②无论是马克斯·韦伯的传统型领导、"克里斯马"型领导，还是伯恩斯的交易型领导、变革型领导，其共同默认的一个前提便是领导主体的统一性，认为面对纷繁复杂的情境，只有少数领袖人物才具备动员群众且应对复杂局势的能力和意愿，③如为后世史笔所传颂的华盛顿、拿破仑、列宁、罗斯福、丘吉尔、毛泽东等政治领袖，及古代国际关系史上东亚"内外"体系中的中华帝国。④但这样一个事实在权力分布愈加扁平化的今天很难立足，因为在实际生活中，我们会发现诸多由多个个体分担并共同行使领导主体职责的领导现象，特别是在现代国家、公司、学校、社会组织中，这一趋势更加明显。关于集体领导方兴未艾的阐释主要集中在三个方面：领导过程本身的"关系-任务"属性、领导决策过程的复杂性和权力多元的领导情境。

---

① "区别于管理者，领导者的根本性工作就是决策。"参见《简明华夏百科全书》（第四卷），华夏出版社，1998年，第137页。

② Tamara L. Friedrich, et al. "Collectivistic Leadership and George C. Marshall: A Historiometric Analysis of Career Events". *The Leadership Quarterly*, 2014, 25(3).

③ ［美］彼得·圣吉：《第五项修炼：学习型组织的艺术与实践》，张成林译，中信出版社，2009年，第331~334页。

④ 关于君臣关系为核心的"内外"天下秩序（古代东亚地区国际体系）的论述，参见韩昇：《东亚世界形成史论》，中国方正出版社，2015年，第21~32页。

领导学研究将领导视为领导者带领引导追随者实现共同目标的动态过程,这一动态过程同时暗含了"引导-追随"关系的建立和任务目标的实现。共同目标的实现不是领导者单枪匹马的行动,往往需要追随者的积极参与和一线操刀,领导者更多时候多发挥着倡议、动员、导航等战略性作用。一个称职的领导者在行使领导权,实践领导职能时,必须克服两大挑战:建立维系"引导-追随"关系和诊断解决问题挑战。前者主要指在领导者与追随者之间构建起一种良好的人际关系,实现群体组织内的团结和谐;后者主要指提出应对问题的有效行动方略,实现任务目标,两者通常也被分别概述为关系导向型领导和任务导向型领导,①所以领导过程本身就需要领导主体具备两种不同特质的行为属性。当面对危机挑战时,如果无法同时脱颖而出兼具关系导向型特质与任务导向型特质的个体时, 领导主体职责往往便会分别由擅长良性关系构建的个体和问题处理能力的个体联合扮演,形成双重领导下的集体行动。此外,现代社会中领导决策过程是一个复杂且耗时耗力的过程,远远超出单个个体的胜任能力,需要多个个体来共同参与其中,单一的领导主体已很难适应这种复杂动态的决策过程,需要将原先完整统一的领导权分享于能够胜任领导职责的不同知识、技能的个体,领导实质上是一个可以被分配、被分享的集体行动过程。②

相比于领导过程本身的"关系-任务"属性和领导决策过程的复杂性,在领导情境理论眼中,无论"引导-追随"关系的建立,还是任务目标的实现,领

①　Joseph S. Nye. The Powers to Lead. Oxford University Press,2008,p.87;Maria J. Mendez,et al.,"Beyond the Unidimensional Collective Leadership Model". *Leadership & Organization Development Journal*,2015,35(6).

②　Lucia Crevani,et al. "Shared Leadership:a Post-Heroic Perspective on Leadership as a Collective Construction",*International Journal of leadership Studies*,2007,3(1). Craig L. Pearce,et al.,"New forms of management:Shared and distributed leadership in organizations",*Journal of Personnel Psychology*, 2010,9(4). See Craig L. Pearce & Jay A. Conger. *Shared Leadership:Reframing the Hows and Whys of Leadership.* Sage Publications,2003.

导总是在一定的环境情景中进行的。不同的领导情境需要不同的领导类型，领导者应根据不同的情境来调整自己的领导风格，集体领导呼应的便是权力多元共享的情境事实。美国学者约瑟夫·奈将构成领导情境的核心部分概括为四个：文化背景、权力分布状态、追随者的需求和信息流动。①现代科技的飞速进步，不仅密切了不同文化背景群体之间的联系交流融合，增加着群体内个体成员的异质性和利益诉求的多样性，以及知识信息传播的速度与广度，由此大幅缓解了群体内个体之间的能力分布差异，更为重要的是传统区域之间、问题领域之间泾渭分明的边界，在科技进步、人员交往、信息交流的助推下渐趋模糊，某一区域公众问题滋生的成因往往涉及多个领域，解决之道也愈加依赖其他区域的积极配合。如果我们将领导权理解为影响塑造他人的选择行动偏好的能力，将"领导-追随"关系确立的前提视为领导者拥有追随者所缺乏的优势能力，那么在一个行为体之间信息、问题、权力共享的情境中，独享领导权的领导者显然愈加面临着引导、治理能力不足的挑战。②在权力多元共享情境下，集体领导既是不同知识技能个体共享领导权的需要，也是赋予领导权合法性的题中之义。

综合集体领导兴起的已有研究，不难发现领导权在两个或多个行为体之间的共享是理解集体领导的关键内涵，一如乔恩·皮尔斯和约翰·纽斯特罗两位学者将集体领导的实质归结为联合领导——多个人组成的团队共同行使领导职能的现象。③在这里，领导权的共享主要有三层含义：一是领导主

①　Joseph S. Nye. *The Powers to Lead*. Oxford University Press, 2008, p.91.

②　关于权力多元共享现象的原因及其影响的分析，参见 John M. Bryson, Barbara C. Crosby. *Leadership for the Common Good: Tacking Public Problems in a Shared-Power World*. Jossey-Bass Publishers, 1992, pp.12-21。

③　[美]乔恩·皮尔斯、约翰·纽斯特罗姆编：《领导力：阅读与训练》，马志英等译，中国人民大学出版社，2009年，第22页。

体的多元，即领导主体不在由一人独享而是多人共享；二是领导职责的多元，即领导过程中领导者职责包含多项内容，不同职责的领导角色应由不同的个体来扮演，而非一人分饰多角；三是共同领导决策，即领导团队成员作为一个整体进行领导决策。弗朗西斯·亚马瑞诺（Francis J. Yammarino）等四位学者在分析集体领导的不同"变体"时，直接将集体领导的出现归结为现代科技迅速发展背景下领导决策过程的复杂性、风险性和需求竞争性，使得单个个体难以胜任领导职责，领导现象相应过渡为由多个个体互相交流共同承担领导主体角色。①让-路易·丹尼斯（Jean-Louis Denis）等三位学者将集体领导理解为领导团队中领导成员各自独立承担的领导职责与集体行动二者相协调的过程，其背后运行逻辑为领导团队内个体成员领导权的发挥有赖于作为整体的领导团队，没有一个领导成员有能力将自己的观点偏好强加于群体组织，只有集合着一系列技能、经验、影响力与合法性资源的领导集体具备这项能力。②然而在让-路易·丹尼斯与另外两位学者联合撰写的另外一篇研究作品中，集体领导则被理解为一种多元领导现象——领导权在不同的人员中的共享或分配，领导主体成员有着潜在的流动性且为群体内成员互动而建构。③克雷格·皮尔斯（Craig L. Pearce）与杰·康格尔（Jay A. Conger）更是直接将集体领导概述为多个个体协作引领下实现共同目标的动态过程。④而塔玛拉·弗雷德里克（Tamara L. Friedrich）等五位学者则认为集体领导意味着作为一个集体的领导层，在领导决策过程中根据当下应对的

①　Francis J. Yammarino, et al., "Collectivistic Leadership Approaches：Putting the 'We' in Leadership Science and Practice". *Industrial and Organizational Psychology*, 2012, 5(4).

②　Jean-Louis Denis, et al., "The Dynamic of Collective Leadership and Strategic Change in Pluralistic Organizations". *The Academy of Management Journal*, 2001, 44(4).

③　Jean-Louis Denis, et al. "Leadership in the Plural". *The Academy of Management Annals*, 2012, 6(1).

④　Craig L. Pearce & Jay A. Conger. *Shared Leadership：Reframing the Hows and Whys of Leadership*. Sage Publications, 2003.

情形和问题,以及组织网络内成员的技能专长,有效分配领导角色;集体领导的有效运作,既依赖于领导成员知识经验技能背景的多样性,更有赖于领导成员之间充分信息交流和行动角色的协调。①

至于哪些个体或行为体有资格共享领导权,参与到领导决策中来,依据塔玛拉·弗雷德里克等五位学者理解,将取决于领导情景的需要,取决于群体面临的问题、危机和挑战的需要,那些有能力克服问题、危机和挑战的个体,自然应获得带领引导群体成员集体行动的领导权。此外,玛利亚·门德兹等三位学者在克雷格·皮尔斯与杰·康格尔关于集体领导的界定基础之上,指出集体领导决策过程中领导团队成员之间影响力不平等现象,即领导决策形成过程中某些成员的话语影响大于另一些成员,进而将集体领导理解延伸至领导权共享(集体领导行为方式)下的领导绩效,认为成功的集体领导有赖于激励群体组织内所有成员都积极参与到领导决议过程中来,共享领导成就和培育共同身份,②集体领导中"领导–追随"关系在此也开始由上下等级结构逐步演变为一种身份平等的互动关系。

另外,作为中国共产党根本组织原则民主集中制的重要组成部分,集体领导在中国共产党党内政治生活中发挥着举足轻重的作用,集体领导与个人分工负责相结合是集体领导制度的核心要义。集体领导在中国共产党各级组织中的贯彻,基本立足于个人领导下的片面性和主观性,立意于与个人能力知识相比,多数人的集体智慧更有益于领导工作的科学性。③在实践中,集体领导制度要求中国共产党各级党委按照"集体领导、民主集中、个别酝酿、会议决定"的十六字方针进行领导决策,即在决策过程中,基于分工负责

---

① Tamara L. Friedrich, et al., "A Framework for Understanding Collective Leadership: the Selective Utilization of Leader and Team Expertise within Networks". *The Leadership Quarterly*, 2009, 20(6)8.

② Maria J. Mendez, et al., "Beyond the Unidimensional Collective Leadership Model". *Leadership & Organization Development Journal*, 2015, 35(6).

③ 李国梁:《集体领导是领导科学的重要范畴》,《理论探讨》,1986 年第 5 期。

下的领导班子成员之间的民主讨论后,按照少数服从多数的原则做出决定,既反对个人独断专行的独裁式领导,也反对领导成员分工下各自为政、议而不决的领导乏力现象。所以领导权的共享在中国共产党集体领导政治生活实践中体现为:领导团队成员首先以职责分工的形式共享领导权,其次在集体讨论的基础上,以党组织的形式做出领导决策。对此,中国学者胡鞍钢通过考察中国共产党 1927 年以来的党内集体领导体制实践,将集体领导概述领导组织内领导成员之间的分工合作与协调合力相结合的运行机制。①

　　综上言之,集体领导的概念可界定为多个行为体共享领导职权下的带领引导过程。(见表 2.2)领导权共享下的集体领导,既意味着不同行为体共同行使领导职权,也意味着领导职权的多元构成(领导权不再是抽象意义上的整体而是细分为多个部件),更意味着领导职权在群体成员中的动态共享。②领导权的共享也带来了集体领导主体的开放性,随着领导情境的变化,先前处于追随位置的成员可能因领导任务的需求而进入领导团队,而处于领导位置的成员亦可能随着情境的变化而退出领导团队。此外,与传统上下级等级关系上的领导相比,集体领导虽然呈现出一种平行的领导追随关系,但这并不意味着领导者与追随者之间地位等级或角色职能差异的消失,相反带来了现阶段集体领导中"领导–追随"关系的多样化,在一些正式的组织机构中,领导者通常产生于上层委派或法定选拔,虽然领导权由多人共享,但领导者与追随者的差异还是有的, 甚至有时呈现一种等级森严的上下级关系;而在一些突发性非正式的情境中,领导追随关系往往因情境需要而产生, 这种情况下领导者与追随者之间的差异多是一种平行关系中的角色职

---

① 胡鞍钢:《民主决策:中国集体领导体制》,中国人民大学出版社,2014 年,第 9 页。

② Noshir S. Contractor,et al.,"The topology of collective leadership",*The Leadership Quarterly*,2012,23(6).

能差别。

表 2.2　集体领导的概念界定

| 名称 | 概念 | 缘由 | 内涵 | 外延 |
|---|---|---|---|---|
| 集体领导 | 多个行为体共享领导主体职权下的带领引导过程 | ①领导过程的"关系–任务"属性<br>②领导决策过程的复杂性<br>③权力多元的领导情境 | 领导权的共享 | ①不同行为体共同行使领导权<br>②领导权内容的多项构成<br>③领导权在群体成员中的动态共享 |

## 三、集体领导的类型

所谓集体领导类型主要指领导权多主体共享下的领导行为外在展现。基于不同观察视角或划分标准,自然得出特征迥异的集体领导类型,已有关于集体领导类型的划分更像是集体领导一般概念在不同情境下的变体,由于缺少相对统一的划分标准,学界对集体领导类型的划分可谓见仁见智。

让–路易·丹尼斯、安·兰利(Ann·Langley)、微微安妮·塞尔吉(Viviane Sergi)三位学者依据领导权共享主体的不同将集体领导划分为:分享型领导(sharing leadership)、汇集型领导(pooling leadership)、传递型领导(spreading leadership)和即时型领导(producing leadership)四种多元领导类型(plural leadership)。其中,分享型领导主要指领导权为群体组织所有成员共享,在决策过程中群体成员彼此相互领导共同决策;汇集型领导更接近于民主集中制原则下的集体领导,即领导权由群体组织内数个成员共享,领导决策由领导小组成员讨论后做出;传递型领导主要指群体组织内不同成员依据专业背景和情境需要轮流扮演着领导角色,虽然有领导者与追随者之间区别,但领导主体并不固定于某一个人;即时型领导更近似于一种群体组织的自我领导,群体组织内事先并无明确的领导者,领导者往往是群体成员在特定的情境下互动生成的结果。①就四种领导类型而言，分享型领导与即时型领导中，领导者与追随者并无明确的类别差异，领导权共享于所有群体组织成员；而在汇集型领导和传递型领导中，领导者与追随者之间却有着明晰的差别，虽然领导权可能随着在不同个体间的传递而为群体内所有成员享用。

相较于让-路易·丹尼斯等三位学者四种类型的多元领导，玛利亚·门德兹（Maria J. Mendez）、乔恩·豪尔（Jon P. Howell）和詹姆斯·毕晓普（James W. Bishop）等三位学者则依据领导权的共享范式将集体领导划分为分工型领导（distributed leadership）和共享型领导（shared leadership），其中分工型领导认为集体领导中领导主体（领导权）实际上是由一系列领导角色或领导行为联合组成的，如群体组织中的任务应对型领导和关系培育型领导，领导团队成员依自身能力和情境需求，相互分配并互补领导主体的多元角色；相反，共享型领导认为集体领导中领导主体（领导权）的角色或行为并非具体分散于领导团队中的各个成员，而是由领导团队作为一个整体所共享。②所以对比路易·丹尼斯等四种类型的集体领导和玛利亚·门德兹等两种类型的集体领导，我们可以清晰看出不同参照标准下二者之间的差异，首先前者的分享型领导其领导权共享于群体组织内所有成员，而后者的共享型领导其领导权仅为领导团队成员作为一个整体所共享；其次就领导权在群体中的共享范围或程度而言，后者两种类型的集体领导更接近于前者的汇集型领导和传递型领导。

因此，鉴于集体领导类型研究中见仁见智的现象，本书依照上文关于集体领导概念、内涵和外延的界定，提出对集体领导类型的划分。一是依照领

---

① Jean-Louis Denis, et al., "Leadership in the Plural". *The Academy of Management Annals*, 2012, 6(1).

② Maria J. Mendez, et al., "Beyond the Unidimensional Collective Leadership Model". *Leadership & Organization Development Journal*, 2015, 35(6).

导权共享主体的数量,将集体领导划分为双重领导、团队领导和共同领导,其中双重领导主要指由两个行为体共同行使领导权的领导过程;团队领导则指三个或三个以上的个体组成领导团队行使领导权的领导过程,通常意义上的集体领导多默许为团队领导;共同领导则意味着领导权由群体组织内所有成员共享,这种领导模式常见于成员数为个数的小型群体中,实际领导过程中没有界限清晰严格的领导追随之分。二是依照领导权的共享模式,将群体内不同行为主体作为一个整体共同行使领导权的现象界定为共享型领导,如瑞士联邦的最高行政机关联邦委员会;将群体内领导权由多项职权联合构成且多人分担的现象界定为分权(分工)协作型领导。需要指出的是,在集体领导具体实践过程中,共享型领导与分权(分工)协作型领导并非泾渭分明,很多时候是相互交织共存于集体领导中,由领导团队成员根据不同的领导情境和问题任务加以具体选择,如两个有着独立领导构架的群体在面临共同的危机需要相互协调、共同行动时,有时会各自选派成员联合组成一个的新机构来共同引导协调两个群体的集体行动,但在另一些时候则不会选择成立新的领导机构,而是两个群体的领导层将需要共同应对问题进行分工,依照分工领域分别承担领导职权,在之后的领导过程相互协作,共同领导两个群体的集体行动。(见表 2.3)

表 2.3　领导权共享下的集体领导类型

| 划分标准 | 集体领导类型 |
|---|---|
| 领导权共享主体的数量 | 双重领导 |
| | 团队领导 |
| | 共同领导 |
| 领导权共享模式 | 共享型领导 |
| | 分权(分工)协作型领导 |

## 四、领导权共享过程中的冲突与缓解之道

作为集体领导的核心内涵，领导权共享的实现与否基本标志着集体领导的生成或缺失。由于集体领导成员来自不同文化背景或拥有不同的知识技能，因而在领导决策时，不免会提出相互之间不易协调甚至冲突的任务策略，抵消着团队领导的效力，这种情况的升级可能进一步激化领导成员间的分歧矛盾，如果分歧矛盾未能得到有效缓和，引发后续螺旋升级，最终造成领导权共享失败，领导团队的解体和集体领导的缺失。[①]可以说，管理和控制好领导团队成员之间的矛盾冲突是集体领导权共享能否持久的关键节点。

概而言之，集体领导过程中领导团队成员之间可能爆发四大类冲突类型：目标冲突、过程冲突、价值冲突和关系冲突，其中目标冲突指领导决策过程中关于集体行动任务目标的冲突；过程冲突指基于共同目标的行动过程中，不同行动方略选择的冲突；[②]价值冲突指不同价值理念的领导成员之间在某些议题上爆发的难以调和的矛盾；关系冲突指领导成员之间相互怀疑、相互仇视等人际关系方面的矛盾冲突。领导权共享过程中的目标冲突和过程冲突主要立足于领导本身的任务属性和领导成员的理性客观假定，价值冲突和关系冲突则主要立足于领导本身的关系属性和领导成员作为感性社会人与生俱来的价值情感主观假定。[③]

虽然不少学者认为在面临复杂、非常规、不易把握的领导任务时，领导

---

① Jean-Louis Denis, et al. "The Dynamic of Collective Leadership and Strategic Change in Pluralistic Organizations". *The Academy of Management Journal*, 2001, 44(4).

② Wendy Reid & Rekba Karambayya. "Impact of Dual Executive Leadership Dynamics in Creative Organization". *Human Relations*, 2009, 62(7).

③ Wendy Reid & Rekba Karambayya. "The Shadow of History: Situated Dynamics of Trust in Dual Executive Leadership". *Leadership*, 2016, 12(5).

团队成员之间关于目标、过程等任务型争执有助于团队领导绩效的提升,但这里有一个默认前提,即领导成员之间价值观的接近或人际关系良好,团队成员彼此相互信任,不会恶意揣度对方对自己观点的质疑,只有在一个领导团队内部相互信任水平较高, 成员间合作包容文化浓厚以及心态平和的氛围中,目标冲突和过程冲突才会对领导团队的领导绩效产生积极意义。①这种人际关系良好、价值观接近情境下的冲突,往往也会被视为一种团队成员之间正常有益的争论,彼此不会对争执的观点进行恶意解读,领导成员之间就目标或领导方法的争论成为领导权共享过程中正常的摩擦。反之,如果团队成员之间彼此价值观相互冲突或人际关系紧张,那么任何有关领导任务的冲突很可能会被领导团队中观点相左的成员解读为某种敌意,其对目标冲突或对过程冲突的理解,很少会仅仅局限于任务本身,相反会将其置于彼此决心意志地位等级的竞争中,加剧矛盾冲突的调和难度,最终带来领导权的相互抵消,后果或是集体领导有名无实或是领导团队解体,领导权共享失败。当然,如果团队成员之间爆发的是关系冲突或价值冲突,即使领导成员之间对领导任务的目标和过程有着初始的共识,随着彼此相互怀疑、相互敌视的升级,终究也会造成彼此之间因相互不信任而拒绝与对方共享领导权,一个内聚力匮乏或互不信任的领导团队,注定是无法实现领导权共享的。而如果一个领导团队成员之间几乎同时爆发了上述四类冲突, 那么基本可以推断其集体领导权共享难以实现。

目标冲突、过程冲突和价值冲突、关系冲突基本囊括了领导权共享过程中可能的冲突类型,管控领导权共享过程中的矛盾冲突亦主要指对这四大类冲突的妥善处理。组成领导团队成员个体之间的秉性、技能、文化、价值的差异性,决定了领导权共享过程注定无法避免各类摩擦、纷争。鉴于此,缓解

---

① Carsten K. W. De Dreu & Laurie R. Weingart. "Task Versus Relationship Conflicts,Team Performance,and Team Member Satisfaction:a Meta-Analysis". *Journal of Applied Psychology*,2003,88(4).

领导权共享过程中的冲突重点不在于杜绝这四类冲突发生(事实上很难做到),而是在承认领导权共享过程隐含矛盾冲突事实的基础上,积极营造团队发展环境,引导和管控不同类型的冲突走向,对于价值冲突和关系冲突,不仅力求避免,更应积极增进团队成员的相互信任和团队成员价值观的接近,以期实现领导团队内聚力的增强。即使无法实现价值观的一致,至少应该增进领导团队成员之间的互信,因为在一个彼此相互怀疑防范的领导团队中,很难想象领导权能够在其间实现共享。至于目标冲突与过程冲突,因其共生于领导决策过程中的正常讨论,缓解之道为调控冲突烈度,不使成员之间问题任务的争执升级为价值观的冲突和人际关系的敌视。规避价值冲突和关系冲突,引导冲突流入目标冲突和过程冲突并对之加以调控,增进成员互信和团队内聚力,顺理成为缓解领导权共享冲突的操作指南。(见表2.4)

温迪·里德(Wendy Reid)、瑞卡·卡拉巴约亚(Rekha Karambayya)两位学者曾将信任危机视为双重行政领导能否达成领导权共享的最大挑战。在指出历史记忆深刻影响着双重行政领导彼此间相互信任程度后,两位学者将领导互信的培育聚焦到双重行政领导形成之初或之后的集体领导实践过程,即共同的领导实践活动有助于双重领导者之间消除不佳记忆,构建互信。但两位学者也指出过程至于信任构建的双向作用,既可能积极正向地增进互信,也可能消极负向的滋生相互疑虑。①由此观之,无论冲突的引导和调控,还是团队成员互信的培育和内聚力的增进,都离不开以时间为载体的领导实践过程,集体领导中领导权共享冲突的缓解将可能是一个耗费时间、精力的反复过程。

---

① Wendy Reid & Rekba Karambayya. "The Shadow of History:Situated Dynamics of Trust in Dual Executive Leadership". *Leadership*,2016,12(5).

表 2.4　领导权共享过程中的矛盾冲突与缓解之道

| 集体领导权共享 | 决策过程中矛盾冲突 | 缓解之道 |
|---|---|---|
| 决策权共享 | 目标冲突<br>过程冲突<br>价值冲突<br>关系冲突 | 避免价值冲突和关系冲突，引导冲突导入目标冲突和过程冲突，加以调控。 |
| | | 培育成员互信和增进团队凝聚力。 |

# 第二节　国际集体领导的概念、类型界定

对于个人载体的国内社会群体组织而言，领导是一种常态，然而对于主权国家为载体的现代国际体系而言，国际领导却非一种常态。由于缺少组织章程对国际领导行为做出规范及赋予合法性，国际领导更像一种公众领导或组织间领导，那些有意于承担国际领导权责的潜在领导国必须亲自创造和培育支持国，以便赋予自身领导地位的权威合法性，[①]所以一个完整意义上的国际领导有赖于领导国在解决国际社会普遍关心问题之余，构建起其他国家对它的"公益"行为的支持追随，不过即使建立起"引领–支持"关系，领导者面临的也并非是与其有着法定上下"隶属"关系的服从者，而是平等独立关系的主权国家，这天然造成国际领导关系松散和功利。

## 一、国际集体领导的概念界定

国际领导虽然常被理解为领导国（霸权国）通过协调他国政策、提供公共产品进而解决国际体系集体行动问题的过程，[②]但按照詹姆斯·布恩斯、彼

---

① 关于公众领导内核的分析，参见刘建军：《领导学原理——科学与艺术》(第四版)，复旦大学出版社，2013 年，第 325~326 页。

② Aseem Prakash. "Organizational Leadership and Collective Action in International Governance: An Introduction". *Global Policy*, 2015, 6(3).

得·诺斯豪斯等领导学研究学者对领导的定义,领导是领导者与追随者的互动过程而非领导者独舞,所以一项未能赢得其他国家积极响应,而仅仅是单方面发出行动倡议,提供国际公共产品或解决集体行动问题的行为,很难被归结为领导现象,或者至少是一个不完整的国际领导。对于缺少天然合法隶属关系的领导国与支持国而言, 上述国际领导行为在被视为国际领导责任外,还包含着推动国际领导关系建立的题意,毕竟没有追随者也就无所谓领导者。例如,在国际体系中即使某些国家(特别是中小国家)在一些国际事务领域内提出了自己的行动倡议,但如果此后缺少其他国家的响应、支持,仍不能把这种现象归为国际领导,因此,对国际集体领导的概念界定应当兼备领导过程中的"问题–任务"属性和"引领–支持"关系属性。

可以说, 国际领导关系是领导国与支持国为实现共同目标而在国际舞台上形成的一种松散的互需关系 (领导需要支持国的支持来赋予其领导行为合法性,支持国需要领导国领导作用的发挥来达成期望目标),参照前文关于国际领导、集体领导的概念界定,笔者认为,现代国际体系中的国际集体领导现象可理解为国际体系内三个或三个以上的国家共享国际领导权,进而引领其他国家实现共同任务目标的行动过程。[1](见表 2.5)

学界津津乐道的国际领导,准确而言即国际领导行为或国际引领行为,是由国际领导的过程属性决定, 无论引领任务目标实现还是构建国际领导关系,因此国际集体领导中所谓的国际领导权共享,实质为国际领导行为的共享,正是后者一方面缓解了国际集体行动困境和便利了共同目标的实现,另一方面也确立起国家之间的"引领–支持"关系(国际领导关系)[2],让领导

---

[1]　本书将国际集体领导主体界定为三个或三个以上主权国家的理由,参见"国际集体领导类型"部分。

[2]　在"绪论"部分,笔者概述了国际领导关系实现的三大途径:强制力下的引领支持、供给公共产品等互惠交易形态下的引领支持,以及主导国所倡价值理念内化后的引领支持。关于国际集体领导中领导国与支持国间的关系互动,笔者将在下一章中予以阐释。

国获得某种国际声望和结构制度型权力。关于国际领导行为的基本内容,除为学界所共识的供给国际公共产品领导行为外,罗伯特·吉尔平、约翰·伊肯伯里两位学者还提出了协调他国对外政策,限制体系负面外部性现象及领导国对外政策的自我约束（为了国际体系的整体利益和领导国的长远利益而牺牲短期利益)等国际领导行为。①另外,克里斯托弗·邓特在分析地区国际集体领导现象时,将地区国际领导行为概述为四项内容:一是地区公共产品的供给,主要指促进地区安全稳定和区域经济社会可持续发展等行为;二是解决集体行动的难题;三是引导地区一体化建设进程;四是在联合国、世界贸易组织等全球政治经济平台上维护和代表本区域共同体的利益。②综合上述研究,笔者认为国际领导行为的基本内容可概括为供给国际公共产品、协调国际集体行为和领导国自我行为约束;国际领导权的多国共享,即意味着国际领导行为的共享、多国共享国际公共产品的供给、共同动员协调体系其他成员的对外行动,以及各自约束着本国有损于国际领导关系的短视行为。

表 2.5 国际集体领导概念探析

| 概念内容 | 核心内涵 | 观察标准 | |
| --- | --- | --- | --- |
| 三个或三个以上的国家共同引领其他国家实现共同任务目标的行动过程 | 共享国际领导权,或共享国际领导行为 | 国际领导行为共享 | "引领－支持"关系 |
| | | 多国联合供给国际公共产品 | 多国与多国之间形成"引领－支持"关系互动 |
| | | 集体动员协调体系其他成员的内外行为 | |
| | | 各自约束着本国的短视行为 | |

① [美]罗伯特·吉尔平:《国际关系政治经济学》,杨宇光等译,上海人民出版社,2006年,第335~337页。G. John Ikenberry. *Liberal Leviathan:The Origins,Crisis,and Transformation of the American World Order.* Princeton University Press,2011,pp.162~169.

② Christopher M. Dent,ed.,*China,Japan and Regional Leadership in East Asia.* Edward Elgar,2008,pp.21~22.

56 >>>>

需要说明的是，此处的国际公共产品概念主要借鉴经济学理论对公共物品或公共产品的界定，特指国际体系中那些一旦供给则受益多国或一国是否消费均不影响他国受益的国际政治经济秩序、全球问题治理效益等非排他性非竞争性物品。①然而事实上，领导国提供的国际公共产品远非经济学理论中的公共产品那般纯粹，虽然稳定的国际政治经济秩序、良好的全球生态环境等公共产品一旦供给即为世界诸国受益；但也有相当一部分国际公共产品并不具有纯粹公共属性，而是一种有着制度价值边界的局部公共产品或俱乐部型公共产品。其他国家只有接受领导国的价值理念和领导行为后，才能享受到其创造的公共效益，如美国二战后自我标榜的所谓美国领导下的自由国际秩序，其影响范围在冷战期间一直止步于柏林墙。②此外像国际货币基金组织、世界银行、世界贸易组织等国际机构，不仅只有加入该组织的成员才有资格享受其公共效益，而且其公共效益的投向群体和范围也深受首要创始成员美国的影响，因此部分学者将国际领导供给的公共产品视为领导国的影响力范围。③另外，之所以不将克里斯托弗·邓特提到的引导地区一体化建设进程、维护和代表他国利益纳入国际领导行为，主要基于前者可归入公共产品供给和集体行为协调中。因为后者在现代国际体系领导实践中极容易遭到支持国的抵制，允许其他国家在全球平台上代表本国某种程度上意味着对被代表国国家主权的侵蚀，这将不可避免的激发起国内民族主义思潮的反对，终非长久之道。与允许其他国家代表本国相比，国家更愿意将代表本国的殊荣交付给本国授权、本国参与的国际组织，一如虽

① 关于经济学理论中，对"公共物品"的界定参见［美］保罗·萨缪尔森、威廉·诺德豪斯：《经济学》（第十九版）（上册），萧琛等译，商务印书馆，2012年，第453~455页。

② 关于美国领导下的自由国际秩序综述，参见［加］阿米塔·阿查亚：《美国世界秩序的终结》，秦亚青、肖莹莹译，上海人民出版社，2017年，第55~69页。

③ David A. Lake. "American Hegemony and the Future of East-West Relations". *International Studies Perspectives*, 2006, 7(1).

然法德在欧洲一体化进程中发挥着地区国际领导作用，但对外代表欧洲一体化行动各国的却是欧盟委员会这一国际组织。①

## 二、国际集体领导的理论类型与实践形态

参照上文划分集体领导类型的"领导主体数量"与"领导权共享模式"两大标准，现当代国际体系中的集体领导类型可依此归类为，双重领导、多国领导（国际领导权共享主体在三个或三个以上）和共同领导。双重领导在国际体系中实践形态有冷战期间美苏合作共同防止核武器的全球扩散，以及欧洲一体化进程中的法德联合引领。多国领导无疑是现代国际体系集体领导类型中最为普遍的，亦称多边领导。随着21世纪以来国际舞台上权力的多元流散，国际领导权共享主体和共享疆界也不断扩大，国际集体领导类型逐渐从封闭俱乐部型向成员动态开放型演变。多国集体领导实践形态有19世纪大部分时间里的英法俄奥普五国协调下的欧洲国际秩序、1945年前后美苏英三大国共建战后国际政治经济秩序、20世纪70年代至90年代期间全球经济事务治理领域中的七国集团等。共同领导因组成国际体系成员国数目的众多和国家间实力的不均衡，在国际体系中最为少见，大体代表有二战期间欧洲战场上抵抗德意法西斯的美苏英三国集体行动，虽然相对于当时世界上的其他反法西斯阵营成员国而言，三大国扮演了集体领导国角色，但对三国政治军事集体行动而言，却是一种共同领导行为，三国之间无明显的引领和支持界限。

参照集体领导权共享的"领导团队整体协调"和"领导成员分权/分工协

---

① 国际组织独立发挥领导作用的国际领导现象，与本书开篇所设定的以国家行为体为载体的国际领导和国际集体领导研究相矛盾，为确保本书叙事逻辑前后一致，笔者将国际组织简化为国家间互动的平台，忽略其作为非国家行为体的独立职能。

作"两大实现途径,可将国际集体领导划分为整体协调型与分工互补型。在协调型国际集体领导中,多个领导国通过相互协调国际引领行为,以俱乐部整体或以伙伴/联盟的形式联合提供国际公共产品,实现同类型公共产品的对接和良性竞争。如2015年前后中美联合领导推动全球气候治理领域《巴黎协定》的达成,协调型国际集体领导多出现于治理理念相近的几个大国之间。在分工互补型国际集体领导中,多个领导国以区域、议题或时间段进行分工,不同的领导国在不同的领域内发挥各自的引领作用,而这些种类名目多样且不同国际领导行为在整体上实现互补。如二战后期罗斯福设想的四大警察制度,以及在2013年联合国安理会授权下的针对西非马里反叛组织的维和行动中,法国承担起维和行动初期的军事打击任务,而中国则承担起军事打击行动结束后地区和平维护任务,整体上看,中法两国恰好以分工互补的方式联合发挥了维护地区和平的国际领导作用。①相较于领导理念或治理偏好接近下的协调型领导,分工协作互补型国际集体领导多出现在几个领导国治理理念存在差异但又不相互冲突的情势下。中国学者陈志敏在分析中国与欧盟塑造未来全球秩序中合作引领角色时,亦曾提出中欧之间三种颇具可行性的国际集体领导模式:并行秩序塑造、互补秩序塑造和协调秩序塑造,②其中后两者近似于本书列出的分工协作互补型和整体协调型国际集体领导,而关于并行秩序塑造模式,笔者认为这更接近于一种两个相互独立地区国际领导行为。(见表2.6)另外,倘若领导国之间在供给的同类型公共产品或差异型公共产品时,未能实现相互调适和对接互补,反而陷入恶性竞争,则意味着国际领导效益的彼此抵消和国际领导权共享的失败。

①② Chen Zhimin. "China, the European Union and the Fragile World Order". *Journal of Common Market Studies*, 2016, 54(4).

表 2.6　国际集体领导的理论类型与实践形态

| 划分标准 | 国际集体领导理论类型 | 国际集体领导实践形态 | 说明事宜 |
| --- | --- | --- | --- |
| 国际领导权共享主体数量 | 双重领导 | 美苏共防核扩散 | 多国领导类型在当代国际体系最为普遍 |
| | 多国领导 | 欧洲协调 / 七国集团 | |
| | 共同领导 | 美苏英三国反对轴心国的政治、军事行动 | 相互无明显的引领与支持关系 |
| 国际领导权共享模式 | 整体协调型国际集体领导 | 2015 年前后中美联合推进《巴黎协定》的达成 | 领导成员国之间领导理念相对接近 |
| | 分工互补型国际集体领导 | 二战后期罗斯福倡导的"四大警察"制度 | 领导成员国之间领导理念存在一定差异 |

需要指出的是,尽管理论形态上国际集体领导类型有双重领导、多国领导和共同领导,但国际体系或国际关系主流文献中对国际集体领导的界定,通常默认为三个或三个以上国家为领导主体的国际集体领导实现,一如国际格局类型中单极、两极和多极划分,因此上文对国际集体领导的概念界定中,集体领导成员国数目被赋予了三个或三个以上。某种程度上讲,现当代国际体系可谓欧洲列强海外扩张的产物,英、法、德、美、俄(苏)、日、意等权力大国、强国长期占据着国际中央舞台,长时间垄断着国际政治、经济事务治理中的领导角色。由于国际体系权力不均衡分配事实,七大权力中心国在很长一段时间里拥有着其他边缘国家难以匹敌的权力优势,造成一些治理跨国危机治理的集体行动中,只要权力大国达成一致、联合行动即可成功应对危机。就是说领导国在没有支持国能力贡献下亦可以化解问题挑战,而其他国家此类情境下的支持更多是补充了领导国联合行动的合法性,因此下文在提出国际集体领导现象的理论分析框架时,将着重分析国际领导权的共享问题。此外,在国际集体领导的具体实践形态中,我们会看到既有全球层面的国际集体领导、也有地区层面的国际集体领导,二者的差异在于,对地区层面的国际集体领导现象的分析需要考虑区域外的影响因素,特别是全球层面国际领导对它的影响,下文所构建的国际集体领导理论分析框架

主要针对的是全球层面或无域外干扰因素下国际集体领导现象。

# 第三节　对国际集体领导的误读：
## 大国协调与国家联盟

国际集体领导中的国际领导权共享归根结底是一种领导国合作现象，在国际集体领导类型中，本书介绍了以"国际领导权共享模式"为标准划分下整体协调型和分工协作型两种国际集体领导理论形态，对应国际关系史上领导国合作现象。不难发现，国际集体领导与大国协调、国家间联盟有着很大的相似性，事实上在1945年以前现代国际体系中，国际集体领导正是以大国协调的外衣来呈现，这也成为部分学者将国际集体领导等同于大国协调、国家间联盟的一大缘由所在，毕竟有的集体领导成员国之间除却共享国际领导权身份外，还兼具了联盟成员国的身份，为此在国际集体领导概念界定结尾之际，有必要对国际集体领导与大国协调、国家间联盟两个容易混淆的概念类型做一番对比梳理。

大国协调是权力多极、大国均势的衍生品，主要指少数几个大国为避免冲突、战争而通过定期协商来协调彼此对外行为和共同管理国际事务的现象，在罗伯特·杰维斯（Robert Jervis）、詹尼弗·米岑（Jennifer Mitzen）等学者看来，大国协调的出现需要两项前提条件：一是参加协调的少数几个大国对国际秩序有着共同的看法和价值期待；二是意识到单方面自助行为在追求国家利益中的局限性，认识到本国利益的实现有赖于其他大国的配合以及本国对外行为可能对其他大国利益的负向冲击，愿意依据一定制度规范选择对外行为。①

　　历史上的大国协调首次出现于 19 世纪初反对拿破仑战争后的维也纳会议,俄普奥三国神圣同盟和英俄普奥四国同盟可谓这一时期大国协调的典型代表,正统原则和补偿原则(均势原则)成为 1815 年后欧洲大国的主流价值,其他中小国家的利益服从于五大国之间均势维持、冲突防止的战略考虑,自由主义、民族主义等进步理念服从于王朝政治延续的保守理念——现存国际秩序的稳定压倒一切。

　　进入 20 世纪后,大国协调日渐式微,首先是几个主要大国对国际秩序形态及承载价值的认知迥异甚至互斥,避免大国冲突对抗已不再是所有大国之间的默契。无论是巴黎和会上英、法和美国对战后欧洲秩序的安排,还是 20 世纪二三十年代法国与美英对德国复兴的应对,或是 1945 年以后美国、苏联对中东欧国际秩序的设计等,各大国的国际安排蓝图之间几乎南辕北辙无法协调。其次,大批殖民地和半殖民地民族国家登上国际舞台,反对抵制少数大国垄断国际事务,以损害中小国家利益为代价的大国协调,大国协调的合法性不断遭受质疑和挑战,大国协调也成为强权政治的代名词。1945 年雅尔塔会议可谓传统大国协调的最后绝响,之后大国协调开始逐渐顾及国际社会的反应,更多以国际集体领导的姿态登上国际舞台(这也是文章将国际集体领导的史实考察聚焦于二战及之后的一大缘由)。加拿大学者约翰·柯顿(John Kirton)、中国学者韦宗友就将 20 世纪 70 年代以来国际经济危机治理中涌现的七国集团、八国集团、"8+5"十三国集团和二十国集团等视为新型大国经济协调,为应对国家经济动荡及实现国际经济稳定有序,

---

　　①　Robert Jervis, "A Political Science Perspective on the Balance of Power and the Concert", *The American Historical Review*, 1992, 97(3). Mitzen, Jennifer, "Response to Barry Buzan and George Lawson's Review of Power in Concert: The Nineteenth-Century Origins of Global Governance", *Perspectives on Politics*, 2016, 14(1).

主要经济大国采取定期首脑会议外交的方式，就彼此共同关切的重大议题（此类议题通常也是国际社会普遍关心的），进行交流磋商，凝聚共识而后共同行动，完成首脑会晤商定的共识目标，①至此新型大国经济协调已然具有了国际集体领导的题中之义，之所以将其归入国际集体领导而非大国协调范畴，主要理由便在于国际社会自进入《联合国宪章》宗旨原则为支撑的国际秩序后，不断升起的对大国把持国际事务的反感，无论七国集团还是二十国集团也都在刻意淡化与生俱来的大国协调色彩。

　　由此可看出，尽管表面上看大国协调和国际集体领导中都有着大国之间或领导国之间的定期协商会晤，但伴随国际体系权力多元和国际关系民主化的演进，国际集体领导至少形成了区别于大国协调的三大特点：其一，出发点不同，大国协调目的意在于防止大国冲突，国际集体领导的目的却是实现与支持国的共同目标；其二，产生背景不同，大国协调诞生于大国权力均势下行为逻辑，国际集体领导却诞生于多国集体行动的难题；其三，与国际社会其他国家的地位关系不同，大国协调以牺牲中小国家利益来维持大国间的权力利益平衡，国际事务操控于少数几个大国中，中小国家从属于大国协调，主权独立平等只存在于少数几个大国间，而国际集体领导则是建立在领导国与支持国相互尊重主权平等基础之上，在体系权力格局分散的情境中，支持国通常也会参与到多边集体行动的决议讨论中来，支持国的拒绝支持和追随往往造成国际集体领导的解体。

　　此外，虽然国际集体领导在形式上相似于国家间联盟或同盟——几个国家（领导国）在安全、经济等议题内以伙伴关系相互合作、共进退，但国际

---

　　①　John Kinton, "The Seven-Power as an International Concert", in "Contemporary Concert Diplomacy: The Seven-Power Summit and the management of International Order", G8 Information Center. http://www.g8.utoronto.ca/scholar/kirton198901/kcon1.htm. 韦宗友：《正式集团、大国协调与全球治理》，《外交评论》，2010 年第 6 期。

集体领导仍是有别于国家间联盟或同盟的，根据斯蒂芬·沃尔特(Stephen M. Walt)关于联盟的定义，两个或两个以上的主权国家达成的以安全合作目的的正式或非正式的协约。[①]对比国际集体领导与斯蒂芬·沃尔特关于联盟的定义，可得出如下不同：一是形成背景不同，联盟主要形成于国家间安全诉求下的合作，而国际集体领导则不止局限于安全诉求的；二是是否针对第三国，联盟通常是针对第三国敌对行为的防御性或进攻性国家联合体，而国际集体领导则不刻意针对第三方；三是聚焦范围不同，联盟主要关注的是参与联盟的国家与国家的互动，而国际集体领导不仅关注领导国之间国际领导权共享的实现，也关注之后"引领-支持"领导关系的形成。

# 小　结

本章首先通过梳理集体领导概念的词源、内涵及外延，指出集体领导乃是多个行为体共享领导主体职权下的带领引导过程，在集体领导语境下，以决策权为主要内容的领导权不是聚焦于一人而是由集体成员共掌，行动决策由领导集体中的多数成员民主讨论形成。在不同划分标准下，集体领导也呈现多种类型，依据领导权的共享主体数量，集体领导可划分为双重领导、团队领导和共同领导，依据领导权共享的共享模式，集体领导可划分为小组共享型和分权(分工)协作型。由于知识文化、价值理念、行动偏好差异，多数成员共掌领导权不可避免地带来了彼此在集体决议讨论过程中的矛盾冲突，这些矛盾冲突大体可归为四大类：目标冲突、过程冲突、价值冲突和关系冲突，因此管控和缓解集体领导成员之间的矛盾冲突也成为集体领导持续

---

① Step M. Walt. *The Origins of Alliances*, Cornell University Press, 1987, p.12.

的一大关键,增进集体领导成员之间的相互信任,尽力避免价值冲突和关系冲突,引导冲突流入目标冲突和过程冲突,不使其升级为价值理念冲突和人际关系敌视,顺理成为领导权共享过程中矛盾冲突的缓解之道。在厘清集体领导概念基础上,结合国际领导定义,笔者提出了关于国际集体领导的概念界定, 即多个国家共享国际领导权进而引领其他国家实现共同任务目标的过程。共享国际领导权意味着多国共同承担起国际公共产品供给、其他国家行为动员协调和自我约束本国有损国际领导关系的短视行为, 同时经由前述国际领导行为实践,赢得其他国家对集体领导成员国的支持,构建起"引领-支持"国际领导关系。参照集体领导类型的划分标准,本书将国际集体领导类型划分为双重领导、多边领导、共同领导以及整体协调型和分工互补型, 文章中的国际集体领导主要为三个或三个以上主权国家为主体的多边集体领导。国际集体领导类型的细分也带来了与其他概念范畴混淆的难题,如与国际集体领导相似度较高的大国协调、国家间联盟。通过梳理大国协调的缘起历程和揭示国家间联盟的概念内核,可以看出,虽然三者形式上都具有了国与国之间的定期协商会晤,相互协作,但主权平等基础上的"引领-支持"关系却是集体领导所独有的。在源起目标、背景和与其他国家关系上,国际集体领导与大国协调分道扬镳,而联盟针对第三方的排他性设计,也与国际集体领导的公益性、包容性不符。

# 第三章　当代国际体系中的国际集体领导的兴衰逻辑

作为当代国际体系中的一种独特现象，国际集体领导兴衰深受外在国际体系情境的影响，后者变迁不仅影响了国际领导方式的选择，强权支配成分多一些或是协商引领成分多一些，①而且决定着国际领导主体的选择，什么样的国家有资格承担国际领导权责，或者国际领导主体应一国独享还是可以为多国共享。现代国际体系众多国家之间主权独立、法理平等关系，不仅冲击着"引领-支持"关系的持久性，而且带来了多国集体行动的难题，加之权力结构不均衡分布，更使得国际集体行动难题远超多个同质主体间的行动难题。一旦爆发超出一国能力范畴、需要多国合作的国际危机时，便需要某些国家挺身而出，一方面动员协调多国集体行动，化解集体行动难题；另一方面提供公共产品，缓解危机治理集体行动中的能力失衡现象。由此看

---

① 关于外在情境与领导行为方式选择二者关系的分析，参见［美］彼得·诺斯豪斯：《领导学：理论与实践》（第六版），中国人民大学出版社，2014年，第96~106页；See Joseph S. Nye. *The Powers to Lead*, Oxford University Press, 2008, pp.85-91。

出,国际领导的实质为领导国与支持国之间的互动过程。不过在一个领导国无天然领导资质且支持国亦无天然追随义务的自助体系中,国际领导关系的出现应至少满足两大要件:领导国愿意引领协调和支持国愿意支持追随,国际体系危机的引入无疑为上述要件的形成提供了前提。然而领导国引领国际公共事务中不可避免地将斩获国际声望或某些特殊权益,这也将招致其他竞争国、支持国和"旁观国"对国际领导行为担忧、猜忌和嫉妒。正因如此,现当代国际体系中的国际领导多以一种多边主义色彩的集体领导面貌出现。学界传统上所推崇的 19 世纪后期英国国际领导下的繁荣与 20 世纪后期美国国际领导下的和平,仔细梳理史实便不难发现早先的德法俄奥和后来的英苏,在对应的时间段也都分享着同时期的国际领导权。

# 第一节　当代国际体系权力多元与国际集体领导的合理性

## 一、当代国际体系的权力多元演进

在英国学派代表人物马丁·怀特(Martin Wright)和赫德利·布尔看来,国际体系是独立主权政治实体(国家)相互之间政治与经济,外交与商业,战争与和平持续且有组织的关系互动状态,不仅意味着两个或两个以上国家间频繁的联系互动,更意味着彼此对外决策、对外行为的交互影响。①当代国际

---

① Martin Wrigh. *Power Politics*,Holmes & Meier Publishers,Inc.,1978,p.23. [英]赫德利·布尔:《无政府社会:世界政治秩序研究》(第三版),张小明译,北京大学出版社,2007 年,第 9 页。

体系源起于 1648 年《威斯特伐利亚和约》所确立的国家主权原则。[①]虽然这一时期所确立的是君主主权而非现代意义上的民族主权,但随着 17 世纪以来欧洲的海外殖民扩张,欧洲主权国际体系以其显著的军事实力和经济生产力,征服同时期其他地区国际体系,如东亚封贡体系、中东北非印度伊斯兰帝国体系、非洲美洲部落体系等,于 20 世纪初扩展为覆盖全球范围的国际体系,1945 年《联合国宪章》正式标志着以主权独立平等为内核的当代国际体系最终定型。

与等级秩序下的帝国体系、封贡体系相比,当代国际体系最大的特征莫过于其自诞生之日起便是权力多元。国际体系由多个行为体组成,多极权力中心,世俗国家利益至上,国家对内最高主权对外相互平等独立,始终缺少能够完全征服其他国家的一元权力中心。[②]即使曾出现过路易十四和拿破仑时期的法国、19 世纪中叶的英国、二战后的美国等短时期内傲视群雄的权力中心(霸权),但终因竞争国的掣肘,霸权国自身的局限和时空的限制等,终究未能建立起媲美于古罗马帝国、古中华帝国那样绝对权力中心等级秩序。现代国际体系中的霸权国似乎总是存在着合法性的不足,面临着来自体系

---

① 《威斯特伐利亚和约》第一次在当时的欧洲国际体系中确立"主权原则",不仅承认原属神圣罗马帝国的荷兰、瑞士的独立,而且承认德意志境内各诸侯国的独立主权及新教、天主教之间的平等权利,打破了中世纪以来以罗马教皇为中心的神权政治体制下的世界主权。参见王绳祖主编:《国际关系史》(第一卷),世界知识出版社,1995 年,第 59~63 页。另外,在现代国际体系缘起上学界一直存有两种观点:一是认为现代国际体系起源于 1648 年《威斯特伐利亚和约》,这种观点较为普遍,参见 Henry Kissinger, *World Order*, Penguin Press, 2014, pp.31-41;二是认为现代国际体系可上溯至 1494 年法国人侵意大利,文艺复兴时代的意大利城邦国际体系有着与今天国际体系运转相似的外交规则,法国人侵意大利在瓦解意大利城邦国际体系的同时也将这些有着现代色彩的外交准则从地中海区域传播至西欧,演变为当今国际体系基础规则,参见时殷弘:《现当代国际关系史——从 16 世纪到 20 世纪末》,中国人民大学出版社,2006 年,第 63~67 页。

② 关于现代国际体系多元权力中心源起的分析,参见 Henry Kissinger, *World Order*, Penguin Press, 2014, pp.11-20。

内其他国家的质疑和挑战，①无怪乎德国历史学家路德维希·德约（Ludwig Dehio）将发源于15世纪欧陆的现代国际体系描述为两个极点间的摆动，即总是摆动于"统一但从未完全一统"和"分散但从未完全崩解"之间。②

可以说，国际经济社会环境工业革命以来的急速变化，一方面促使国际体系基本单元政治形态的不断变革，民族主权国家诞生并取代君主主权国成为国际体系主要行为单元；③另一方面推动国际体系权力格局此消彼长和权力内容形态的不断扩展，由此引发国际体系大环境的深切变革，带来国家互动方式、国际社会关注焦点的时代变迁，增进或限制了各国行动能力和行为选择。④一如20世纪国际舞台上日益增多的国家行为体数目、权力中心数量和权力内容形态，在推动着国际体系权力多元化演进之余，也使得国家行为体在面对国际危机和挑战时愈加捉襟见肘。

（一）现当代国际体系权力中心从欧陆多极演进至全球多极

1618—1648年，一场宗教外衣下席卷当时所有欧陆国家的历时三十年的战争冲突后，精疲力竭的交战双方签署了影响后世深远的《威斯特伐利亚和

---

① ［英］赫德利·布尔：《无政府社会：世界政治秩序研究》（第三版），张小明译，北京大学出版社，2007年，第10~11页。

② Ludwig Dehio. *The Precarious of Balance:the Politics of Power in Europe, 1494-1945*,Chatto & Windus Ltd.,1963,pp.19-22.

③ 冷战结束后，随着两极格局的瓦解，国际组织、跨国公司等大量非国家行为体登上世界舞台，在经济、环境、发展等领域与国家行为体频繁互动，但这一趋势并未削弱国家在国际体系中的核心地位，我们会看到在当代气候环境治理、防止大规模生化武器扩散、疾病防治、地区维和、缩小地区发展差距等全球化问题的治理中，国家行为体仍是首选治理主体，至少现有国际体系尚未赋予非国家行为体与国家行为体平等的行为权力，因此本书仍将现代国际体系构成主体聚焦于主权国家。

④ 关于国际体系变迁演进的分析，参见 Robert Gilpin. *War and Change in World Politics*,Cambridge University Press,1981,pp.39-44;时殷弘：《现当代国际关系史——从16世纪到20世纪末》，中国人民大学出版社，2006年，第55~59页；唐世平：《国际政治的社会演化：从公元前8000年到未来》，董杰旻、朱鸣译，中信出版社，2017年，第249~254页；秦亚青：《国际体系的延续与变革》，《外交评论》，2010年第1期。

约》,彻底冲破了中世纪以来教皇神权等级体系,现代主权国际体系在欧洲初现端倪。缺失"最高权威"的无政府状态下的各国相互攻伐,以及大航海以来的欧洲经济社会深刻变革——从中世纪的神权社会迈向资本主义世俗社会,逐步推动欧洲国际体系迈入现代化和多极化。大国间的频繁战争冲突、国内重商主义经济政策的竞赛和启蒙运动理性主义思潮的传播,催生了以高效行政体制、强大军力、理性施政方略为特征的早期现代国家组织形态。①表现为国家领土疆界内中世纪封建领主自治状态日益为国王君主为中心的政治军事中央集权所取代,中央或地方实际行政操作层面由专业技术官僚所操控,一整套组织严密、制度健全、分工具体且较强内聚力的行政管理、财政税收体系得以确立,国际舞台上国家权力的展现形态,即军队不再是封建领主的私人武装,而是中央财政统一供养的国家军队。②

初创的现代国家行政组织以其远较中世纪王国的社会财富汲取力使得君主主权国能够供养更多的军队,促使其以更大的雄心抱负加入到新一轮国家安全、利益、荣誉的竞争中来。③由于工业革命的技术变革影响要迟至 19世纪中期才得以显现,所以从三十年战争到拿破仑战争结束近乎 200 年的时间里,作为当时国家权力的主要构成——基础人口和领土,一直是大国冲突战争博弈的主要争夺对象,毕竟广袤的领土和众多的人口意味着更多的财富与更足的兵员,意味着国家在对外战争中有着更大的获胜机会。从 1648年《威斯特伐利亚和约》起到 1815 年《维也纳和约》长达 167 年的冲突中,国家行为体数目不断调整变化,体系权力中心此消彼长,最终兼备早期现代国

---

① [美]戈登·克雷格、亚历山大·乔治:《武力与治国方略》,时殷弘等译,商务印书馆,2004 年,第 5 页。

② 关于现代国家组织形态的分析,参见 Paul Kennedy. *The Rise and Fall of The Great Powers*, Random House,1987,pp.70~72;朱天飚:《比较政治经济学》,北京大学出版社,2006 年,第 25~29 页。

③ 关于国家扩张"安全、利益、荣誉"三大动机的描述,参见[古希腊]修昔底德:《伯罗奔尼撒战争史》(上册),谢德风译,商务印书馆,2008 年,第 62~63 页。

家组织形态、人口、领土优势的英国、法国、俄国、奥地利、普鲁士成功战胜同时期的权力竞争对手瑞典、荷兰、西班牙、葡萄牙,成为 19 世纪现代国际体系的五大权力中心。体系优势权力的取得也使得英、法、俄、奥、普五国享有其他中小国所不具备的行为特权,某种程度上《威斯特伐利亚和约》所提倡的主权原则在前期更多是一种大国间的平等和相互尊重, 中小国家的主权则是一种半主权,从属于大国主权安全、均势需要,如 1772 年、1793 年、1795 年俄奥普三国为保持东欧地区的三国权力均势三次瓜分波兰直至将波兰从地图上抹去,1815 年为恢复被拿破仑破坏的欧洲大陆秩序,主导维也纳和会进程的英、俄、奥、普通过牺牲欧洲其他中小国家领土完整来实现五大国之间的平衡。①所谓权力决定利益,国际体系权力等级决定着国家行动选择,国际道义规则反映体系的权力结构,②这一时期的国际集体领导,也因此体现为英、法、俄、奥、普等大国的协调一致。

　　17 世纪以来, 严峻的安全挑战和频繁的战争冲突至少从四个方面塑造了 19 世纪中叶以前国际体系的权力形态、权力格局以及国家间互动进程。一是军事权力成为首要权力形态,直接决定国家在国际舞台上的行动能力,人口、领土、财富构成国家权力的主要内容,经济服务于军事,外交服务于战争, 这也就是为什么经济财富上相对羸弱但军事权力强劲的沙皇俄国能够跃进欧洲五强,而经济财富首屈一指的荷兰终究退出权力中心的原因所在。二是形成五大权力中心的多极权力格局,英国、法国、俄国、奥地利、普鲁士五大权力中心依托均势原则相互确保各自生存安全, 任何一国的消失或严

---

　　① 1815 年维也纳和会《最后议定书》和《第二次巴黎协定》,参见王绳祖主编:《国际关系史——17 世纪中叶到 1945 年》(第二版),法律出版社,1986 年,第 50~51、55~57 页。
　　② 关于国际体系权力政治下大国与中小国行为的分析,参见修昔底德笔下的"雅典人与弥罗斯人的对话"。[古希腊]修昔底德:《伯罗奔尼撒战争史》(下册),谢德风译,商务印书馆,2008 年,第 463~474 页。

重削弱都是不被允许。①三是以大国均势和王朝正义为基础的国际秩序观，二者构成规范国家行为的重要标准。虽然这一时期出现了不少国际法、公约、惯例，但真正支撑欧洲国际秩序的却是大国均势，而且君主王朝的国内政治形态，更使得国家互动交往带有明显的"贵族国际"或"王朝正义"色彩，即君主王朝的利益也是国家利益重要组成部分，君主共同体和王朝合法性既是欧洲各国对外行为的重要指导，又是国际社会广泛认可并捍卫的价值观。②四是欧洲跻身国际体系权力消长的中枢。虽然西班牙、葡萄牙、荷兰、英国、法国等已先后开启了海外殖民扩张，但全球资本主义市场形成之前，欧洲各国对海外殖民地的争夺仍服务于其在欧洲大陆的权力竞争。除英国因其岛国位置专注于海外扩张外，其他欧陆国家更看重欧陆的权势竞争，甚至通过调整海外殖民地来平衡欧洲大陆的权力均衡。所以我们会看到西班牙王位继承战争后，法国宁愿放弃海外殖民地也要确保欧洲首强和路易十四之孙西班牙国王的地位，③显然对法国来说，欧洲更为要紧，这远区别于19世纪后期欧洲各国海外殖民争夺的白热化。

然而法国大革命后，弥漫欧洲的民族主义思潮和自由主义思潮，以及两次工业革命所引发的欧洲经济、社会、军事的变革，却彻底打破了维也纳会议后脆弱的五强均势和王朝正义：一是欧洲为中心的现当代国际体系伴随工业革命后新一轮的海外殖民而走向全球；二是技术在权力内容中的作用提升，促使领土人口相对羸弱的国家崛起成为可能；三是在欧洲之外美国、日本等新的权力中心崛起，多极权力体系不再局限于欧洲。

在工业化浪潮下资本主义机器大生产的扩散，促使欧洲、北美地区率先

---

① ［美］戈登·克雷格、亚历山大·乔治：《武力与治国方略》，时殷弘等译，商务印书馆，2004年，第35~36页。

② 时殷弘：《现当代国际关系史——从16世纪到20世纪末》，中国人民大学出版社，2006年，第123页。

③ 王绳祖主编：《国际关系史》（第一卷），世界知识出版社，1995年，第145~148页。

迈入工业文明,彻底拉开了与尚处农业文明阶段的亚洲、非洲的实力差距,以至于后者在完成工业革命之前几乎无法跨越这种实力鸿沟,作为掌握先进技术的欧洲、北美第一次具备了征服世界其他地区的能力储备。

1820年,亚洲经济占世界生产总值的60.7%,欧洲及美国经济占世界生产总值的34.2%,到了1913年,欧洲及美国经济在世界生产总值的占比已上升至68.3%,同期亚洲却下降至24.5%;1800年至1900年一百年间,中国在全球制造中的份额从33%跌至6%,印度从20%跌至2%,同期欧洲在全球制造中的份额却从16%上升至62%。[①]两组数据同时指出一个事实,19世纪末20世纪初的欧洲经济已全面领先于亚洲经济。此外,工业革命的深入也为欧洲对外寻找原料产地和产品市场,新一轮海外扩张提供了强大的内在动力,加速世界市场形成。

在两次工业革命助推下,欧洲经济已不再满足于用工业制成品去交换传统农产品、手工产品,不再停留于东方市场的开放、道路交通的便捷以便为过剩产品提供销路,而是希望在全世界范围内为欧洲工业的持续增长寻找资源材料,为不断增长的城市人口寻找充足廉价的食物供应地。[②]在压倒性的实力优势下,欧洲资本主义经济在19世纪中后期的对外扩张绝非平等原则下的市场交易,相反是以坚船利炮为后盾的经济殖民,凭借先进技术优势和生产效率,迅速击溃尚处农业文明阶段的亚洲、非洲,迫使非西方国家地区加入到资本主义经济全球分工体系中来。于20世纪初形成以欧洲(后来的美国、日本)为中心,亚洲、非洲、拉美为外围的世界经济"中心-边缘"("中心-外围")分工体系。居于价值链高端的中心国家地区向居于价值链低

---

①　数据来源,参见 Barry Buzan and George Lawson. *The Global Transition, History, Modernity and the Making of International Relations*, Cambridge University Press, 2015, pp.26-27.

②　[英]杰弗里·巴勒克拉夫:《当代史导论》,张广勇、张宇宏译,上海科学院出版社,2011年,第33~34页。

端的边缘国家地区,出口技术、制成品,而边缘国家则为中心国家经济增长廉价提供原材料、市场,二者之间形成巨大的贸易逆差,世界经济财富分配源源不断涌向中心。①到 1900 年,欧洲经济影响已基本辐射除南极洲外的世界各地,四倍于欧洲面积的非洲被其瓜分殆尽,当时世界几乎五分之一的土地、十分之一的人口归属于欧洲列强的殖民半殖民帝国版图中。②世界经济"中心-边缘"分工体系的形成,也为同时期现代国际体系"宗主国-殖民地/半殖民地/附庸国"国际秩序的出现奠定基础。

现当代国际体系扩散全球之余,技术力量也开始显著左右国际体系的权力内容和权力格局,逐渐改变了工业革命前以人口和土地为主要内容的权力争夺,彻底打破维也纳体系下的五强均势和王朝正义,使得美国、德国及后来的殖民地半殖民国家,复兴赶超英、法等欧洲传统列强成为可能。德国、美国在第二次工业革命助推下经济迅速发展,钢铁、煤炭产量为指标的经济实力在 19 世纪后期领先英、法等老牌资本主义强国,1870 年统一后的德国更是跻身欧陆首强,大西洋对岸的美国、明治维新以后的日本显露出欧洲之外的新兴权力中心。尤为关键的是,这一时期军事工业的飞速进步带来了战争技术的革命性变革,由此引发军事权力构成要素的变化——战争技术权重大于兵力数目,武器装备在国家赢得战争方面愈加举足轻重。如果说现代工业技术促使欧洲在 20 世纪初建立起覆盖全球的"中心-边缘"经济分工体系,那么战争技术的压倒性优势,则在政治上帮助欧洲在构建殖民帝国的进程中,全面碾压虽有人口优势但技术落后的亚非拉国家,中国、奥斯曼等古老帝国在武力压迫之下打开门户,非洲大陆也被瓜分完毕,至 20 世纪

---

① 关于世界经济体系"中心-边缘"或国际秩序"中心-外围"的分析,参见[美]伊曼纽尔·沃勒斯坦:《现代世界体系》(第一卷),郭方、吴必廉等译,社会科学出版社,2013 年,第 422~425 页;Barry Buzan and George Lawson. *The Global Transition*, *History*, *Modernity and the Making of International Relations*, Cambridge University Press, 2015, pp.274–275。

② [英]杰弗里·巴勒克拉夫:《当代史导论》,张广勇、张宇宏译,上海科学院出版社,2011 年,第 39 页。

初,几乎整个亚、非、拉地区都被迫纳入西方主导的政治经济体系中。[1]不止如此,战争技术变革加剧了权力转移背景下的大国冲突,普法战争中普鲁士的铁路运输系统和克虏伯钢制后膛炮,[2]既让其他列强认识到武器技术在未来战争中的作用,也坚定了威廉二世德国挑战英国海上霸权的信心。19 世纪后期兴盛一时的英德军备竞赛,其核心逻辑便是战争技术的领先与否,直接关乎国家军事权力大小,而军事权力决定着国家在国际体系中的能力地位,加上同时期各大国国内资本主义经济对外获取原料、市场的内在动力和泛滥的帝国主义思潮,更使得以军备竞赛为特征的大国矛盾难以调和。[3]大国间的竞争已然不仅是 1815 年之前的军事权力消长之争,而是夹杂有拓展海外殖民、划分势力范围等其他事项之争,工业革命前国家对外方略不受国内公众影响、权力大国之间高度国际共识且没有意识形态分歧的时代,在国内公众舆论、企业游说集团、军事压力集团的冲击下渐趋消逝,[4]后果便是传统的大国协调机制日趋僵化,最终升级为第一次世界大战(以下简称"一战"),欧洲在国际体系权力中心地位也由此开始衰落。

总而言之,现代国际体系自 1648 年《威斯特伐利亚和约》在欧洲大陆诞生以来,历经一百多年霸权与制衡的冲突博弈,在 1815 年维也纳和会后形成英、法、俄、奥、普五极权力体系,均势与秩序成为维亚纳体系下五大权力中心的主要关注焦点,五大国集体协调着 1815 年后几乎一个世纪的国际事

---

① [匈]卡尔·波兰尼:《巨变:当代世界政治与经济的起源》,黄树民译,社会科学文献出版社,2013 年,第 55 页。Philip T. Hoffman. *Why did Europe Conquer the World?*,Princeton University Press,2015,pp.67–103.

② 时殷弘:《现当代国际关系史——从 16 世纪到 20 世纪末》,中国人民大学出版社,2006 年,第 162~163 页。

③ Barry Buzan and George Lawson. *The Global Transition, History, Modernity and the Making of International Relations*,Cambridge University Press,2015,pp.263–265.

④ [美]戈登·克雷格、亚历山大·乔治:《武力与治国方略》,时殷弘等译,商务印书馆,2004 年,第 48~51 页。

务。19 世纪中后期在两次工业革命的推动下,美国、日本等非欧权力中心初现,主权国际体系也随着欧洲新一轮海外扩张走向全球,于 20 世纪初形成"玛雅金字塔"式的多极权力格局,金字塔顶端的权力中心由英、德、法、俄、奥匈、意、美、日八国组成,当代国际体系的主权原则主要适用于几个权力大国之间;金字塔权力中心之外的其他国家则处于某种半主权、无主权状,由此也生成了现当代国际体系 20 世纪初的两大动荡根源,权力中心大国之间的竞争冲突和宗主国与殖民地/附属国之间的矛盾冲突。

## (二)1919—1991 年当代主权国际体系定型与两极体系下的权力多元演进

1914—1918 年历时四年的世界大战标志着以欧洲为中心的多极国际体系开始式微,欧洲权势的衰落、兴起的意识形态对抗和非西方世界的复兴意味着 1919 年后的国际体系将以一种全新的面貌向世人展现,权力多元的内涵不再简单化为多极权力中心。首先,美国、苏联、日本作为新的权力中心在欧洲之外崛起,美国、苏联更是两种完全不同于欧洲传统价值的权力形态,1648 年后逐渐消退的意识形态对抗再次勃兴于大国权力博弈之中,二次世界大战后更是形成了两种意识形态截然对立的两极体系。其次,非西方世界的复兴,在现代科技扩散和西方民族民主理念传播的助推下,原先处于附庸地位的殖民半殖民地区纷纷走上民族独立解放之路,以主权独立的现代民族国家身份重新登上国际舞台。最后,影响国际体系局势走向的权力内容形态多样化,除传统军事权力外,以生产权力、金融权力为代表的经济权力,以知识权力为代表的国际话语权,[1]复合相互依赖状态下的关系型权力等都可以左右一时国际局势,复杂国际危机难题的解决往往需要不同类型权力的

---

[1] Susan Strange. *State and Market*, Continuum, 1994, pp.29–32.

交互使用。

　　第一次世界大战严重削弱了传统权力中心——欧洲的地位，战争期间阵亡约 1500 万人，伤残约 2000 万人，直接、间接战争开销 3321 亿美元。①战火几乎蔓延整个欧洲，无数房屋、交通设施、农田遭到破坏，为应付战争开销，大战期间交战双方不得不提高税收、内外举债。经济运转遭到严重干扰，数个世纪积累起的丰厚海外资产也因战争极具减少，巨额举债更使欧洲丧失了 19 世纪工业革命以来的世界金融中心地位。②结果便是无论击溃德奥同盟或是重建战后欧洲秩序，以英法为首的协约国集团均不得不求助于美国。1917 年，美国介入欧洲却非仅止步于匡复受损的欧洲秩序，更试图以美国的价值理念来改造之。在美国总统威尔逊看来，1815 年以来欧洲诸强奉为瑰宝的贵族外交和大国均势原则，恰是 1914 年欧洲动荡冲突的罪魁祸首，一战后国际秩序安排必须摈弃传统欧洲政治家一贯的均势安排和秘密外交，③在民族自决、民主政治、公开外交、自由贸易、国际规则和集体安全的基础上建立一个自由主义理念的国际秩序。④美国、苏联作为欧洲之外权力中心的崛起，之于国际体系不仅意味着体系权力格局的消长变化，而是某种崭新的国家行为方式、互动方式的出现，19 世纪大国协调一致而后支配他国事务的行为规范，开始让位于威尔逊十四点原则下基于国际规则的体系安排。⑤然而遗憾的是，一战巨大的物质破坏和心理创伤，在交战国之间积累起严峻

　　①　王绳祖主编：《国际关系史》（第三卷），世界知识出版社，1995 年，第 443~444 页。

　　②　时殷弘：《现当代国际关系史——从 16 世纪到 20 世纪末》，中国人民大学出版社，2006 年，第 180~181 页。

　　③　[英]杰弗里·巴勒克拉夫：《当代史导论》，张广勇、张宇宏译，上海科学院出版社，2011 年，第 82~83 页。

　　④　G. John Ikenberry. "Liberal Internationalism 3.0: America and the Dilemmas of Liberal World Order", *Perspectives on Politics*, 2009, 7(1).

　　⑤　关于威尔逊外交思想的分析，参见 Morman A. Graebner, Edward M. Bennett. *The Versailles Treaty and Its Legacy, the Failure of the Wilsonian Vision*, Cambridge University Press, 2011, pp.29–43。

的敌对仇恨,妨碍着双方的和解。主战场的法国,更是寄希望于通过肢解德国来弥补战争损失。巴黎和会上的克里蒙梭、劳合·乔治从一开始便抵制着十四点原则,①尽管最后勉强予以接受,组建国际联盟、以民族自决原则安排东欧国际秩序,对德奥海外殖民地以委任统治而非瓜分形式处理,但显然这是一个相互妥协的结果。威尔逊十四点原则和欧洲传统权势政治相互交融下,凡尔赛国际体系充满了种种矛盾,两套相左理念的制度设计相互抵消着各自的效力。《凡尔赛和约》在坚定德国复仇决心的同时,却缺少遏制这一野心的防范布局,②国联集体安全原则更成为领导国推脱国际责任的借口。

与19世纪各大国之间相近的国际秩序理念相比,1919年后,当时主要大国在国际秩序安排、国际事务治理等理念上存在着较大分歧,这一点无疑限制了两次世界大战之间美、英、法、苏等权力中心国在治理世界经济萧条、遏制希特勒挑战"凡尔赛-华盛顿"体系等国际事务中的有效合作和集体领导。至1945年二战结束时,现代国际体系已仅存美苏两个能够左右一时国际局势的权力中心,在美、苏超强实力阴影下,原先居于多元权力中心一极的欧洲诸强,被迫退居中等强国地位,③1648年后诞生的现当代国际体系由此从多极格局演变为两极格局。

两极格局与现实利益、意识形态冲突下,美苏以冷战对抗取代了战时合作,大国集体安全责任设计的联合国安理会,让位于美国主导的北大西洋公约组织和苏联主导的华沙条约组织,国际货币基金组织、世界银行为代表的世界经济体系让位于马歇尔计划和经济互助委员会。④美国在中西欧、美洲、

① 王绳祖主编:《国际关系史》(第四卷),世界知识出版社,1995年,第57~58页。

② Henry Kissinger. *Diplomacy*,Simon & Schuster Paperbacks,1994,pp.242~245.

③ [英]杰弗里·巴勒克拉夫:《当代史导论》,张广勇、张宇宏译,上海科学院出版社,2011年,第85页。

④ G. John Ikenberry. "Liberal Internationalism 3.0:America and the Dilemmas of Liberal World Order", *Perspectives on Politics*,2009,7(1).

太平洋东亚地区进行着权势和价值理念主导下地区国际体系安排，苏联则在中东欧、欧亚大陆东侧进行着价值理念针锋相对的体系设计。这一背景下，美国开始扶持西欧、日本等盟友的权力复兴，至 20 世纪 70 年代，随着西欧、日本经济的复苏，中国潜在权力一极的出现，"不结盟运动"第三世界的兴起，国际体系在美苏两极对抗下再次向权力多元化方向摆动。与权力多元化暗流涌动同步的则是国际焦点的多样化，西欧、日本、英、法等新兴经济强国和印度、埃及等新兴民族独立国家更关心本国经济发展、国家政权巩固等非传统权势斗争议题，加之联合国宪章宗旨原则为越来越多民族国家所接受，国家在国际舞台上的生存安全压力较 1945 年前缓和许多。除传统政治安全高阶议题外，国际经济、地区冲突、核扩散、环境问题等中低阶议题逐步上升为国际社会另一大焦点，这些非政治军事议题内的权力分布自 20 世纪 60 年代后期起渐趋多元。可以说，当代国际体系在二战后虽进入美苏两极权力中心时代，但随着 20 世纪六七十年代以来国际体系关注议题的多样化和非政治、军事领域内权力中心的多元化演进事实，国际体系权力多元演进趋势并未因美苏两极格局而扭转。

此外，现当代国际体系在 1919 年后美苏两极化的发展之余，还呈现出另一趋势——现代民族主权国家数目不断增多。1914 年以前，国际体系大约有十多个国家以独立、平等身份持续参与国际事务，且大多数集中在欧洲，[①] 1919 年巴黎和会后，原先从属于德意志帝国、奥匈帝国、奥斯曼帝国的中东欧民族纷纷独立为新的主权国家，国际联盟会员国在 1934 年时一度达到 58 个，1945 年后伴随西方殖民帝国的瓦解，当代国际体系涌现出更多亚洲、非

---

① ［美］戈登·克雷格、亚历山大·乔治：《武力与治国方略》，时殷弘等译，商务印书馆，2004 年，第 76 页。

洲独立国家,联合国会员国由最初的 51 个增加到 1990 年的 159 个。①远比非西方成员数目增加影响更为深远的是,原先殖民地、非殖民地民族国家独立后的工业化、现代化进程,并形成全球经济新的增长点,逐步提升了非西方民族国家在国际舞台上的行为能力和话语权重。美国学者塞缪尔·亨廷顿在谈及 20 世纪非西方文明复兴时,认为从"领土与人口、经济产值和军事能力"三大权力构成要素指标看,20 世纪西方文明与非西方文明的权力差距是不断缩小。1990 年欧洲西方文明控制着全球最大面积的领土,西方人口约占世界人口的 30%并控制着近乎 45%的其他地区人口,而 1990 年前后欧洲西方文明只能主导欧洲地区的领土与人口;1928 年西方占世界制造业产值84.2%,到 1980 年这一数据降至 57.8%,1950 年西方占世界经济总产值64%,80 年代这一数据降至 30%;1900 年西方军事人员占世界军事人员总数43.7%,到 1991 年降至 21.1%。②

正如前文提及的,欧洲、北美为代表的西方文明之所以在 19 世纪末 20世纪初征服世界其他地区,根本在于其先进经济、军事技术支撑下压倒性权力优势,这一优势在 1919 年之后渐趋式微——工业革命以来西方大国的对战争、机器生产等技术垄断不再明显,人口因素特别是高素质人才的数量将更为关键,③两次世界大战西方文明的人力损失和二战后欧洲地区生育率的下降,无疑相对提升了非西方文明国家在国际体系中的权重。非西方文明国家数目的增多无疑增加了国际体系互动过程的异质性(文化价值观念的多

---

① 《联合国会员国数量 1945 年以来的变化》,联合国网站,*Growth in United Nations Membership*, 1945–present, http://www.un.org/en/sections/member–states/growth–united–nations–membership–1945–present/index.html#2000–Present。

② [美]塞缪尔·亨廷顿:《文明的冲突与世界秩序的重建》,周琪等译,新华出版社,2016 年,第 64、67、69 页。

③ [英]杰弗里·巴勒克拉夫:《当代史导论》,张广勇、张宇宏译,上海科学院出版社,2011 年,第 62 页。

样），①这些新兴的民族国家普遍反感、抵制着19世纪以来的大国权力政治，反对大国势力范围的划分，不愿卷入美苏冷战对抗，希望以独立姿态参与国际事务，更看重《联合国宪章》中所确立的国家间主权独立平等、互不干涉内政等原则，显然，来自非西方国家的不同声音丰富了国际体系20世纪后期的关注焦点。

国际体系关注议题的增多无疑使国际体系权力内容形态日益多元。最为显著的趋势莫过于经济权力、意识形态权力对国际事务影响的提升，1919年巴黎和会上美国力压英法的优势权力，更多来于其债权国地位和十四点原则的吸引力，而非美国的军事实力。20世纪二三十年代，参与创建"凡尔赛-华盛顿"体系的美、英、法等国更关注本国经济复兴、德国赔偿及战争债务、殖民地日益增长的民族独立诉求、防止苏联共产主义意识形态扩散等问题，显然这些危机挑战面前，单一军事权力难以奏效。20世纪30年代，英、法、美等主要权力大国国际重心转移至国际经济领域，在某种程度上也便利了希特勒德国重新进行军事武装和重建德国军事权力。二战虽又一次赋予了军事权力压倒性权重，但大战结束之际，美、苏、英等大国在重建战后国际秩序时，自由开放的国际经济秩序亦成为关注之一，而先前的巴黎和会却未对清除一战经济根源做出任何部署。在布雷顿森林体系构建过程中，发挥作用的并非军事权力，而是美国强大的经济实力和美、英两国专家、技术官员的知识优势。20世纪70年代，日本、西德在国际舞台上地位的提升亦源于飞速经济增长的经济实力和发展模式的吸引力，而非军事权力。美国冷战期间的巨大军事权力并未使其在阿以冲突中慑服石油输出国组织不去抬高石油价格，在治理布雷顿森林体系解体后的国际经济动荡中，起作用的依然是经

---

① ［美］塞缪尔·亨廷顿：《文明的冲突与世界秩序的重建》，周琪等译，新华出版社，2016年，第72~75页。

济权力、知识权力。美苏冷战竞赛中,双方比拼的不仅是军事实力优势,还包括经济权力、社会制度和意识形态文化的吸引力,最终促使苏联输掉冷战的亦并非其军事权力的孱弱,相反是其与美国之间不断拉大的经济权力差距。二战后,在新兴民族国家呼吁公正合理的国际经济新秩序背景下,兴起的不结盟运动、"七十七国集团""南北对话"等无疑代表了发展中国家对国际秩序的不同期待,而这些问题的解决均超出传统军事权力的能力范畴。①

除实体性权力外,西方资本主义国家间这一时期日益频繁的经济、社会交流,在彼此之间逐渐编制起一张复合相互依赖的关系网络,因相互依赖的敏感性和脆弱性不同而在国际舞台上生成一种关系型权力,②20世纪80年代美国和日本爆发的经济贸易摩擦中,美国最后迫使日本接受其要求,不对称关系型权力"居功甚伟"——日本产品对美国市场的严重依赖赋予了美国在经贸谈判中讨价还价优势。无怪乎美国学者罗伯特·基欧汉、约瑟夫·奈在分析战后世界政治变迁发展时,论述到随着二战结束以来国与国之间日益密切的多渠道联系交往,国际体系中不同议题之间的高低等级差异渐趋模糊,军事安全不再总是占据国家间互动的头号关注,军事权力在国际事务中的作用也随之式微。③国际体系的权力形态、权力内容的多元化无疑稀释了美苏两极格局的雅尔塔体系,支撑当时美苏两极格局的军事、经济、意识形态三大权力支柱,后两极在冷战结束前夜已然多极。

20世纪初的国际体系实质是一种权力多极下等级国际秩序,这一体系

---

① 新兴独立的民族国家(发展中国家、不发达国家)争取国际政治经济新秩序的斗争,参见王绳祖主编:《国际关系史》(第十卷),世界知识出版社,1995年,第271~278页。

② 有关关系型权力的论述,参见 Susan Strange. *State and Market*, Continuum,1994,p.24.关于复合相互依赖状态下敏感性和脆弱性的论述,参见[美]罗伯特·基欧汉、约瑟夫·奈:《权力与相互依赖》(第四版),门洪华译,北京大学出版社,2012年,第12~19页。

③ [美]罗伯特·基欧汉、约瑟夫·奈:《权力与相互依赖》(第四版),门洪华译,北京大学出版社,2012年,第23~28页。

安排天然蕴含着两组难以调和的矛盾：其一，居于权力中心的多个大国之间因政治经济发展不平衡而来的竞争冲突；其二，等级国际秩序中被支配殖民地半殖民地国家与欧美殖民帝国之间的冲突。权力中心大国之间不断升级的矛盾冲突最终演化为两次世界大战，不仅摧毁了多极权力格局，也颠覆了等级国际秩序，导致当代国际体系迈入两极格局时代，等级国际秩序让位于大小国家主权独立平等的联合国国际秩序。主权平等、不干涉内政、和平解决国际争端等《联合国宪章》价值理念的全球扩散反过来又增加着军事权力使用的成本，[①] 20 世纪六七十年代西欧、日本经济的复苏，特别是国际体系非西方民族国家的勃兴，在稀释两极权力格局的同时，也增加了国际体系的成员异质性，扩展着国际社会的关注议题，加之二战后密集跨国经济社会互动，带来国际经济、环境等传统低级政治议题地位的提升和国际体系的权力内容形态的多样，不在单单聚焦于军事权力范畴。[②]冷战结束前夜，除"军事-安全"议题内权力中心两极外，其他领域多元化趋势已然明显。

（三）冷战后至今，当代国际体系从"一超多强"迈向权力多元分散

克里姆林宫红旗的降落标志着近半个世纪的美苏两极体瓦解，美国成为唯一超级大国，当代国际体系进入单极世界或"一超多强"的权力格局，然而位居"单极或一超"的美国，其塑造后冷战世界秩序的权力并没有比冷战

---

① 　关于联合国宪章原则宗旨所阐释的现代国际体系主导价值规范，参见 *Charter of the United Nations*，www.un.org/en/sections/un-charter/chapter-i/index.html。

② 　需要指出的是，在国际事务中不同类型的权力往往是相互影响的，国家在国际交往中往往交互使用军事、经济、文化等不同类型的权力，权力形态的区别主要基于权力在国际舞台的具体展现，而构成不同形态权力的要素或内容可能是共通的，如一国的技术创新领先、制造业发达既可以转化为本国的经济权力，也可以转化为本国的军事权力（生产更多的先进武器），还可以提升本国价值理念、国际倡议的吸引力。See Susan Strange. *State and Market*，Continuum，1994，p.25。

初期两极权力格局下增强多少。① 1945 年二战结束时美国国内生产总值几乎占全世界的一半,到 1991 年苏联解体时仅占全世界的四分之一左右,②美国的单极权力在冷战结束后近二十年中甚至呈现出某种减弱趋势。造成这一现象的深层次原因便是,20 世纪 90 年代以来,在信息技术革命和全球化双重推动下,有效影响国家行为或国际议题进程结果的权力主体、权力内容朝分散化方向演进,③从权力格局视角看,当代国际体系在后冷战时代基本延续了 20 世纪后半叶兴起的权力多元化发展脉络。

首先是地区一体化,多个新兴大国崛起下美国单极权力的相对衰落。20世纪 90 年代以来,欧盟、东盟及与中日韩的"10+3"、非盟、北美自由贸易区等地区组织的不断完善,促使国际体系在单极权力外形成地区权力中心,后者在本地区国际事务中发挥着域外大国绕不开的关键角色。尤其是中小国家联合形成的地区权力中心,如东盟、非盟等,挑战了传统权力中心在该地区权力行使的合法性,有时甚至迫使体系大国在该地区国际事务中接受中小国家的联合倡议。④ 21 世纪初在单边主义政策驱使下,美国先后进行了阿富汗、伊拉克两场战争,虽然成功击溃了所谓的"恐怖主义",提升了美国的全球军事权力,但美国的经济实力和全球影响力却遭受重大冲击,在世界其他国家眼里,小布什政府的先发制人战略实质是在贬低国际社会的规则和制度。⑤ 2008 年席卷全球的金融危机更是重创了贸易自由、资本自由流动和

---

① Henry Kissinger. *Diplomacy*, Simon & Schuster Paperbacks, 1994, p.809.

② [挪]盖尔·伦德斯塔德:《战后国际关系史》(第六版),张云雷译,吴征宇校,中国人民大学出版社,2014 年,第 87 页。

③ 关于国际体系权力分散或流散的分析,参见[英]苏珊·斯特兰奇:《权力的流散,世界经济中的国家与非国家》,肖宏宇、耿协峰译,北京大学出版社,2005 年,第 168~175 页。

④ [加]阿米塔·阿查亚:《美国世界秩序的终结》,袁正清、肖莹莹译,上海人民出版社,2017 年,第 80 页。

⑤ [美]约翰·伊肯伯里,时殷弘、吴征宇译:《二战以来的美国战略传统和布什大战略批判》;载时殷弘主编:《战略二十讲》,天津人民出版社,2008 年,第 346 页。

金融开放为特征的"华盛顿共识",①为应对金融危机,美国及其 G7 盟友不得不借助于中国、印度等新兴经济体的力量。区别于 20 世纪六七十年代非西方国家与西欧、日本等西方国家的同时勃兴,21 世纪头十年来新兴市场国家却是在传统经济体增长缓慢、疲软的背景下崛起,日本 20 世纪 90 年代泡沫经济破灭后长期低迷,欧盟进入 21 世纪后频发债务危机,同时期的中国、印度等新兴经济体却进行着两位数的经济增长和全方位的综合国力累积。

如果说地区权力中心的形成竞争着美国单极权力在美洲之外其他地区的话语权,那么新兴大国的出现无疑将冲击着美国对某些全球议题的掌控力,如 2016 年国际货币基金组织改革后中国投票权重提升至该组织第三位。②中国、俄罗斯、印度等新兴大国崛起对国际体系的影响,显著有别于冷战期间英、法、西德、日本等中等强国的权力复兴,一是新兴大国与传统权力大国对未来国际体系价值理念期待存在明显差异,二是新兴大国安全上并不借助于美国,使得前者在国际舞台上更能独立发挥作用。此外,冷战期间为人们津津乐道的美欧大西洋共同体也随着苏联解体后相互战略借重的下降③而频现裂缝,在小布什政府发动伊拉克战争、特朗普政府单边提高贸易关税等事件中,德、法等大西洋对岸盟友均成为美国单边行径的批评反对者。不过需要说明的是,21 世纪美国及其欧、日盟友国际体系权力的式微只是一种相对衰落——非西方地区权力中心、新兴大国的崛起稀释了西方权力中心原先的权力占比,美欧日仍然是全球科技创新的中心,美国仍然是全

---

①　李永成:《国际关系中的领导力探析》,《当代世界》,2010 年第 4 期。

②　关于国际货币基金组织成员国的投票权,参见 IMF Executive Directors and Voting Power, http://www.imf.org/external/np/sec/memdir/eds.aspx。

③　具体体现为冷战期间英、法、西德等西欧国家需要美国的安全保障来抵御来自苏联的安全威胁,而美国在与苏联全方位对抗竞赛中也需要西欧盟友的支持,这种相互战略借重随着苏联的解体冷战的结束而式微。See G. John Ikenberry. "Liberal Internationalism 3.0: America and the Dilemmas of Liberal World Order", *Perspectives on Politics*, 2009, 7(1).

球首屈一指的权力大国,滑落的仅是全球事务的主导权,而且新兴大国的持续崛起也离不开全球化驱动下的技术扩散和产业价值链分工,在未来相当长时间里,国际体系权力中心舞台将呈现美日欧等传统权力大国与中、印、俄等新兴大国及其他地区权力中心共存的局面,21世纪的国际体系很可能渐趋驶入无极的优势权力多元时代。①

其次是国际体系权力承载主体(主权国家数目、非国家行为体)的继续增多和国家主权权威的弱化。比起二战后殖民帝国解体而增多的民族国家数目,后冷战时代还呈现出另一趋势——非国家行为体影响力凸显。首先以联合国会员国为例,其成员国数目由1991年166个增加至当下的193个,20世纪90年代第三波民主化浪潮并未如愿全球范围内主权国家的政治形态,除东欧国家成功接受多党议会竞选制的西式民主外,中亚国家、大部分非洲国家在短暂的模仿西式民主后转为当地所熟悉的强人政治,中东地区更兴盛起敌对西方文化的宗教政治理念。②冷战期间非西方民族国家共有历史记忆下相近的国际秩序理念,让步于冷战后的价值多元,世界体系由此出现多元政治文化共存的局面。③政治文化、政体形态多元的后果之一便是国家权力行使目的、方式的多样,不免带来差异性权力行为的对冲。19世纪大国协调顺畅的一大原因便在于当时主要大国相近的政治文化背景,彼此以近似的视角审视国际体系的威胁挑战和秩序安排,权力消长成为理解对方

---

① Nye S. Joseph. "The Future of American Power:Dominance and Decline in Perspective". *Foreign Affairs*, 2010, 89(6). Barry Buzan and George Lawson. *The Global Transition, History, Modernity and the Making of International Relations*, Cambridge University Press, 2015, pp.298–299.

② 王缉思、唐士其:《多元化与同一性并存,三十年世界政治变迁(1979—2009)》,社会科学文献出版社,2012年,第82页。

③ 关于多极和多文明世界的分析,参见[美]塞缪尔·亨廷顿:《文明的冲突与世界秩序的重建》,周琪等译,新华出版社,2016年,第5~7页。

行为的主要参照标准,①但在行为体数目众多、政治文化多样差异的21世纪,仅凭体系权力结构本身很难预期行为体的对外行为,这无疑给传统权势大国、新兴权力大国对外行为合法性的取得添加了不小挑战。我们看到,即使在20世纪90年代美日欧等传统权力大国占据显著优势的十年里,其终究不能像1945年以前那样操纵左右国际事务。

此外,与主权国家数目增多及政治形态多元并行的是,非国家行为体这一时期愈益频繁的跨国经济社会互动,作为一支独立于主权国家的力量登上国际舞台。当面对诸多棘手且超出单一国家应对能力的跨国挑战、跨国问题时,非国家行为体凭借穿梭于各国经济社会之间的独特优势,拥有着主权国家所不具备的独特行为能力,如在全球气候变暖治理、艾滋病防治、防止轻武器小武器扩散、网络安全治理,以及世贸组织乌拉圭回合关于服务贸易、知识产权保护的谈判等非传统议题中,我们均可看到国际组织、大型跨国公司、跨国社会组织等非国家行为体的积极治理作用。②甚至主权国家在某些全球议题治理中的行为也被视为反映了非国家行为体的诉求,2001年美国宣布退出《京都议定书》便被认为是布什总统对其竞选期间埃克森美孚等大型跨国石油公司政治支持的回馈,埃克森美孚跨国石油公司当时以反对和质疑全球气候变暖著称。③全球化带来的技术、经济、社会变革为非国家行为体获取参政权力以独立身份参与国际公共事务创造了某种便利,国际体系的行为能力不再只为主权国家独享,国家政府层面之下的跨国价值和

---

① [美]戈登·克雷格、亚历山大·乔治:《武力与治国方略》,时殷弘等译,商务印书馆,2004年,第77页。[美]塞缪尔·亨廷顿:《文明的冲突与世界秩序的重建》,周琪等译,新华出版社,2016年,第12~13页。

② 关于全球治理参与主体类型的分析,参见 Amitav Acharya, ed., *Why Govern? Rethinking Demand and Progress in Global Governance*. Cambridge University Press, 2016, pp.279–282。

③ Christopher Wright and Daniel Nyberg. *Climate Change, Capitalism and Corporation: Processes of Creative Self-Destruction*. Cambridge University Press, 2015, pp.128–129.

利益共同体以独立姿态评估国际事态，根据自身对国家利益的认知来影响各国政府对外决定或直接进行具有外交意义跨国互动，挑战先前由国家领导人、外交官员掌控的外交决策格局。①可以说，冷战后伴随全球化深入而分散的国际体系权力，一方面使得体系权力承载主体由主权国家延伸至非国家行为体，另一方面也限制了主权国家的行为能力，即使美国单极体系式微后多极体系重现国际舞台，在众多中小国家、非国家行为体的环绕中，多极内涵已大不同于 1945 年之前。无疑在一个守成大国、新兴大国、其他中小国家、非国家行为体多方互动的复合世界中，国际秩序的管理将更为多样化和去中心化。②

最后是国际体系权力形态内容的持续多元。不同政治形态及不同发展阶段国家行为体登上国际舞台，促使国际社会关注焦点、关心议题日益多样，相应带来影响国际体系事务的权力形态、内容更加多元。在国家生存安全压力较小的后冷战时代，各国重心普遍内移，更关注与本国、所在地区经济社会发展相联系的议题，经济权力、知识权力在国际事务中的效用不断提升。20 世纪 90 年代以来，大国互动博弈过程中意识形态分歧逐渐式微，彼此更关注地缘经济竞争而非地缘政治冲突，③权力博弈多体现为经济、科技、社会、文化等综合领域的竞争合作而非单一军事领域的竞赛冲突。2008 年金融危机后，日益崛起新兴大国开始尝试争取长期为美国等西方国家把控的国

---

① Munter Cameron. "Diplomacy Disrupted: Foreign Policy in a Decentralized World". *Foreign Affairs*, 2016, 95(2).

② [加]阿米塔·阿查亚:《美国世界秩序的终结》,袁正清、肖莹莹译,上海人民出版社,2017 年,第 11 页。

③ Barry Buzan and George Lawson. *The Global Transition, History, Modernity and the Making of International Relations*. Cambridge University Press, 2015, p.281.

际规则、规范倡议主导权——结构制度型权力,[①]如金砖国家组织、金砖国家新开发银行、亚洲基础设施投资银行等国际机构的创立,由此带来国际体系权力竞合的新形态。在实体性权力和关系型权力之外,还表现为某些议题领域内国家行为规则规范的创制,这些条文规则或默认规范使得该议题领域内它所偏向国家实体性权力、关系型权力更具合法性,比如美元霸权背后的美联储,冷战后克林顿政府主政下的美国也通过参与、支持北美自由贸易区创设,世界贸易组织取代关贸总协定,亚太经合组织升级等巩固扩展其在国际体系中的结构制度型权力。诚然,中国、印度、俄罗斯等新兴大国对现有国际规则不合理部分的改革完善有益于国际社会的公共福利,但同时也冲击了二战后一直为美欧(主要是美国)等传统强国所独享的结构制度型权力,在传统强国与新兴大国之间引发新一轮了规则主导权之争,如奥巴马政府后期中美围绕跨太平洋伙伴关系协议(TPP)、亚投行的争端。总之,冷战结束以来全球化系列跨国危机挑战的涌现使得国际社会关注议题的多样和议题间等级、疆界的模糊,相应继续丰富着国际体系进程的权力形态和权力内容。美国学者约瑟夫·奈就认为冷战以来国际体系的权力格局更像一个复合的三维棋盘,顶层为军事权力,美国单极独享;中层为经济权力,美、中、欧、日多极共享;底层为超国家关系权力,数量众多的国家行为体与非国家行为体共享这类权力,权力格局高度分散。[②]

　　1648 年当代国际体系诞生后,伴随中世纪神权对世俗王权束缚的消逝,在世俗利益、国家安全、君王荣誉的驱使下,当代国际体系在早期欧洲疆

---

　　① 除"文献评述"部分对国际领导之"结构制度型权力"有所提及外,本书还借鉴和融合了两位英国学者,史蒂文·卢克斯的第二维权力观和苏珊·斯特兰奇结构型权力的分析。国际社会的结构制度型权力,既体现为某一国际组织内明晰条文规则或共识规范下操控,也体现为某一议题内引导或约束类行为规则或规范下操控。参见[英]史蒂文·卢克斯:《权力:一种激进的观点》,彭斌译,江苏人民出版社,2012 年,第 7~13 页。Susan Strange. *State and Market*. Continuum, 1994, pp.26-32.

　　② Nye S. Joseph. "The Future of American Power:Dominance and Decline in Perspective". *Foreign Affairs*, 2010, 89(6).

域内呈现了一幅幅扩张与制衡、征服与被征服的主题画卷,在生存压力下,武力自然成为国际体系的首要权力形态,而人口和领土为核心要素的军事实力也构成体系权力的主要内容,外交和经济服务于战争和军事。在一个战争成本低廉和征服相对容易的时代,中小国很难逃脱被征服或被支配的命运,因此一战以前国际体系主权国家的数目始终有限。不断的兼并征服在减少国家数目的同时也使得存续国家的领土面积、人口数量和资源储备随征服进程而不断增加,反向导致未来再次征服和兼并的困难,历时近两百年的战争冲突后,现代国际体系于 19 世纪初形成英、法、俄、奥、普五大权力中心相互制衡的多极体系。①

两次工业革命后,现当代国际体系从欧洲走向全球,于 20 世纪初形成了欧美为主导的"中心–外围"等级国际体系。不过,欧洲借以支配全球的先进工业技术和民族主权观念也随之扩散至被征服、被支配地区,结果首先是权力中心在欧洲之外的地区崛起,美国和苏联作为两类完全不同于欧洲诸强价值理念的权力中心出现;其次是原先为欧洲支配、奴役的亚非地区以独立民族主权国家的身份登上国际舞台,国际体系成员数量相应增多;再次是决定国际局势的权力不止军事权力一种,经济、科技创新、知识文化等其他类型权力也能成功影响国际局势。1945 年后虽暂时出现美苏两极格局,但国际体系权力多元发展趋势并未因此而中断,美苏之外的其他权力大国凭借塑造经济实力再次复兴,影响国际事务的权力内容形态也由经济、军事、科技等实体性权力,扩展至复合相互依赖背景下的关系型权力和国际议题领域内规范国家行为的结构制度型权力。(见表 3.1)因此就现代国际体系而言,权力多元至少具有了三层含义:一是权力承载主体——国际舞台上行为

---

① 此处关于现代国际体系的多元权力演进分析吸收、引用和借鉴了唐世平提出的关于国际政治社会演化的内在动力机制,参见唐世平:《国际政治的社会演化:从公元前 8000 年到未来》,董杰旻、朱鸣译,中信出版社,2017 年,第 157~183 页。

体数目增多,二是权力中心或优势权力主体数目增多,三是权力构成内容、形态多样。后冷战时代,非实体性权力愈加深入地参与到国际秩序的塑造中来,全球气候环境治理、世界贸易组织框架内多边贸易谈判中,不对称依赖关系型权力和议题结构制度型权力,二者在影响他国对外行为时并不弱于以国内生产总值为支撑的经济权力或以先进武器为支撑的军事权力,这也使得当今大国博弈不仅表现有综合国力的竞争,更有国际规则话语权的竞争——特别是网络空间、低碳经济等新兴议题规则规范制定权的较劲,[①]从长远看,权力内容形态的多样化对国际体系公共事务治理的影响,远逾权力主体或权力中心数目的增多。[②]

表 3.1　现当代国际体系权力多元演进在不同时期的表现

| 主题 | 历史时间段 | 权力多元具体表现 |
| --- | --- | --- |
| 现代国际体系权力多元演进趋势 | 1648 年《威斯特伐利亚和约》至 1918 年一战结束 | 一是权力中心由"英法俄普奥"欧洲五强扩张为"美苏英法俄德日意"全球七强;<br>二是权力内容要素由人口、领土要素扩大至经济、技术要素。 |
| | 1919 年巴黎和会至 1991 年苏联解体 | 一是权力中心由全球多极演变为美苏两极;<br>二是英、法、西德、日本等国凭借经济复兴成为非"军事 – 政治"强国;<br>三是殖民帝国解体,大批民族国家独立,作为一支独立力量登上国际舞台;<br>四是《联合国宪章》为国际社会广泛认可,大国权力行使受到限制;<br>五是经济、科技等非军事权力作用提升,相互依赖关系型权力凸显。 |

---

① 这一点最为生动的体现莫过于 2015 年 10 月,时任美国总统奥巴马关于冷战对抗思维的一次演讲,文中直言"不能让中国书写全球经济规则",姑且不论此观点的荒谬之处,此现象表明了美国对中国的担忧除去中国综合国力未来将赶超美国外,还有中国日益提升的国际规则话语影响力。奥巴马演讲参见,Statement by the President on the Trans-Pacific Partnership,the White House of President Barack Obama,https://obamawhitehouse.archives.gov/the-press-office/2015/10/05/statement-president-trans-pacific-partnership。

② 关于权力内容或权力形态的分析,参见 Barry Buzan and George Lawson. *The Global Transition,History,Modernity and the Making of International Relations.* Cambridge University Press,2015,pp. 307-309。

续表

| 主题 | 历史时间段 | 权力多元具体表现 |
|------|-----------|-----------------|
| | 1991 年冷战结束至今 | 一是新兴经济体崛起，成为匹敌于传统权力大国的新权力主体；<br>二是国际议题多元化促使中小国家获得议题权力优势；<br>三是非国家行为体对国际体系权力的分流；<br>四是关系型权力和结构制度型权力，对国际格局的影响提升。 |

## 二、多国集体行动难题与国际领导供需

与古代国际体系相比，当代国际体系最为显著的特征莫过于体系成员国互相间的主权独立、平等，缺少更高权威的无政府状态使得国际体系一旦爆发威胁体系正常运转、损害多国利益的危机挑战时，便需要体系成员国联合行动共撑危局，进而产生国际集体行动的需求。[①] 对于相互缺少隶属关系的主权国家而言，一项成功完整的集体行动显然需跨越三阶挑战：一是国家之间政策行为的协调，克服集体行动中国家自利偏好下的外部性行为；二是国际制度的供给，稳定彼此相互预期；[②] 三是国际制度的执行监督。显然，国际制度的创设和执行监督将带来国家对外行为的约束，而独立主权国家并非总情愿接受这个"紧箍咒"，所以不排除某些时候国际集体行动仅需克服第一阶段挑战——国家之间政策行为的协调，至少在 1815 年之前，在解决

---

① 美国学者肯尼斯·奥耶认为，跨国威胁下泛泛而言的共同利益并不充分产生国家参与国际集体协作的动力，只有在共同利益只能通过国际合作才能达成的情境中，国家间的集体协作才会发生，但事实上这里面很难较为精确的观测出跨国威胁的实际严峻程度和国家认知下的严峻程度，笔者在此做模糊处理，忽略二者之间的差别，参见 Kenneth A. Oye, "Explaining Cooperation under Anarchy: Hypotheses and Strategies", in Kenneth A. Oye, ed., *Cooperation under Anarchy*. Princeton University Press, 1985, p.5.

② ［美］埃莉诺·奥斯特罗姆：《公共事务的治理之道：集体行动的制度演进》，余逊达、陈旭东译，上海译文出版社，2012 年，第 162 页。

哈布斯堡西班牙、路易十四法国霸权扩张而造成国际安全秩序挑战中,欧洲诸强更满足于反霸需求下即时行为协调和任务分担,很少关注反霸之后稳定国际秩序的制度建设。

应对国际危机的共同利益并不总能保证国际集体行动的有效形成,一如20世纪30年代在德意法西斯对凡尔赛国际秩序肆意挑战面前,英法苏等国并未形成集体制衡。因为在主权独立、互不隶属的现代国际体系中,跨越三阶挑战,成功组织起多个理性国家主体参与的国际集体行动,不得不正视其间的行动难题。除却通常强调的集体行动报酬不合理难题外,[①]国际集体行动还面临着参与主体之间的行动能力不均衡、行动能力与意愿匹配以及不同文化背景下对集体行动目标、方式、结果的独特理解三大难题。上述三大难题折射到国际集体行动中,不仅表现为国家参与集体行动的消极,也表现为多国谈判经常陷入议项散漫、谈判僵局或达成结果代表性不足等困局。[②]

集体行动报酬不合理主要指国家因参与国际集体行动所获得收益抵不上给付成本而理性选择消极应对。在当代集体行动杰出研究学者曼瑟尔·奥尔森看来,受困于公共利益的非排他性,共同目标实现过程中成本与收益的不对称(个体的付出对集体目标而言往往微不足道,个体收益可能远小于个体付出),理性自利的行为体在集体行动中更倾向于选择"搭便车"而非踊跃

---

[①]　美国学者肯尼斯·奥耶曾指出困扰国际合作的三大因素:报酬结构、对未来的忧虑和参与人数,实际上作者在阐述这三大因素阻滞国际合作时,主要分析核心仍然是不同情形下国家参与国际合作的报酬考虑,仅考虑当下时的合作,同时考虑当下和未来时的合作,人数较多时的合作。 See Kenneth A. Oye, "Explaining Cooperation under Anarchy: Hypotheses and Strategies", in Kenneth A. Oye, ed., *Cooperation under Anarchy*. Princeton University Press, 1985, pp.1–24.

[②]　学者乔纳斯·陶伯格认为,在无中心情形下,多方行为协调将不得不面临的三大集体行动难题,"议程设置失败、谈判交易失败和代表性不足"。See Jonas Tallberg. "The Power of the Chair: Formal Leadership in International Cooperation". *International Studies Quarterly*, 2010, 54(1).

承担。<sup>①</sup>20世纪80年代,肯尼斯·奥耶(Kenneth A. Oye)、罗伯特·基欧汉等美国学者亦指出,由于缺少第三方有效担保,即使存在共同利益,国际合作仍不时受阻于信息不对称、信任缺失下"囚徒困境""胆小鬼""猎鹿"等合作困境和未来阴影等报酬失衡问题。<sup>②</sup>因此,通过克服集体行动报酬结构失衡难题,使参与国家意识到:第一,当下选择合作的收益大于合作需付出的成本,拒绝合作的成本将远高于其获得的收益;第二,选择合作,稳定自我行为预期的未来收益远大于其当下行为限制的损失;第三,未来不合作的收益将显著锐减,而国家脆弱性的减弱也使得即使被利用被欺骗,其损失也是可控和可补偿的,<sup>③</sup>而后便可积极参与到国际集体行动中。

在关于缓解报酬失衡难题的诸多举措中,国际制度无疑最为瞩目,国际关系新自由制度主义代表人物罗伯特·基欧汉认为,国际制度"降低谈判成本、提供信息、减少不确定性和稳定行为预期"的三大功能将缓解理性自利国家对参与集体行动成本与收益不对称的顾虑,推动国际集体行动朝着有益于合作的方向演进。<sup>④</sup>此外,奥尔森、奥耶等学者也认识到控制参与规模对缓解报酬结构失衡的益处,参与主体数目的减少一方面降低了个体参与集体行动的成本/收益比和相互间交易互动、信息互通的成本,促使参与各方更易辨识共同利益并取得共识,另一方面也使得发现、监督、制裁违约行为成

① [美]曼瑟尔·奥尔森:《集体行动的逻辑》,陈郁等译,格致出版社,2014年,第1~4、7~12页。

② Kenneth A. Oye, "Explaining Cooperation under Anarchy:Hypotheses and Strategies",in Kenneth A. Oye,ed. *Cooperation under Anarchy*. Princeton:Princeton University Press,1985:6–18.

③ [美]肯尼斯·奥耶编:《无政府状态下的合作》,田野、辛平译,上海人民出版社,2010年,第64~70页。See Robert Jervis, "From Balance to Concert:A Study of International Security Cooperation", in Kenneth A. Oye,ed., *Cooperation under Anarchy*. Princeton University Press,1985,pp.64–73.

④ 关于国际制度促进国际合作的分析,参见 Robert O. Keohane, *After Hegemony:Cooperation and Discord in The World Political Economy*. Princeton University Press,1984,pp.85–110。

为可行。<sup>①</sup>19 世纪维也纳和会后,欧洲持久稳定的一个重要因素便在于,当时参与欧陆国际事务的国家数目有限,对于参与规模较大的集体行动,奥尔森则认为或者选择奖励与惩罚为主要内容的刺激性方式,或者选择化大为小的治理方式（将较多主体直接参与的集体行动简化为以团体组织为主体的集体行动,减少集体行动参与数目）。<sup>②</sup>21 世纪以来,针对世界贸易组织多边谈判停滞不前而兴起地区经济一体化,可以说是全球经济治理集体行动一次化大为小的尝试。

国际集体行动实质上是一项为实现共同利益的多国合作,因此不得不正视达成共同目标所必需的行动能力。事实上,国家选择加入国际集体行动也是一件量力而行的估算,很少有国家会承担超出其自身能力范畴的国际责任,除非面临生存安全的挑战,就是说即使国家具备参与集体协作意愿,仍可能窘于行动能力的不足而选择逃避。<sup>③</sup>冷战后国际体系权力多元分散演进趋势,更使得跨国威胁治理需要积聚起更多的参与国家,这无形提升了组织集体行动的难度。

参与动机与参与能力不匹配几乎是国际集体行动难题形成的主要因素。不同于以个人为主体的集体行动,国际集体行动中国家因行动能力不平等事实并非享有均等的参与机会,而参与国际集体行动的能力又受制于其在国际体系权力格局的位置。当代国际体系的多元权力事实绝非意味着权

①　[美]曼瑟尔·奥尔森:《集体行动的逻辑》,陈郁等译,格致出版社,2014 年,第51~59 页。[美]肯尼斯·奥耶编:《无政府状态下的合作》,田野、辛平译,上海人民出版社,2010 年,第16~17 页。Kenneth A. Oye, "Explaining Cooperation under Anarchy: Hypotheses and Strategies", in Kenneth A. Oye, ed., *Cooperation under Anarchy*. Princeton University Press, 1985, pp.19-20.

②　奥尔森认为,就集体行动的功效而言,具备选择性刺激手段的团体比没有这种手段的团体更容易组织起集体行动,人数较少的团体比较多的团体更易于组织集体行动,参见[美]曼瑟尔·奥尔森:《国家兴衰探源:经济增长、滞胀与社会僵化》,吕应中等译,商务印书馆,1999 年,第41 页。

③　关于全球治理集体行动中合作意愿与合作能力的辩证分析,参见薄燕:《合作意愿与合作能力,一种分析中国参与全球气候变化治理的新框架》,《世界经济与政治》,2013 年第1 期。

力格局均等分布，无政府状态自助体系和联合国宪章对主权原则的重申也未改变国际体系权力不平等事实。在美国学者大卫·莱克看来，依据威斯特伐利亚体系所确立的主权原则来理解现代国际体系，实质上忽略了无政府状态下国家间的等级现象，国际安全、经济领域内基于权力不平等分布事实而生成的权威等级结构。一方面在国际体系主权国家之间形成某种程度不一的"主导—顺从"依赖关系，另一方面也使得不同国家在应对国际危机时具备着不同的行动能力。①权力结构的不平等意味着国家在国际集体行动中因行为能力差异而居于不同的能力阶层，结果之一是因抗压和抵御能力的差别，国家在跨国危机面前展现出不同的敏感性与脆弱性，对集体行动的紧迫性和应对方式也不同；结果之二是中小国家参与集体行动的限制，尤其在权力相对集中分布的国际政治、军事领域，几个权力大国基本垄断着这些领域的话语权和参与机会。后果便是那些最受外在负面影响、最期望集体行动的国家行为体，却因能力限制而不得不望洋兴叹，求助于权力优势大国的组织协调，就像全球气候治理中，非洲不发达国家、太平洋岛国等最少适应气候变化能力的国家，往往也是最为气候变暖灾害影响且最少贡献温室气体排放量的国家。②由此集体行动难题由参与能力与参与动机不匹配，跨越到行动能力富余国的集体行动认知。

除却行动能力分布不均及参与动机、参与能力不匹配而来的集体行动难题外，国际集体行动仍面临着因参与主体对集体行动的不同认知、不同理解而陷入议而不决的僵局。诚然，在国际体系权力不平等分配情形下，单单对集体行动不同认知或不同理解，可能受制于外在权力或行动能力的干扰而作用有限，但倘若其与国际体系权力格局本身结合，则成为掣肘国际集体

① David A. Lake. *Hierarchy in International Relations*, Cornell University, 2009, pp.45-62.

② Sikina Jinnah. "Climate", in Amitav Acharya. ed., *Why Govern? Rethinking Demand and Progress in Global Governance*. Cambridge University Press, 2016, p.193.

行动的因素。在 20 世纪非欧权力中心、非西方世界复兴崛起的大背景下,能够参与或影响国际事务集体行动的主体已不再是文化相近、地位均匀的同质主体,相反是彼此对集体行动有着分歧理解、偏好的异质主体,这种情况无疑更增加了国际集体行动取得共识的难度。①

报酬结构失衡、行动能力的分布不均、行动能力与参与动机的不匹配、对集体行动本身的不同认知等一系列国际集体难题的出现,极大地挑战着以追求共同利益为目标的多国集体行动的形成,更超出基于改善报酬结构的静态国际制度促进国际合作的能力,毕竟能够诱发上述集体行动难题的国际互动已远非两国理性博弈,客观上呼唤国际领导的出现。国际体系权力格局不平等事实,也为那些有能力有意愿承担国际领导权责的国家挺身而出创造了条件,某种程度上“承担”起了国际政府的部分职能,如弥补国际制度功效软弱,打破集体谈判僵局,协调多国协作,倡议、创设国际制度和背书国际制度的监督执行。尤其是面对多国协作僵局,能力优势国家通过诸如提出协议草案、调整议事顺序和排除干扰事项等议程管理,提供对集体行动的共识性理解来弥合各方认识分歧,积聚最大行动力量和率先行动示范等国际领导作用的发挥,成功化解多国行动中的纷争。② 20 世纪 30 年代国际集体安全运转失败的教训也从某一侧面诠释了多国参与下的复杂国际危机治理中国家自我组织、自我行动的缺陷,现实中际危机爆发时,国家极可能陷于危机信息不完整和未来趋势不确定的困境,国际制度集体行动的自我组织在此多半成为一种理想。因为核心问题在于谁来率先启动国际集体行动,谁来率先引导尚处迷茫彷徨状态国家的下一步行动,谁来保证制度文本

---

① Jonas Tallberg. "The Power of the Chair: Formal Leadership in International Cooperation", *International Studies Quarterly*, 2010, 54(1). [美]曼瑟尔·奥尔森:《国家兴衰探源:经济增长、滞涨与社会僵化》,吕应中等译,商务印书馆,1999 年,第 30~31 页。

② Magus G. Schoeller. "Explaining Political Leadership: Germany's Role in Shaping the Fiscal Compact". *Global Policy*, 2015, 6(3).

内容的实施。①

可以看出，现代国际体系多国协作中的集体行动难题催生了对国际领导的需求，但国际集体行动难题的国际领导实践，在某种程度上也是单个或多个国家自我提供国际公共物品。一如奥尔森提到的公共产品的"非排他性"促使个体不得不理性掂量提供公共产品的总成本和总收益、边际成本和边际收益，结果便是公共产品的供给总是小于最佳水平。②现实中的国际领导似乎也总是处于某种供给不足或"领导赤字"状态，例如全球气候治理中《巴黎协定》设定的 2 摄氏度目标，越来越多证据显示除非有重大"洁能减排"技术突破，否则 2 摄氏度目标恐难以如期实现，而在《巴黎协定》达成过程中发挥过领导作用的美国退出协定后，2 摄氏度目标前景更加扑朔迷离。国际领导供给不足，无疑反映出在一个能力不均且既无必然领导责任又无必然追随义务的自助国际体系中，领导需求并不足以产生国际领导行为，对国际领导的完整理解仍需延展至供给层面。

从领导国供给角度看，国家并非不加选择无条件的提供国际公共产品来缓解集体行动难题，只有其自身利益在不承担国际领导职责便无法得到来满足或保证时，才可能选择国际领导。③所以国际领导意味着领导国有能力和有意愿承担国际领导权责，认识到国际领导的预期收益大于给付成本，或者至少避免本国关切利益的损失；而从支持国需求角度看，支持国无能力领导但有意愿以被领导的身份参与集体行动以免除威胁，其选择被领导在很大程度上意味着现有体系制度安排或本国能力无法有效捍卫或实现所关

① 关于国际合作中国际领导的必要性分析，参见 William T. Bianco, Robert H. Bates. "Cooperation by Design:Leadership,Structure and Collective Dilemmas". *American Political Science Review*,1990,84(1)。

② [美]曼瑟尔·奥尔森：《集体行动的逻辑》，陈郁等译，格致出版社，2014 年，第 21 页。

③ Barbara Karemenos. "The Role of State Leadership in the Incidence of International Governance". *Global Policy*,2015,6(3).

心的利益,不得不接受别国领导,暂时牺牲主权完整性和对外行动自由。因此就国际体系宏观视角而言,相应议题领域内多国协作的集体行动难题只有在上述供需达成平衡时,方可能出现国际领导行为。①此外,现代国际体系议题多元的背景促使国家不得不正视不同议题国际领导的选择,那些国际领导出现的议题大多为领导国和支持国共同关切或重大现实利益所系的领域,很难想象理性国家会将宝贵资源投入到远不可及或不太重要的议题中,即使领导国预期获得额外收益,但权力的自利动机也会促使支持国撤回被领导。

## 三、国家引领还是国际组织引领,一国领导还是多国领导?

多国集体行动的需求和行动能力不均的事实支撑起国际领导出现的客观需求,国际体系行动能力不均背后的多元权力中心(优势权力单元)事实则进一步衍生出国际领导权的竞争和单一国际领导能力不足的窘态。实际上国际领导实现过程总是充满了各种竞争,首先是培育国际"引导-支持"关系下针对潜在支持国的竞争吸引,其次还可能面临多个意向领导国之间的竞争。②多个意向领导国之于国际体系领导国地位的竞争大体有三种结局:零和结局下的一国独享国际领导,均输结局下的国际领导赤字,共赢结局下的多国共享国际领导。共赢结局下多国共享国际领导即本书的主要关注点——国际集体领导。自现当代国际体系诞生之日起便有形形色色的国家、国际组织扮演了维护体系良性运转的国际领导角色,如反对拿破仑帝国征服欧洲中的英国,二战后重建世界秩序的美苏英,国际维和事业中的五大常

---

① 关于国际领导的供需关系结构分析,参见 Magus G. Schoeller. "Explaining Political Leadership:Germany's Role in Shaping the Fiscal Compact". *Global Policy*,2015,6(3)。

② Dirk Nabers. "Power Leadership and Hegemony in International Politics:the Case of East Asia". *Review of International Studies*,2010,36(4).

任理事国等。因此相应一个问题映入眼帘,国际领导供给主体只能是主权国家或也可以是非国家行为体? 国际领导权只能为一国独享还是可以多国共享用?

虽然本书将国际领导的主体聚焦于主权国家,但事实上国际体系的确存在国际组织发挥国际领导作用的现象,特别在当今议题多元和权力流散的全球化时代,世界卫生组织、国际货币基金组织、安理会等国际组织以相对独立的第三方身份,在一些非核心的全球/地区政治、经济、环境议题领域中或单独或与国家行为体一道, 履行国际领导职能, 缓解多国集体协作难题。对此,或许可以借助国际领导的供需理论和国际领导关系结构来加以理解。罗伯特·塔克(Robert C. Tucker)、桑德拉·德列迪(Sandra Destradi)两位学者曾认为,集体行动在两类情形下需要国际领导,一类是面临重大危机,大部分参与主体在危机面前不知所措,需要能力优势主体来发挥领导作用,指明行动方向,协调各国行为,带领大家共同应对危机;另一类则是日常公共事务中集体行动的组织,领导者多扮演管理者的角色,协调和组织多国集体行动,不同于第一类情形,此时参与各方对集体行动的价值导向、总目标、预期结果有着基础共识。[1]两位学者依据集体行动难易程度区分了两种任务需求下的国际领导需求,因前者的领导任务要重于后者,所以对承担领导国职责的主体资质或能力要求较高,而且国际危机往往又蕴含着国际体系声望结构、国际制度规则重新调整潜在契机。其间的国际领导收益无疑将大于无危机下仅需协调多国集体协作的领导收益,所以在国际体系爆发重大危机时,国际领导常由能力优势的主权国家来承担。在危机之后的日常国际事务中,受制于国际领导的成本/收益以及其他国家对领导国继续领导动机、行为

---

① Robert Tucker. *Politics as Leadership*. University Missouri Press,1981,pp.16-18. Sandra Destradi. "Regional Powers and Their Strategies:Empire,Hegemony and Leadership". *Review of International Studies*,2010,36(4).

的疑虑抵制，领导国更倾向于将协调多国协作的琐碎事务交付于其参加或主导的国际组织，支持国亦宽心于国际组织的领导。但一个事实也需正视，即国际组织发挥国际领导作用时，很难区分其是以第三方独立身份行动还是某些主导国家意志的反映。

另外，国际领导主体为一国独享还是可以两国或多国共享？沃勒斯坦、吉尔平等国际领导研究学者，通常认为国际领导为一国（体系霸权国）领导，大国的权力竞争使得彼此间很难共享国际领导权，现有国际领导的研究作品大多也默认国际领导为一国领导。但实际上，现代国际体系中多国协作的集体领导并不少见，即使学界所乐道的 19 世纪中后期英国治下的繁荣和 20 世纪中后期美国治下的和平，从严格意义上讲，英国 19 世纪中后期独享的国际领导仅局限于贸易、金融等领域，在决定国际政治秩序如黑海海峡航行自由、近东地区领土调整乃至非洲殖民地划分等问题上，国际领导权仍由当时的英法俄奥德（普）五大国集体共享；二战后美国在资本主义阵营内全方位的国际领导地位仅维持至 20 世纪 70 年代，1973 年石油危机后其在国经济领域内的领导权便开始与英国、法国、联邦德国、日本、加拿大、意大利六国共享。冷战结束后，美国虽成为体系唯一超级大国，但伴随国际关系民主化和国际议题的多样化，美国的国际领导也未能覆盖到所有议题领域，奥巴马入住白宫后，美国寻求与其他国家联合提供国际公共产品的迹象更加明显，特朗普退出 TPP 跨太平洋伙伴关系协定并未造成其的搁浅，相反在日本、加拿大、新加坡、澳大利亚等中等强国的集体引领下，2018 年 3 月 8 日除美国外的 11 个亚太地区国家签署《全面与进步跨太平洋伙伴关系协定》(CPTPP)，与 TPP 相比，修订后的 CPTPP 舍弃了 TPP 中为美国偏好却为其他国家反对的"高标准"投资、知识产品保护条款，更加符合现阶段自由贸易实际。[1]可见，

---

① Matthew P. Goodman. "From TPP to CPTPP", Center for Strategic & International Studies, 2018-03-08, https://www.csis.org/analysis/tpp-cptpp.

大国间的权力竞争或大国缺失并不妨碍多国协作集体领导的出现，现代国际体系权力多元的演进事实更赋予了多国集体领导相对于一国领导更多的合理性。

对于现代国际体系中的主权国家来讲，国际领导很多时候是一种矛盾的复合体，一方面表现为提供公共产品、协调多国行为、自我约束下的国际责任或负担，国际领导赤字相应源于供给不足；另一方面则表现为某种国际体系优势或主导权的取得，如其他国家追随支持下的国际声望，"领导—支持"结构关系下的议程设置、信息垄断、集体利益分配等结构制度型权力，①这一优势又使得国际领导处于某种供给竞争状态。之于国际责任，国际集体领导意味着领导责任共担下更多行动能力的聚合，拓展国际领导供给源；之于体系优势，国际集体领导则意味着国际威望、国际领导权共享下国际领导合法性基础的厚植，既防止潜在领导国的恶性竞争，又缓和支持国被领导国支配的忧虑，随着20世纪下半叶不断涌现的民族国家，国际集体领导更蕴含了国际集体行动广泛代表性的取得。不过，无论是国际责任视角还是国际体系优势视角下的国际领导，一个基本的事实便是国际领导的实现离不开一定国家实力支撑，特别是物质实力，在通常情况下，国际领导类型（一国领导或多国领导）正比于领导作用发挥议题领域内权力格局。

20世纪后半叶以来，在大国相互核威慑下大体稳定的国际军事、政治秩序以及国际关系民主化背景下日益增多的国际议题，促使有志于国际领导的权力大国不得不做出某种权衡，放弃一些不为本国关切议题领域的国际领导。如美国在奥巴马政府之前一直拒绝承担全球气候治理的领导角色，这

---

① 关于国际领导的"特殊"权力分析，参见 Jonas Tallberg. "The Power of the Chair: Formal Leadership in International Cooperation". *International Studies Quarterly*, 2010, 54(1); David A. Lake. "Rightful Rules: Authority, Order, and the Foundations of Global Governance". *International Studies Quarterly*, 2010, 54(3)。

为次大国或中小国家在一些非核心的国际议题领域内发挥领导作用创造了条件。加之多重国际议题领域内权力格局的不对称分布,国际领导类型相应也开始多样复合,一国引领与多国引领、大国引领与中小国引领、国家引领与国际组织引领共存于战后国际舞台,当然在关乎国际体系基本走向的军事、政治、经济领域,国际领导仍为权力大国所把持。

<br>

# 第二节　国际体系危机
# 与国际集体领导形成的难易分析

对于国际舞台上选择承担国际领导或是选择支持它国引领的国家维持原来的国家行为体而言,两类行为的做出无疑离不开对所处环境、所需行动领域的分析评判,外在情境由此也生成了国家"何以引领"和"何以支持"的行为依据——潜在国际领导意向国在什么时候更愿意追求并共享国际领导权而非滑入国际领导权的恶性竞争,支持国在什么时候更愿意支持其他国家的领导行为而非抵制反对。如果说国际体系权力多元的三重内涵生成了多国引领国际事务的合理性,那么国际体系危机的爆发则构成了多国引领危机治理的必需性。参照多国集体行动所要达成的任务目标,可将国际集体领导行动划分为"谋求更好"和"避免更坏"两大类,显然以后者为目标的多国协作动力要强于前者——无论共享还是支持。特别是当外部威胁挑战近在咫尺时,国际体系危机自然成为多国集体行动"避免更坏"的任务目标。事实上,国际体系危机的加剧的确也坚定了潜在领导国共同引领国际集体行动的决心,一如自 1936 年希特勒德国占领莱茵河西岸起,国际社会便不断面临德国对"凡尔赛-华盛顿"国际秩序的破坏,当时的潜在领导国英国、法国和苏联虽然进行了对话磋商,但直至 1940 年法国被打败、英国被空袭、1941 年苏联被入侵后,两国才真正共同承担起匡扶国际体系失序的领导重任。

## 一、国际体系危机四类情境下的国际集体领导难易分析

国际集体领导的实现意味着多国集体行动中国际领导权共享和"引领–支持"关系的同时取得,因此要求国际舞台至少满足三项条件:一是多国有能力且有意愿承担国际领导权责;二是其他国家有接受国际领导的需求;三是意向领导国克服国际领导权零和竞争的结构性矛盾,并构建起"引领–支持"为特征的国际领导关系。

现当代国际体系权力多元演进趋势,从行动能力上筛选着领导国与支持国的候选名单,尽管有中小国家引领国际行动的现象,但权力大国相对丰厚的物质资源、知识技能、关系网络,使其在竞争和履行国际领导权责方面更胜一筹。在当代国际体系权力多元变迁的描述上,本书将采取二分模糊赋值办法,即权力多元集中的多极格局和权力多元分散的无极格局,权力多极(多元集中)代表着国际体系存在两个或两个以上的权力中心,权力中心国与非权力中心之间国权力差距较大,权力中心国对国际事务有着近乎垄断的控制力和影响力;权力无极(多元分散)则代表了国际体系权力格局的扁平化分布,即使出现几个权力优势国,但这种优势更多时候是一种单项议题优势而非全域优势,与其他国家的权力差距也是一种相对而非压倒性优势,加上不同议题领域权力对比的交叉影响,权力优势国专断国际事务的能力大为受限。①在巴里·布赞(Barry Buzan)看来,国际体系中"极"大国与"非极"大国的区别体现为,前者能够将本国的政治、军事、文化、经济等实力和影响

---

① 关于 21 世纪国际体系"无极"格局的分析描述,参见黄仁伟:《当代国际体系转型的特点和趋势》,《现代国际关系》,2014 年第 7 期。

力投递至整个体系,而后者只能影响一两个地区。[1]显然,在权力多元集中的多极格局中,以权力中心国为领导主体的国际集体领导无论在实现任务目标,还是赢得其他国家支持方面,都拥有着权力多元分散无极格局中领导国难以匹敌的资源优势。

在决定国际集体领导的供给能力情形之外,国际体系危机爆发或消弭无疑决定着国际领导的供给、需求、共享意愿的强弱变化,当爆发国际体系危机时,多国集体行动的目标集中在于免除跨国威胁冲击下的现实利益损失,集体协作紧迫性较强;当国际体系缺少体系危机时,多国集体行动的目标主要着眼于谋求未来福利的增进或防止潜在灾害的升级,集体协作紧迫性较弱。需要指出是,文中的国际体系危机主要指那些干扰国际体系正常运转和自我修复的突发性、冲击性事件,不仅造成已有国际秩序的失序和国际制度的失灵,也超出单个国家的应对能力,[2]如20世纪30年代后期德意日武力扩张下"凡尔赛–华盛顿"秩序瓦解、20世纪70年代初美元黄金脱钩后的国际经济动荡。

因此,按照体系危机状况(横轴)和体系权力格局(纵轴)的二分变化组合,本书将国际集体领导所处的宏观体系情境具体分为四大类:爆发体系危机的多极权力格局、爆发体系危机的无极权力格局、缺少体系危机多极权力格局、缺少体系危机的无极权力格局,接下来将通过对比分析四类体系情境中的国际领导供需情况、国际领导权共享和"引领–支持"关系构建情形,进

---

[1]　Barry Buzan. "A World Order Without Superpowers:Decentred Globalism". *International Relations*,2011,25(1).

[2]　关于体系危机的界定,参见 Sing C. Chew,Daniel Sarabia. "Nature–Culture Relations:Early Globalization,Climate Changes and System Crisis". *Sustainability*,2016,8(1). Emil Urhammer,Inge Røpke. "Macroeconomic Narratives in a World of Crises:An Analysis of Stories about Solving the System Crisis". *Ecological Economics*,2013,96. Lan Goldin and Tiffany Vogel, "Global Governance and Systematic Risk in the 21st Century:Lessons from the Crisis". *Global Policy*,Vol.1,No.1,2010,pp.4–5。

而梳理出影响国际集体领导最易实现体系层次因素。(见图 3.1)

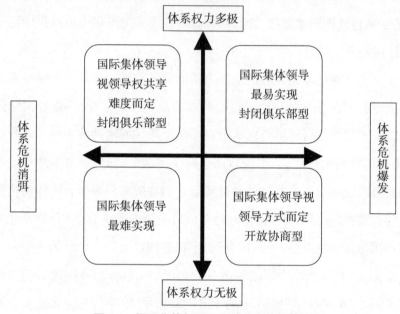

图 3.1　国际集体领导所处的四类体系情境

(一)当多极国际体系爆发体系危机时,少数权力中心大国为领导主体的国际集体领导最容易实现

1. 国际舞台上国际领导的供需

当国际体系爆发威胁多国生存安全或经济社会稳定的跨国危机时,单个国家应对威胁的能力不足自然滋生多国协作治理危机的利益诉求,而国际体系权力分布集中意味着应对国际危机的能力集中在少数几个权力中心国家手中,两者的叠加一方面带来及时止损共识下的国际需求——中小国家因应对危机能力不足,希望权力中心大国发挥国际领导作用,提供应对国际危机的公共产品;另一方面也促使权力中心国有意愿和有能力承担起国际领导责任的负担,领导意愿既体现为消除现实当下的共同政治、经济、军

事威胁,也体现为成功治理危机后可能斩获的国际声望和塑造国际规则、国际秩序的结构制度型权力,领导能力则体现为优势权力下解决危机难题的选择自由和实力储备,毕竟国际公共产品的供给将意味着国内资源的消耗。因此,当国际体系权力分布集中于少数几个权力大国,并爆发挑战各国利益的体系危机时,恰好同时产生了国际领导供给(意愿+能力)和国际领导需求最为充沛的动力。

2. 多个潜在领导国之间的国际领导权共享

国际体系两个以上权力中心的存在,意味着国际体系危机治理中将出现多个有意于承担国际领导的国家,自然带来潜在领导国相互竞争国际领导权的现象。然而在外部严峻压力的情形下,国际领导权共享过程中较难调和的结构性矛盾冲突却会被避免最坏结局的共同诉求和减轻领导负担的理性考虑所冲淡,共命运滋生出合作共识将推动本来恶性竞争的权力中心国家彼此对焦关注点、搁置分歧,进而共享国际领导权责。特别对于原本有着严重意识形态冲突、价值理念分歧、利益矛盾较难调和的权力中心国家而言,体系危机的出现提供了这些潜在领导国共享领导权的最大事由,如二战初期的英国与苏联。

此外,危机应对能力聚集于少数几个权力中心国家的事实,实质上使得本应为领导国与支持国等多数国家共同参与的集体行动转变为只有少数国家(领导国)进行危机治理的集体行动,困扰国际危机应对的集体行动难题仅剩下可能的报酬结构不合理、对集体行动认知理解的分歧以及大国对国际领导权的恶性竞争,参照奥尔森的集体行动理论,在少数能力相近的个体参与的集体行动中,报偿结构失衡问题要相对缓和的多,公共物品供给也非难事。

总之,当国际体系爆发危机时,原先没有意识形态、价值理念、利益冲突的多极权力中心国,最容易实现国际领导权共享;对于有着意识形态、价值理念、利益冲突的多极权力中心和两极权力中心国,体系危机爆发不仅缓和着国际领导权竞争的结构性矛盾,也压制着已有的各色宿怨。

3."引领-支持"国际领导关系的构建

从领导国视角来看,已然决定承担和共享国际领导权后,与支持国相比显著的权力差距,意味着其拥有更多的资源、手段来吸引其支持,如较少分配支持国治理危机的责任,"搭便车"行动中给予较大优惠,甚至直接使用优势权力。特别当支持国的支持和追随仅仅是为集体领导国备书合法性而无须切实物质利益给付时,最容易培植起国际"引领-支持"关系。从支持国视角来看,一方面是应对跨国危机能力的不足而来的国际领导需求——希冀领导国及早承担国际领导责任;另一方面则是紧迫危机压力下,对国际领导供给公共产品类型、内容需求的暂时单一,如面临国际经济大萧条时,人们往往更关心于全球经济的复兴,而非国际经济秩序不合理、经济获益不平等等公平正义问题。领导国的领导能力强,支持国的国际领导需求强和需求内容单一,三大事实决定了国际领导关系在体系权力多极和体系危机二者组成的体系情境中最容易取得。

(二)当多极国际体系缺少体系危机时,国际集体领导实现与否视国际领导权共享的难度系数而定

1.国际舞台上国际领导的供需

参照美国学者奥斯特罗姆关于公共事务治理中的个体行为逻辑,参与集体协作的理性个体,其看重当下成本高于未来收益,看重损失高于收益,缺少外部约束时本能倾向于规避公共责任、搭便车和机会主义行为,[1]相应体系危机的缺失,也不同程度地减弱了领导国和支持国合作追求共同目标的紧迫感。虽然权力多极情境下以权力中心国为主体的领导国仍享有厚实

---

① [美]埃莉诺·奥斯特罗姆:《公共事务的治理之道:集体行动的制度演进》,余逊达、陈旭东译,上海译文出版社,2012年,第241~244页。

的领导能力,但支持国对领导国供给国际公共产品的内容要求也开始提升,如 20 世纪 60 年代起广大发展中国家不断呼吁的国际经济新秩序,其不仅包含了贸易壁垒等市场准入的程序正义,也包含着缩小南北差距的结果正义,而且中小国家对领导国专断国际事务,对本国被排斥于国际事务决策议程之外的不满,可能使其拒绝支持或提出更高支持筹码,增加国际集体领导行动实现的困难。此外,来自领导国内部的变数也可能削弱领导国的国际领导意愿,尤其是国内政权的更迭,如美国在全球气候治理议题上的国际领导积极性一直随总统任期的更迭而起落变化。因此,在权力多极和体系危机缺失二者构建的国际体系情境中,尽管有着国际领导供给能力优势,但支持国的国际领导需求和领导国的国际领导供给意愿,均受到诸多其他因素干扰,这无疑降低了国际集体领导的实现可能。

2. 多个潜在领导国之间的国际领导权共享

国际领导权共享实现与否,最大的关键在于能否克服或缓解国际领导权竞争中的结构性矛盾,体现为分析评判国际形势走向的视角由零和、对抗的冷战思维转移至共商共建共享,不冲突、不对抗、相互尊重、合作共赢的新型国际关系理念。①然而对于自利动机的国家行为体来说,跨越国际领导权竞争的结构性矛盾的确有着不少挑战,现代国际体系大多数时间段里,国际领导权竞争的结构性矛盾多是在外部压力下"冷却"处理,随着体系威胁的消退,领导国之间的国际领导权竞争也逐渐升温。尤其在彼此有着意识形态冲突、价值理念分歧、利益矛盾等历史恩怨的领导国之间,即使意识到未来共享的巨大利益,也可能因国际声望次序、国际影响力范围等零和结构性矛盾而分道扬镳,其间两极权力中心因缺少第三方制衡缓冲,相较多极权力中

---

① 关于新型国际关系内容的表述,参见中共十九大报告"坚持和平发展道路,推动构建人类命运共同体"内容。

心更难取得领导权共享。事实上,权力多极与体系危机缺失组合情境中的多个领导国共享领导权现象,多形成于权力多极与体系危机爆发组合情境中的延续,如20世纪七八十年代西方国际经济事务中的七国领导权共享,这时对国际领导权共享与否的考察,已不能仅仅停留于体系层面。

3. "引领–支持"国际领导关系的构建

从支持国视角而言,与领导国权力差距下行动能力的不足促使其在追求共同收益的集体行动中,希冀权力中心国继续发挥国际领导作用,但却也不愿看到国家主权的可能受损,对领导国专断国际事务的容忍往往随着体系危机的消退而难以为继,往往会对支持国际领导提出更高的标准,相应增加了领导国培育国际领导关系的难度。从领导国时间看,权力极化虽然促使领导国集团有能力来吸引起其他国家支持,但体系危机缺失却削弱了在构建"引领–支持"国际领导关系方面的意愿,使得后者的实现前景不再明朗。

(三)当"扁平"无极国际体系缺少体系危机时,国际集体领导实现难度系数最大

就国际集体领导的多国集体行动属性而言,此类情境中的多国集体行动最接近于奥尔森集体行动理论中众多能力相近个体参与下的大集团集体行动,当缺少外部激励性措施时,大集团集体行动中公共物品供给的报偿结构失衡现象最为严重,相应公共产品供给也最为不充分,[①]即很少或几乎没有国家愿意承担国际领导责任,而提供公共产品某种程度上是国际领导存续的合理要件之一。领导国通过提供国际公共产品,如运用本国优势资源维护国际经济政治秩序稳定,引导创设规范国家行为的国际制度等,进而赢得他国支持和追随。

---

① 关于集体行动公共物品在大集团集体行动中的供给不足分析,参见[美]曼瑟尔·奥尔森:《集体行动的逻辑》,陈郁等译,格致出版社,2014年,第7~12页。

国际体系权力无极可能意味着体系权力分散格局，这必然大大限制了那些意向领导国承担国际领导的能力,供给公共物品、协调他国行为、容许他国"搭便车"等能力相比权力多极情境下以优势权力为支撑的领导国大为逊色。在这种情境下,即使某些国家有履行国际领导的意愿,但受制于物质性吸引手段的不足,极难赢得他国的支持。毕竟无论意向领导国的国际领导行为还是支持国的国际支持行为，均意味着一国对外行为方式的较原先的改变,在未遭遇一系列糟糕事件且运行相对平稳的环境中,很难想象国内会为这种改变提供持续的支持动力。新自由制度主义学派曾指出,国际组织在协调国家行为、促进多国集体协作领域中的积极作用，然而在一个权力分散、缺少协作动力、彼此利益差异较大、相应议题准确信息不足、较高行为转换成本且大量参与主体的特殊情境中，即使良好的国际制度设计也难以保证参与国家在自愿互惠的基础上为增进未来收益而集体协作。①总之,在国际体系权力无极和缺少集体协作紧迫性的体系情境中，受制于意向领导国领导意愿不稳定和领导能力不足，支持国的国际公共产品需求强但"被引领"需求弱等双重事实,"引领-支持"关系很难培植,国际集体领导实现难度系数最大,一如 20 世纪 90 年代的全球气候治理,虽然 1992 年便已通过《联合国气候变化框架公约》,但直至 1997 年《京都议定书》达成前,大多数国家并无多少切实行动。

（四）当"扁平"无极国际体系爆发体系危机时,国际集体领导的实现视具体领导技能而定

第一,国际舞台上的国际领导供需。就领导国的国际领导供给意愿、供给能力和支持国的国际领导需求三者匹配而言,虽然权力无极、权力的分散

---

① ［美］埃莉诺·奥斯特罗姆:《公共事务的治理之道:集体行动的制度演进》,余逊达、陈旭东译,上海译文出版社,2012 年,第 242、246 页。

造成意向领导国国际领导能力的不足，但外在危机压力协作共渡危局的紧迫性往往也会促使当事国集体行动起来，这种情境下产生的国际领导或国际集体领导类型，往往是一种不依赖于权力结构关系的智识型或情境型领导方式，①即通过为"迷茫"状态的其他国家厘清危机认知信息、提出应对举措，进而赢得他国支持，引领其他国家共同治理危机。不过这也生成了因对危机原因差异性理解而来的不同行动措施，这往往诱发行动重点或治理方案的争执，需要伴之以巧妙的领导策略，以缓和集体行动分歧，毕竟领导能力的不足也削弱了领导国国际领导倡议的吸引力，尤其当需要支持国分摊公共产品时。

第二，多个潜在领导国之间的国际领导权共享。领导权共享所面临的结构性矛盾难题在此情境中得到缓和，一方面得益于外部挑战下的自然"冷却"，另一方面得益于权力分散限制了领导国凭借国际领导优势而谋求更高地位或特殊权益的可能。这种情境下，共享国际领导权更多意味着危机治理责任的分担、治理方法的汇集，领导能力的有限和危机治理的紧迫，也促使意向领导国愿意与他国分享优势信息和领导负担。

第三，"引领-支持"国际领导关系的构建。相比于权力多极和缺少体系危机情境中的国际集体领导实现难题——国际领导权恶性竞争，此类情境中困扰国际集体领导实现的最大难题在于"引领-支持"国际领导关系的建立，尽管体系危机的出现助力了集体协作的形成，但领导能力的均衡也吸引着各国对国际领导荣誉/权益的竞争——不愿意被引领，积极参与到国际领导决策过程中来，所以国际集体领导的模式多表现为开放式集体领导或全

---

① 关于国际领导方式中智识型领导、情境型领导的分析，参见 Oran R. Young. "Political Leadership and Regime Formation：on the Development of Institutions in International Society". *International Organization*，1991，45(3)；G. John Ikenberry. "The Future of International Leadership". *Political Science Quarterly*，1996，111(3)。

员共同领导,领导国与支持国的界限模糊,支持国的话语权重高于权力多极的体系情境中,但领导主体的增多也同时降低了国际集体领导的行动效率。

对比上述体系情境中国际集体领导实现的有利与不利条件,笔者认为当国际体系爆发体系危机并且权力集中于少数几个大国时,国际集体领导的实现阻力最小。首先,受外在压力而形成的多国协作的紧迫性,一方面促使领导国愿意承担国际领导责任和共享国际领导权力,缓和国际领导权竞争的结构性矛盾;另一方面支持国也有国际领导需求,愿意让渡部分主权。其次领导国与支持国之间较大的权力差距,使得领导国更有能力赢得后者的支持,构建起国际领导关系。最后少数权力中心国在跨国危机治理中的领导责任分担,某种程度上使国际集体领导行动转变至一种少数大国参与的集体行动,根据奥尔森集体行动理论,少数个体参与的集体行动中,公共产品供给最为充分,领导绩效较高,更容易赢得国际社会的积极响应。

## 二、国际议题多元对国际集体领导实现的干扰与局限

### (一)国际议题的多元化与国际集体领导

之所以专门考察国际集体领导的作用议题领域,实质源于 1945 年以来国际社会关注焦点多元的事实,二战以前,军事-政治议题几乎占据着全部国际舞台, 即使经济议题往往也是通过影响国际军事力量的消长来间接作用于国际体系格局,频繁大国战争和强权政治促使国际社会普遍关注安全、秩序等高阶议题,国际体系情境大体重合于国际政治议题情境。二战后,日本、西德以经济大国的身份重返国际舞台中央,两极对抗的缓和也客观推动了国际经济议题于 20 世纪 70 年代成为与军事-安全议题并行的另一大议题。冷战后,国际议题多元化趋势更加明显,环境问题、全球发展不平衡、恐

怖主义、人权问题等全球性议题逐步丰富着国际社会的关注焦点,由此必然增加不同行动议题领域内的国际集体领导供需。不过,国际舞台议题多元也带来另一个值得反思的事实,国际议题本身特性是否会影响着国际集体领导的形成,与国际体系危机相比,其作用是否更为显著? 国际体系的权力多元在带来多国集体领导可行性的同时,也孕育了阻碍国际集体领导如期实现的国际领导权竞争结构性矛盾和多国集体行动难题,国际体系的危机爆发恰好为主权国家跨越两大难题创造了契机,伴随体系危机的消退,中低阶议题领域中国际集体领导的实现是否可以同传统高阶议题领域一概而论?

## (二)中低阶议题领域中的国际集体领导

对国家而言,当缺少即时合作应对危机的紧迫性时,不论选择与他国共享国际领导权还是选择支持他国,其行为动机主要基于未来发展的考虑。美国学者罗伯特·艾克斯罗德(Robert Axelrod)、罗伯特·基欧汉认为国家越看重某一议题领域的未来收益,越可能在该议题内进行当下合作。两位学者将影响国家未来权重判断的国际议题因素概括为:关系互动的长期性、利害相关的匀称性、对方行为信息的可靠性、针对对方行动变化的反馈及时性四个方面。①

相比较于军事安全领域,国家在经济领域的联系互动无疑要持久的多,在军事安全领域,一国私自背叛先发制人的军事打击,很可能终结这一两国间的互动,所以缺少外在压力干预下,国家间深深的战略互疑使得该领域的集体领导极难达成;而国际经济领域的利害冲突则更容易调和,其利害关系时间上相对匀称,当下收益与未来收益容易达成平衡,不像军事安全领域第一次军事打击很可能摧毁对方第二次报复能力,这一属性也使得较难调和

---

① Robert Axelrod and Robert Keohane. "Achieving Cooperation under Anarchy:Strategies and Institutions",in Kenneth A. Oye,ed.,*Cooperation under Anarchy*. Princeton University Press,1986,p.232.

的领导权共享结构性矛盾和"引领–支持"关系培育公平问题,可通过时间动态过程得以缓解。①其次,经济、环境等中低阶议题攸关国家生存威胁的问题、挑战要温和得多,相应获取和提供给对方的行动信息也分别较为可靠和较少顾虑,坦诚的态度更易推进多国集体协作的形成;相反,军事政治领域内国家高度警觉性使得可靠信息较难获得,极易产生误读以致走向冲突对抗,不利于集体协作的形成。最后,经济、环境等低阶议题相对军事、安全等高阶议题还有着较低的行为调整成本,国家依据对方行为及时做出回应,形成正向螺旋互动。

除此之外,议题本身的"零和"或"非零和"属性,议题的跨国交织属性也加速或迟缓了国际集体领导的实现。显然,在领导权共享和"引导–追随"关系形成的讨价还价中,"非零和"议题以其较少的冲突性有助于互动国家较早达成双赢共识。相比军事政治等高阶议题,经济、环境等中低阶议题显然更少零和性,后者议题中即使一方暂时获得超额收益,短时间内也很难将其转化为针对另一方生存安全核心利益的挑战力,暂时受损一方因此较少纠结相对收益,这使得互动双方得以在长期交往中实现收益的动态均衡,有助于克服当下选择共享或支持它国引领时的损失焦虑。21世纪,在防止核武器、生化武器、大规模杀伤性武器扩散,气候变暖治理,网络安全,难民治理等颇具跨国交织属性的全球性议题中,不论福利增进还是灾害防治,均离不开他国的协作。②区别于军事、安全、政治、经济等传统议题,一国的强大、安全、繁荣可建立在牺牲他国利益基础之上,如历史上西方殖民帝国通过榨取半殖民地、殖民地的资源来巩固其在国际体系中的优势地位,在跨国交织属

---

① Robert Axelrod and Robert Keohane. "Achieving Cooperation under Anarchy:Strategies and In-stitutions",in Kenneth A. Oye,ed.,*Cooperation under Anarchy*. Princeton University Press,1986,pp.233–235.

② Barry Buzan and George Lawson. *The Global Transition,History,Modernity and the Making of International Relations*,Cambridge University Press,2015,pp.303–304.

性密集的议题领域，国家利益有着较强协作性——要么共同增进要么共同恶化，相应而来的命运共通性将不断促使国家行为体在追求国家利益目标时选择共享国际领导权而非试图独享国际领导权，选择支持那些相比本国更能胜任议题领导的国家进行国际引领。

（三）不同议题交互联系下的中低阶议题影响趋弱

国际体系议题多元的事实客观上使得国际集体领导开始聚焦于具体的议题领域而非全部国际议题，即国家承担国际领导权责是有所选择的。表面上看，这似乎缓和了国际领导权共享进程中所面临的结构性矛盾以及增加了中小国家发挥国际领导作用可能，毕竟较少国家能够在全部议题内斩获优势权力。精力和能力有限也使领导国不得不做出某种妥协，或者选择在本国占优势的议题中与其他意向领导国共享领导权，以换取对方占优议题内本国国际领导权的分享，或者选择在本国次优领域内响应对方国际倡议，以换取对方在本国另一议题倡议中的支持响应。

然而国际舞台上的高阶、中阶、低阶议题并非孤立存在，而是往往紧密联系在一起，如经济领域领导权的获得便可能影响到政治-军事领域的实力排序，加之不同议题之间地位权重又非平等。无疑，军事、政治、经济等中高阶议题在塑造国际体系权力结构、制度规范、国家互动方式方面要远重于环境、网络、人权等新兴低阶议题。全球气候治理尽管主要聚焦环境领域，属于低阶议题，但由此得出，国际气候治理领域集体领导容易取得，却与哥本哈根气候大会及之后中、美、欧三方激烈竞争国际气候治理领导权的事实不符。因为全球温室气体的累积离不开长期粗放型增长方式下的经济繁荣，应对气候变暖而大幅减排温室气体却可能放缓经济增长速度，甚至间接影响国际政治经济体系的未来权力对比。由此可看出，当中低阶议题领域内国际领导权的获得，能够影响到中高阶议题中的权力对比时，中低阶议题自身属性并不能克服国际领导权竞争的结构性矛盾，对中低阶议题中国际集体领导实现的分析，不能仅止步于议题本身属性和议题权力结构的分析，还应考虑到其与其他高阶议题的交互影响。

国际集体领导作用议题之间的交互影响，某种程度上间接削弱了罗伯特·艾克斯罗德、罗伯特·基欧汉所假设的中低阶议题领域更有利于大国合作、大国共享国际领导权的假设。诚然，在缺少体系危机下的多国集体行动中，经济、环境等中低阶议题以其博弈"非零和"性、国家间互动持久性、收益时间轴上的匀称性、信息的相对可靠性和行动及时反馈等优点，而更容易实现国际领导权共享，但只有在低阶议题的国际领导权收益不影响高阶议题领域中的权力格局时，这一假设方可成立，一如人们虽津津乐道于冷战期间西方国际经济领域的七国领导权共享。但还应看到，六国与美国共享国际经济领导权，并不能改变其在军事安全领域内对美国的追随，从这个意义上讲，在权力多元的国际体系宏观层面，国际体系危机对共享国际领导权和构建"引领-支持"关系的影响，较国际议题属性更为显著。

## 三、国际体系其他部件对国际集体领导形成的干扰与局限

首先，国际制度的存在是否便利了国际集体领导实现。关于国际制度与国际集体领导二者关系核心论点在于，在国际制度相对完备的体系情境中，国际集体领导是否更容易达成，即前者是否促进了国际领导权共享的实现和"引领-支持"关系的构建。这里需区分出国际集体领导的需求和供给、实现与维系之间的时间顺序，只有国际社会先行产生了对国际领导的需求和多个意向领导国承担国际领导权责的迹象后，方才有了共享国际领导权和构建国际领导关系的考虑，现实中，国际集体领导往往出现于体系危机冲击下现存国际制度失灵的时间点后。的确，国际制度便利了领导国间的合作并

缓和了支持国被领导国主导或支配的顾虑,但就国际集体领导出现的时间序列而言,体系危机因素更为靠前,一如轴心国侵略而促使英苏决心共同承担重建国际秩序领导责任是不断加剧的体系危机,而非国际联盟;1945 年后联合国国际组织的设计,也未能协助美苏避免国际领导权的竞争。

其次,共同文化价值理念是否便利了国际集体领导实现。自法国大革命后,文化价值因素一直深刻影响和塑造着国家的对外行为选择和彼此内外行为的解读,19 世纪的王朝正义、民族主义、自由主义,20 世纪的资本主义与社会主义。美苏在二战后无法继续共享国际领导权部分原因也归结为意识形态的对立,21 世纪面对新兴市场国家崛起引领全球经济治理的趋势,日本等国提出了国际领导权共享的"民主价值"考虑,却忽视国际集体领导的任务属性——针对共同目标的实现和多边协作难题的解决。需要指出的是,文化价值理念因素的凸显,往往发生于政治、经济等现实利益和体系权力格局大体稳定的情境中,倘若爆发威胁国家利益的危机挑战,文化、价值的顾虑通常让位于现实物质利益关切,毕竟自现当代国际体系 20 世纪初覆盖全球后,多元文明共存已是不争事实,意识形态的分歧也未妨碍英苏、中美在20 世纪中叶及后叶的协作。

最后,参与主体数目是否便利了国际集体领导实现。在奥尔森的集体行动理论中,当参与主体数目较少时,集体行动更容易组织,同理更易实现国际集体领导,这也是法国 1975 年、2008 年前后在参与创建七国集团首脑峰会和二十国集团首脑峰会时,反复要求限制国际经济领导国数目的一大原因,即参与主体数目的增多将带来集体协商协作效率的下降。不过鉴于国际舞台上国家权力不均衡分布的事实,这里更为关键的应是领导能力的分布而非简单的成员国数目,即权力中心的数目或领导国与支持国之间的权力差距,只有当国际体系行为体数目增多与体系权力格局分散同步时,这一推论才成立。

总之,通过逻辑演绎对比国际集体领导在四类体系情境中的难易程度,以及国际议题、国际制度、文化价值、行为体数目等竞争性因素的解释力分析,笔者基本肯定了在国际体系层面,体系权力多元和体系危机在影响国际集体领导实现方面更为显著判断,在此基础上进一步做如下三项假设:

假设一,当权力多极国际体系爆发体系危机时,以多个权力中心国为主体的国际集体领导最容易实现,随着体系权力"极"或体系危机的消解,国际集体领导的维系难度将不断增加。

假设二,当权力多极国际体系缺少体系危机时,中低阶议题领域内的国际集体领导相比高阶议题领域更容易实现,但至少需一项前提,即中低阶议题领域内国际领导权的共享,不会改变领导国在高阶议题中的权力对比。

假设三,当权力分散国际体系爆发体系危机时,国际集体领导对支持国的包容性、开放性最高,领导国与支持国的界限最为模糊。

需要指出的是,尽管国际体系危机的爆发赋予了国际集体领导供需最为强劲的外部推力,但仅国际体系危机、权力多极并不足以保证国际集体领导的必然出现,毕竟选择共享国际领导和选择支持他国领导,归根结底是国家之间行为互动。因此,笔者认为在厘清体系层面影响国际集体领导的情境因素后,还应着手梳理国际集体领导在国家单元层次的形成路径或互动规律,就像 20 世纪 30 年代末国际秩序大崩溃,促使美英苏共享反法西斯国际领导权,而 30 年代初世界经济大萧条却无法使美英法形成治理经济危机的国际集体领导。

# 第三节　国际集体领导形成路径(一)：
## 国际领导权共享

作为集"权责"于一体的国际领导权,其共享意味着国际议题结构制度型权力、国际影响力(国际声望)等领导权益的多国分享和提供国际公共产品、协调他国行为、自我行为约束等领导责任的多国分担。事实上,国际领导权在当代国际体系权力变迁中的一般共享途径可概括为两条：一是国际领导权让渡下的多国共享,体现为单极体系松动下的领导责任分担,原先领导国无力独自引领国际事务,为减轻自身负担,选择与其他意向国共担国际领导职责;二是国际领导权竞争妥协下的多国共享,体现为多极体系下国际领导权益分享,潜在领导国在围绕国际领导权的竞赛中,逐渐意识到继续下去的"均输"结局,选择终止恶性竞争等共享国际领导权责。事实上,无论国际领导权让渡下的共享还是竞争妥协中的共享,多个意向领导国共享国际领导权的取得,都需经历共享前的关注点趋同和妥协共识,以及共享后的战略磋商与分歧管控等两大阶段。(见图 3.2)不过影响国际领导权共享成功或失败因素涉及体系、国家和个人等多个层面,即使在相似的体系情境、议题情境中,极可能因主观解读不同而结局两样,所以笔者认为与确定国际领导权共享的充分性要素相比,厘清内在过程或形成路径中的阶段特征更具价值也更为可取。

**图 3.2 国际领导权共享前后阶段**

# 一、国际领导权共享之前的关注点趋同与妥协共识

国际领导权共享的根本肇始于国际治理或全球治理任务中一国能力的不足。从国际体系宏观视角来看,在外在压力或动力驱使下,意向领导国结合本国需求,依据对所面临问题的诊断分析,提出各自的行动倡议,这些多元国际倡议构成了国际社会针对特定问题的多样关注焦点,反映着潜在领导国参与国际集体行动的诉求动机。在国际领导意向外衣下多个潜在领导国的引领关注焦点趋同或趋异,成为彼此能否共享国际领导权的前提,毕竟很难想象几个缺少行动共识的国家会携手解决国际问题。假如关注点趋异,即使双方都有着承担国际领导的意向,战略初衷的差异或相斥也会导致双方很难走到一起,罗伯特·杰维斯在分析关注点差异造成一战后期协约国分裂时,认为十月革命后取代沙皇入主克里姆林宫的布尔什维克政权主要关心新生政权的巩固,而非击败威廉德国——尽管在击败德意志第二帝国问题上双方有着共同的利益,这大大有别于当时英法的关注点,最终俄国选择

与德国单方面媾和,协约国东部战线瓦解。[①]当然,意向领导国国际关注点并非总是一以贯之的,全球化信息科技时代国家间日益紧密的复合相互依赖关系网络,不断增强着国家在跨国性危机面前的共命运感,其关注点也将随国际危机程度的变化而进行着调整。

多个意向领导国国际事务关注点的趋同一方面缓和着彼此关于国际领导权的竞争冲突,另一方面也创造了彼此共享国际领导权的前提条件。在与其他意向领导国、潜在支持国及治理问题的三方互动中,意向领导国逐步意识到自身领导能力的局限和继续参与国际领导竞争的恶果,认识到在应对国际危机挑战的行动过程中,与其他意向领导国之间的利益重合、互补成分远大于矛盾冲突成分,即使面临暂时难以化解的矛盾冲突,关注点的趋同也提供了暂时搁置争议的可能。原先对手身份认知、竞争冲突关系开始朝向非对手身份认知、非竞争关系转型,相互借重的利益权衡,推动彼此搁置一国领导选项,尝试与其他意向领导国共同引领国际事务。

仅仅关注点的趋同尚不足以促成意向领导国之间共享国际领导权,毕竟国际领导权还牵涉国际公共产品责任的分担和国际领导权益的分配,需要进行具体的讨价还价谈判,达成权责妥协和行动共识。通过领导权共享谈判,意向领导国一方面相互调整校准承担国际领导权责的预期收益,妥协摒弃有碍于领导权共享的利益诉求;另一方面就共同国际引领所要解决的问题症结、行动举措、期望目标及任务分配等进行协调并取得共识,[②]达成一份接下来共同国际领导实践的纲领性文件或声明,最终以某种表述一致的形式向国际社会,宣告国际领导权共享的实现和国际集体领导行动的预期成

---

① [美]罗伯特·杰维斯:《国际政治中的知觉与错误知觉》,秦亚青译,世界知识出版社,2003年,第215~219页。

② Narayanan Raman, et al., "International Policy Coordination Why, When and How", in Tamin Bayumi, et al. eds., *Managing complexity Economic Policy Cooperation after the Crisis*, Brookings Institution Press, 2015, pp.364-365.

果——以便赢得国际社会支持,如二战时期的《大西洋宪章》《巴黎协定》之前的《中美气候联合声明》等。

可以说,关注点趋同和妥协共识基本涵盖了国际领导权共享准备阶段必须经历的两大步骤,这一互动过程将成功推动集体领导成员国,即使无法取得建构主义学者眼中的共有身份,至少也弥合遏制了相对敌对印象,在短时间内培植起目标共同体下的非敌非友"同事关系"(事实上这一点对于有着潜在冲突或结构性矛盾的权力大国而言,意义远重于共同身份认知的取得)。[①]

需要说明的是,共享国际领导权的意向领导国并非处于一种同质的国家间关系状态下,那些先前已然和解或为盟友关系的国家,其共享国际领导权的难度要远低于之前处在竞争或敌对关系状态下的国家。对于后者来说,在关注点趋同和妥协共识达成之余,尚需加以相互包容克制,以便多个潜在竞争领导国相互完成彼此身份认知的转换和培育起共同行动的协作伙伴关系认知。包容克制意味着意向领导国之间,一方面包容对方在争议性事件中偶然出现的非核心利益挑战行为,将其视为错误知觉干扰下的突发性事件,不作敌意升级解读,通过相互矫正身份、利益认知来化解争端;另一方面,克制本国可能冲击对方核心利益的挑衅行为,限制自己为实现追求目标而使用手段的选项,如武力使用的限制。[②]这里,包容克制近似于查尔斯·库普乾关于敌对国家间稳固和平取得四阶段中前两阶段,即"单方面和解"加"互惠克制",通过包容克制的多轮实践和善意传递,意向领导国之间初步认识到彼此的友善意图,开始形成防止权力敌对使用的约束机制,[③]竞争性敌意螺

---

①　Tang Shiping. "Reconciliation and The Remaking of Anarchy". *World Politics*, 2011, 63(4).

②　[美]戈登·克雷格、亚历山大·乔治:《武力与治国方略》,时殷弘等译,商务印书馆,2004年,第300页。

③　Charles A, Kupchan. *How Enemies Become Friends:The Sources of Stable Peace*, Princeton University Press, 2010, pp.41-42.

旋升级得到暂时阻断,便宜行进中的国际领导权共享谈判。

## 二、国际领导权共享后的战略磋商和分歧管控

共享国际领导权实践进程中一个不得不正视的现实是,多国在引领共同任务目标实现的过程中不时涌现的矛盾分歧。在第二章集体领导相关概念探析中,笔者将组织内领导权共享过程可能爆发的分歧冲突种类划分为四大类:目标分歧、过程分歧、价值分歧和关系冲突(此处分歧和冲突含义近似)。目标分歧和过程分歧依照国际集体领导任务属性而来,同样这里的过程冲突也主要指共识方向下次级行动目标的顺序组合、行动策略选择等方式手段的分歧。关注点趋同和妥协共识等领导权共享准备只是取得了协作行动任务方向的基本一致,后续具体目标设定和行动方式选择往往因任务本身的信息复杂、领导国的偏好差异而引发争执。

不同的历史文化背景、经济社会结构和发展诉求,使得领导国在共同行使领导权过程中随时爆发诸如行动目标设定、次级目标先后顺序、行动策略选择、力量投送着力点等具体引领事项的争论。梳理 1945 年以来关贸总协定/世界贸易组织框架内改善国际自由货物贸易、服务贸易的多边集体领导谈判中,不难发现无论前期的美日欧之间,还是后来的美日欧发达国家代表国与印度、巴西等发展中国家代表国家之间,虽在增进自由贸易上有着行动共识,但在优先扩大市场准入还是优先取消非关税保护等次级议题上却总是争执不断,造成世界贸易谈判冗长低效。此外,价值分歧和关系冲突主要依照国家间关系互动过程中的情感认知而来,价值分歧多指涉国家间意识形态、宗教文化的对立冲突,关系冲突在组织内集体领导中体现为领导层成员之间的关系紧张,在国际集体领导中则主要表现有国际体系权力次序、声望等级等较难调和的“零和性”矛盾,以及领导国总统、总理、首相等国家领

导人之间的个人关系紧张。无疑,国家领导人之间良好的个人友谊有益于领导国之间共同领导行动的便捷,冷战后全球事务治理中日益兴盛的首脑外交无疑佐证了这一假设,全球化时代国家间联系网络的密植,对相互沟通交流合作也提出了更高的要求,国家领导人之间个人友谊的培育有助于塑造两国互动的总体良好氛围,成为两国在超越双边关系之外的地区性、全球性事务中深度合作的润滑剂。[①]诚然,在多国领导权共享实践中,价值分歧与关系冲突的影响发酵,离不开与领导任务目标直接相关的目标分歧和过程分歧,在后者已经显现的基础上起到升级冲突、恶化矛盾的负面作用,使得原本能够化解的矛盾分歧雪上加霜。共享国际领导权进程中难以杜绝的目标分歧、过程分歧一旦升级为价值分歧或关系冲突时,基本意味着准备阶段达成的初始共识趋向瓦解,国际领导权共享前景堪忧。

分歧冲突的不同类型及升级可能,也带来了及时管控和弥合国际领导权共享进程中随时出现的行动认知分歧、利益诉求冲突的客观要求。[②]虽然潜在的意识形态价值分歧在妥协共识阶段得到相互谅解,关系矛盾分歧也受控于共同任务下通力合作的现实需求,但防止萌芽状态的目标分歧、过程分歧等技术性矛盾升级为意志决心对抗的结构性矛盾,以至加剧领导国之间战略互疑,复燃本已缓和的价值冲突或关系冲突,仍是共享国际领导权分歧管控的重要内容。在第二章中,笔者探讨了缓解组织内领导权共享分歧冲突的四项操作建议:避免价值分歧和关系冲突,引导分歧流入目标、过程范畴并加以管控,及时化解战略误判和培植战略互信,这四项建议也基本构成国际领导权共享阶段分歧管控的主要措施。

---

① 吴心伯:《世事如棋局局新——二十一世纪初中美关系的新格局》,复旦大学出版社,2011年,第144页。

② Toshio Murase,et al.,"Mind the Gap:The Role of Leadership in Multi-Team System Collective Cognition". *The Leadership Quarterly*,2014,25(5).

然而并非所有的目标分歧和过程分歧都能如愿得到管控、得以化解,特别当任务型分歧与集体领导行动之后领导国的相对权益挂钩时,管控分歧、调和矛盾将变得愈加困难。理解国际领导权共享实现后的新分歧、新冲突何以能够管控或未能管控,除去关注分歧事件本身外,更应关注新分歧干扰下领导国的共享动机和管控技巧, 的确分歧冲突事件本身的难易程度影响着分歧管控的最终结果。但更多时候领导国眼中的"事实"是其依据模棱两可信息解读下的印象事实,[1]其继续共享领导权的强弱动机此时便深深影响着其眼中的分歧"事实"。面对分歧冲突,倘若共享领导权的领导国相互均有着较强的继续共享动机, 必然会尽力捕捉一切有利于分歧化解的机会和大量投入有助于分歧化解的资源,辅之以恰当的分歧管控技巧,分歧冲突自然得以妥善处理。但是倘若领导国相互间或者任意一方在分歧冲突下继续共享动机减弱, 自然限制了较弱的一方或双方去寻求分歧化解的机会和投入相称的资源,分歧管控技巧无法充分施展,分歧矛盾持续发酵;假如这种时候管控技巧拙劣,极可能激化矛盾,引发分歧冲突升级,领导权继续共享举步维艰。(见表3.2)

表3.2 领导权共享进程中分歧管控的三种可能情形

|  | 共享动机(强) | 共享动机(弱) |
|---|---|---|
| 管控技巧(恰当) | 分歧冲突得以妥善管控 |  |
| 管控技巧(不当) | 分歧冲突持续演进 | 分歧矛盾升级 |

因此,共享动机的厚植、管控技巧的升级也成为集体领导成员国分歧管控阶段必须培育的一大事项,无论为维系共享领导而进行的分歧管控,还是共同领导下的集体行动,都有离不开领导国代表之间面对面的协商沟通。除却具体行动事项协调、具体争端解决的外交谈判,领导国之间定期或不定期

---

① [美]罗伯特·杰维斯:《国际政治中的知觉与错误知觉》,秦亚青译,世界知识出版社,2003年,第19页。

的战略磋商、战略对话也是有效管控分歧冲突的一大重要渠道,这一机制在二战后美苏防止核武器扩散,20 世纪 70 年石油危机世界经济动荡应对中,都得到了充分体现。领导国之间就集体引领过程中遇到的彼此关心的问题进行战略磋商,其主旨在于通过坦诚互换意见,准确了解对方核心诉求和重大关切,准确把握相互的引领行动意图,便于未来行动中的做到相互尊重,避免出现大政方针上的对抗冲突和战略误判下的新分歧、新冲突。而且领导国之间大政方针一致更起到了抑制那些较难调和的次级行动目标分歧、行动策略选择及资源投向冲突、扮演着天花板或隔离带的角色,确保眼前利益分歧不至升级为结构性矛盾或引发价值、关系冲突,使得分歧冲突中的领导国宽心,将暂时难以解决的分歧矛盾置于未来互动过程中化解,所谓求同存异,寻求引领最大公约数。

　　相比于外交谈判中具体议题的讨价还价,领导国之间的战略磋商还包含了有宏观任务层面的共识凝聚和心理层面的谅解沟通。在管控化解具体议题分歧进程中,不断发现和拓展领导权共享进程中的合作收益,消释因接近体系主导权而来的战略疑虑,培植团队伙伴关系下的互信互谅,助力接下来的共同领导实践(见图 3.3)。①自 2003 年为解决朝核问题的中、美、朝三方会谈启动后,中美在 21 世纪反对恐怖主义、气候治理、伊朗核问题、防范"修昔底德陷阱"等其他诸多地区性、全球性议题中的交集利益,促使双方于 2004 年 11 月亚太经合组织领导人峰会上达成定期就重大战略问题、政治问题举行战略对话的共识——由朝核单项议题对话升级为全面战略对话。2005 年 8 月中美第一次战略对话如期举行,之后中美战略对话更是从政治、安全领域扩展至经济领域,形成今天的两大战略磋商机制——"中美战略对话"与"中美战略经济对话"。自两国战略对话磋商机制诞生以来,中美不仅

---

　　①　关于战略磋商(战略对话)机制的实践功能分歧,参见戴秉国:《战略对话:戴秉国回忆录》,人民出版社,2016 年,第 113~160 页。

就共同关心的双边关系问题沟通交流，而且对双边关系之外两国有着特殊影响并共同发挥领导作用的国际议题进行协商，寻求问题体面解决之道，2015年伊朗问题协议的达成、2018年朝鲜半岛局势的缓和，均可看到战略磋商、战略对话在两国共同领导化解国际危机、管控彼此分歧中的积极作用。①

图3.3　战略磋商与分歧管控关系逻辑图

## 第四节　国际集体领导形成路径(二)：<br>"引领－支持"关系的构建

正如国际领导的形成不止取决于领导国的意愿、技能和实力，而且还有赖于其他国家是否接纳其领导。一个完整意义的上国际集体领导在国际领导权共享取得后，仍需要赢得其他国家对其集体领导行动的支持，即国际集体领导成员国在动员协调他国行为、解决集体行动难题和供给公共产品等过程中构建起"引领－支持"关系，将领导国的国际倡议转化为国际社会的行动共识。近似于伯恩斯的交易型领导(transactional leadership)，国际集体领导成员国通过维护国际秩序安全、创建国际组织、倡议国际规范、促进国际

① 关于中美两大对话机制及战略对话在中美共同领导下国际危机治理中的角色分析，参见吴心伯：《世事如棋局局新——二十一世纪初中美关系的新格局》，复旦大学出版社，2011年，第156~172页；戴秉国：《战略对话：戴秉国回忆录》，人民出版社，2016年，第209~244页。

经济持续发展等国际公共产品的供给,进而"交易"有此需求却无法自给的其他国家的支持。[1]就国际领导关系另一端的支持国而言,在国际集体行动中放弃行动自由转而支持和追随领导国,尽管表面上看是能力不足或节约资源下的妥协,但至少也意味着选择支持的综合收益优于拒绝。[2]笔者认为"引领–支持"关系在胁迫强权下和共识意愿下的差异,是指在主权平等的现代国际体系中,国际领导中"引领–支持"关系主要建立在领导国与支持国共识、互惠的基础之上,而非帝国"中心–边缘"结构下的胁迫顺从和霸权国一己私利下的追随。"引领–支持"关系的构建主要取决于国际领导方案的吸引力,是否契合或满足支持国的期望,如现代国际体系1945年之前盛行的强权政治、势力范围使得中小国家、殖民地或半殖民地国家对国际秩序、国际规则等公共产品有着本能的需求,但单靠后者自身显然难以达成上述目标。权力大国的国际领导方案若能涵盖规范武力和限制霸权等内容,便可能赢得国际社会对其国际倡议、领导行为的支持。旧中国外交官顾维钧在回忆1944年参加战后联合国创建的敦巴顿橡树园会议时,便曾感慨道,由于缺乏阻止国际关系中任意使用武力的国际组织,中国在过去与西方列强的交往中饱尝艰辛,[3]顾维钧的这一心声无疑代表了当时绝大多数权力中小国家对平等主权国际秩序的期盼。

---

[1]　关于国际集体领导中的交易属性,参见 James MacGregor Burns. Leadership. Harper & Row Publishers, 1979, pp.257–259; Christopher M. Dent, ed., *China, Japan and Regional Leadership in East Asia*, Edward Elgar, 2008, pp.21–22; David A. Lake. *Hierarchy in International Relations*, Cornell University Press, 2009, pp.30–33。

[2]　Stefan A. Schirm. "Leaders in Need of Followers: Emerging Powers in Global governance". *European Journal of International Relations*, 2010, 16(2).

[3]　顾维钧:《顾维钧回忆录》(第五分册),中华书局,1985年,第363页。

## 一、国际"引领-支持"关系的实现路径

德国学者史蒂芬·斯克姆(Stefan Schirm)在解释德国、巴西等新兴权力国家何以成功或未能成功赢得其他国家支持其国际领导倡议时，将支持国"是否选择支持"视为因变量，将领导国国际领导方案中的利益涵盖和理念反映视为自变量，认为只有当新兴领导国的国际领导方案囊括支持国的利益诉求和价值理念时，方能赢得后者对其国际领导方案或领导行为的支持。[1]借鉴他关于国际领导关系的解析路径，可以得出，并非不加选择的国际公共产品即可成功交易其他国家的支持或追随，只有当领导国的国际领导行为给支持国带来切实收益时方有可能赢得后者的支持。对于相互独立、互不统属的现代主权国家来讲，集体领导国倡议的国际领导行动能否直接或间接给支持国带来实际收益，是否契合或至少不相悖于支持国对国际事务的价值构想(在国际舞台上做正确的事)，是其在国际舞台上能否赢得支持国支持，进而建构起"引领-支持"关系的根本所在。一如部分中小国家在主权国际秩序创建中支持领导国，前者既避免了被扩张主义侵吞的风险，也减少了独自抵抗外来侵略的高额成本。虽然加入领导国引领的国际秩序的国际秩序，可能造成部分主权或国际声誉的缺失，但也意味着未来可将有限的资源投入到促进国家经济增长、改善民众生活福利等其他领域。[2]在除军事、安全之外的其他博弈领域中实现国家实力和影响力的提升，这对于先天国土面积较小、人口较少的国家来说无疑有着一定的吸引力。1945年后日本、西德等资本主义国家在国际政治安全议题上追随美国的一大外溢效应便是可将

---

① Stefan A. Schirm. "Leaders in Need of Followers: Emerging Powers in Global governance". *European Journal of International Relations*, 2010, 16(2).

② David A. Lake. *Hierarchy in International Relations*, Cornell University Press, 2009, pp.30–33.

有限的资源投入到复兴本国经济的战略规划中，而后实现本国国际经济影响力的提升，当然此举需要一个前提——领导国领导行为的约束，不将政治安全领域的国际领导蜕化为对支持国的支配或统属。

因此，对于致力于构建"引领-支持"关系的国际集体领导国而言，单单是国际领导倡议的吸引力——支持国利益的满足和行事理念的契合，尚不足于必然赢得后者的支持，毕竟支持国仍有担心领导国借行使国际领导权责之机谋求主导或支配本国内外政策，进而损害国家主权和国际声望——沦为附属国。为缓和支持国这一忧虑，让支持国宽心接受领导国的国际引领，集体领导国在联合提出支持国最为关切的行动倡议后，往往还需通过领导权的自我约束、等级/支配色彩的淡化、讨论决策议程的开放三项辅助领导方式，向其他国家推销其国际领导倡议。如主动放弃某些短期利益，允许支持国"搭便车"，制定规范共同行为的国际规则，创立透明度高的国际组织，选择部分支持国参与决策议程等，以便展示领导国的国际领导诚意——基于互惠共赢的集体行动收益而非谋求优势、特权的权力企图，由此缓解支持国的顾虑和嫉妒心结，赢得其支持响应（见图3.4）。另外，就支持国而言，领导国对自身优势权力的约束和规范使用，让支持国看到权力格局中的不利地位并不会因支持和追随领导国而进一步放大；相反，国际领导倡议提出后种种有利于支持国的推广方式，意味着支持国的权力弱势折射到国际舞台上是有界限的，支持响应领导国不仅收获自身实力难以企及的额外利益，如国际秩序、安全、规则等，而且有机会影响领导国的引领行为，防止和修正其有损本国利益的"权力滥用"，间接影响国际事务安排。[1]

在某种程度上，共享领导权之后"引领-支持"关系的构建、维系落脚于

---

[1]　关于体系权力格局中较弱一方的支持国何以选择支持权力优势一方的主导国的多边行动倡议，参见 G. John Ikenberry. "Is American Multilateralism in Decline?". *Perspectives on Politics*, 2003, 1 (3)。

领导国国际领导付出与支持国国际支持获益二者之间的某种平衡。其一是领导国与支持国参与国际集体领导行动前的自我估算平衡,就支持国而言,放弃部分对外主权的损失当抵得上领导国的预期收益;就领导国而言,承担国际领导权责的成本支付当抵得上追随国未来支持获得的利益、声望。二战后,美国通过马歇尔计划进一步牢固了西欧各国在国际政治经济中对其的追随关系,至少从当时来讲,西欧满足于向美国开放国内市场以换取急需的战后复兴资金支持,而美国也满足于通过援助西欧追随盟友振兴,增强其与苏联冷战中的权力对比和为美国过剩产品拓展市场。其二为领导国与支持国参与国际集体领导行动后获得感的平衡,双方均认为对方从国际集体领导中的获益相称于其责任义务的贡献,①即使存在领导国的相对获得大于支持国的情况。然而一旦超出相互行为的心理默契,如领导国试图借"引领-支持"之便来谋取支持国眼中的不当收益,甚至试图支配后者,这极大可能会引发支持国的强烈不满进而拒绝支持。如1991年伊拉克入侵科威特引发的第一次海湾战争中,法国、德国选择支持美国捍卫科威特主权,维护联合国宪章原则宗旨下的国际秩序;而2003年当美国以怀疑伊拉克藏有大规模杀伤性武器等借口下发动颠覆萨达姆政权的军事打击时,法国、德国则以美国军事打击不合法为由拒绝支持,在法德看来,美国绕开联合国的单边主义行动是对其已有国际领导权力的滥用。

## 二、权力差距在"引领-支持"关系形成过程中的干扰

从理论意义上讲,"引领-支持"国际领导关系是建立在领导国与支持国共同意愿基础之上的,即领导国有意愿且有能力承担国际领导权责,支持国

---

① David A. Lake. *Hierarchy in International Relations*, Cornell University Press, 2009, pp.29–34.

亦愿意支持和追随领导国的国际领导实践。然而在现实政治中,国际领导方案吸引力的设计,符合支持国利益、理念的国际公共产品的供给,均难以杜绝权力因素在国际领导关系形成过程中的影响, 这也是文章虽然指出国际领导和霸权、帝国区别同时,也承认从过去到今天霸权型国际领导占据着现代国际舞台的一席之地。

在"引领-支持"国际领导关系的实际构建中,如果领导国与支持国之间的权力差距较大,那么意味着在共同任务目标的实现过程中,领导国将获得较大的话语权, 领导国的领导方式选择和行动自由均较充分。在这种情形下,尽管支持国更加忧心于领导国因权力差距而来的行动自由度问题,更希望领导国在引领行为上做出可信、可预期的约束设限,但事实上,当领导国看到支持国制衡能力有限时,往往会反其道而行之,在国际集体领导倡议中保留更多的行动自由。①国际领导倡议方案的实际利益、价值理念吸引力设计,将更多反映集体领导国的诉求偏好。在之后国际领导方案推广过程中,无论国际领导权的自我约束还是等级支配色彩的淡化, 仅仅着眼于国际集体领导合作事业的维系,而非支持国的宽心,几乎不会向支持国开放决策讨论议程,国际集体领导多为封闭俱乐部式领导,典型代表为大国协调。一个难以杜绝的无奈是,权力差距使得集体领导国可以将"权力胁迫"加入到"引导-追随"关系培植过程中,国际领导与霸权相互交织,迫使追随国在趋利避害的次优选择下接受国际集体领导。

然而如果领导国与支持国之间的权力差距较小, 那么意味着在共同任务目标实现过程中, 集体领导成员国往往需借助支持国的配合甚至责任贡献,这无疑天然限制了领导国的领导行为选择。在这种情形下,领导国在设计国际领导方案时,通常会更多考虑其目标支持国的利益和理念,之后国际

---

① G. John Ikenberry. "Is American Multilateralism in Decline?". *Perspectives on Politics*, 2003, 1 (3).

领导方案的推广实践中,也通常会考虑支持国的感受,即自我约束国际领导权、淡化等级支配色彩和增加领导决策议程透明度,打消支持国因被领导地位而来的不满,进而赢得其对领导国的支持和追随。(见图3.4)

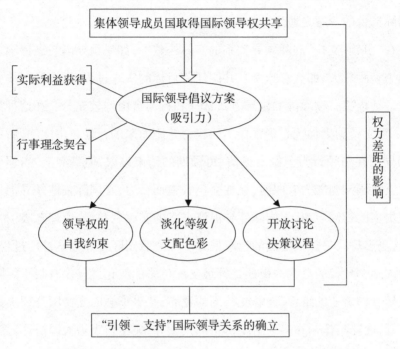

图3.4 国际集体领导中的"引领 – 支持"关系形成路径

总之,意向领导国在取得国际领导权共享之余,尚需完成国际"引领–支持"领导关系的培育,由此一个完整意义上国际集体领导才算实现。凭借国际领导倡议方案所带来的实际利益和价值理念的吸引力,以及之后推销国际领导方案过程中的国际领导权约束、等级/支配色彩淡化或领导决策议程开放,意向领导国便可成功赢得国际社会其他国家支持。领导国与支持国的权力差距大小,在背后起到了加速或延长国际"引领–支持"领导关系形成的时间进度。

# 第五节　体系危机之后的国际集体领导延续或失落

国际体系危机的消解标志着由治理体系危机而来的领导任务目标的完成，危机之后国际集体领导是否存续自然成为领导国与支持国共同关心的话题。国际集体领导后危机时代的继续，意味着共享国际领导权与"引领-支持"关系将从应对体系危机的多边协作转轨到防范危机或改善境遇的集体协调。就继续共享国际领导权而言，集体领导成员国需确保共同引领的意愿将克服不断增长的国际领导权竞争冲动和集体协作难题；就维系"引领-支持"关系而言，领导国当有能力赢得支持国对其新一阶段引领行动的积极响应，克服后者离心倾向。虽然体系危机消退后集体行动的紧迫性开始消退，但在现实无政府国际舞台上，集体领导国整体上仍拥有着相对支持国集团的优势。因此，国际集体领导在危机后存续与否的关键在于，集体领导成员国继续共同引领国际事务的意愿以及领导国与支持国的权力对比，前者保证了国际领导权共享的继续，后者保证了"引领-支持"关系的维系。

## 一、集体情感、集体认同与国际领导权共享的延续或失落

对于共享治理体系危机领导权的集体领导成员国而言，原先被体系危机压制的国际领导权竞争矛盾之后必然蔓延，加上不同的利益诉求，危机后的互动不可避免地会面临各种摩擦冲突。相应地，共享与否的症结不在于是否存在难以克服重大利益冲突，而在于领导成员国之间的关系情感定位，显然在引领体系危机治理期间共命运集体认同感的形成将有助于集体领导成

员国危机后的紧密协作。①共命运的集体情感将推动集体领导成员国跨越脚下利益冲突、领导权竞争难题，从而继续在国际舞台上协商协调国际事务，因为我们不能单单依靠利益冲突的化解与否来评判利益冲突本身的难易程度，一如不能因二战后的法德和解便断定法德之间的历史纠葛难度小于中日之间。

## （一）体系危机治理后集体领导成员国的关系互动选择

按照过程建构主义的分析视角，意向领导国之间联合供给国际公共产品、集体规范他国行为、共同赢得他国支持等国际领导权共享实践，从根本上反映了彼此间体系身份关系的转变，从一种身份关系类型经由共享领导权互动转换为另一种身份关系类型。共同承担国际领导权责之前，意向领导国之间身份关系类型可概括为正常关系、敌对关系、盟友关系和"支配-从属"关系四大类，②其中正常关系可进一步细分为战略上的相互借重关系，如时下的中俄战略伙伴关系、经济上的相互依赖关系，又如当下的中美关系、中日关系，以及普通的国与国关系。在共同防治体系危机蔓延的外力驱动下，意向领导国通过国际领导权共享前"关注点趋同"和"妥协共识"，共享后"战略磋商"和"分歧管控"四阶段过程互动，初步形成联合引领国际事务的国际集体领导成员关系，利益共同体情感开始在领导成员国中间诞生，相互身份认知进阶至协作伙伴。然而随着共同任务目标的完成，先前利益共同体下维系国际领导权共享的理由逐步式微，领导国之间面临的选择是继续共同领导实践中结成的协作伙伴关系，还是退至正常国家关系状态下的竞合关系，或是逆转至国际领导权争夺的对抗关系。从国际体系宏观俯视，身处

---

① 秦亚青：《关系与过程——中国国际关系理论的文化构建》，上海人民出版社，2012年，第56页。
② 关于国家间关系形态的分析，参见陈志敏：《新型大国关系形态分析》，《国际观察》，2013年第5期。

体系危机和权力集中情境下的多国集体领导，在体系危机消退不得不正视三项选择：一是继续以防止危机重演为名共同协商协调国际事务，如 1815 年后英俄普奥"四国同盟"；二是虽不再共享国际领导权但保持正常的竞合关系；三是先前的共享合作转至对立对抗，如美英法三国共同引领构建起"凡尔赛–华盛顿"体系后，尽管存在国际联盟等一系列制度设计，但却深陷协约国战争债务、德国赔偿、经济大萧条治理等问题争执，共享国际领导权初衷也只能让位于国际领导赤字。

## （二）集体情感、集体认同与领导成员国的未来互动

领导任务完成后，导致集体领导成员国走向协作、竞合或对抗等不同结局的原因，固然有领导国之间有无重大利益纠纷、根本价值理念冲突以及领导权竞争等一时难以调和的结构性矛盾，但更为深层次的影响因素却是领导国之间在共同引领任务目标实现互动过程中的情感累积和身份关系建构。就是说，共享领导权进程在领导国原先的竞合/盟友/敌对/"支配–从属"关系基础上，是增进了彼此情感接近的正向集体情感培育还是彼此情感梳理的负向集体情感累积，集体情感的增进是否又进一步促使领导国相互产生共有集体身份，推动跨国威胁挑战下的利益共同体认知进阶为命运共同体。此处命运共同体内容涵盖要大于利益共同体的内容指涉，从引领行为的协作互补到集体正向情感的出现，意味着领导国之间伙伴关系的确立，再迈入集体身份认同，则意味着领导国之间命运共同体意识的形成，如法德在共同领导战后欧洲一体化实践中的集体情感身份进阶。

经典现实主义大师汉斯·摩根索将国际政治的理解植根于人性，[①]因为集理性与感性于一体的人性，使得情感力量在以国务家为载体的国家交往

---

① ［美］汉斯·摩根索：《国家间政治：权力斗争与和平》（英文原版影印，第七版），北京大学出版社，2005 年，第 4~5 页。

中发挥着持久却较难度量的作用。在秦亚青"关系–过程"学派看来,情感性关系是一种超越理性计算而更加长久稳定的社会关系,经由国家间互动过程建构的集体情感和集体认同,不仅显著干扰着国家在体系内敌友角色的界定,而且塑造着国家自我利益的解读和对外行为的选择,互动过程既可以孕育出正向的集体情感也可以累积起负向的集体情感。[①]对于集体领导成员国而言,无论之前国家间关系处于何种关系状态,共享国际领导权过程都带来了相互关系重新建构的可能,如果共同领导实践的多轮互动博弈过程促使集体领导国之间产生正向情感认知,各方在对对方政治制度、经济结构、民众特性、历史文化、主流价值理念深度理解的基础上,相互的身份认定便不再停留于现实利益互需下的"陌生"合作伙伴,而是进阶为国际社会关系结构中"熟人"友谊伙伴,对联合领导中对方于己协作行为的判断不仅止步于情势使然相反是友好意图使然,战略互信随着领导国之间不断增进的正向情感而厚积,最大限度地淡化了不完整信息、不确定性因素对领导国未来互动模式选择的不利影响(避免滑入对抗模式)。[②]毕竟,随着国际环境的变化,领导国也在同步调整着本国的战略预期,而建立在正向情感关系基础之上的战略互信,至少确保了领导国在领导任务行将结束之际,不相互视对方为未来走向冲突对抗的竞争对手,即使无法完全杜绝矛盾冲突,也可限制矛盾冲突的烈度。

在培育累积集体情感的同时,如果领导国在感情接近的联合领导实践中进一步产生共命运的集体认同,那么将意味着领导国之间原先只有共同任务下的战略共识扩散至更多领域,这势必将推动领导国成员国在对未来

---

① 秦亚青:《关系与过程——中国国际关系理论的文化构建》,上海人民出版社,2012年,第55~59页。

② Charles A. Kupchan. *How Enemies Become Friends：The Sources of Stable Peace*,Princeton University Press,2010,pp.49–50.

国际局势走向,国家利益追求的解读中呈现某种趋同、互补而非互斥现象,使其共识于继续携手引领国际事务。可以说,正向集体情感和集体认同的同时形成,基本表明领导国之间全方位战略互信的取得,战略互信将促使彼此在今后未来国际事务中的继续紧密协作,如二战之后的美英关系,共享国际领导权最可能在共同命运的集体认同中延续。如果只有正向集体情感却缺少集体认同,将表明领导国之间只有基本的战略互信,未来国际事务中更可能是某种竞合互动形态,尽管防止危机重演的记忆可能促使领导国或者承诺未来共享国际领导权,或者设计出共享国际领导权的制度平台,但集体身份认同缺失的战略方向差异, 很可能使双方难以跨越领导"成本–收益"分配、不同行动理念的争执,从而延误有效共享国际领导权的实现,如一战后的英法在国际联盟框架下低效的共享领导权实践。但是如果领导国在共享国际领导权的实践过程中相互累积的是负向情感关系,那么双方很大程度上会将之前共同领导进程中的协作行动解读为情境使然而非意图使然,领导任务结束之后,由于负向情感关系累积下不断加深的战略互疑,及战略互疑左右下各种互斥的国际局势、国家利益解读,极可能造成双方开启新一轮的关系对抗——原本友好关系的降级,甚至逆转为敌对关系。(见图3.5)这一点也启示当下及未来有意共享国际领导权的国家, 在集体引领任务目标完成之余,还应注重相互间正向集体情感、命运认同的战略互信积淀。

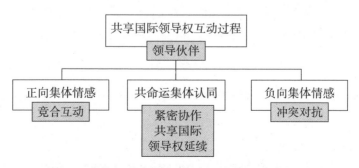

**图 3.5　集体领导国共同引领危机治理后的互动形态**

## 二、体系权力结构变迁与"引领-支持"关系维系

正向集体情感和集体命运认同的培育，所要解决的是体系危机之后集体领导成员国继续共享国际领导权所必须克服的领导权竞争冲突和集体行动难题。无政府状态下的权力多元体系结构，决定了集体领导国往往是发挥国际领导作用的议题领域内的优势权力组合——这一点在国际政治经济体系中最为明显，即使在权力分布相对扁平化的体系结构或议题领域，集体领导国通常也拥有着优于支持国的行为能力。因此，在以防范先前体系危机重演为目标的"引领-支持"关系维系中，优势权力载体的集体领导成员国相互间的紧密协作和一致行动甚为关键，这也是本书将共享国际领导权的延续视为国际集体领导从危机向后危机过渡的头号影响因素的理由所在。

对支持国而言，体系危机的消退意味着支持追随领导国国际集体领导行动的最大理由已然不在，尽管杜绝危机重演的意愿使得支持国希望领导国继续提供公共产品，维护一个运转稳定、行为可预期的国际秩序，但却不希望因支持领导国而损害本国主权，甚至为少数几个大国专断国际事务，至少国际法上主权平等的国际集体领导提供某种背书，而非19世纪的大国协调。1945年后，越来越多的多边国际组织兴起，无疑也诠释了支持国的上述矛盾心态，希冀领导国引领作用的发挥内嵌于多边国际制度下大小国间的对等交流讨论，支持国以简单多数原则规范着国际领导权的运用。①可见，在支持动力趋弱的体系危机消弭时代，国际社会对"引领-支持"关系构建设置了比体系危机期间更为严格的条件。如果后危机时代国际体系权力结构仍

---

① Miles Kahler. "Multilateralism with Small and Larger Numbers". *International Organization*, 1992,46(3).

维持着先前有利于集体领导成员国的局面，那么意味着集体领导国一方面可以供给出更多公共产品以交易徘徊状态的支持国响应，另一方面亦保证了领导国有充分的资源、手段将集体领导倡议施加于整个国际体系，"迫使"领导对象国支持追随。但倘若体系权力结构在后危机时代发生重大变迁，原先集体领导成员国外新型权力大国的崛起或者体系权力结构呈现出分散扁平化布局，那么将意味着原先领导国领导能力的减弱，一方面自然限制了其牺牲国内福利供给国际公共产品的意愿和能力，另一方面也使得其联合领导倡议的公信力受到挑战，新兴大国、实力提升的支持国无疑希望在国际事务中发出更大的声音。

国际体系权力结构不利于领导国的变迁，可谓从根本上挑战了体系危机过后国际体系中领导国与支持国的潜在候选资格，导致诞生于体系危机时代的"引领-支持"关系难以为继——传统领导国无力，原先支持国竞争，国际集体领导关系开启新一轮的重构。

## 小　结

历时三十年的军事冲突后，法国、瑞典、奥地利、西班牙、荷兰等一时欧陆诸强开始意识到谁也无法主导欧洲局势，不得已于1648年签署《威斯特伐利亚和约》，承认各国主权相互独立，中世纪以来政统上的神圣罗马帝国中心被打破，多个权力中心和国家主权独立成为当代国际体系雏形——威斯特伐利亚体系的两大特征。在世俗利益、国家安全、民族荣誉三重动力驱使下，主权国际体系伴随欧洲海外扩张而走向全球，历经两次世界大战后终于在1945年的旧金山会议上定型，形成以《联合国宪章》为主要内容的当代国际体系。与古罗马帝国、古中华帝国一元权力中心下的等级国际秩序相

比,当代国际体系最大特点便是其权力多元。首先是权力中心或优势权力主
体多元,最具影响的莫过于"非欧"权力中心的形成;其次是国际舞台上权力
承载主体——主权国家数目众多,原先为欧洲奴役的亚非地区以独立民族
国家的身份登上国际舞台,稀释了权力中心国的权力优势;再次是权力内容
形态的多样,决定国际事务走向的权力内容从 1945 年前以军事权力为主扩
展至 1945 年后的经济权力、技术权力,再扩展至 70 年代后的复合相互依赖
背景下的关系型权力和规范国家行为的结构制度型权力。

　　权力多极、主权国家数目众多和权力内容形态多样三重事实不可避免
地带来了多国集体行动难题,具体表现为参与集体行动报酬不合理、行动能
力与行动意愿不匹配,调和集体行动认知差异难三个方面。当爆发波及多国
利益且需各国紧密协作的跨国危机时,往往因国与国之间的互不统属、彼此
猜忌、成本收益争执、"搭便车"现象而造成议而不决、决而不干的行动僵局。
国际集体行动难题要求某些能力优势国家填补无政府状态下的领导空
白——协调动员各国行为,提供国际公共产品,化解集体行动难题,便宜共
同目标实现。不过国际体系的权力多元事实和国际领导权的竞争属性,也决
定了多国集体领导比一国国际领导更具合法性、可行性。

　　国际集体领导的实现意味着多国共享国际领导权和"引领–支持"国际
领导关系的同时取得,背后反映的是国际领导供给能力、供给意愿和领导需
求三者的平衡,由此通过对体系层面影响因素的挖掘和国家层面形成路径
的明晰,笔者提出国际集体领导何以实现的理论解释框架。如果说当代国际
体系权力多元决定了领导国与支持国的供需资格,那么国际体系危机的爆
发则赋予多国引领、它国支持的供需意愿,在体系危机爆发的多极国际体系
情境中,共享国际领导权的动力和"引领–支持"关系建构的能力最强,相应
国际集体领导的实现难度系数最低。

　　国际集体领导归根结底是一种国家行为体之间的互动关系状态,所以

厘清体系层面的影响因素后,仍需梳理其在国家单元层次的形成路径,即国际体系危机如何促使无隶属关系的主权国家形成共享国际领导权和"引领-支持"的关系互动形态。在国际领导权共享方面,意向领导国通过关注点趋同和妥协共识后取得国际领导权共享;通过战略磋商和分歧管控,维持着共享国际领导权至领导任务的完成。在"引导-支持"关系构建方面,集体领导成员国通过设计公布契合支持国实际利益、价值理念的国际倡议,以及之后的领导权约束、等级/支配色彩淡化,决策讨论议程开放,进而赢得目标对象国支持,最终将领导国联合倡议的行动方案转化为国际社会的行动共识,构建起国际领导关系。

体系危机的消弭标志了由治理体系危机而形成的国际集体领导任务的完成,体系危机之后国际集体领导面临的是否存续考虑,尽管防止体系危机重演的记忆促使领导国和支持国愿意将国际集体领导延续至后危机时代,但国际集体领导的延续却需跨越外部压力消退后不断增长且较难调和的国际领导权竞争矛盾和多国集体行动难题。就共享国际领导权而言,只有之前共同引领实践在集体领导成员国之间培植起正向的集体情感和集体命运认同后,厚植的战略互信才可能推动领导成员国跨越上述两大障碍,在未来国际事务保持密切协作。就"引领-支持"关系而言,如果体系危机之后的权力格局仍有利于领导国集团,那么维持先前的国际领导关系便相对容易,但权力格局若出现不利于原先集体领导国的变迁时,新兴崛起的权力优势国、实力提升的支持国将推动国际集体领导进入新一轮的调整。

# 第四章　1939—1947年美苏英国际集体领导的兴衰

## 第一节　"凡尔赛－华盛顿"体系的颠覆与美苏英的领导潜力

　　1939 年,希特勒德国闪击波兰,英法被迫对德宣战,二战全面爆发,在希特勒不断拓展德国生存空间思潮的驱动下——首先中欧建立大德意志帝国,之后夺取欧洲大陆霸权,最后打造德意志全球帝国,[①]德国扩张铁骑依据"力避两线作战、先西后东"的战略方针于 1939 年 9 月—1941 年 6 月期间席卷欧洲大陆,先后征服或吞并波兰、丹麦、挪威、荷兰、比利时、卢森堡、法国等大部分欧洲地区。1940 年 6 月法国急速沦陷和德军进占低地国家的事实,

---

　　① 王绳祖主编:《国际关系史》(第六卷),世界知识出版社,1995 年,第 1~2 页。

一方面标志了希特勒在建立大德意志帝国后进一步称霸欧洲大陆，另一方面对于孤悬海外的英国而言，面临着19世纪初拿破仑帝国之后最为严峻的生存安全挑战。除德国、英国外，权力一极法国消逝后国际体系虽仍有美国、苏联、意大利、日本四个政治军事强国，但在美国孤立主义思潮、《苏德互不侵犯条约》和德意军事同盟的限制下，英国在1940年6月起一年左右的时间里不得不独自承担起对抗希特勒德国随时可能入侵英伦三岛的威胁。当德国席卷欧洲大陆之际，德国、意大利、日本于1940年9月正式缔结全面政治军事同盟，开始其全球扩张历程，欧亚大陆西侧，德意在征服东、中、西、北欧大部分疆域后，侵入南欧希腊、南斯拉夫和北非利比亚，试图攻占埃及切断大英帝国海上交通线——苏伊士运河；欧亚大陆东侧，日本在1937年全面侵华战争及诺门坎战役失利后，开启南下扩张步伐，入侵中南半岛，抢夺英法在东南亚地区的殖民地。1941年6月，希特勒在短期无法使英国臣服的僵局下调转扩张矛头，于当月22日入侵苏联，撕毁《苏德互不侵犯条约》，苏德战争爆发。当年12月日本偷袭珍珠港，扩大太平洋战争，之后德国、意大利根据军事同盟义务对美宣战，美国彻底抛弃孤立主义，加入到抵抗德意日法西斯侵略扩张事业中来，二战东西战场正式联结。

　　20世纪30年代，受世界经济大萧条及纳粹德国复兴的影响，巴黎和会后英法双重主导下的欧洲国际政治军事权力格局，逐步让位于英、法、德、意多极权力中心体系。1938年9月的《慕尼黑协定》可谓反映了当时主导欧洲国际事务的四极权力格局，在权力中心大国强权政治逻辑下捷克斯洛伐克等中小国家的主权徒具空文，更遑论承担捍卫国际秩序的国际责任。英法德意，及因意识形态和国内政治限制而远离国际政治中央舞台的苏联、美国和远东权力强国日本，基本构成了30年代国际体系的权力中心，与其他中小国家相比，巨大的权力差距促使七大权力中心几乎可以决定当时国际政治、军事、经济议题领域的全部事务。德意日军国主义在欧亚大陆西东两侧掀起的一系列军事侵略扩张行动,不仅彻底颠覆了一战后确立的"凡尔赛–华盛顿"国际政治秩序安排,而且对美英苏等权力中心大国如其他中小国家均构成了严峻的安全挑战。捍卫国家生存主权,抗击德意日法西斯侵略扩张,重建被破坏殆尽的全球政治秩序成为当时国际社会最为迫切的公共产品。由体系权力中心国家发起军事挑战迫使中小国家不得不期盼体系其他权力中心大国承担起匡扶国际正义的国际领导责任。对于 1940 年之后的美国、英国、苏联等权力中心大国而言,抗击德意日法西斯全球扩张野心既是捍卫本国安全主权的国家义务,也是维护国际秩序的公共事业,显然美国、英国、苏联集体领导下的反法西斯同盟并不仅止步于将侵略者赶出国门,而是彻底摧毁了其滋生的政治经济根源。

由于希特勒在早期扩张中充分利用了英国、苏联、美国之间的嫌隙宿怨,以至其扩张图谋屡屡得手,其他大国却一直未能形成有效的制衡力量,1939 年《苏德互不侵犯》条约的签订便是在英法苏三国协商共同应对纳粹德国挑战失败后的产物,东欧波兰、罗马尼亚等小国更是宁愿冒着被征服的风险也不愿接纳苏军过境制衡纳粹德国。当德意日全面军事扩张形成之后,国际体系面临的威胁挑战已远非美国、苏联、英国任何一个权力中心大国的独自应付。苏德战争伊始,苏军即全线溃败,丧失领土 150 万平方千米,德军深入苏联国境 850~1200 千米,直逼苏联政治经济中心莫斯科、列宁格勒(今圣彼得堡),①斯大林后来迟迟不愿加入对日作战的主要原因亦是担心两线作战;英国在历时一年单独对抗德军海空袭击的保卫战后,国力虚耗殆尽,急盼美国战略援助;长期孤立主义思潮却使得美国在战争初始阶段兵员、船只、飞机等人力物资准备不足,民主兵工厂战争潜力挖掘尚需时日。残酷的现实迫使尚有余力反抗德意日法西斯侵略铁骑的美苏英三国不得不寻求相

---

① 王绳祖主编:《国际关系史》(第六卷),世界知识出版社,1995 年,第 108 页。

互合作，在全球范围内共同组织起最广泛的反法西斯联盟，一如罗斯福在《炉边夜话》中谈到的："美国竭尽全力支援正在保家卫国反对轴心国侵略的国家，将意味着合纵国未来卷入战争的机会减少。"①

　　总之，在20世纪30年体系权力集中于少数几个大国的国际情境下，德意日法西斯同盟的全球军事扩张行为，在完全破坏现存国际政治秩序之余，更给国际体系所有主权国家造成致命安全威胁，迫使国际社会已被侵略或尚未染指的大小国家产生集体行动共击侵略的紧迫需求，而最有实力遏制并铲除德意日法西斯恶果的美国、苏联、英国自然成为国际社会希冀瞩目的多国集体行动的组织者、重建国际秩序的设计者——国际领导国。

# 第二节　英美苏共享反法西斯国际领导权的取得

　　反法西斯同盟中的美苏英三国集体领导从时间上可分为两个阶段，美英于1941年先期达成共享国际领导权共识，而后1942年苏联外长莫洛托夫出访英、美，三国正式达成反对希特勒德国侵略扩张的合作共识。事实上，由于1917年十月革命后苏联与英美长期的意识形态对立，协约国干涉苏联内战的历史宿怨，30年代苏联大清洗运动在英美国内社会的负面印象，以及1939年的《苏德互不侵犯》条约等因素，苏联和英美之间实质上处于一种潜在敌对关系。相互猜忌怀疑为三国反对法西斯侵略集体协作设置了巨大心理障碍，使得苏英或苏美共享领导权铺垫远比正常关系下英美共同国际领导的取得困难得多。直至面临1941年德日法西斯不断膨胀的野心，才终究

---

　　①　1940年12月29日涉及美国国家安全的"炉边谈话"，参见[美]富兰克林·罗斯福：《罗斯福选集》，关在汉编译，商务印书馆，1982年，第266页。

让三国克服追求共同目标的国内障碍和相互猜疑。①

## 一、英、美共享反法西斯国际领导权

敦刻尔克大撤退后，丘吉尔领导下的大英帝国虽然成功挫败了希特勒妄图征服英伦三岛的"海狮计划"，但巨额的战争物资消耗，也迫使英国不得不继续向美国订购大量的飞机、船只、枪炮、坦克以防备希特勒德国新一轮的入侵。在美元黄金储备行将耗尽和四处狼烟的帝国防务双重重压下，英国再难按照 1939 年美国《新中立法》规定"现金支付、运输自理"原则从美国采购战略物资。1940 年 12 月丘吉尔致信罗斯福称述大英帝国日益严峻的安全挑战和捉襟见肘的战力储备，希望美国在战略物资订购方面给予方便，并分担英国海军大西洋航线的防务，同时指出英联邦的生存与独立，大西洋制海权的掌控事关美国当下安全和未来繁荣，在德国侵略铁骑下英美利益休戚与共。②

面对法国沦陷后德意轴心国在欧亚大陆咄咄逼人的扩张步伐，第三次当选美国总统的罗斯福不得不正视一项对美洲大陆日益升级的安全挑战——希特勒德国在打败英国后将主宰欧洲大陆，届时美国将独自承受大西洋对岸德意法西斯的军事压力，掣肘罗斯福承担反法西斯国际领导责任的国内孤立主义、和平主义思潮逐步让位于援助抵抗轴心国扩张的国家地区，以避免美国未来卷入战争，③美英国际事务关注点在不断加剧的体系危

① ［美］约翰·刘易斯·加迪斯：《长和平：冷战史考察》，潘亚玲译，上海人民出版社，2012 年，第 14 页。

② ［英］温斯顿·丘吉尔：《第二次世界大战回忆录》（第四册），贾宁译，北京时代华文书局，2017 年，第 247~255 页。

③ ［美］理查德·霍夫施塔特：《美国政治传统及其缔造者》，崔永禄、王忠和译，商务印书馆，2012 年，第 409~411 页。

机背景下日渐趋同。在收到丘吉尔呼吁美英携手共同承担反对轴心国重任的长信后,罗斯福在 12 月 17 日一次记者招待会上以"水管救火"为比喻向外界明示"美国将捍卫全球民主制度的存续"。①1941 年 1 月 10 日美国参众两院通过《增进美国防务法案》(租借法案),授权总统向那些对美国防务极为重要的国家政府,出售、交换、租赁、贷款、转让各类军需物资,并废止现金支付原则。②至此,美国军工生产系统成为全球反法西斯军事行动的最大后方基地,美国开始迈出承担国际领导责任的第一步。针对丘吉尔长信中协防大西洋航线的请求,1941 年 1 月 29 日至 3 月 27 日,英美两国参谋部人员在华盛顿秘密协商反对德意日全球扩张的军事合作,达成《"ABC-1"号计划》(ABC Plans),确立先欧后亚,欧洲大西洋进攻,太平洋防御,优先打败纳粹德国的军事方略。③此后,美国事实上承担起与英国海军分段协防大西洋航线的任务,1941 年 7 月日本入侵中南半岛后,英国协同荷兰立即切断了日本的石油供应,美国则冻结日本在美资产,要求日本撤出新近侵占的地区,美国已然担负起反击轴心国军事扩张的国际领导责任,珍珠港事件后美英的联合军事行动也基本遵循了该计划中的战略方针。

1941 年 8 月,英国首相丘吉尔与美国总统罗斯福在纽芬兰举行会晤,商讨国际形势、两国合作、对日对德问题和对苏政策。这次会晤后,英美发表《大西洋宪章》向全世界宣布两国将共同担负起挫败轴心国全球扩张的野心和未来重建国际秩序的领导责任。由于美国此时尚未正式宣战轴心国,英美《大西洋宪章》只标志着两国战争目标、战后世界政治宏观议题中领导权共

---

① ［英］温斯顿·丘吉尔:《第二次世界大战回忆录》(第四册),贾宁译,北京时代华文书局,2017 年,第 256~257 页。

② Lend-Lease ACT(1941),https://www.ourdocuments.gov/doc.php?flash=false&doc=71&page=transcript.

③ 关于美英《ABC-1》战略计划的内容,参见 Operation ABC-1,https://codenames.info/operation/abc-1/。

享的取得,反法西斯具体军事行动中的联合领导要迟至当年 12 月份的阿卡迪亚会议上才得以确立。从后来的《联合国家共同宣言》《联合国宪章》来看,出自美英合作之手的《大西洋宪章》实质上构成了战后国际政治秩序设计的指导原则。

在纽芬兰会晤的第二天,丘吉尔提交给罗斯福关于两国联合宣言的五项内容,罗斯福在英国版本的基础上做出三项修改,其一是在原第四点"原材料取得、产品交易"前加入"不加歧视、平等贸易",其二增加公海航行安全、自由,其三削减军备、放弃使用武力解决争端。其中,两国分歧最大的便是"第四点"内容的修改,在丘吉尔看来,非歧视原则将破坏《渥太华协定》下英帝国特惠制的完整,因此予以坚决反对,最后为确保《宣言》如期达成,双方相互妥协,英国同意加入不加歧视的平等贸易字样,美国则同意英国在备注中提出的"照顾现有义务"内容,并将美国中意的"市场"替换为"贸易",缩小"第四点"适用范围。①

1941 年 12 月美国加入二战后,英美协调全球军事行动迫在眉睫,12 月22 日丘吉尔带领英国军方人员出访华盛顿,两国首脑及两军代表在激烈争论协商后,就未来两国陆海空军将在一个联合指挥机构领导下行动取得共识。在阿卡迪亚会议上两国争论最激烈的问题集中在"统一指挥"和"战争物资分配方式"上,先前的《"ABC-1"号计划》对德意日的军事打击将以战区划分的方式进行,每一战区由一国负责,如太平洋战区最高指挥麦克阿瑟、中印缅战区最高指挥蒋介石等。为便于协调战区内不同国家的军事协同作战,美国陆军参谋长马歇尔提出设立联合参谋部和统一指挥的问题,这一建议得到罗斯福总统的支持,英国人对此却不大乐意,更倾向于原先的分区负

---

① 关于《大西洋宪章》达成过程中英美争执妥协,参见[英]温斯顿·丘吉尔:《第二次世界大战回忆录》(第六册),朱建国译,北京时代华文书局,2017 年,第57~67 页。关于《大西洋宪章》内容参见,Atlantic Charter,http://avalon.law.yale.edu/wwii/atlantic.asp。

责,不愿意将英军的行动自由置于一个超国家机构的管束下。为此,马歇尔与丘吉尔曾发生过激烈争吵,最后英国做出让步同意设立英美两军代表参加的联合参谋部,但将联合参谋部权力局限于一般性事项,重大战略方针仍由罗斯福、丘吉尔两国首脑会晤做出,其统一指挥权与盟军战区最高指挥官共享。[①] 至于战争物资分配,美国同样希望有一个统一的机构进行分配,英国仍主张分区负责,两国政府各自统一调配其所获得的战争物资。最后美国妥协,在两国首都同时设立负责战争物资分配的机构,根据《租借法案》美国生产了绝大部分的战争物资。因此表面上是两个机构进行,但华盛顿话语权重大于伦敦。[②] 阿卡迪亚会议后,美英两国于 1942 年 2 月 23 日签订《联合王国政府与美利坚合众国政府关于在进行反侵略战争中相互援助所适用原则的协定》(简称"英美协定"),[③] 标志着美英反法西斯国际领导权共享从政治领域延伸至军事领域。尽管会议期间两国参谋人员对开辟第二战场、统一指挥、统一分配军需物资等技术问题上产生了激烈争吵,但在英国首相丘吉尔看来,两国在共同事业上坦率交换意见寻求共识,即使偏好被否决,仍忠实履行对本国而言的次优决定,这一现象终有益于共同领导实践的顺畅进行。[④]

诚然,共同的语言文化在推进英美实现国际领导权共享准备进程中提供了不少便利,在关注点趋同和善于妥协共识方面,两国在此期间选择包容和克制有损于国际领导权共享实现的负面行为亦同样瞩目和不可或缺。特别是当一方行为对另一方重大关切构成挑战时,克制过激反应转而以一种

---

① [美]威廉·哈代·麦克尼尔:《美国、英国和俄国:它们的合作与冲突(1941—1946 年)》,叶佐译,上海译文出版社,2007 年,第 137~144 页。

② 同上,第 147~148 页。

③ 协定内容参见 Anglo-American Mutual Aid Agreement, http://avalon.law.yale.edu/wwii/angam42.asp。

④ [英]温斯顿·丘吉尔:《第二次世界大战回忆录》(第六册),朱建国译,北京时代华文书局,2017 年,第 326 页。

相对温和的方式表达不满，成为英美国际领导权共享得以实现的另一大特征。《租借法案》在美国国会表决前后，美国曾派一艘军舰驶往南非开普敦，将大英帝国存储在开普敦的几乎全部黄金运走，这一事件引发丘吉尔及其内阁成员的强烈不满，12 月 31 日丘吉尔再次致信罗斯福，说明美国军舰运走开普敦黄金可能在英国自治领引起巨大动荡风险，要求美国克制有损大英帝国重大关切的冒险行为，由于英国不得不依赖于《租借法案》的物资援助，英国对此事并未过分渲染。①丘吉尔的长信无疑使美国认识到运走开普敦黄金对两国合作的潜在风险，《租借法案》通过后对英国的巨大物资援助多少也弥补了大英帝国在这一事件上的心理落差。丘吉尔在其回忆录中，将美国这一行为善意理解为"美国通过运走开普敦黄来金凸显英国境况之难，以便压制国会反对《租借方案》的声音"②。1941 年 12 月 7 日日本偷袭珍珠港后，《租借法案》一度面临美军和英军物资分配的矛盾，美国国会传出要求禁止租借物资出口的声音，英国对此感到不安，为不使这一争执影响两国反法西斯的联合领导，双方通过在阿卡迪亚会议上签署的《英美两国相互援助的协定》中规定英国也有义务向美国提供力所能及防务物品、服务、设备，在战争结束《租借方案》截止时，返还美国那些尚未被破坏、消耗和损失的援助物资，③以此缓和美国国会的不满。可以看出，德意日轴心国造成的严峻体系安全压力成为英美能够以最大耐心相互包容、各自克制、达成妥协的必要条件。

---

① 详细过程参见［英］温斯顿·丘吉尔：《第二次世界大战回忆录》（第四册），贾宁译，北京时代华文书局，2017 年，第 260~262 页。

② 同上，第 260 页。

③ 《美英互助协定》第二条、第五条。See Anglo-American Mutual Aid Agreement，http://avalon. law.yale.edu/wwii/angam42.asp.

## 二、英、美、苏共享反法西斯国际领导权

1941 年 6 月，德军不宣而战攻入苏联国境，苏德战争爆发，苏联加入国际反法西斯阵营，英国和苏联成为欧洲仅剩的两个顽强抵抗德国扩张野心的国家，而苏联纵深的战略腹地和陆军实力也使得其有资格承担起反击轴心国全球扩张的国际领导责任。在苏德战争爆发后的次月（7 月）英美即派出代表与苏联商洽反对轴心国扩张的合作事宜，6 月 30 日德军进犯苏联，7 月 7 日丘吉尔即致信斯大林，表示英军将通过空袭德占区和德国领土来牵制德军侵略步伐，欢迎苏联派出军事代表访问伦敦协商联合反对希特勒德国事宜。[①] 7 月 12 日，英国驻苏大使与苏联外长莫洛托夫达成在反对希特勒德国战争中相互支持，不与德国单独媾和的合作协定。[②] 美国总统罗斯福也派出私人代表霍普金斯飞往莫斯科，了解苏军抗击德军情况，承诺美国将供给苏军前线急需的军备物资。不过《英国和苏联为对德作战争取联合行动的协定》（简称《英苏协定》）短短两条内容绝非代表着英苏共同担起反对轴心国全球扩张的国际领导权责，寥寥数语反而印证了英苏之间的互不信任和深刻敌意。1917 年十月革命以来英、美、苏三国之间的历史积怨和意识形态冲突，使得英苏之间国际领导权共享远比英美之间阻力重重。

莫斯科保卫战后，苏联再一次使英美看到其实力和潜在牵制德军西进的较大可能，苏军的顽强抵抗、莫斯科保卫战的胜利逐渐改变着英美两国对

---

① [英]温斯顿·丘吉尔：《第二次世界大战回忆录》（第六册），朱建国译，北京时代华文书局，2017 年，第 4~5 页。

② Joint Action in the War against Germany, Moscow, http://treaties.fco.gov.uk/docs/fullnames/pdf/1941/TS0015% 20 （1941）% 20CMD–6304% 201941% 2012% 20JUL,% 20MOSCOW% 3B% 20AGREE–MENT% 20BETWEEN% 20UK% 20&% 20GOV% 20OF% 20USSR% 20PROVIDING% 20FOR% 20JOINT% 20ACTION% 20IN% 20WAR% 20AGAINST% 20GERMANY.pdf.

苏的情感态度,关系敌对、价值冲突退让于联合打败法西斯的战略需求。为成功吸引苏联加入美英倡议的反法西斯国际领导阵营,美英开始主动做出一系列示好行为。罗斯福总统坦言苏联生存对于美国防务的重要性,授权解冻苏联在美被冻结资产,将《租借法案》物资援助扩展至苏联,鉴于美苏之间的政治体制差异,允许苏联在申请《租借法案》援助时,既不需证明所要求援助物资的合理性,也不必说明已租借物资的使用明细,而这些恰是其他国家申请美国《租借法案》时所必需的。①丘吉尔更是在国会、新闻媒体等不同场合多次回击有关苏联的批评或敌视声音,慷慨陈词英国与苏联在希特勒德国面前的利益一致性。

英美大西洋会晤后,英美苏三国外长在莫斯科集会,商讨如何有效分配《租借法案》战略物资,会后丘吉尔向斯大林建议派遣英国外长访问苏联,商讨将7月份签订的《英苏协定》升级为《英苏军事同盟》,斯大林欣然接受。12月中旬英国外交大臣艾登飞抵莫斯科,标志着英苏共享反法西斯国际领导权终于迈出实质性一步。莫斯科保卫战胜利后,苏联面临的外在安全压力有所缓解,因此在艾登访苏期间,英苏不仅商讨了军事互助协定,也探讨了战后欧洲国家疆界划分、苏联西部疆界等事宜。12月16日,在与来访英国外交大臣首次会晤上,斯大林即提交给艾登一份《英苏军事互助条约》和一份《战后欧洲政治安排协议》草案文本,建议英苏在缔结军事同盟之余再签订一个关于战后欧洲国际秩序安排的秘密协定,主要有德国赔偿问题、欧洲国家边界划定、重建欧洲国际组织和1939年《苏德互补侵犯条约》后苏联在波兰、罗马尼亚、波罗的海三国取得的领土(1941年的苏联边界)。艾登访苏本意是希望尽早缔结反击希特勒德国的军事同盟,对于苏联提出的战后欧洲政治格局划分,艾登以未得到首相授权、受《大西洋宪章》限制、未与盟友美国及

---

① John Lewis Gaddis. *The United States and the Origins of the Cold War 1941–1947*. Columbia University Press, 2000, p.82.

自治领协商四条理由,婉言拒绝了对苏联1941年边界的支持。苏联显然不满意英国同意缔结军事同盟却不承认苏联西部边界的行为,斯大林向艾登表明,苏联无意反对《大西洋宪章》,但1941年的西部边界事关苏联核心利益,苏联很难与一个对自己边界尚存质疑的国家缔结军事同盟。[①]在之后的会谈中,苏联撤回先前关于欧洲边界划分的建议,并表示开辟第二战场问题上亦可协商,但仍未能得到英国肯定答复。为避免无功而返,在与斯大林第四次会谈时,艾登建议可先行签订军事互助条约,关于承认苏联1941年西部边界的事项,待其返回英国与内阁、自治领、美国协商后另行解决,表示先行缔结军事互助条约有利于在英国国内营造认可苏联西部边界的舆论氛围。[②]但在对德战场暂时有利的情况下,斯大林更关心苏联西部边境的调整,而非急于缔结军事协定,直至艾登离开莫斯科之际,英苏终究未能就共享反法西斯军事领导权达成妥协。最终以《联合公报》的形式结束了这场谈判,经过多轮交锋,两国均认识到英苏关系本身远比条约协定重要,这为1942年英美苏三国继续就共享国际领导权谈判打下基础。

1942年5月,应美国总统罗斯福之邀,苏联外长莫洛托夫访问英美,继续就三国联合反对德意日军事扩张进行谈判,区别于1941年12月艾登访苏,苏联红军冬季反攻失利后苏德战场形势恶化,苏联对开辟第二战场的需求增强。另外,美国开始介入英苏谈判,美驻英大使开始扮演起英国和苏联谈判矛盾协调人的角色。5月21日,在与英国首相丘吉尔的首次会谈上,莫洛托夫表明了此行的两大目的:一是与英国签订战时战后合作条约;二是呼

---

① No.01651"艾登同斯大林第二次会谈记录"(1941年12月17日),沈志华总主编:《苏联历史档案选编》(第十六卷),社会科学文献出版社,2002年,第540~543页。

② No.01656"艾登同斯大林第四次会谈记录"(1941年12月17日),沈志华总主编:《苏联历史档案选编》(第十六卷),社会科学文献出版社,2002年,第564~567页。

吁英国年内在法国西部开辟第二战场,以减轻苏德战场上的德军压力。[①]关于横在英苏缔结军事同盟的最大障碍——苏联西部边界划定,莫洛托夫申明,波罗的海西北方向和罗马尼亚西南方向的边界关系苏联安全,应当得到保障,与波兰的西部边界,苏联准备以寇松线为基础划定,但"苏波边界"的问题可暂时搁置,苏联保证日后将以友好协商的方式与波兰解决边界问题,同时希望英国政府放弃 1941 年 7 月 31 日对波兰人的声明(英国承诺恢复波兰战前领土完整)。[②]对于苏联立场上的松动,英国亦做出了一定回应,表示认可波罗的海三国加入苏联,但受限于之前的《英波条约》,将保留对波兰领土完整义务,英国此举显然令莫洛托夫不快,英苏共享国际领导权谈判再次陷入僵局。对于苏联切盼的 1942 年在法国西部开辟第二战场问题,丘吉尔的态度模棱两可,表示可能在 1942 年底开辟,但受制于登陆艇准备不足,不能做出明确保证,因谈判期间苏德战场形势持续恶化,斯大林 5 月 23 日指示莫洛托夫,可优先讨论第二战场相关事项。[③]

　　第二战场的重要性压倒苏联西部边界划定的分歧,在 23 日苏英两国外长的谈判中,英国提出一份融合英苏战时相互支持和战后相互合作的条约草案。新的条约文本舍弃了苏英先前的所有分歧,留下双方共识的内容部分,会谈结束后,莫洛托夫即将新条约草案电文发送莫斯科,建议斯大林在新条约草案基础上缔结英苏合作条约,24 日斯大林同意了莫洛托夫建议。在英苏伦敦谈判期间,美国也开始介入,在 24 日莫洛托夫与美驻英大使怀南

---

　　① No.08947"莫洛托夫与丘吉尔会谈记录"(1942 年 5 月 21 日),沈志华总主编:《苏联历史档案选编》(第十六卷),社会科学文献出版社,2002 年,第 576~577 页。

　　② No.08948"莫洛托夫与艾登会谈记录"(1942 年 5 月 21 日),沈志华总主编:《苏联历史档案选编》(第十六卷,社会科学文献出版社,2002 年,第 583~586 页。

　　③ No.08957"莫洛托夫致斯大林电文"(1942 年 5 月 23 日),No.08960"斯大林致莫洛托夫电文"(1942 年 5 月 23 日),沈志华总主编:《苏联历史档案选编》(第十六卷),社会科学文献出版社,2002年,第 607、613 页。

特谈话中,怀南特表明美国反对先前英苏条约草案中关于边界内容的规定,建议苏联接受英国提交的最新草案,怀南特还向苏联外长转述了美国总统罗斯福和陆军参谋长马歇尔对开辟第二战场的坚定态度。[①] 1941年12月以后困扰英苏共享国际领导权谈判的最大障碍就此得到克服,虽然英国在开辟第二战场问题上仍晦暗不明,但来自大西洋彼岸的信心至少可以让莫洛托夫感到宽慰。5月26日,英国和苏联正式缔结为期20年的《英苏同盟合作互助条约》,条约第三条中的两款内容坦言:"两国愿与其他任何志同道合国家在战后采取共同行动保卫和平、反对侵略;在上述倡议未被接纳之前,两国在终止侵略行为后,将继续采取力所能及的一切措施,防止德国及其伙伴对欧洲的侵略行为再次发生。"[②]如果说《英苏同盟互助条约》标志着英苏两国开始承担起战时消除希特勒德国破坏欧洲国际秩序侵略行为的国际责任,那么上述两项条款无疑也表明在终止德国侵略行为后,两国将继续承担起重建和捍卫欧洲和平的领导责任。

《英苏同盟合作互助条约》签订后,莫洛托夫即飞往华盛顿,相比于英苏共享国际领导权谈判,由于美苏之间当时尚无不调和的现实利益冲突,[③]加上在开辟第二战场上的共识,美苏共享国际领导权的谈判要顺利得多。在华盛顿期间,罗斯福第一次向苏联高阶官员通报了美国关于战后国际秩序安排的设想,主要内容有大规模裁军、签署经济合作协定、殖民地国际托管和

---

① No.08976 "莫洛托夫同美国驻英国大使怀特南的谈话记录"(1942年5月24日),沈志华总主编:《苏联历史档案选编》(第十六卷),社会科学文献出版社,2002年,第640~641页。

② *Twenty-Year Mutual Assistance Agreement between the United Kingdom and the Union of Soviet Socialist Republics*,1942-05-26,http://avalon.law.yale.edu/wwii/brsov42.asp. 受冷战影响,《英苏同盟合作互助条约》于1955年月失效,参见《国际条约集》(1939—1944),世界知识出版社,1961年,第353~354页。

③ 事实上,直至1944年雅尔塔会议前后,三国国际集体领导实践中,英苏矛盾分歧最为突出,英苏矛盾、英美矛盾一直大于美苏矛盾,美国更多情况下调节和缓和着英苏矛盾。

四大国集体安全等。①对比英苏在《互助条约》中有关战后欧洲秩序的倡议，美国版本的国际秩序安排涵盖内容要广泛得多，大国领导责任和战后大国合作也都得到了强调。此外，在伦敦谈判期间困扰莫洛托夫的英国在1942年开辟第二战场的模糊态度，也为罗斯福、马歇尔决心于1942年开辟第二战场的决定所厘清。虽然这一决定未写入即将发表的《美苏会谈公报》，但通过与美国总统、军方将领的交流，莫洛托夫已有理由相信在开辟第二战场的问题上美国是支持苏联的，这一点从后来丘吉尔亲自飞往莫斯科通报斯大林"1942年开辟第二战场计划"暂时搁浅后引发斯大林的强烈不满中也可看出。与英国缔结军事同盟加上美国承诺1942年开辟第二战场，基本意味着莫洛托夫本次出访英美外交任务的圆满完成。

6月11日美苏签署《美苏相互援助协定》，协定序言部分美苏重申了《大西洋宪章》的基本原则，明确双方在反对轴心国全球侵略扩张中相互援助义务，1942年2月《美英相互援助协定》②中确立的"战后双方致力于消除国际商业中的各种歧视性规则，减少关税及其他贸易壁垒"等内容也在《美苏相互援助协定》文本的"第七条"上予以体现。这意味着美苏英三国的国际集体领导抱负绝非仅局限于消除轴心国造成的国际体系安全威胁，危机消退后，三国将继续联合发挥国际领导作用，力图打造一个反映三国共同理念的和平、繁荣的国际政治经济秩序。

应丘吉尔之邀，华盛顿访问结束后，莫洛托夫再次转到伦敦与英国协商开辟第二战场的技术性问题。尽管在英国看来1942年开辟第二战场任务有

---

① ［美］威廉·哈代·麦克尼尔：《美国、英国和俄国：它们的合作与冲突（1941—1946年）》，叶佐译，上海译文出版社，2007年，第234~235页。

② 《美英互动协定》和《美苏互助协定》关于战后国际经济秩序的内容表述均集中在协定"第七款"，详见 Anglo-American Mutual Aid Agreement, 1942-02-28, http://avalon.law.yale.edu/wwii/angam42.asp. Mutual Aid Agreement Between the United States and the Union of Soviet Socialist Republics, 1942-06-11, http://avalon.law.yale.edu/wwii/amsov42.asp。

诸多无法克服的困难，但为向外界传递三大国在反对轴心国军事侵略上的一致行动，丘吉尔最终还是同意在即将发表的《英苏会谈公报》中声明："英苏两国已就 1942 年在欧洲建立第二战场取得充分谅解。"①

至此，美英苏三国在法律层面正式承担起联合反对德意日军事扩张、重建国际秩序的领导责任。不过三国的国际领导权共享却非"等三边"关系，既为避免两线作战同时也为将苏联兵力集中于打击德国，英美容许苏联在缔结《相互援助协定》时，不承担对日作战任务（1945 年以前苏日一直保持着外交关系），反击东亚太平洋地区日本侵略扩张的国际领导责任则由英、美和中国来承担。而且受语言文化、地缘距离和文化价值等因素影响，美英集体领导互动频次和层次远多于美苏、英苏之间，这些障碍极大的阻滞了美苏在共同国际领导实践中正向集体情感的积累和集体身份认知的塑造。

## 第三节　美苏英共享国际领导权实践中的战略磋商与分歧管控

1942 年 6 月，美英苏三国共享反对轴心国全球扩张的国际领导权的实现，并非意味着之后三国共同国际领导进程的顺畅。相反，三国在共享反法西斯国际领导权实践中充满了各种矛盾分歧。国际集体领导的首要组成部件——领导权共享而言，颇具启迪意义的莫过于美、英、苏三大国通过及时、经常性的战略磋商来妥善化解或管控分歧冲突，始终将分歧局限于次级目标或过程方略范畴，避免了一般性的分歧冲突升级为较难调和的价值分歧

---

① ［英］温斯顿·丘吉尔：《第二次世界大战回忆录》（第七册），富杰译，北京时代华文书局，2017年，第 354 页。

或相互敌视,从而保证三国集体国际领导延续至二战结束。当然另一事实也不容忽视,即罗斯福、丘吉尔、斯大林三国领导人战时共享国际领导权的主观意愿和决心。

## 一、美苏英围绕开辟"第二战场"军事行动的战略磋商与分歧管控

### (一)开辟时间首次迟至1943年春季,战场由欧洲西部调整至非洲北部

虽然莫洛托夫访问华盛顿及之后的《英苏会谈公报》确定了三国在1942年的头号军事任务——开辟第二战场。但鉴于当年横渡英吉利海峡的诸多现实挑战,丘吉尔及英国三军参谋长们并未甘愿冒此风险。事实上,早在美英取得反法西斯国际领导权共享后的两个月,1942年4月(莫洛托夫5月份到访伦敦),当霍普金斯、马歇尔带着立即于欧洲西部登陆直接打击德军的作战计划造访伦敦时,丘吉尔及其军事参谋人员便提出了对美国试图通过压缩其他战场兵力来保障西欧登陆战略设想的保留意见。一战西线战壕僵持对峙的惨痛记忆,使得丘吉尔及其英军军官更倾向于在德意防守薄弱的地区进行攻击。相比于在法国西北部开辟第二战场,丘吉尔更倾向于在德意轴心国兵力较弱且关系大英帝国海上生命线的北非、地中海区域开辟"第二战场"。而要将上述战略构想替换三国已然确定的1942年欧洲西部进军计划,丘吉尔就必须说服罗斯福同意将美国军队投入北非战场以及取得斯大林对"第二战场"地点由欧洲西部调整至非洲北部的谅解,丘吉尔管控或化解三国分歧冲突的领导技能在此事件中得到充分展现。

莫洛托夫返回莫斯科之后,丘吉尔随即于6月下旬第二次出访华盛顿与罗斯福及美军参谋主官讨论开辟第二战场等事宜。丘吉尔表明支持1942

年开辟第二战场的态度后,旋即指出仓促开辟万一失败后的严峻灾难,建议在做好充分准备前不宜贸然行动(实际上,这些准备工作在 1942 年几乎不能完成,通过坚定决心后再巧妙设置前提条件,丘吉尔推迟了第二战场的开辟时间)。为不使战略方向改变而削弱英美合作,在商讨开辟第二战场之余,丘吉尔向罗斯福通报了英国秘密研制原子弹的信息,建议英美两国联合研制原子弹,罗斯福欣然同意,美英开始尝试掌握人类跨入核时代的密钥。在英国保留质疑下,美国做出妥协,双方达成一个灵活性极强的行动方案:美英两国虽尽力争取 1942 年底在法国西部或低地国家开辟第二战场,但也意识到 1943 年把握性更大,在备战同时研究北非战役的可能性,假如尽全力后,仍未能保证 1942 年欧洲西北部进攻计划的成功可能,应实施其他替代方案。①

　　7 月,丘吉尔根据英军参谋部建议电告罗斯福,因部队训练、登陆艇准备工作 1942 年底前未能就绪,计划将开辟第二战场计划延迟至 1943 年春季,1942 年底前英美联军发起北非战役。②英国擅自改变既定战略计划引发美国军方强烈不满,马歇尔等美军将领见自己支持的战略计划被否决甚为沮丧,认为英国此举舍本逐末,进攻北非既无助于援助苏联东线战场,也无益于缩短对德战争进程,部分美军将领一度扬言既然短期内对德战场无所作为,美国或可将参加对德战争的美军转调至太平洋战场打击日本。③虽然这一杂音被美国总统罗斯福坚决否定,但也让丘吉尔意识到倘若不能妥善安抚美军高级将领的不满情绪,不仅有损于北非战役的如期进行,更可能分裂两国反

---

　　①　[英]温斯顿·丘吉尔:《第二次世界大战回忆录》(第七册),富杰译,北京时代华文书局,2017年,第 398~399 页。

　　②　[英]温斯顿·丘吉尔:《第二次世界大战回忆录》(第八册),富杰译,北京时代华文书局,2017年,第 27~28 页。

　　③　[美]舍伍德:《罗斯福与霍普金斯——二次世界大战时期的白宫实录》,福建师范大学外语系编译室译,商务印书馆,1980 年,第 191~194 页。

法西斯军事行动的共同领导。

7月18日,在丘吉尔的邀请霍普金斯、马歇尔等美国陆海军军事主官飞赴伦敦,商讨英美联军未来欧洲战场计划,丘吉尔告诉美国客人,欧洲西部开辟第二战场计划绝非被取消,仅是被推后,在北非战役期间,横渡英吉利海峡的准备工作仍将继续。[①]虽然未能彻底消除美国将军们的疑惑,但通过双方各抒己见,美军高层开始认识到与其匆匆发动一场失败概率极高的登陆作战,不如选择较为稳妥的北非战役,况且如果英国人不配合,进攻欧洲大陆是无从谈起的。丘吉尔最终说服美国人同意将原定1942年的第二战场计划推后至1943年。

说服罗斯福同意暂时将战略目标转向北非后,丘吉尔的另一难题是如何取得斯大林的谅解,1942年8月中旬,丘吉尔亲赴莫斯科向斯大林通报第二战场推迟计划。面对斯大林关于美英背弃承诺的不满(斯大林认为丘吉尔是在过分夸大开辟第二战场的难度以掩盖其不愿意与德军交锋的私心),丘吉尔坦言1942年英美联军用以开辟第二战场的兵力只有6个师,这些兵力不足以从苏德战场上吸走数目可观的德军,相反可能被击溃并将影响1943年战事。丘吉尔建议对第二战场的理解不应仅局限于一域,英美联军即将发起的北非战役同样可以起到支援苏德战场的功效。[②]尽管不满于美英两国对最初军事行动方针的更改,但大敌当前三大领导国协作一致的重要性仍促使斯大林同意了丘吉尔倡议的首先发起北非战役计划。

---

① [英]温斯顿·丘吉尔:《第二次世界大战回忆录》(第八册),富杰译,北京时代华文书局,2017年,第35~42页。

② 同上,第76~78页。

（二）英美卡萨布兰卡战略磋商，开辟时间第二次被推迟至 1943 年 9 月

取得美国同意和苏联谅解后，英国为首的盟国军队于 1942 年 10 月发起阿拉曼战役，成功扭转北非战场不利局面。不过对计划于 1943 年春季开辟第二战场的战略构想而言，阿拉曼战役非利好消息，虽然在先前英美、英苏领导人战略磋商中，决定进行北非战役的同时备战 1943 年春季登陆欧洲西部，但美国军方在实际中发现，现有战略物资在保证北非战役进行之余很难再腾出额外部分满足 1943 年春季开辟第二战场，因此北非战役期间英国本土的备战几乎停滞，后果便是 1943 年春季登陆欧洲已不可能。

鉴于 1943 年进攻欧洲大陆已然不具可行性，将美军投入到英国所青睐的北非、地中海地区又非美国军方高层所愿，美国方面再次传出计划 1943 年将美军进攻重心从欧洲转移至太平洋的声音。对于美国军方高层态度的再次变化，英国首相丘吉尔十分紧张并亲自致信美国总统罗斯福询问美国是否已放弃 1943 年登陆欧洲的计划，在得到罗斯福未放弃的答复后，丘吉尔也意识到如果不让美国人看到 1943 年仍有开辟第二战场的希望，美英之间的军事合作将再次面临挑战。虽然青睐于英军参谋部建议的战略路线图——北非战役结束后（当时只剩突尼斯未解放），盟军继续扩大地中海方向战果，攻占西西里岛，以西西里岛为跳板进攻意大利，打通地中海交通线，同时说服土耳其加入反法西斯阵营，经由土耳其从巴尔干方向进攻德国，[①]丘吉尔还是选择将其置于服务第二战场开辟战略目标之下。然而无论是英国主张的 1943 年将北非战果扩大至地中海，还是美国军方提议的 1943 年缅甸对日作战建议，都彻底打乱了美苏英三国 1942 年商定的东西两路夹击

---

① ［英］温斯顿·丘吉尔：《第二次世界大战回忆录》（第八册），富杰译，北京时代华文书局，2017 年，第 274~277 页。

德国的计划。

为此,罗斯福建议三国在 1943 年 1 月进行首脑会晤,商讨新一年的反法西斯国际领导军事行动。罗斯福发出三国首脑会晤倡议时正直苏德斯大林格勒(今伏尔加格勒)决战期间,斯大林以战事繁忙为由婉拒了罗斯福的邀约,美英两国首脑因此决定先行于非洲西部的卡萨布兰卡举行战略磋商。经过磋商, 美国同意英国在北非突尼斯战役结束后即进军西西里岛和争取土耳其加入反法西斯同盟的计划,英国同意美国新一年的缅甸收复计划,阻止美国在东亚地区节节败退的态势,俄第二战场开辟再次被延后。[1]为安抚苏联的不满情绪,英美重申 1943 年秋季登陆欧洲大陆的决心并加大对苏联军需物资的供给,会议期间罗斯福还向记者公布了著名的"无条件投降"原则,依此打消苏联人对美英可能寻求单独与德意媾和的忧虑,[2]尽管极不满意美英延后第二战场的开辟,苏联还是选择了接受第二战场于 1943 年 8 月或 9 月开辟的事实。

(三)英美华盛顿、阿尔及利亚战略磋商,开辟时间第三次被推迟至1944年春季

卡萨布兰卡会议后,盟军的战略计划进行得并不顺利,突尼斯战役虽最终取胜,但比原计划推后三个月,盟军原定于 1943 年 2 月结束北非战役,实际上直至 5 月才彻底击溃德意联军,结果西西里岛战役和 1943 年八九月登陆欧洲均因此受到干扰;太平洋方向, 盟军进占缅甸计划遭到日军强烈抵抗,进展缓慢。卡萨布兰卡会议确定的 1943 年英美反法西斯国际领导行动

---

① 关于卡萨布兰卡会议期间,美英达成的接下来军事行动计划,参见[英]温斯顿·丘吉尔:《第二次世界大战回忆录》(第八册),富杰译,北京时代华文书局,2017 年,第 321~322 页。

② John Lewis Gaddis. *The United States and the Origins of the Cold War 1941-1947*. Columbia University Press,2000,p.10.

方案实质为英美相互妥协的结果，两国关于第二战场的分歧并未得到根本化解，在美军高层将领看来，英国优先地中海军事行动更多出于政治考虑——扩大英国战后在南欧地区的影响，而非出于军事考虑，所以一直要求将地中海军事行动保持在小规模水平，[①]当原计划进展不顺时，冲突自然再次浮出水面。为管控分歧，刚刚结束英美首脑会晤的丘吉尔只好于 1943 年 5 月第三次飞往华盛顿，在华盛顿期间，丘吉尔勉强说服罗斯福及马歇尔等美军将领同意将第二战场开辟再行推后至 1944 年春季，1943 年剩余时间集中兵力打击意大利。为坚定美军高层将领对地中海战役的信心，与罗斯福三叉戟会晤一结束，丘吉尔即邀请美陆军参谋长马歇尔前往阿尔及利亚，与当地的英、美联军将领商讨地中海战役具体行动计划。与来自华盛顿的马歇尔不同，身处战场前线的美军将领艾森豪威尔明显倾向于突尼斯战役后即进攻西西里岛，艾森豪威尔分析道："如果盟军 1943 年的战略目标是击败意大利，那么攻占西西里岛后就应立即进攻意大利本土，如果能够轻易攻下西西里，那么意大利本土的反抗也不会太强，他本人倾向西西里岛战役后发起意大利战役。"[②]来自美军将领的支持，无疑使得丘吉尔的地中海战役计划更具可信，同时丘吉尔还一再向马歇尔突出地中海战役对减轻第二战场开辟和苏德战场压力的积极意义——迫使希特勒德国回防南线，最终成功说服迟疑的美军高层接受 1943 年专心投入地中海战役，英美两国间在第二战场开辟问题上的分歧再次得到化解。

英美两国频繁战略磋商进而化解第二战场开辟时间分歧的一大负面后果则是英苏冲突的急剧升温。苏联 1942 年之所以同意与美英共担国际反法

---

① ［美］威廉·哈代·麦克尼尔：《美国、英国和俄国：它们的合作与冲突（1941—1946 年）》，叶佐译，上海译文出版社，2007 年，第 354~355 页。

② ［英］温斯顿·丘吉尔：《第二次世界大战回忆录》（第八册），富杰译，北京时代华文书局，2017 年，第 456~457 页。

西斯领导权责,主要希望与美英东西两线夹击德军,开辟第二战场也是 1942 年三国商定的优先事项,美英一而再地推后第二战场开辟时间,意味着已然苦撑两年半强大德军侵略压力后,将不得不继续孤军奋战。所以当 1943 年 6 月初收到英美将第二战场开辟时间推迟至 1944 年春季的决定后,苏联积压已久的不满情绪彻底爆发(主要是针对英国)。苏联当即召回驻英美大使,取消原定于 1943 年 7 月召开的美苏首脑会晤。6 月 11 日,斯大林致电丘吉尔(电文抄送罗斯福)强烈谴责英美背弃承诺的行为,直言西欧开辟第二战场从 1942 年推迟至 1943 年,从 1943 年又推迟至 1944 年,英美盟友完全不顾苏联盟友的险恶处境,造成苏联国内对英美反法西斯国际领导动机的怀疑。对于 6 月 20 日丘吉尔的回电说明,斯大林 6 月 24 日更是逐条反驳,认为丘吉尔从 1942 年访苏至今有关开辟第二战场的说辞前后矛盾,让人难以信服,坦言两国之间已出现严重信任危机。收到斯大林"指责"后,丘吉尔虽强忍愤怒予以回复,但斯大林"尖锐的批评"也使得丘吉尔一度滋生中断英苏两国领导人信件战略磋商的渠道,后在两国大使极力劝说下才放弃,英苏关系此刻滑至冰点。[①]相比及时化解英美共享领导进程中的矛盾分歧,丘吉尔在维系与苏联的领导成员伙伴关系方面做得远远不够,英苏之间在第二战场分歧上的战略误会从未得到真正释疑,只是大敌当前下不得不继续共享国际领导权意愿,维系着已然脆弱的伙伴关系。如果说美英选择以化解的方式管控分歧冲突,那么英苏则选择以搁置的方式来管控分歧冲突(后来美苏在德国问题、东欧问题上亦是如此),最终矛盾越积越厚,积重难返。

---

① 斯大林同丘吉尔、罗斯福的往返四次通信内容,参见[俄]弗·奥·佩恰特诺夫、伊·爱·马加杰耶夫:《伟大卫国战争期间斯大林与罗斯福和丘吉尔往来书信》(上卷),于淑杰等译,世界知识出版社,2017 年,第 382、385~387、390~396 页。

（四）从魁北克英美首脑会晤到德黑兰英美苏三国首脑会晤，开辟时间最终敲定

英美阿尔及利亚战略磋商达成地中海行动共识后，英美联军随即发起西西里岛战役，西西里岛被攻陷后意大利发生政变，墨索里尼法西斯政党下台，新上台的意大利政府有意与盟军媾和退出战争，这一背景下英美两国首脑决议在魁北克再次举行战略磋商，同时期苏德战场上，苏联在库尔斯克决战后开始掌握战场主动权，对第二战场需求的紧迫性减弱，与英美分歧冲突开始趋缓。1943 年 10 月的莫斯科外长会议期间，当艾登对斯大林和盘托出英国扩大地中海战役计划，并可能因此而再次延后第二战场开辟时，斯大林反应要平静得多，明显有别于当年六月初的强烈情绪。①魁北克会晤后，罗斯福、丘吉尔即联名致电斯大林，通报英美下一阶段军事部署，地中海战役意在将意大利清除出轴心国集团，第二战场开辟计划并未被放弃，大批美军将在此后被运往英国准备横渡英吉利海峡，其间英美盟军将利用空中优势加大对德国军事、工业、经济体系的轰炸力度，缓解苏军战场压力。②魁北克会议结束 15 天后，9 月 8 日，新意大利政府向盟军投降，退出轴心国集团，10 月 13 日英美苏三国联合发表《关于意大利对德宣战的联合声明》，因开辟第二战场计划三次被推迟而恶化的三国领导成员伙伴关系在经由意大利投降问题上的协作互动后得以恢复。

意大利退出战争后，英美 1943 年地中海战役计划已达成初始目标，虽

①　详见 No.07892"斯大林同艾登会谈记录"（1943 年 10 月 27 日），沈志华总主编：《苏联历史档案选编》（第十八卷），社会科学文献出版社，2002 年，第 255~264 页。

②　President Roosevelt and Prime Minister Churchill to Marshal Stalin, 1943–08–21. http://avalon.law.yale.edu/wwii/q004.asp#stalin.

然意大利的完全解放要等到 1945 年，①但打败希特勒德国此刻开始成为美苏英三国反法西斯国际集体领导在欧洲战场上的唯剩任务。魁北克会晤期间英美拟定了 1944 年 5 月 1 日登陆法国北部的"霸王"作战计划（当时尚未通报苏联）。不过地中海战役后，丘吉尔英国却希望盟军在横渡英吉利海峡之前进入南欧巴尔干地区，从该地攻入德国南境。因此当魁北克会议、德黑兰会议讨论英美盟军下一阶段军事行动时，英国建议盟军未来首先继续在意大利本土作战，攻占罗马，向北推进至比萨—里米尼线；其次，将原定地中海作战范围扩大至爱琴海，攻占罗德岛，说服土耳其宣战德国，打通黑海运输线，在土耳其建立轰炸德国的军事基地；再次，考虑到意大利军队撤出南斯拉夫的事实，盟军应立即驰援当地反抗武装，甚至派兵进入巴尔干地区，围剿陷入困境之德军；最后，尝试法国南部登陆，进占马赛、土伦。为保证上述计划的顺利施行，第二战场开辟或可再延迟至 1944 年秋季，尽最大可能减弱盟军登陆欧洲时的德军抵抗。②显然，在英国这份战略部署中，不仅立足于军事上吸引德国西线兵力南下，更着眼于战后政治上恢复英国在巴尔干、黑海地区的优势。然而对于英国这一费边战略，美苏都表示了不同意见，以马歇尔为代表的美军将领始终认为打败希特勒德国的捷径是盟军直接在法国北部登陆然后与苏联西东两路夹击，而且由于美英两国掌握的登陆艇数目有限，英国建议未来四大攻击地点，均需登陆艇来进行两栖作战，势必干

---

① 墨索里尼法西斯政党倒台不久，希特勒便将软禁中的墨索里尼救出，并在意大利北部组成新的傀儡政府，同时德军八个师开进亚平宁半岛，与墨索里尼的萨洛政府军共同阻滞盟军向首都罗马挺进，意大利国王和新政府总理在德军入侵后出逃，意大利成为盟军打击轴心国的"第三战场"（丘吉尔语）。

② 关于丘吉尔英国在意大利退出的军事行动计划，参见[英]温斯顿·丘吉尔：《第二次世界大战回忆录》，（第九册），寿昭峰译，北京时代华文书局，2017 年，第 81~85 页；[英]温斯顿·丘吉尔：《第二次世界大战回忆录》（第十册），寿昭峰译，北京时代华文书局，2017 年，第 20~22 页；No.03025"德黑兰会议期间军事代表会议记录"（1943 年 11 月 29 日），沈志华总主编：《苏联历史档案选编》（第十七卷），社会科学文献出版社，2002 年，第 417~419 页。

扰到第二战场的准备,此外缅甸–太平洋战场上对日战局的僵持也使得美国更希望缩短欧战时间以便集中兵力对付日本;对苏联来讲,虽然第二战场的紧迫性有所下降,但却不希望英国势力进入巴尔干地区。[①]因此,在1943年12月的德黑兰会议上,尽管丘吉尔一再强调了开启爱琴海战役、占领罗德岛的重大战略意义,但在美、苏分散兵力的反对下,丘吉尔只好选择放弃。在斯大林的一再要求下,英美明确承诺将于1944年5月开始"霸王"行动,罗斯福告知斯大林"霸王"行动最高统帅已选定艾森豪威尔将军,[②]同时苏联也表示当盟军登陆法国北部之际,苏军将在东线发起全线反击以配合英美盟军的登陆战。

德黑兰会议后三国领导人签署的《关于军事问题协定》,决定从以下方向掀起颠覆希特勒德国及其欧洲依附政权的反法西斯战役:一是美国领导下的多国盟军横渡英吉利海峡,开辟第二战场;二是苏军在苏德战场反击德军;三是地中海方向,英国领导下的盟军着手两栖登陆挺进意大利罗马和在法国南部海岸实施登陆,直指维希法国。[③]1944年6月6日,盟军登陆法国诺曼底,随后分别从低地三国方向和法国方向纵深推进,至此美苏英三国1942年取得共享国际领导权后的头号分歧——第二战场开辟,最终得以化解。不过因第二战场分歧上累积的负面情感在三国之间埋下深深的互不信任因子,干扰着三国在战后继续政治、经济等领域国际领导权共享的协作。英美的一再出尔反尔,使得苏联很难相信美国战后国际秩序领导倡议中所承诺的大国集体安全在苏联国家利益危急时的可信度,转而寻求与美国价值理念完全相左的势力范围。

---

①　参见 No.03025"德黑兰会议期间军事代表会议记录"(1943年11月29日),沈志华总主编:《苏联历史档案选编》(第十七卷),社会科学文献出版社,2002年,第417~425页。

②　[美]查尔斯·波沦:《历史的见证》,刘裘、金胡译,商务印书馆,1975年,第180~184页。

③　Military Conclusions of the Tehran Conference, 1943 –12 –1. http://avalon.law.yale.edu/wwii/tehran.asp.

## 二、美苏英重建战后国际政治秩序中的战略磋商与分歧管控

1943 年可谓世界反法西斯战争的转折之年，意大利退出战争及苏德战场形势逆转后,英美苏共同领导下的反法西斯战争已基本锁定胜局,重建破碎的国际政治秩序开始提上议事日程。1942 年以来,三大国在联合军事行动中的分歧逐步让位于重建战后国际秩序的分歧。大体而言,三国关于战后国际秩序安排上的突出分歧主要有四组:一是战后国际组织(联合国)创建过程中的美英与苏分歧, 二是殖民地托管、国际自由贸易等议题上的美英分歧,三是重建欧洲权力均势议题上的英苏分歧,四是东欧政体选择上的美苏分歧。此外,美英与苏之间的意识形态敌对也深深交织在上述分歧冲突中,使得本已棘手的矛盾更加复杂,最终升级为 1945 年后的战略互疑。不过至少在波茨坦会议前,美苏英三国还是努力去管控分歧、化解冲突,英美之间的分歧终以英国的大幅让步和美国适时妥协而得以化解。然而苏美之间分歧却在双方信任危机下愈演愈烈,1947 年后三国共享国际领导权的瓦解,也恰源于这一时期的美英一方和苏联一方在战后德国问题、东欧问题上未能妥善管控以致出现螺旋升级的分歧冲突。[1]

### (一)美英苏三大领导国关于战后国际秩序领导方案的比较

早在 1941—1942 年三大国共享国际领导权谈判期间,三国就已或多或少谈及如何安排战后世界秩序, 这一点在 1941 年英美两国首脑大西洋会晤、同年 12 月艾登访苏期间与斯大林对话及后来 1942 年莫洛托夫访美与罗斯福会谈中均有所涉及。1943 年在莫斯科外长会议上,三国决意将战时形

---

[1]　John Lewis Gaddis. *The United States and the Origins of the Cold War 1941–1947.* Columbia University Press,2000,p.354.

成的紧密合作关系延续至战后,在《美苏英中四大国普遍安全问题宣言》所确立的原则基础上创建战后国际和平与安全体系(中国在会议期间加入宣言,成为战后国际秩序重建的领导成员国)。①不过在具体实现这一目标的手段方式上,三大国却开出了各自的领导方案。

对苏联而言,维护苏联长久安全乃是参与战后国际秩序构建的核心目标,实现方式依赖于权力政治下的势力范围划分和战略缓冲空间设立,即有利于苏联边界的确定,东欧、伊朗北部地区势力范围的取得,与苏接壤的友好国家保证,在欧洲、全球国际事务中的优势地位获得。根据解密的外交档案显示,战后苏联世界秩序设想的主要内容有:其一,在战后世界秩序安排中尽一切可能创设一种保证苏联强大的绝对安全体系,使苏联足够抵御未来任何可能入侵风险;其二,在事关苏联核心安全的边界问题上,西部欧洲部分以 1941 年的边界基础上划定,东部获取现属日本的千岛群岛、南萨哈林群岛,与芬兰、罗马尼亚缔结长期互助条约并驻军两国,保留 1942 年《英苏伊条约》,自由进入波斯湾;其三,打败德国后塑造欧洲为两极格局,苏联唯一陆军强国和英国唯一海军强国,防止欧洲大陆出现与苏联抗衡的陆军上国或国家集团,为此法国、意大利降为次大国,德国按照"黎塞留方式"被肢解为若干小国,中欧重现 1871 年以前的均势缓冲区,东欧国家未来政府当为对苏友好政权;其四,按照美、英、苏、中四大国起决定作用的原则,参与构建未来国际机构,避免国际联盟曾有过的反苏现象;其五,延续与英、美的经济合作,以便战后重建能够获取来自两国的经济援助,尤其是与美国的合作关系。②

① 参见 No.07139"美国、苏联和英国关于莫斯科外长会议的公报"(1943 年 11 月 2 日),沈志华总主编:《苏联历史档案选编》(第十八卷),社会科学文献出版社,2002 年,第 358~360 页。

② 参见 No.03201"迈斯基给莫洛托夫的关于《未来和平的最佳基本原则》的报告"(1944 年 1 月 11 日),No.01649,"艾登同斯大林的第一次会谈记录及附件两个补充议定书草案"(1941 年 12 月 16 日),沈志华总主编:《苏联历史档案选编》(第十六卷),社会科学文献出版社,2002 年,第 689~713、517~520、529~534 页。

相比于苏联对战后国际秩序重建的领导方案，罗斯福的美国方案可谓融合了传统的自由主义理念、威尔逊主义的经验教训和战后商业扩张企图，权力政治被自由主义道德价值所包裹，1941 年 2 月罗斯福一次针对纳粹德国暴力扩张的演讲中就曾阐述到美国只能接受一个"言论自由、信仰自由、免于贫困自由和免于恐惧自由"的世界秩序。①鉴于重建一战后国际秩序的教训，美国认为战后国际秩序重建的首要一条即必须在"无条件投降"的原则上彻底击败德、意、日轴心国，解除三国武装。其次，清除 30 年代极权主义思潮泛起的政治经济温床（美国认为德意日战争策源地的形成离不开 1929—1933 年经济大萧条打击下极权主义思潮的泛起）：在政治上，对德意日三国进行民主自由政体改造，被轴心国奴役的国家地区在民族自决基础上选举成立新的政府；在经济上，复兴战后世界经济，为此需消除关税贸易壁垒，破除封闭经济区域，解散殖民帝国体系，实现全球范围内资本、人员、货物的自由流通，增进世界经济繁荣。再次，创建一个美国得以参与其中的普遍性世界组织，考虑到美国国内对均势政治、划分势力范围思想的抵制，未来国际组织应当在集体安全的思想上予以重建。最后，大国间的良好协作关系事关战后国际秩序、国际组织的正常运作，因此战时美苏英大国合作关系当在战后继续保持，"四大警察"集体承担起维护国际和平安全的特殊领导责任。②

对英国来讲，维护孱弱的大英帝国海外领地完整性和在欧洲、全球事务中的优势地位是其参与创建战后国际秩序最为关心的，但英国虚耗的实力却严重限制了丘吉尔的国际领导雄心，黄金储备的耗尽、500 亿美元的对外

---

① Henry Kissinger. *Diplomacy*. Simon & Schuster Paperbacks, 1994, p.390.

② John Lewis Gaddis. *The United States and the Origins of the Cold War 1941-1947*. Columbia University Press, 2000, pp.1-3. [美]理查德·霍夫施塔特：《美国政治传统及其缔造者》，崔永禄、王忠和译，商务印书馆，2012 年，第 413~419 页。

债务迫使英国不得不依赖于美国，因此英国的领导方案体现了自由主义理念和传统英国均势政治的杂糅，虽然 1941 年英国与美国联合倡议了有着浓厚自由主义国际秩序色彩的《大西洋宪章》，但为阻止东欧全部落入苏联势力范围，1944 年初丘吉尔亲赴莫斯科与斯大林划定了后世著名的英苏优势百分比。

大体而言，英国关于战后国际秩序的领导设想有：其一，恢复欧洲大陆均势，防止苏联独霸欧洲，尽管罗斯福、斯大林倾向于战后欧洲权力格局中英苏两极安排，但丘吉尔自度英国已无力承担起制衡苏联的角色，为此必须支持法国重新成为在欧洲大陆平衡苏联影响的权力大国。同时，避免过分削弱德国，德国除普鲁士外完整保留，波兰至少成为中立国（不能倒向苏联），斯堪的纳维亚半岛地区、多瑙河流域、巴尔干地区的小国以国家联合体形式的组建联邦。其二，巩固英国在欧洲事务中影响力和南欧、西欧、地中海区域的优势地位，尽可能与苏联在欧洲问题上达成谅解，阻止苏联优势进入中欧、巴尔干地区。其三，未来国际组织、国际制度规则构建不能损害大英帝国的海外利益——海外领地的完整和《渥太华协定》下的国特惠制的持续，相比于罗斯福倡议的"四大警察"制度，丘吉尔更青睐于"一个世界理事会加三个区域理事会"的模式。其四，将英美战时合作伙伴关系在战后升级为有着集体身份认同的特殊盟友关系。[①]

对比三大国关于战后国际体系安排的领导方案，可以看出美苏英各自关注焦点的差异：美国天然的安全屏障和战时过度的生产能力使其较少顾及现实安全忧虑，而苏联自 1917 年建国后（十月革命胜利）不到 40 年的时间里两次外敌入侵和长期被孤立的残酷事实使其更加关注现实安全问题的

---

① ［英］温斯顿·丘吉尔：《第二次世界大战回忆录》（第八册），富杰译，北京时代华文书局，2017年，第 441~445 页；［英］温斯顿·丘吉尔：《第二次世界大战回忆录》（第九册），寿昭峰译，北京时代华文书局，2017 年，第 304~305 页。

缓解而非理念说辞,英国基本居于二者之间,所以英苏的战后国际领导方案主要聚焦于国际政治领域,而美国方案还包含有一个资本自由、贸易自由的国际经济秩序的构建。即使在国际政治领域的战后国际和平秩序设计中,美国更倾向于通过集体安全和大国合作来维护战后国际和平,排斥势力范围和权力政治,而英苏则倾向于权力均衡,权力均衡下的国际和平即相互尊重或承认各自特殊影响区域上的大国协调。①由关注焦点差异引出的利益冲突、理念分歧中,有三组矛盾最难调和:第一组是美国自由主义国际秩序理念下的民族自决、商业扩张与大英帝国政治经济完整性的冲突;第二组是英国重建欧洲大陆均势与苏联独享欧洲大陆优势的冲突;第三组是苏联绝对安全理念下谋求势力范围与美国抵制势力范围的冲突。当然,这些矛盾在雅尔塔会议之前尚未充分体现,德黑兰会议、雅尔塔会议后宽泛说辞下的《联合公报》尚能凝聚起三国继续共享国际领导权的共识,尽管对这些说辞的理解迥异(如在民主政体的理解上,苏联和美英就有很大不同,苏联的民主政体主要为阶级学说指引下的人民阵线,美英的民主政体则是广泛自由选举的代名词)。

在德日法西斯犹存、苏军未全面开进中东欧的背景下,来自国务院、驻莫斯科外交人员对战后美苏继续合作的谨慎怀疑,并不足以动摇罗斯福的信心——通过对苏联越界行为的迁就,逐步打消苏联的不安全感并增进苏联对美、英盟友的信任,以至说服苏联在战后放弃封闭势力范围获取转而寻求大国合作、集体安全来实现国家安全。对斯大林来讲,虽无法认同美国的自由主义国际秩序理念,但也自信三大国战后合作的潜在利益能够促使美苏在中东欧分歧上找到妥协点,毕竟美苏之间没有较难调和的现实利益冲突。自1944年初与苏联达成东南欧百分比协议后,丘吉尔亦有信心在波兰

---

① See Henry Kissinger. *Diplomacy*. Simon & Schuster Paperbacks, 1994, pp.394–399.

问题、德国问题上取得双方满意的结果,加之这一时期让英国恼火的不仅有英苏在波兰问题上的分歧,更有英美频繁互动中的军事、政治、经济摩擦纠纷,对于美国倡议的殖民地国际托管、取消帝国特惠制等主张,英国多次予以拒绝。苏联副外长迈斯基 1944 年从伦敦发给莫伦托夫的《未来和平的最佳基本原则》中曾预判道:"战后美英将在领土、经济利益等一系列问题上发生冲突,而苏联与两国在领土和经济问题上却没有争执,只要战后欧洲不爆发无产阶级革命,苏联当与双方保持等距离外交,从而坐收渔利。"[1]在迈斯基看来,战后英国若想捍卫大英帝国的完整性和遍布全球的海外利益,只能选择与苏联合作。显然,1945 年之后国际形势朝着与迈斯基战略预判完全相反的方向演进——美英合作开启全面遏制苏联的冷战,而非英苏合作抗衡美国全球商业扩张,造成迈斯基预判失败的深层次原因,乃是其轻视了战时三国在集体协作、分歧管控和战略磋商等共享国际领导权过程中累积起的集体情感对战后各方对国家身份、利益的干扰认知。

### (二)美、苏、英、中四大国创建联合国的战略磋商与分歧管控

创建一个由全世界爱好和平的民主自由国家组成的新型国际组织,无疑是四大国重建国际秩序的头号任务。20 世纪前叶,国际联盟的教训促使美苏英三国决议对战后国际组织的创建不拘泥于抽象意义上的道德原则,侧重对三大国核心利益的尊重和彼此通力合作,立意打造一个大国政治与国际规则相聚和的国际机构。[2]在 1942 年"三叉戟"会议期间,丘吉尔向美国传递了英国关于二战后国际组织的设想,未来取代国际联盟的将是一个覆盖全球的世界理事会和欧洲、美洲、太平洋三个地区理事会,美国参加了三个

---

① No.03201"迈斯基给莫洛托夫的关于《未来和平的最佳基本原则》的报告"(1944 年 1 月 11日),沈志华总主编:《苏联历史档案选编》(第十六卷),社会科学文献出版社,2002 年,第 710~713 页。

② Webster. Charles K. "The Making of the Charter of the United Nations". *History*, 1947, 32(115).

地区理事会,英国参加欧洲理事会,但英联邦成员依据所在地区加入相应地区理事会,苏联参加欧洲和太平洋地区理事会,中国参加太平洋地区理事会,美、英、苏、中四国既是地区理事会核心成员,也是世界理事会常任成员,而世界理事会其他成员从三大地区理事会中轮流选出。[①]可以看出,在丘吉尔的战后国际组织设计中英国的全球影响力和制衡苏联的双重意图被巧妙地糅合在了一起。然而当时的美国以这一倡议很可能滋生势力范围为由而予以拒绝,1943 年的魁北克会晤上英国转而接受美国的"四大警察"倡议。当年 10 月的莫斯科外长会议后,英美苏中正式决定"在国家主权平等原则的基础上组建一个维护国际和平与安全的普遍性国际组织"[②],也是在这次会议上苦撑亚洲反法西斯重任的中国,首次获得了参与国际秩序创建的领导国成员资格。在德黑兰会议期间,罗斯福向斯大林和盘托出了美英已达成共识的未来世界组织构架:大战结束后的世界组织将由三个机构构成,一是美苏英中四国组成的警察委员会,负责战后国际和平与安全;二是签署《联合国家宣言》的 35 个国家组成总组织,成为各国畅所欲言的平台;三是 10~12 个国家组成执行委员会,负责军事以外的其他国际事务。[③]与罗斯福立意打造一个覆盖全球的世界组织相比,斯大林表示了与丘吉尔相近的观点,认为在欧洲和远东分别设立两个国际组织似乎更加符合实际,但当罗斯福表示单单的欧洲国际组织可能难以说服美国内的孤立主义团体后,斯大林选择接受罗斯福"四大警察"制度为核心的战后世界组织安排。

---

① [英]温斯顿·丘吉尔:《第二次世界大战回忆录》(第八册),富杰译,北京时代华文书局,2017年,第 441~445 页。

② Joint Four-Nation Declaration, 1943–10. http://avalon.law.yale.edu/wwii/moscow.asp.

③ No.03036"斯大林与罗斯福的谈话记录"(1943 年 11 月 29 日),沈志华总主编:《苏联历史档案选编》(第十七卷),社会科学文献出版社,2002 年,第 426~430 页。[美]舍伍德:《罗斯福与霍普金斯——二次世界大战时白宫实录》(下册),福建师范大学外语系编译,商务印书馆,1980 年,第 432~434 页。

美、苏、英、中四大国相互交换意见取得基础共识后，1944 年 8 月 21 日至 10 月 7 日，四国在美国敦巴顿橡树园举行了创建联合国成立筹备会议，因苏联以尚未对日宣战为由拒绝与中国代表同桌开会（当时苏联并不情愿承认美国力推下的蒋介石中国的世界大国地位），东道主美国只好将会议分为美英苏三方第一阶段会议和美英中第二阶段会议。鉴于国际联盟在制止德意日法西斯践踏国际规则的执行力、约束力难题，第一阶段会议上美英苏三国果断放弃了表决阶段的"全体一致原则"，同意在联合国大会或安全理事会的决议中，重要决议采取绝对多数（2/3 票数）原则，一般决议采取简单多数原则，将维护战后国际和平与安全的权责交付安全理事会，美、苏、英、中、法五国成为没有任期的常任理事国，拥有对安理会决议的否决权（尽管罗斯福、斯大林并不情愿赋予战败法国在战后世界大国的地位，但在丘吉尔的反复坚持下，法国在旧金山会议上仍获得了安理会常任理事国一席之位），[①]美苏英三国试图通过坚持"大国一致"制度设计来解决未来联合国执行力不足的难题。

联合国大会、秘书处、安理会、国际法院等联合国基本轮廓及宪章主体内容方面，三国于 9 月初已达成一致意见，但在联合国创始会员国成员资格和争端当事国是否仍享有否决权（主要指安理会常任理事国）两大议题上，三大国却迟迟未能解决分歧，苏联坚持出席旧金山会议的联合国创始会员国必须为 1942 年签署《联合国家宣言》的参战国，而美国则希望将创始会员国资格扩大至一些未签署《联合国家宣言》的南美洲国家，苏联担心在未来大会的讨论中处于少数，对应提出要把 16 个加盟共和国也纳入到联合国创

①　[美]威廉·哈代·麦克尼尔：《美国、英国和俄国：它们的合作与冲突（1941—1946 年）》，叶佐译，上海译文出版社，2007 年，第 635~636 页。李铁成：《联合国五十年》，中国书籍出版社，1995 年，第 30 页。Webster. Charles K.，"The Making of the Charter of the United Nations". *History*，1947，32（115）.

始会员国当中（为此苏联 1944 年修改宪法赋予加盟共和国缔结外交关系的权利）。苏联的这一建议显然遭到了美、英及场外中国代表的一致反对，各方一时争执不下，最后罗斯福只好亲自出面致信斯大林阐明这一问题的严重后果，建议暂时搁置，斯大林回信表示同意，但也希望将白俄罗斯、乌克兰纳入创始会员国名单。①另外在否决权问题上，英国坚持当常任理事国为争端一方时，不应享有否决权，否则违背司法原则，这一建议得到了美国和场外中国的支持，但苏联担心如果失去否决权可能重蹈 1939 年国联开除苏联资格的教训，因此以"大国一致"理由回驳，上述两大分歧直至 9 月 28 日第一阶段会议结束之际也未能解决，只好搁置至未来举行的最高领导人会议上。至于殖民地托管、国际警察部队、国际法院强制管辖权等其他议题分歧，三国通过相互妥协或暂时搁置等办法及时化解。需要说明的是，虽然中国未曾参与到第一阶段会议中来，但在第一阶段会议开始时，中国代表团已将自己对联合国组织的构想、倡议事项分送给美苏英三国代表团，会议期间中美两国代表频繁交换意见，中国对于第一阶段会议进程和结果也了解甚详。

由于美英苏第一阶段会议在前述两大分歧上停滞不前，原本计划于 9 月 12 日召开的美英中第二阶段会议不得不延后至 9 月 29 日。根据当时中国代表团团长顾维钧的回忆录记载，当时中国代表团处于比较尴尬的位置：首先是对于美英苏第一阶段会议的相关决议，即使中国代表有不同意见，在苏联缺席的情况下很难做出修改；其次是第一阶段会议久拖不决，造成英美两国代表疲惫不堪，与中国开会更多基于"维护中国大国声望，而非听取重要意见"的心态。②在这种微妙的情形下，中国代表团决定调整谈判策略，更多聚焦于联合国宪章基本内容的完善，而非逐项陈述观点，将原本计划建议

---

① ［俄］弗·奥·佩恰特诺夫、伊·爱·马加杰耶夫：《伟大卫国战争期间斯大林与罗斯福和丘吉尔往来书信》（下卷），于淑杰等译，世界知识出版社，2017 年，第 210~212 页。

② 顾维钧：《顾维钧回忆录》，中华书局，1985 年，第 387~388 页。

事项压缩至 7 条。经讨论,美英接纳了中国对第一阶段会议成果的三项补充:其一,国际正义和国际法成为解决国际争端的一项基础原则,其二,增进各国间的教育、文化合作,其三,修订国际法、不平等国际条约使其更加有益于战后和平。[①]可以说,一个饱尝外来入侵苦楚国家——中国的参与,使得后来旧金山会议上正式成立的联合国组织更加关注长期以来被大国所忽视的中小国家利益,国家不论大小主权独立、领土完整、反对侵略等内容在《联合国宪章》中得到更为充分体现,第二阶段会议后,美、苏、英、中四大国公布《关于建立普遍性国际组织的建议案》,成为指导旧金山多国制宪会议的蓝图。

敦巴顿橡树园会议上遗留的"创始会员国资格"和"常任理事国成为争端当事国是否仍享有否决权",以及搁置的"无主殖民地"托管问题,最终在 1945 年 2 月的美英苏三国雅尔塔首脑会议上得到了化解,并为接下来的旧金山会议上四大国成功赢得其他国家支持联合国计划扫除最后障碍。当斯大林质疑美国试图新增的 10 个创始会员国既无与苏联建立外交关系也无对德宣战后,罗斯福解释到,这些国家之所以未对德宣战乃缘于美国战时防止战线拉长的善意劝告,但在苏联看来"门罗宣言"下的美洲诸国徒有外交独立其表,未来联合国大会中的行动必然受制于美国影响。斯大林虽不再坚持 16 个加盟共和国加入联合国,但转而要求乌克兰、白俄罗斯成为创始会员国,这一建议意味着苏联在联合国大会中将获得三个席位。尽管罗斯福极不情愿接纳苏联这一"过分"要求(在多数美国人看来,苏联加盟共和国在法律上相当于美国的各个州,根本不具有独立国家资格,苏联 1944 年宪法修改不过是为适应其战略抱负的一种伎俩;同样苏联也认为,美英要求新增入联合国的几个会员国,实质上与其加盟共和国并无太大区别,均为美英势力范围),但当他意识到倘若不加权宜,苏联将很可能不会支持联合国计划时,

---

[①] 李铁成:《联合国五十年》,中国书籍出版社,1995 年,第 31~32 页。顾维钧:《顾维钧回忆录》,中华书局,1985 年,第 390~391 页。

只好勉强同意。而且当时丘吉尔英国也希望把埃及、印度纳入联合国中来，对于斯大林的立场，丘吉尔在雅尔塔会上积极支持，作为回应，苏联也同意了英美提出的只要在 1945 年 3 月 1 日前向德日宣战并签署《联合国家宣言》的国家，即有资格参加旧金山会议。①

在"常任理事国成为争端当事国是否仍享有否决权"这一分歧化解中，美国通过将安理会解决争端的情形划分为两大类：一类为需用采用经济、军事、政治等非和平手段解决的事项，另一类为采用和平手段解决的争端事项；前一类情形中必须同时坚持大国一致原则和安理会多数赞同原则，后一类情形中争端当事国（无论是否为安理会常任理事会）不参与投票，同时美国国务卿斯退丁一再向斯大林、丘吉尔保证如果没有三大国一致同意，安理会无权采取任何实质性的行动。在 1945 年的国际体系中，能够对国家造成实质性挑战的，只能是经济制裁、封锁禁运、军事打击等硬实力手段，抗议、声明等和平手段收效甚微，而且美国模糊性划分问题领域，使得任何有损三大国利益的争端极容易与破坏国际和平相联系，之后大国即可任意行使否决权，这基本上消除了斯大林担心苏联被孤立的顾虑和丘吉尔担心大英帝国海外领地被肢解的忧心。在后来的旧金山会议上，美国国务卿斯退丁纽斯和苏联外长莫洛托夫再次就否决权问题发生分歧，斯退丁纽斯认为否决权应只适用于安理会采取实质性行动表决时，但莫洛托夫却认为否决权应涵盖到安理会从议程设定到行动表决等所有环节，双方围绕否决权的一系列分歧直到霍普金斯以杜鲁门总统特使身份访苏亲自问询斯大林后才得以解决——苏联退让。②

① 关于三大国领导人在联合国创始会员国问题的讨价还价，参见 No.09474"苏美英三国首脑雅尔塔第五次会议记录"（1945 年 2 月 8 日），沈志华总主编：《苏联历史档案选编》（第十八卷），社会科学文献出版社，2002 年，第 492~494 页；[美]查尔斯·波沦：《历史的见证》，刘裘、金胡译，商务印书馆，1975 年，第 241~243 页。

② [美]查尔斯·波沦：《历史的见证》，刘裘、金胡译，商务印书馆，1975 年，第 274~275 页。

至于敦巴顿橡树园会议上被搁置但旧金山会议上却不得不应对的战后无主殖民地管理问题,尽管美国有意借此契机瓦解大英帝国,但在丘吉尔激烈反对下,只好做出让步——国际托管制度不适用于大英帝国海外领地,主要指从轴心国脱离出来的殖民地。事实上,早在一战后,德国的海外殖民地已被完全瓜分,所以 1945 年时候的无主殖民地,主要来自日本、意大利原轴心国成员和法国、比利时、荷兰等传统欧洲殖民帝国。

由于苏联与美、英之间历史文化的差异、意识形态分歧及战前相互敌意,在联合国创建过程中,英、美很难理解苏联对国际组织可能被用来反对苏联的忧虑,对苏联在联合国创建筹备过程中吹毛求疵式的敏感甚为恼火,而受意识形态和权力政治理念影响下的苏联,亦不能理解英美对国际组织程序性原则的重视,毕竟再多法律规定也改变不了苏联在联合国唯一社会主义国家的身份,后果便是谈判互动实践中,双方情感印象极差。

## (三)美、苏、英三大国重建欧洲政治秩序中的战略磋商与分歧管控

### 1. 德国问题上的三大分歧及管控

美苏英三国在德国问题出现的分歧主要表现在肢解德国、德国投降和德国赔款三个方面。出于战后欧洲均势考虑,英国在肢解德国问题上一直持反对态度,然而德国军国主义再次复兴的梦魇,终究还是促使英国在 1945 年 2 月的雅尔塔会议上与美苏保持一致——同意战后分区占领德国,为弥补由此而来的欧洲大陆均势失衡,丘吉尔极力说服了罗斯福、斯大林接受法国加入战后对德占领和管制工作,其占领区域从美、英占领区中划出。

雅尔塔会议后,在三国盟军东西南三路合击下,德国投降已近在咫尺,这一背景下因德、美、英三军前线军事代表接触而引发的"伯尔尼事件"却造成了战争期间美苏之间最为严重的相互指责和信任裂缝,瞬间打破雅尔塔会议上三大国精诚一致的脆弱假象。受"第二战场"分歧阴影,苏联一直担心

英美两国"祸水东引"和"坐收渔利"。1945年3月,驻扎在意大利北部的纳粹德军与美军驻伯尔尼军事间谍秘密接触,寻求投诚。得到这一消息后,意大利英美盟军指挥部立即将此报告给英美盟军参联会,后者授权前者与德军先期接触,商讨确定之后正式投降事宜,并将与德军接触事宜反馈给苏联,苏联同意与驻意德军举行谈判,但提出苏联代表应同时参加与德军的先期接触和后期正式谈判。对于苏联这一请求,英美既担心苏联的过早介入可能打消德军投降意图(当时德军中普遍存在恐苏情结),也不希望苏联染指英美西欧势力范围。为此罗斯福致电斯大林,阐明在意大利盟军司令部的对德会晤只是筹备谈判,之后正式投降谈判将邀请苏联参加,指出前线指挥官当有行动便宜,苏联不必对此大惊小怪。①对于罗斯福的解释,斯大林显然没有接受,加之当时西线战事趋缓,东线战事仍旧激烈,两大事实叠加使得苏联深度怀疑美英将苏排除谈判之外的动机。当先后收到驻意德军调往东部战场和伯尔尼美英与西线德军达成秘密交易(德军放行英美军队以换取宽松的投降条件)两份"不准确"的情报后,斯大林于3月29日、4月3日两次致信罗斯福,表达苏联被排除于伯尔尼对德国谈判的不满,质疑英美此举的动机意图。②对于斯大林的指责,罗斯福大为恼火,当即回信否认了伯尔尼谈判事实,指出与驻意德军接触没有任何政治企图,意大利德军的投降不会改变对德无条件投降原则,美国无意排除苏联代表参加未来德军的投降谈判,对

---

① 参见1945年3月27日罗斯福致斯大林的机密信函,[俄]弗·奥·佩恰特诺夫、伊·爱·马加杰耶夫:《伟大卫国战争期间斯大林与罗斯福和丘吉尔往来书信》(下卷),于淑杰等译,世界知识出版社,2017年,第370~371页。

② 参见斯大林1945年3月29日、4月3日回复罗斯福的机密信函,[俄]弗·奥·佩恰特诺夫、伊·爱·马加杰耶夫:《伟大卫国战争期间斯大林与罗斯福和丘吉尔往来书信》(下卷),于淑杰等译,世界知识出版社,2017年,第372~373、382~383页。

于苏联情报人员的"误导情报",总统表示了强烈的愤怒。①事实上,西线纳粹德军此时的确希望向盟军投诚,只是参与会谈的美军代表认为德军西线已然抵抗薄弱,其提出的"西线放行盟军,东线阻击苏军"等投降条件并无多少吸引力,因此予以拒绝,伯尔尼美德秘密谈判以失败告终。

伯尔尼事件的发酵升级与其说是一次因信息不对称而引发的战略误会,倒不如说是美苏英三国共享国际领导权背后的战略互疑,尽管最后三国领导人以相互包容谅解的方式结束了争执,但其间累积的负向情感却不能不影响接下来合作中不同观点的解读——将过程分歧置于目标分歧、价值分歧或关系分歧下解读,无形中增加了分歧管控的难度。

1945 年 5 月 2 日苏军攻占柏林,纳粹德国彻底被击溃。7 日西线盟军最高长官艾森豪威尔与纳粹德国代表在西线兰斯签署德军《投降协议》,之后艾森豪威尔建议三国首脑尽快宣布德国投降事实。不过对于只有一位苏军少将出席的受降仪式,斯大林表示了强烈不满,认为此举不仅降低了苏联的国际地位,而且抹杀了苏联的巨大贡献,要求在柏林再行举行正式受降仪式,将对外公布投降日期推迟至 5 月 9 日。最后 5 月 8 日德国在柏林再次向美苏英三国代表投降,但美、英 5 月 8 日向公众宣布德国投降,苏联推迟一天 5 月 9 日才向公众宣布德国投降,三大国首脑同一时间宣布德国投降的初衷落空。肢解德国、受降德国上累积的不快也蔓延到了德国赔偿问题的处理,在雅尔塔会议期间,苏联曾提出战后德国赔偿 200 亿美元的计划,其中100 亿美元给苏联,并注以详细说明以佐证这一赔款金额的合理性。②在英国

① 参见罗斯福 1945 年 4 月 4 日答复斯大林的机密信函,[俄]弗·奥·佩恰特诺夫、伊·爱·马加杰耶夫:《伟大卫国战争期间斯大林与罗斯福和丘吉尔往来书信》(下卷),于淑杰等译,世界知识出版社,2017 年,第 383~384 页。

② 关于 200 亿美元赔款的依据详见苏联副外交人民委员迈斯基在 1945 年雅尔塔会议第二次首脑会议期间的发言,No.09467"苏美英三国首脑会议第二次会谈记录"(1945 年 2 月 5 日),沈志华总主编:《苏联历史档案选编》(第十八卷),社会科学文献出版社,2002 年,第 417~420 页。

的反对下,德国赔款具体数额未能最终敲定,后在斯大林与罗斯福双边会谈时将其作为会后研究德国赔偿问题的基础。由于英国的拒绝,雅尔塔会议后三国外长一直未能敲定德国赔偿计划,这一分歧也被拖延至 1945 年 7 月的波茨坦会议。鉴于一战后德国赔偿的教训,英国在德国赔偿问题上一直谨慎,认为苏联要求的 200 亿的赔偿数额远超出德国经济能力,极可能引发战后德国大规模社会动荡甚至革命, 美国新总统杜鲁门已然改变罗斯福时期赔款问题上支持苏联的立场, 美英决定不再重蹈先前给德国贷款替德国赔款的覆辙。[①]在美英的反对下,苏联 200 亿美元的赔款要求已无可能实现,后美国务卿贝尔纳斯出面, 建议依据德国现存工业设备改为实物赔偿——除东部占领区外,苏联还可从西部占领区获得 1/4 工业设备,其中一半无偿交付,另一半用粮食和煤炭交换,并将赔款问题与波兰西部边境挂钩,向苏联施压,苏联无奈选择贝尔纳斯计划。[②]

在波茨坦会议尾声,当美苏两国谈及德国境内外资产如何分配时,斯大林提议以东西德为界,东德及其以东所有德国资产划归苏联,西德及其以西所有德国资产划归美英,这一方案得到了美国的欣然同意。[③]无论是对德国的分区占领还是接受德国投降乃至要求德国赔偿, 三大国雅尔塔会议原本意在消除德国再次成为世界大战策源地的隐患,然而在达成这一目标的具体过程中, 由于各自领导方案的差异及分歧管控的失当,最终分道扬镳,从表面上看三大分歧都得到了管控,但其间却不断累积起互不信任的负向情感。

---

① [美]查尔斯·波沦:《历史的见证》,刘裴、金胡译,商务印书馆,1975 年,第 287 页。

② 关于德国赔偿金办法的最终确定,参见[美]查尔斯·波沦:《历史的见证》,刘裴、金胡译,商务印书馆,1975 年,第 288~289 页;另见《波茨坦协定》关于德国赔偿的规定,*The Principles to Govern the Treatment of Germany in the initial control Period*, 1945-08-02. http://avalon.law.yale.edu/20th_century/decade17.asp。

③ [美]小查尔斯·米:《在波茨坦的会晤》,上海《国际问题资料》编辑组译,生活·读书·新知三联书店,1978 年,第 276~277 页。

2. 波兰问题上的分歧管控和战略磋商

三大国在波兰问题上的分歧主要包括波兰东部西部边境、波兰国内政体选择等方面,波兰问题几乎贯穿了美苏英三大国共享国际领导权的全过程,1941 年后英苏之所以迟迟不能共享反对德国军事扩张的国际领导权,很大一部分原因便在于两国在波兰东部边境问题上的分歧。对英国而言,承担起反法西斯国际领导责任的诱发动因即 1939 年德国入侵波兰,因此波兰独立之于英国既是阻止苏联影响力西进的支点,更是关乎大英帝国的荣誉。

在 1943 年德黑兰会议上,在已然无法阻止苏联将西部边境推进到寇松线后,英美正式认可了苏联的西部新国界,但要求苏联与波兰流亡伦敦临时政府接触谈判,英国试图在波兰打造一个亲英政府来平衡苏联西部国境的扩张。然而德黑兰会议后苏联与波兰流亡伦敦临时政府的谈判却步履维艰,临时政府拒绝承认寇松线,两国谈判基本停滞,更遑论达成和平协议。尽管丘吉尔一再催促苏联加快波苏谈判,甚至不惜向苏联施压——倘若不能与波兰达成协议,英国将收回德黑兰会议上对寇松线的承认。[1] 1944 年 9 月,丘吉尔亲赴莫斯科催促斯大林尽快与波兰临时政府签订协议,但由于临时政府内部意见分歧,谈判依旧毫无起色。在苏联红军开进波兰及迟迟未能达成协议的僵局下,苏联干脆直接组建了以卢布林为首的"民族解放委员会",准备以一个亲苏的波兰政府取代伦敦临时政府。英苏在波兰东部国境问题上的分歧也因此位移至战后波兰政府组成上,1945 年雅尔塔会议期间,三大国达成妥协,要求"在最广泛民主原则的基础上,吸收波兰境内外民主人士,改组现行卢布林波兰政府"[2],斯大林未能争取到罗斯福、丘吉尔对卢布林政

---

① 参见 1944 年 3 月 21 日丘吉尔致斯大林的信函,[俄]弗·奥·佩恰特诺夫、伊·爱·马加杰耶夫:《伟大卫国战争期间斯大林与罗斯福和丘吉尔往来书信》(下卷),于淑杰等译,世界知识出版社,2017 年,第 70~71 页。

② 参见《雅尔塔协定》关于波兰问题的规定,The Text of the Agreements Reached at the Crimea (Yalta)Conference,1943-02-11.http://avalon.law.yale.edu/wwii/yalta.asp。

府的认可,美国的加入也使得之后分歧管控难度系数增加。由于《雅尔塔协定》只是对改组事宜做出了原则性的规定,这带来会后三国在组建波兰新政府时对协定的各自理解,苏联坚持应以卢布林政府为基础进行改组,将一切敌视苏联的人士排除在政府人员名单之外,即不能因民主原则的实践而产生一个反苏政府。苏联这一操作在英美眼里几乎难以接受,按照苏联方案,先前流亡伦敦的临时政府人士基本被排除在新政府名单之外,美英坚持未来的波兰政府必须中立——即不亲苏也不反苏。双方针锋相对,争执一直持续到波茨坦会议召开前夜。

杜鲁门成为美国新总统后,美国一改罗斯福时期居间调停英苏分歧的角色,而且这一时期卢布林政府趁德国战败之机将波兰西部国境一直扩展至"奥德河–西尼斯河"一线,东西尼斯河之间的德国居民被迫西迁至德国境内,此举引发美苏在波兰西部国境上的激烈冲突。为便利波茨坦三国首脑会晤研究更为广泛的战后国际秩序问题,杜鲁门决议解决三国在波兰政府组成上的僵局。1945年5月下旬委派霍普金斯出访苏联,霍普金斯成功说服斯大林同意扩大波兰政府人员构成,从现有的18或20个内阁名额中拿4~5个由海外流亡人士担任,在形式上满足英美对民主自由的要求,[①]作为回应,英美认可"改组"后的卢布林政府,苏联保证了未来波兰政府的亲苏立场。连失两局的丘吉尔在波茨坦会议期间与斯大林、卢布林就波兰西部新边界再次发生激烈争吵,丘吉尔极不满意卢布林政府将边境推进至"奥德河–西尼斯河"一线,认为波兰政府在西部获得的补偿远大于其东部损失,数百万德国居民因此涌入英占区,加剧英占区粮食危机,要求其退回到东尼斯河。[②]苏

---

① [美]舍伍德:《罗斯福与霍普金斯》(下册),福建师范大学外语系编译室译,商务印书馆,1980年,第568~569页。

② [英]温斯顿·丘吉尔:《第二次世界大战回忆录》(第十二册),于敏译,北京时代华文书局,2017年,第315~316页。

联、卢布林波兰则以《雅尔塔协定》中"波兰可在西部扩大边界"为由拒绝，认为英国在夸大其德占区的粮食困难，杜鲁门翻出《雅尔塔协定》文本试图化解两国分歧，但《雅尔塔协定》只是笼统规定了波兰可在西部增加领土以弥补寇松线损失，这一分歧只好被搁置到会后的三国外长会议再行讨论。

3. 英苏南欧势力范围百分比划定与美英在南欧问题上的分歧管控

英美联军诺曼底登陆后，与苏军东西两线夹击德军，希特勒德国开始节节败退。苏军乘势越出国境攻入波兰，北线进占波罗的海三国，南线进逼巴尔干地区，同时期少量英军也已登陆南斯拉夫，划定英苏在巴尔干地区的影响势力范围，避免出现苏联独霸南欧的局面，无疑是这一时期丘吉尔最为关切的。1944年9月，在英美首脑第二次魁北克会晤期间，丘吉尔曾建议召开一次商讨战后国际秩序安排的三国首脑会议，但此时恰值美国总统大选之际，罗斯福无法分身去参加国际会议，而且罗斯福也一直反对在打败德日法西斯之前讨论战后国际秩序安排事宜，此外在苏军全面反攻之际，斯大林更愿意坐等尘埃落定。无奈，魁北克会议后丘吉尔只好再次亲飞莫斯科与斯大林当面会晤。与1942年的唇枪舌剑不同，这一次丘吉尔与斯大林在相对轻松的氛围中讨论了波兰问题和巴尔干问题，并敲定了为后世所诟病的东南欧英苏影响力百分比协定。[①]与以民族自决为表象的自由主义国际秩序观相比，英、苏两国似乎更熟悉传统欧洲政治中的大国均衡。这一协定也成为未来英苏两国塑造东南欧各国政体形态的行动指南，避免了因英苏两军推进而可能出现的两国冲突，但却埋下了接下来美英分歧的伏笔。英国与苏联莫斯科会晤期间，经霍普金斯提醒，罗斯福意识到丘吉尔在魁北克会议后前往莫斯科，可能给斯大林造成一种错觉——英苏莫斯科会晤上的权力交易是

---

① 斯大林与英国商定，罗马尼亚（苏90%、英10%），保加利亚（苏75%、英25%），希腊（英90%、苏10%），南斯拉夫和保加利亚（苏50%、英50%），参见[英]温斯顿·丘吉尔：《第二次世界大战回忆录》（第十一册），王敏译，北京时代华文书局，2017年，第228~229页。

得到美国事先默许的。为此罗斯福同时致电斯大林、丘吉尔,婉言表明关于战后问题的各类决定只能在英美苏三国共同出席的会议上做出,①丘吉尔、斯大林两人关于东南欧势力范围的临时划定因此也未能得到美国认可。

莫斯科英苏秘密协定后,英国即在比利时、意大利和希腊与当地反对希特勒德国的左派团体人士发生了摩擦。在比利时,英军阻止了一次由当地共产党人组织的示威游行;在意大利,英国通过施加外交影响将一位左翼人士排斥于新政府内阁之外;在希腊,登陆英军竟与当地共产党领导的反德武装力量发生军事冲突。英国干涉三国内政的行径一时激起了美国和英国国内的一片反对。在美国人看来,英国此举无异于支持当地拥护君主政体保守势力而打击拥护民主政体的进步力量,美国国务卿斯退丁纽斯公开声明:"美国反对任何干涉一国内政行为,支持意大利依民主的方针自主政府组成。"②同时苏联却在英国打击左翼势力事件上选择了沉默,似乎以期换来英国对苏联日后在罗马尼亚、保加利亚行动上的支持。

美国务卿的公开指责使丘吉尔大为恼火,之后在罗斯福、霍普金斯的出面协调下丘吉尔的愤怒才有所缓解,丘吉尔事后也向罗斯福声明,英国此举只是限制当地左翼势力急剧扩张而非干扰民主自由原则实践,无意恢复君主政体。③在英美相互妥协下,两国分歧得以化解,英国获得了美国对前述行动结果的认可,美国某种程度上也得到了英国不再将"势力范围原则"用于战后欧洲国际秩序安排的保证。英从"势力范围原则"的撤退及英美立场原则的趋近无疑孤立了苏联,当 1945 年后苏联试图在罗马尼亚、保加利亚谋

---

① [美]舍伍德:《罗斯福与霍普金斯》(下册),福建师范大学外语系编译室译,商务印书馆,1980 年,第 488~490 页。

② 美国国务卿斯退丁纽斯的声明,参见[美]舍伍德:《罗斯福与霍普金斯》(下册),福建师范大学外语系编译室译,商务印书馆,1980 年,第 494~495 页。

③ [美]威廉·哈代·麦克尼尔:《美国、英国和俄国:它们的合作与冲突(1941—1946 年)》,叶佐译,上海译文出版社,2007 年,第 661~662 页。

求"百分比秘密协定"上既定的绝对影响力时,遭到了英美根据《雅尔塔协议》文本内容的一致反对。

4. 波兰以外东欧问题上的分歧管控与战略磋商

三大国在东欧问题上的分歧主要体现为东欧各国政府组建、获得外交承认并加入联合国两大方面,背后反映的是美英一方和苏联一方关于东欧势力范围的博弈。根据三国在雅尔塔会议后的《欧洲解放宣言》,从纳粹德国铁蹄下解放的东欧各国人民,将在民族自决的原则下自由选举产生广泛代表境内居民的民主政府,以此保证《大西洋宪章》和《联合国家宣言》中和平、安全、自由的战后国际秩序。[①]在雅尔塔会议期间,斯大林要求备注未来东欧民主政权不能反对苏联,这一提议为罗斯福、丘吉尔默认,尽管未明文写在《欧洲解放宣言》中。然而在实际执行《欧洲解放宣言》的过程中却存在着先天两难,由于东欧各国与苏联的历史积怨,完全贯彻民主自由选举原则在很大程度上将产生一个亲近西方、敌视苏联的政权,这是苏联所不能接受的,而且将东欧打造为苏联战后安全缓冲区也是 1944 年《战后国际秩序规划》的头号事项。当苏联红军解放东欧各国时,苏联主要执行了 1944 年 9 月与英国首相丘吉尔的《百分比协定》,在东欧地区扶植建立亲苏的民主政权,但这些新兴民主政权却不为英美所容,尤其是美国。在英、美看来,苏联支持下的东欧民主政权与西方"民主自由"思想毫不沾边,实质是苏联势力范围在东欧的再现。作为抗议,美英一面指责苏联违背雅尔塔协定,一面拒绝外交承认东欧地区亲苏的民主政权。在苏联看来,美英拒绝外交承认不仅是一种违背英苏百分比协定的出尔反尔,更是某种刻意反对苏联的双重标准,与杜鲁门、丘吉尔来往信件及与霍普金斯会谈时,斯大林强烈抱怨了美英在东欧问题上执行双重标准,在斯大林看来,美洲即美国的势力范围,希腊即英国势

---

① 参见雅尔塔会议结束后公布的《欧洲解放宣言》,Declaration of Liberated Europe,1943-2-11. http://avalon.law.yale.edu/wwii/yalta.asp。

力范围,何况西欧的比利时、法国、荷兰等国政权也并未经过全民自由投票。

在波茨坦会议上,三国首脑一度尝试解决这一分歧,当美国提出应尽快接纳意大利新政府加入联合国后,苏联随即要求英美正式承认罗马尼亚、保加利亚、芬兰、匈牙利四国并接纳四国为联合国成员,但杜鲁门、丘吉尔均不愿做此交易,认为意大利问题不同于四国问题,坚持四国必须首先改组现政权,进行民主自由选举,实现新闻自由、人员行动自由后(主要指英美两国人员在四国的行动不受限制),才能获得外交承认和加入联合国。对此,斯大林直言一个政府只要不是法西斯政权,即可理解为民主政权,美英对东欧民主自由吹毛求疵式的解读只能被视为某种别有用心的企图,因为当时的意大利、阿根廷政权在斯大林眼中,其民主程度远不及罗马尼亚、保加利亚等四国,而阿根廷却是联合国成员。①双方争执再度陷入僵局,只好依据惯例先行达成原则性共识,无论接纳意大利为联合国成员国还是外交承认罗马尼亚、保加利亚、芬兰、匈牙利四国,都被搁置在新成立的美、苏、英、中、法五国外长会议上研究。

## 三、英美苏重建战后国际经济秩序中的战略磋商与分歧管控

对于罗斯福美国而言,1929 年世界经济大萧条后,当时主要经济国家"以邻为壑"的国际经济动荡局面,无疑是二战爆发的一大根源,因此恢复资本、人员、技术正常流通的国际经济秩序,防止世界经济再次陷入动荡危局,成为美国打败轴心国后的另一领导任务。该倡议在 1941—1942 年期间也得到了英国、苏联两国的赞同,体现在《大西洋宪章》和英苏、英美《互助条约》

---

① 三大国在外交承认意大利、罗马尼亚、芬兰、保加利亚、匈牙利五国问题上的分歧磋商,参见[美]小查尔斯·米:《在波茨坦的会晤》,上海《国际问题资料》编辑组译,生活·读书·新知三联书店,1978 年,第 218~225 页。

第七条中,而且美国战时的"过剩产能"也需要战后一个开放的贸易环境来加以消化。大体而言,美苏英共同引领下的战后国际经济秩序重建主要集中在三个方面,凋敝经济的复兴、稳定国际货币金融体系和自由国际贸易秩序的建立,与美国忧心战后经济的持续繁荣相比,英、苏两国因战争的破坏,更关心战后经济的复兴。事实上,早在 1942 年初美、苏、英共享国际领导权谈判阶段,美国财政部便提出了战后世界经济安排的蓝图方案,后因罗斯福、赫尔等担心战争胶着之时讨论战后和平问题可能损害与盟友的紧密关系,而暂时搁置。[①] 1943 年 10 月莫斯科会议上,美苏英三国外长就战后经济复兴、稳定货币汇兑、无歧视国际贸易等经济议题达成共识,同意联合行动,共同承担起恢复世界经济增长、改善各国人民生活福利的领导责任。[②]由于战前游离于西方国际经济秩序及国内计划经济体制等事实,苏联对美国提议的稳定货币汇兑、自由贸易等并无太多兴趣,更关心战后获得美元贷款,尽快恢复被破坏的国民经济,其对关税减少、自由贸易的关心主要立足于便利苏联能源的出口,[③]因此创建战后国际经济秩序的领导重任主要由美、英两国共同承担,相应的分歧冲突也多爆发于两国间。

（一）国际货币金融体系安排中的"怀特方案"与"凯恩斯方案"

1943 年 9 月的莫斯科会议之前,美英两国便已开始了对战后国际货币金融体系安排的协商博弈,由于有英镑集团和帝国特惠制的保证,英国起初

---

①　Alfred E. Eckes Jr., *A Search for Solvency Bretton Woods and the International Monetary System, 1941–1947*, University of Texas Press, 1975, pp.59–60.

②　关于美苏英三国集体引领战后国际经济秩序创建的内容事项,参见《莫斯科会议秘密议定书八/九》《关于英美经济专家就相互援助协定第七条问题举行的华盛顿会议备忘录》,载沈志华总主编：《苏联历史档案选编》(第十八卷),社会科学文献出版社,2002 年,第 339~344 页。

③　Alfred E. Eckes Jr., *A Search for Solvency Bretton Woods and the International Monetary System, 1941–1947*, University of Texas Press, 1975, pp.104–105.

在这一议题上并不十分热心，反而更看重战后萧条经济社会的重建及来自美国的资金、物资援助。1942年，当收到来自美国财政部倡议的《联合国家稳定基金和联合国家及相关国家重建银行建议计划》(怀特方案)后，英国开始意识到行动的必要性，随即委托财政部顾问凯恩斯拟定了《国际清算联盟》为主要内容的战后国际货币体系安排(凯恩斯方案)。1943年初，两国政府同时公布了各自国际货币体系方案，由此拉开1944年6月布雷顿森林会议前的战后国际货币金融秩序创建磋商，莫斯科会议更像是从政治层面赋予了美英引领的国际货币体系筹建行动的合法性，毕竟同一时期，英美两国的财政部官员、专家学者也在华盛顿进行着国际货币体系最终方案的洽谈。

"怀特方案"主要由国际稳定基金和国际复兴开发银行(世界银行)两部分构成，布雷顿森林会议期间，接受凯恩斯的建议，国际稳定基金更名为国际货币基金。国际货币基金主要为国际贸易中出现支付困难的成员国提供短期流动借贷资金，恢复国际收支失衡，国际稳定基金总额为50亿美元，由成员国按各自比例的黄金、本国货币、政府债券等缴纳构成；国际复兴开发银行则主要承担战后经济恢复、重建的资金支持，注资总额100亿美元(由成员国按各自份额缴纳)，以低利率贷款给那些资金困难国家，以便消除世界范围内金融动荡、经济衰退的根源，作为回应，成员国承诺放弃各种形式的汇率操控，接受国际货币基金组织对本国经济政策的监管，允许资本跨国自由流动。[①]相比而言，"凯恩斯方案"要精炼得多，为使战后新一轮经济刺激政策不至于引发国际货币金融市场动荡风险，《国际清算联盟》提出了260亿美元的透支额。这笔透支额不需成员国缴纳，而"怀特方案"中150亿美元是需成员国分摊认缴的。260亿美元的透支额依据成员国战前对外贸易份额进

---

① 关于"怀特方案"，参见 Richard N. Gardner, *Sterling–Dollar Diplomacy in Current Perspective, the Origins and the Prospects of Our International Economic Order*, Columbia University Press, 1980, pp. 71–77。

行分配,同时设立"班克"代替黄金作为国际贸易结算的信用货币,各国今后的国际贸易顺差或逆差将以"班克"为单位分别计入"贷方账户"和"借方账户",而后在联盟内部进行收支平复——债务国用黄金兑换"班克"平衡收支赤字,但债权国不能把盈余"班克"兑换成黄金,保证"班克"作为世界储备货币的稳定价值,实现国内经济扩张与国际收支平衡的兼得。[①]

可以看出,无论"怀特方案"还是"凯恩斯方案",其出发点均立足于解决20世纪30年代各国竞相货币贬值下的汇率不稳定,在促进多边贸易和充分就业的前提下实现各国收支平衡。[②]宏观目标的一致,在某种程度上也使得两国关于战后国际货币体系设计的分歧矛盾主要积聚于过程范畴,降低了分歧冲突的管控和化解难度。美国学者罗伯特·吉尔平在阐释国际货币体系设计时,曾提出一个"汇率稳定、各国货币政策独立和资本自由流动"的三难困境。他认为任何一个国际货币金融体系至多只能实现其中两项目标,[③]对英国来讲,既希望货币政策服务于战后经济的重建,又不愿看到宽松货币政策诱发金融失序,因此便提议260亿美元的透支额,以便货币政策选择余地的扩大不止破坏汇率稳定;但对美国来讲,实现资本全球自由流动和扩张对外贸易更为要紧,所以更强调汇率稳定和减少各国货币政策的自主权。总体来讲,"凯恩斯方案"和"怀特方案"共识大于分歧,其过程性分歧主要体现在如下五个方面:

一是用于应对国际收支失衡、经济复兴的资金总额确定。在美国看来,

---

①　关于"凯恩斯方案",参见 Alfred E. Eckes Jr., *A Search for Solvency Bretton Woods and the International Monetary System, 1941–1947*, University of Texas Press, 1975, pp.65–68;王钰:《技术与国家地位:1200—1945年的世界经济》,社会科学文献出版社,2018年,第385页。

②　Richard N. Gardner. *Sterling –Dollar Diplomacy in Current Perspective, the Origins and the Prospects of Our International Economic Order*, Columbia University Press, 1980, p.71.

③　[美]罗伯特·吉尔平:《全球政治经济学,解读国际经济秩序》,杨宇光、杨炯译,上海人民出版社,2006年,第223~224页。

凯恩斯建议的 260 亿美元透支额，无异天文数字，而且《清算联盟计划》中为治理通货紧缩而提出的一系列经济扩张政策，极可能引发新一轮通货膨胀。因此在 1943 年前期的战略磋商中，美国明确拒绝了《清算联盟计划》中的国际货币体系方案，希望英国接受国际货币基金组织和世界银行为主体的方案，作为妥协，美国同意增加基金总额，由原先的 50 亿美元增加至 88 亿美元，单独认缴 31.75 亿美元。①在已然丧失国际金融主导地位的无奈事实下，英国只好选择接受"怀特方案"，寻求在以国际货币基金组织、世界银行为主体的战后国际金融货币体系下对英国的有利安排，即货币汇率政策的自主。

二是世界货币及国际汇率体系的确立。在"凯恩斯方案"中，未来国际结算将以名为"班克"的信用货币而非黄金进行，但美国更倾向于以黄金或美元结算，反对另行创设一种世界货币。"怀特方案"中的黄金结算、汇率固定等措施既让英国担心重回"金本位"，又忧心可能抑制国内经济扩张政策的推行，为此英国要求扩大成员国货币政策自主权。针对英国"金本位"的忧虑，美国一度补充"尤尼塔"（unita）作为国际结算手段，不过"尤尼塔"只是一种记账单位（缺失情况下不影响国际贸易，而"班克"则是国际贸易的媒介），②后来的布雷顿森林会议上，干脆以美元取代"尤尼塔"，确立"美元与黄金挂钩、其他国家货币与美元挂钩"的非金本位固定汇率体系。针对英国反对取消外汇管制，美国同意在出现严重收支失衡时，会员国可自行 10% 以内的浮动，但需事先征得国际货币基金组织其他成员国同意。③

---

① Richard N. Gardner. *Sterling–Dollar Diplomacy in Current Perspective, the Origins and the Prospects of Our International Economic Order*, Columbia University Press, 1980, pp.112–113.

② 唐欣语:《从怀特计划、凯恩斯计划到〈国际货币基金组织协定〉（一）》,《银行家》,2010 年第 3 期。

③ 唐欣语:《从怀特计划、凯恩斯计划到〈国际货币基金组织协定〉（二）》,《银行家》,2010 年第 4 期。

三是国际货币基金组织和世界银行职能的定位。英国因战后面临迫切的经济恢复和增加就业压力，所以希望成员国在获得国际货币基金短期信贷方面更加自由，限制条件较少，资金用途也相对宽泛。但美国却不希望自身承担较大份额的基金被"随意挥霍"，要求对基金使用附加条件限制——主要用于创建和维持一个稳定、有序、自由的汇率交易体系，[①]而非它用，最后英国接受了美国的要求。区别于"凯恩斯方案"中汇率稳定和经济振兴于一体，"怀特方案"中复兴战后经济的责任主要由世界银行来承担(国际复兴开发银行)，美国开始设想世界银行将是一个正常、慷慨的借贷银行，但作为世界银行的第二大出资国，英国却不希望世界银行在提供长期、低息贷款方面如此慷慨——限于自身窘迫的黄金、外汇储备，要求缩减怀特版本中的世界银行职能，仅聚焦于援助和鼓励国际私人资本投资，而非大规模借贷。[②]在英国的坚持下，美国只好妥协，世界银行于 1945 年后的正常借贷功能也因此大打折扣，影响一直延续至今。

四是收支失衡的调整责任。收支盈余和逆差现象在国际贸易中几乎无法杜绝，一旦出现收支失衡，自然要求当事国做出调整，以保证国际贸易有序运行，但在顺差国(债权国)还是逆差国(债务国)应承担更多调整责任上，美英各持一端。英国希望顺差国承担较多的调整责任，如升值本国货币、降低关税或减少进口障碍，以便消耗掉超额顺差，凯恩斯一度提议征收顺差或逆差税，即清算联盟账户上的贷方或借方，一旦超出规定份额 1/4 以上的顺差或逆差时，需缴纳 1% 的税费，只有将收支差额控制在其份额 1/4 以内的成

---

① Richard N. Gardner. *Sterling–Dollar Diplomacy in Current Perspective*, the Origins and the Prospects of Our International Economic Order, Columbia University Press, 1980, p.134.

② 美英在世界银行职能上的分歧、妥协，参见 Richard N. Gardner. *Sterling–Dollar Diplomacy in Current Perspective*, the Origins and the Prospects of Our International Economic Order, Columbia University Press, 1980, pp.117–119。

员国,方可避免缴费,①英国希望通过硬性规定来保证战后国际收支失衡的可控。显然,作为顺差国的美国不可能接受本国承担主要调整责任的方案,最后双方妥协为有利于顺差国的规则设计——出现收支失衡时,国际货币基金组织增持债权国的"稀缺货币"和要求债务国再存入黄金、外汇或政府债券等抵押品进行平衡。②由于260亿美元透支额的刺激计划被否决及美元世界货币的即将确立,英国认为伴随国际贸易的恢复,未来跨国支付将不可避免面临美元短缺问题,转而要求美国对"美元荒"做出明确责任担保,美国不愿接受这一束缚,只好松口外汇管控以缓解这一难题,即出现稀缺货币时,成员国可限制该币种的自由汇兑。③

五是过渡期的设置。起初的"怀特方案"或"凯恩斯方案"中并无过渡期一说,在两国看来,本国倡议的战后国际货币金融体系方案,足以应付战时经济向和平经济的转型难题,然而《清算联盟计划》被否决后,英国开始担心国际货币基金组织在解决战争债务造成的收支失衡挑战中的承受力。加之诸多有利于英国的设计建议被否决,为缓和国内的不满情绪,在布雷顿森林会议上,英国转而要求增设过渡期,过渡期内原先各种汇率、关税限制性措施仍将继续,待战时经济转轨至和平经济后,再行落实《布雷顿森林协定》,在英国及其他与会国的压力下,美国接受了五年的过渡期安排。

由此可看出,美英两国通过妥协的方式化解了两国在战后国际货币金融体系中的分歧矛盾,不可否认英国做出的妥协要大于美国。战后国际货币体系是以"怀特方案"而非"凯恩斯方案"为蓝本,英国更多在"怀特方案"基础上贡献着知识、技术的修订,毕竟被战争耗竭黄金、外汇储备的英国,已无

---

①② 唐欣语:《从怀特计划、凯恩斯计划到〈国际货币基金组织协定〉(一)》,《银行家》,2010年第3期。

③ Richard N. Gardner. *Sterling–Dollar Diplomacy in Current Perspective, the Origins and the Prospects of Our International Economic Order*, Columbia University Press, 1980, pp.116–117.

力再像一战后重建金本位时,担负起国际经济有序运转的领导责任,只好依托大英帝国的余晖来与美国相抗衡。1944 年 7 月,美、英、苏、法、中等 44 个国家齐聚美国新罕布什尔州布雷顿森林,签署了以美、英妥协修订后战后国际货币金融体系协定,确立"黄金—美元—他国货币"为特征的固定汇率体系,成立国际货币经济组织和国际复兴开发银行。由于会议后期,法国、印度、澳大利亚等国不满本国基金份额的分配和不满《英美倡议方案》中对全球就业问题的忽视,为避免会议无果而终,凯恩斯、摩根索只好做出补充——《布雷顿森林协定》的最终生效有待于签署国政府、国会的未来批准。①

(二)国际多边自由贸易体系的建立过程中的战略磋商与分歧管控

美英共同引领创建战后国际经济秩序的另一大内容便是多边自由开放贸易秩序的构建。无疑,在一个高关税、高壁垒、相互歧视的跨国贸易环境下,国际货币金融体系的稳定无从谈起。1943 年美英两国代表进行国际货币体系磋商谈判之际,便已委托两国专家就战后关税削减、贸易互惠、取消歧视性贸易措施等议题进行了广泛交流和探讨,但因贸易与充分就业、英帝国特惠制两大议题分歧上,两国一直未能找到双方满意的解决方案。1943 年的技术专家磋商只是达成了一般性原则共识,构建多边自由贸易体系的实质行动则要延迟到 1945 年二战结束后。

类似于布雷顿森林货币金融体系上的分歧,美英虽均有意减少关税壁垒,打造一个货物、资本、人员自由流通的贸易环境,但在具体实现方式上却有着显著分歧。就美国来讲,自由开放的国际贸易体系还承担着消解战时生产能力和复员劳动力的重任,但对英国而言,美国盟友所推崇的无节制、无

---

① Alfred E. Eckes Jr., *A Search for Solvency Bretton Woods and the International Monetary System, 1941–1947*, University of Texas Press, 1975, pp.163–164.

歧视的贸易政策很可能重创羸弱的英国经济,引发大规模失业。因此,英国要求将国内就业问题置于国际自由贸易之前,在贸易协定中加入解决就业议题的条款,希望在贸易政策方面保留更多自主权以配合国内经济振兴。但美国却不希望接受"充分就业"的前提设置,认为优先解决国内就业再行国际自由贸易的承诺,很可能招致贸易保护主义,违背自由贸易初衷,就业问题应在一个自由开放的贸易环境中进行。①最后双方用宽泛、模糊性语句略过这一分歧。

另外,横亘在两国之间最大的分歧莫过于《渥太华协定》下"帝国特惠制"。1942 年缔结《美英互助协定》时,取消包括"帝国特惠制"在内的各类的贸易歧视性措施也是两国共识,②但英国一直对全面废止"帝国特惠制"持保留意见,认为关税的减让不必非得取消"帝国特惠制"。面对百废待兴的凋敝经济,英国更希望依托"帝国特惠制"来减少美国企业战后对本国企业的挤压,不过在美国的压力下,英国转而寻求对等、全面取消各类贸易限制措施,以弥补废止"帝国特惠制"的损失。然而来自美国国会利益集团的抵制,使得英国这一退而求其次的愿望落空,美国仅愿意选择性地开放贸易边界。所以这一部分分歧也被拖到了 1945 年,当年 11 月美英联合倡议召开一次国际贸易与就业会议,在为会议准备的动议文本中,双方以模糊性语句暂时终止了在"帝国特惠制"、关税削减和贸易限制等议题上分歧,在英国的坚持下,文本原则上包括了"帝国特惠制"终结与大幅关税减让、其他贸易歧视措施取消等内容的挂钩,美国则通过加入"撤离条款"平衡了在"帝国特惠制"上

---

①     Richard N. Gardner. *Sterling–Dollar Diplomacy in Current Perspective*, the *Origins and the Prospects of Our International Economic Order*, Columbia University Press, 1980, pp.104–105, 146–147.

②     互助协定第七款,参见 Anglo–American Mutual Aid Agreement, 1942–02–28. http://avalon.law. yale.edu/wwii/angam42.asp。

对英国的妥协。①

以 1943 年莫斯科会议召开为标志,美苏英中继集体引领国际反法西斯行动后,再次联合承担起重建战后国际政治、经济秩序的国际领导责任。由于能力、知识储备的差异,四大国或全部或选择性地履行着相关议题领域内的国际领导责任。美英几乎全程参与国际政治、经济秩序的创建,苏联主要参与了国际政治秩序的创建,中国的国际领导角色则主要集中在联合国创建、东亚地区秩序安排、轴心国海外殖民地处理等议题上,欧洲问题上中国鲜有贡献,毕竟当时的中国尚未跻身为一个完整意义上的独立大国。相应共享国际领导权进程中的分歧也更多爆发于美、苏、英三国之间,通过寻求最高领导人间的战略共识,美英苏大体管控着彼此在联合国创建、战败德国处理、东南欧地区秩序安排中的分歧冲突。不同之处在于美英通过利益的相互妥协和战后国际秩序蓝图共识的集聚,成功化解了两国间存在的分歧冲突,不断培植起正向的情感认知,所谓后来的美英"特殊关系",便利了 1945 年后的继续协作。反观美苏或美英之间,因东欧问题上难以调和的地缘冲突,美英与苏联双方只好将分歧搁置来跨越当下僵局,终至积重难返,日益加深的负向情感认知也使双方 1945 年后的集体领导阻力重重。尽管诞生于 20世纪 30 年代"英镑集团""帝国特惠制"成为美英创建战后国际货币、贸易体系的最大分歧,但终以英国的大幅妥协和美国的小幅让步而得以化解、管控。显然,战后复兴国内经济社会的外援依赖和日益加剧的"苏联威胁"认知成为英国立场妥协的根本动因,由此亦可佐证上一章节提出的国家在低阶议题领域的互动行为深受高阶议题领域互动的影响。

---

① Richard N. Gardner. *Sterling–Dollar Diplomacy in Current Perspective*, *the Origins and the Prospects of Our International Economic Order*, Columbia University Press, 1980, pp.152–153.

## 第四节　美英苏"引领－支持"国际领导关系的构建

　　为赢得国际社会对美英苏反法西斯国际事业及重建战后国际政治经济秩序的支持，英美苏三国在 1941 年、1942 年取得国际领导权共享后便开始了"引领－支持"关系的培育。①由于这一时期美苏英在国际体系中享有压倒性的权力优势，所以在构建"引领－支持"领导关系进程中，领导国主要依赖于国际领导方案、倡议的吸引力，较少顾及国际领导权的自我约束、等级支配色彩的淡化和决策议程的开放。一个无法回避的事实是，只要美苏英三大领导国达成一致，总是有办法赢得国际社会大多数国家的支持追随，因此反法西斯国际集体领导也被视为 20 世纪最后的大国协调。

## 一、反对德意日轴心国军事行动中的"引领－支持"

　　1941 年 12 月美英两国在阿卡迪亚会议上达成"先欧后亚"的反击德意日全球军事战略后，1942 年 1 月英美两国即发出倡议，邀请美英之外 24 个国家齐聚华盛顿签署以《大西洋宪章》为基础内容的《联合国家宣言》。《宣言》规定，签字国将动用全部军事、经济资源反击德意日轴心国及其附属国，相互合作，不与轴心国单独媾和。②此举标志着全球 22 个国家支持并参与到美苏英领导下反对轴心国全球扩张的集体行动中来，美英苏反法西斯国际

---

　　① 尽管无论在《联合国家宣言》签署还是在 1945 年的旧金山制宪会议上，中国都以领导国的身份出现，但实际上中国当时的领导国角色更多为一种象征意义，对国际事务的影响主要集中在美苏英三国中，这一点与中国在东亚打击和牵制日本军国主义全球扩张的责任贡献极不相称。

　　② Declaration by the United Nations, 1943-01-01. http://avalon.law.yale.edu/20th_century/decade03.asp.

集体领导关系正式构建。由于德意日全球扩张严重威胁到了世界诸国的生存安全,无论是《大西洋宪章》还是《联合国家宣言》,其对国家主权独立自由的尊重无疑吸引了其他国家的积极响应,特别对那些在法西斯铁骑面前无力抵挡的挪威、比利时、卢森堡、荷兰、希腊等中小国家,而且打击德意日全球扩张的责任重担主要为美苏英及中国承担,其他国家的支持只是供给了美苏英反击法西斯集体领导行动的道义合法性,因此军事领域国际"引领-支持"关系的构建最为顺畅、阻力最小。

## 二、创建联合国国际秩序中的"引领-支持"

1944 年在敦巴顿橡树园会议中, 美英苏中四国达成了创建联合国国际秩序的基础方案;1945 年雅尔塔会议期间,美苏英三国解决了遗留的否决权分歧和确定了出席联合国制宪会议的国家名单,雅尔塔会议结束后,美国代表苏英中三国向 1945 年 3 月 1 日前签署《联合国家宣言》的 42 个国家发出邀请。对于那些 19 世纪以来饱受列强武力侵略的中小国家而言,一项旨在维护国际和平、制止肆意侵略、强调各国主权平等为特征的国际秩序倡议,显然有着强大的吸引力。所以联合国筹建邀请一经发出,便得到了受邀各国的积极响应,4 月 25 日全球 46 个国家外长齐聚旧金山召开战后国际秩序制宪大会。尽管敦巴顿橡树园会议及雅尔塔会议上赋予了法国旧金山制宪会议中领导国身份,但法国以未参加敦巴顿筹备会议为由,拒绝承担制宪会议发起国角色,所以旧金山会议期间的集体领导国主要为美苏英中四国,作为补偿,四国邀请法国参加私下秘密会谈。①

为减少制宪会议阻力,保证四国在敦巴顿橡树园先期达成的《领导方案》

---

① ［美］威廉·哈代·麦克尼尔:《美国、英国和俄国:它们的合作与冲突(1941—1946 年)》,叶佐译,上海译文出版社,2007 年,第 747~748 页。

顺利通过,1945 年 2—4 月期间,美国、英国分别牵头组织召开了美洲国家代表会议和英联邦国家代表会议,将敦巴顿橡树园四国制定的《联合国组建方案》提前提交给美洲 20 国与英联邦成员国讨论。除些许细节存疑外,大体说服两大集团成员国同意将四国预备的《联合国组建方案》作为未来制宪会议的讨论基础。[①]毕竟受邀请的 42 国中,来自美洲国家组织和英联邦的国家占据了一半以上,先行向大多数与会国家通报情况并获得支持,无疑对联合国制宪会议成功有着积极意义。

　　对于出席制宪会议的其他国家而言,最为敏感和关切的无疑是四大国在联合国国际秩序中领导权的约束和限制。为此,在澳大利亚、加拿大等国的压力下,美苏英中集体领导国同意修改《敦巴顿国际秩序方案》中关于"联合国大会"和"经社理事会"的内容规定,扩大大会在联合国机构中的权力,增加"经社理事会"的责任事项,以此抵消安理会的权力优势。在意见最为集中的常任理事国否决权运用方面,中小国列出 23 个有关否决权使用的相关问题,要求五大常任理事国明确否决权在什么情形下和什么问题上适用。为缓和中小国家的焦虑,美英中法在私下协商后,决议在安理会决议讨论问题上做出让步,即否决权不能排除安理会想要关注和讨论的问题,赋予中小国家在安理会上的申诉权,安理会做出决议时仍坚持大国一致。[②]苏联代表开始不愿妥协,后在霍普金斯访苏后接受美英中法四国立场。虽然中小国家还希望五大国在否决权问题上做出进一步限制,但未能成功,作为弥补,五大国同意 10 年后可对《联合国宪章》进行修改,到时再行讨论否决权去留问题。至此,《敦巴顿国际秩序方案》中最大争议得到暂时解决,6 月 26 日,46 国代表在旧金山签署《联合国宪章》,标志着美苏英中正式将敦巴顿橡树园

---

① 王绳祖主编:《国际关系史》(第六卷),世界知识出版社,1995 年,第 507~508 页。

② 关于中小国家在否决权问题上与五大国的争执,参见[美]威廉·哈代·麦克尼尔:《美国、英国和俄国:它们的合作与冲突(1941—1946 年)》,叶佐译,上海译文出版社,2007 年,第 755~760 页。

中设计的战后国际秩序方案推广至全球。

## 三、创建布雷顿森林国际经济秩序中的"引领-支持"

1944 年,在美苏英等 44 国出席的布雷顿森林会议上,通过了以美国倡议的"怀特方案"为主要蓝本的战后国际经济秩序安排,不过布雷顿森林体系的最终生效还需要会后签字国国会的批准, 截止日期为 1945 年 12 月 31日。然而到了 1945 年 11 月 14 日,只有南非和委内瑞拉表示了肯定意见,其余 41 国均持一种既不反对也不急于给出肯定答复的观望态度。①这种情境下,作为布雷顿森林国际经济体系中第二大、第三大出资国英国和苏联的态度最为关键,尤其是英国。毕竟 1945 年尚处于欧洲全球殖民帝国瓦解前夕,由此带来签署《布雷顿森林协定》的 44 国中大部分成员或处于英国为中心的帝国经济体系下,或处于美国为主导的霸权经济体系下,以英国为首的英帝国成员国对布雷顿森林体系的接受与否在很大程度上决定了美国《战后国际经济秩序方案》推广的成败。至于苏联,其对东欧、中亚地区的绝对影响,决定了布雷顿森林国际经济体系未来能否覆盖到这些地区,使美国成为全球意义上的经济领导国。

区别于国际反法西斯军事行动和创建联合国国际秩序中的"引领-支持"关系构建,这一次美国要赢得支持的重点目标国是与其共同商讨、提出《布雷顿森林协定》的英、苏两大领导国,因为两国背后均站立着一批为两国马首是瞻的中小国家,遍布全球的英帝国成员国和即将建国的东欧国家。就英国而言,由于"凯恩斯方案"的被舍弃以及工党上台后重心内移,国内开始出现对《布雷顿森林协定》的不同意见:一方面是不满英国在 1944 年布雷顿森

---

① Alfred E. Eckes Jr., *A Search for Solvency Bretton Woods and the International Monetary System, 1941–1947*, University of Texas Press, 1975, p.202.

林会议上的让步,不愿意放开英镑集团和取消"帝国特惠制",主张依靠英帝国内部市场积累来渡过战后经济危局;另一方面战后重建家园的巨额财政缺口也使英国无力肩负起稳定国际货币体系和自由贸易体系的领导责任。两难窘境下,工党政府委派《布雷顿森林协定》的支持者凯恩斯与美国财政部接触,希望以英国批准加入《布雷顿森林协定》为筹码,换取美国优惠贷款资金支持。同时美国也意识到,英国的批准将极大坚定大部分观望国家对《布雷顿森林协定》的支持立场。最终在杜鲁门总统和美国财政部官员的努力下,12月6日美英达成协议,美国给予英国37.5亿美元低息贷款,延长《租借法案》下对英国的优惠条件适用;作为回应,英国承诺将1944年确定4年过渡期削减为2年,即1947年1月1日后,取消帝国特惠关税和英镑汇兑限制。[①] 12月13日,英国国会批准《布雷顿森林协定》,之后加拿大、澳大利亚等英帝国成员国国会也陆续通过了加入布雷顿森林体系的决定。

然而在争取苏联加入布雷顿森林体系方面,美国财政部却与美国务院、白宫产生了分歧,美财政部希望效仿英国,通过给予苏联急需的10亿美元贷款以换取后者与美国携手复兴战后经济。但波茨坦会议后,美苏在欧洲秩序安排上日益紧张的分歧矛盾,使得杜鲁门及美国务院官员试图通过将美元贷款与苏联在东欧问题上的让步挂钩,将苏联放弃东欧势力范围作为美国优惠贷款的先决条件,结果招致苏联断然拒绝。日趋紧张的氛围下,苏联亦不无理由不担心美国可能借国际经济领域的"引领-支持"关系网络对苏联国内及东欧国家进行政治渗透,布雷顿森林货币体系中取消货币管制和固定卢布汇价在政治对抗的影响下,也被理解为一种有损苏联经济主权的

---

① See Alfred E. Eckes Jr., *A Search for Solvency Bretton Woods and the International Monetary System, 1941–1947*, University of Texas Press, 1975, pp.203–204. [美] 威廉·哈代·麦克尼尔:《美国、英国和俄国:它们的合作与冲突(1941—1946年)》,叶佐译,上海译文出版社,2007年,第859~870页。

伎俩。①美苏战后政治领域的分歧冲突,不可避免地波及了两国在经济领域
的合作。截止日期前夕,苏联外长莫洛托夫明示目前尚不能批准加入《布雷
顿森林协定》,美苏英 1944 年设想构建一个覆盖全球的国际经济"引领–支
持"关系网络终因美苏的敌对、苏联的退出而化为泡影。之后在苏联的倡议
下,来自东欧、亚洲的新兴社会主义国家开始组成以苏联为领导核心的政治
经济协作体系,即 1949 年成立的经济互助委员会,苏联以独享领导权下的
地区"引领–支持"关系代替了与美英共享领导权下的全球领导关系。

　　1945 年 12 月 27 日,在明确得知苏联不加入的决定后,美、英及横跨欧
洲、美洲、非洲、大洋洲的 27 个国家代表齐聚华盛顿,宣布以"黄金—美元—
他国货币"为特征的国际货币体系和美英双重领导下的国际货币基金组织、
世界银行正式成立,苏联的拒绝加入使得布雷顿森林货币体系下的"引领–
支持"关系只好局限于非社会主义阵营国家。

# 第五节　美苏冲突升级与五常国际集体领导的失落

　　在雅尔塔会议上,美苏英三国首脑信誓旦旦地决心将战时共享反对轴
心国的领导权延续到战后共享维护国际和平的领导权。即使意识到战争胜
利的临近正在不断凸显新旧分歧,罗斯福在 1945 年的国情咨文和雅尔塔和
会后的国会通报中仍畅言盟国间的分歧不应被夸大,分歧不应遮蔽盟国在
维护战后和平中的共同长远利益,在雅尔塔和会上,三大国已就引领被纳粹
征服地区的政治、经济秩序恢复任务达成一致。②在美国、英国的邀请下,中

---

①　王绳祖主编:《国际关系史》(第七卷),世界知识出版社,1995 年,第 50~51 页。

②　"1945 年 1 月 6 日国会国情咨文","1945 年 3 月 1 日向国会通报雅尔塔会议讲话",载[美]
罗斯福:《罗斯福选集》,关在汉编译,商务印书馆,1982 年,第 477~499、505~521 页。

国、法国也被赋予了捍卫联合国国际秩序的领导责任,即以五大常任理事国为核心的国际集体领导模式跃然纸上。然而这一愿景却在波茨坦会议结束后不断升级的美英与苏的分歧冲突中化为泡影,五常国际集体领导也因此转变为美苏各自领导下的阵营对抗。从表面上看,似乎是美苏之间难以调和的地缘政治冲突和意识形态分歧,造成两国战后无法继续共享国际领导权,但更为深层次的原因却是战略互疑下美苏绝对安全、绝对利益追求的互斥。

与英美反法西斯集体领导互动中培植起的正向集体情感相比,美苏、英苏之间却累积了负向集体情感。不顾苏德战场上苏联生存压力而三次借故延后第二战场开辟时间造成苏联对英美的严重不信任,之后租借物资、空军基地使用、伯尔尼事件中交锋摩擦更是加剧了双方的反感敌意。虽然这一时期英美在战后国际货币体系、自由贸易体系等也爆发了激烈争吵,但并未升级为情感价值上的敌意。1945 年 7 月,在与杜鲁门的双边会谈中,丘吉尔坦言美英伙伴友谊应保持至战后,愿意在战后与美国共享其遍布全球的运输补给基地,美国总统欣然接受了丘吉尔抛出的橄榄枝。[1]此外就 1941 年 7 月至 1945 年 8 月期间三方的战略磋商频次来看,除却电文信件往来,美苏英正式外交会晤共计 21 次,其中三方均出席的 6 次,美英 12 次,英苏 2 次,美苏 1 次。[2]频繁面对面交流互动无疑有助于及时化解英美之间的分歧误解,受地理、交通、战争等多方因素的限制,美苏、英苏之间的战略磋商则相对不充分。

战争期间累积起的负向集体情感,促使双方在缺少合作紧迫性的情境中,往往将对方不合己意的行为解读为某种敌意之举,由此带来战后秩序安

---

① [英]温斯顿·丘吉尔:《第二次世界大战回忆录》(第十二册),王敏译,北京时代华文书局,2017 年,第 301~303 页。

② 这里的战略磋商,主要指正式国家代表出席的外交会议,不排除三方会晤期间美英、美英、英苏私下的交流。会议数字引自[美]威廉·哈代·麦克尼尔:《美国、英国和俄国:它们的合作与冲突(1941—1946 年)》,叶佐译,上海译文出版社,2007 年,第 971~974 页。

排中本可妥善管控的过程分歧、目标分歧被披上了价值分歧、关系敌对的外衣。讨价还价的外交博弈沦为双方决心意志的对抗试验,苏联在中东欧、土耳其、伊朗等地区维护国家安全的部署被美英视为一种蓄意扩张和势力范围的谋求;美英对落实《欧洲解放宣言》文本内容的执着,也被苏联解读为一种夹杂有意识形态冲突的对苏敌视。美国驻莫斯科外交官员即著名苏联问题专家乔治·凯南,在 1946 年前后便不断向美国务院传递着美苏战后再难协作的事由,认为美苏之间政治价值、意识形态的冲突决定危机之后两国无法继续共同引领国际事务,甚至将苏联与美国频繁的外交摩擦视为苏联刻意之举,通过保持与美、英的潜在冲突以制造外在压力,进而巩固国内政治安全。[①]凯南这一分析全然不顾斯大林在与罗斯福、丘吉尔等会谈时反复重申过的苏联追求一种防御性安全政策的声明,苏联与美、英之间敌意之深已难继续共享国际领导权。

## 一、激烈争吵中勉强引领《五国和约》的缔结

1945 年联合国的创建,德国、日本的投降,意味着美苏英重建国际秩序领导的使命基本完成,战时国际集体领导开启向和平时期转型。8 月 2 日公布的《波茨坦协定》中三国决定在处理战败国、欧洲问题、殖民地托管等议题上继续携手,与刚刚跻身常任理事国的中国、法国共享维护战后和平的领导权。[②]从 9 月 11 日的伦敦外长会议起,[③]五大常任理事国开始在缺少体系危

---

① John Lewis Gaddis. George F. Kenna, *An American Life*,Penguin Group,2011,pp.219–222.

② The Statement of the Potsdam Conference,1945–08–02. http://avalon.law.yale.edu/20th_century/decade17.asp.

③ 1945 年 9 月 2 日日本正式签署投降协议书,标志着国际反法西斯集体领导全面胜利,之后五常集体领导下的国际集体行动开始进入以重建国际秩序为任务目标的新阶段,直至 1947 年,杜鲁门主义、马歇尔计划的出台后,五常国际集体领导解体。

机的多极体系中进行国际集体领导尝试，结果终究还是被不断升级且再难管控的分歧冲突所摧毁。

为解决波茨坦会议上遗留的意大利、匈牙利、罗马尼亚、保加利亚、芬兰五国和约缔结问题，美苏英三国首脑商议创设五常外长会议机制，以协商五国和约签订及其他国际秩序安排事宜。摆在五大领导国面前的领导任务主要有五国和约缔结、欧洲重建、"地中海—中东"地区权力真空的填补和远东地区秩序的安排。另外，美苏英三国在这一磋商机制中拥有最大的话语权，分歧冲突主要爆发于这三国之间，准确来讲为美英与苏联之间。

五国和约问题分为意大利和约缔结与保、罗、芬、匈四国和约缔结两大项，前者为美英所关心，后者为苏联所关心。虽然意大利在1943年便已投降，但作为轴心国成员，意大利的非洲殖民地、与南斯拉夫的边境划定以及是否需要战争赔偿等仍未敲定。因此当伦敦会议期间讨论至与意大利缔结和约时，苏联提议一并将上述三大问题解决。

具体而言，苏联外长莫洛托夫建议将意大利在非洲的所有殖民地划分为三块，分别由美苏英三国托管，结果英美法三国反对，美国主张暂由联合国托管，法国担心外来托管可能刺激其阿尔及利亚殖民地的独立，英国北非战役后已然吞并意大利非洲殖民地，对苏负向情感驱使下根本不愿分让，[①]意大利非洲殖民地处理只好维持现状。意南边界分歧主要集中在的里雅斯特港的归属上，在反击纳粹德国时南斯拉夫已占领该港，会上美英要求南斯拉夫将港口及周边地区交给意大利，苏联则支持南斯拉夫对该地区的主权，双方争执不下，后在法国的建议下，五国同意将的里雅斯特港及周边地区暂交由国际共管，而后公民投票决定其归属。在是否要求意大利支付战争赔偿上，起初美英表示反对，后在苏联的一再坚持下，于1946年的巴黎外长会议

---

① 王绳祖主编：《国际关系史》（第七卷），世界知识出版社，1995年，第54页。

上做出让步同意意大利支付苏联 1 亿美元赔款，以此换取苏联在其他问题上的合作。

保、罗、芬、匈四国和约缔结基本延续了波茨坦会议上的分歧，美英与苏联围绕政府改组和外交承认反复攻击着对方的不是，美英坚持的民主自由政府与对苏友好政府在当时的东欧几乎天方夜谭，不加引导的全民自由选举，势必选出一个敌视苏联的政府，对苏友好政府多半将是共产党人占主导的民主政权，意识形态的敌对又使美英无法接受这一事实。为化解这一难题，在伦敦外长会议期间，美国务卿贝尔纳斯向莫洛托夫提议，以缔结一项反对重新武装德国的美苏英法四大国安全公约，来解决苏联安全焦虑，条件是苏联不再支持东欧各国现政权——放弃东欧安全缓冲区，这一建议被莫洛托夫断然拒绝。[①]伦敦会议结束后，在得到美英事先外交承认前提下，苏联同意了于 1945 年 11 月 4 日、25 日对匈牙利、奥地利进行自由选举尝试，结果被证明共产党人仅赢得了少数选票，匈牙利、奥地利选举的失利无疑坚定了苏联对东欧不加限制自由选举的抵制，双方分歧陷入无解僵局。[②]

美英与苏联围绕签署五国和约上的分歧冲突从 1945 年 9 月的伦敦第一届外长会议一直持续到 1946 年 12 月纽约第三届外长会议。伦敦外长会议失败后，为挽救濒临肢解的集体领导，三国外长于当年 12 月召开仅有三国外长出席的会议，试图缩小范围以便容易化解分歧。莫斯科外长会议果"不负众望"，美英同意承认轻微改组后的罗马尼亚、保加利亚政府；美国同意开放对日管制工作，允许苏联、英国等国参加其中；苏联同意率先从中国东北、朝鲜撤出军队；三国同意再次召开外长会议，美英接受苏联提出的"唯

---

① ［美］小查尔斯·米：《在波茨坦的会晤》，上海《国际问题资料》编辑组译，生活·读书·新知三联书店，1978 年，第 297 页。

② ［美］威廉·哈代·麦克尼尔：《美国、英国和俄国：它们的合作与冲突（1941—1946 年）》，叶佐译，上海译文出版社，2007 年，第 884~885 页。

有签署停战协定的签字国才有资格参与和约条款审定"。①然而莫斯科三国外长会议的成果却遭到了美国国会的一片非议，由于会谈期间贝尔纳斯与杜鲁门的交流不畅，杜鲁门对贝尔纳斯未经授权的情况下擅自做出的一些让步，如泄露原子武器秘密，大为恼火，认为对苏妥协过大，损害了美国的利益和荣誉。②莫斯科外长会议挽救三国集体领导的努力化为泡影，更为致命的是美国决意此后不再迁就苏联，极大局限了分歧冲突的管控手段。1946 年 1 月第一届联合国大会上围绕苏联在伊朗北部驻军爆发的相互指责，瞬间掐断了初现的缓和苗头。为保卫巴库油田的安全，苏联曾希望将伊朗北部作为其势力范围或置于对苏友好的政权管理下，但遭到美英拒绝，在美英的支持下，伊朗在联合国大会上控诉苏联干涉别国内政，无奈下苏联只好撤出该地区。1942 年后三大国对第三国一致行动的共识就此告终。

尽管 1946 年 12 月在纽约召开的第三届外长会议缔结了争执一年半之久的五国和约，暂时化解了美英苏战后共享领导权的最大难题，但相互指责进一步加重了彼此已有的负向情感认知。尤为致命的是，雅尔塔会议后初现的美国取代英国与苏联面对面交锋这一时期完全确立，艾德礼英国既无意愿也无能力调停美苏两大国的分歧冲突，一如德黑兰、雅尔塔会议上的罗斯福。1946 年 2 月，斯大林公开演讲中的与帝国主义国家战争不可避免论，3 月丘吉尔的"铁幕"演说，几乎都印证着彼此不再视对方为共享领导权的伙伴。虽然杜鲁门事后否认"铁幕"演说代表美国对苏的官方态度，但当年夏天其授权特别顾问克里福德起草的美苏关系的"意见书"，却详细梳理了苏联1942—1946 年期间违背《美苏协议》的种种行为，认为苏联近期的一系列举动已对

---

① 关于美苏英 1945 年 12 月 15 日至 27 日的莫斯科三国外长会议分析，参见 Patricia Dawson Ward. *The Threat of Peace James F. Byrnes and the Council of Foreign Ministers*, 1945–1946, The Kent State University Press, 1979, pp.50–77。

② ［美］玛格丽特·杜鲁门：《哈里·杜鲁门》，南京大学历史系近现代英美对外关系研究室译，生活·读书·新知三联书店，1976 年，第 67~69 页。

美国安全构成威胁——意在削弱美国的全球影响力。<sup>①</sup>这份"意见书"的论调与 2 月凯南发回美国务院的"长电报"结论大体吻合,认定美国期望的战后秩序与苏联期望的战后秩序南辕北辙且极难调和, 两国击败轴心国后无法再共同引领国际事务。<sup>②</sup>美国白宫、国务院 1946 年后不断高涨的对苏敌对情绪彻底断送美苏完成五国和约后继续共同引领国际公共事务治理的可能,9 月商务部部长华莱士的解职、1947 年 1 月贝尔纳斯的辞职,均在说明美国对苏强硬立场的定型——不再视苏联为若即若离的协作伙伴, 而是蓄意损害美国重大利益的潜在敌对国。<sup>③</sup>

## 二、美苏分道扬镳与五常国际集体领导失落

急转直下的美苏关系严重破坏了两国在 1946 年后的国际领导权共享,不过由此得出双方必然走向冷战对抗却略显草率。五国和约缔结后,斯大林与杜鲁门也曾试图将美苏对立、冲突止步于正常国家间的竞合关系,即使不再共同引领国际事务。1946 年末至 1947 年初,一场席卷欧洲严寒让本已不堪的民生经济雪上加霜,经济的凋敝、跃跃欲试的革命运动,使美英意识到复兴欧洲经济的紧迫性, 直接动因是美英不愿再支付德占区的巨额财政补贴,英国亦无力继续对德占区进行财政"输血";深层原因则是担心持续恶化的经济形势导致左翼政党的上台和担心孱弱西欧引来苏联扩张。

欧洲的重建势必要求四大国德占区经济政策的统一, 德国赔偿的延后

---

① [美]玛格丽特·杜鲁门:《哈里·杜鲁门》,南京大学历史系近现代英美对外关系研究室译,生活·读书·新知三联书店,1976 年,第 88~90 页。

② 凯南的八千字电报主要观点后以 X 为名发表在美《外交事务》期刊上,X(George F. Kennan). "The Sources of Soviet Conducts", *Foreign Affairs*,1947,25(4)。

③ John Lewis Gaddis. *The United States and the Origins of the Cold War 1941-1947*. Columbia University Press,2000,p,284.

或宽泛执行,但这与苏联的对欧、对德政策完全相反。一方面是解除德国武装、消除苏联西部安全隐患,这是苏联引领战后欧洲安排的首要焦点;另一方面是复兴苏联经济也需从德国获取资金资源,在重建欧洲议题上,美英与苏的关注点完全不同。1947 年 2 月 21 日,英国照会美国,声称严重的国内经济困难使英国于 3 月 31 日后无力履行对土耳其、希腊的援助义务,希望美国接手英国对两国的援助,防止当地左翼政党上台。①收到英国的请求后,惊愕之余的杜鲁门随即与国会参众两院、两党领袖人物讨论是否接手英国在南欧的"国际义务"。部分国会议员并不愿卷入欧洲事务,认为此举无异于替英国火中取栗,与国会两党代表磋商的不理想让杜鲁门选择夸大事态严重性来换取国会支持。3 月 12 日杜鲁门发表国情咨文,将希腊、土耳其国内左右翼政党的政权竞争描绘为自由政权与极权体制的价值冲突,将美国援助希腊、土耳其等同于捍卫自由民主政体的存续,要求国会拨款 4 亿美元援助资金。②果不其然,杜鲁门这套说辞得到了国会的首肯,虽然国情咨文未点名苏联,但其将共产主义与极权主义挂钩的说辞,让美苏在欧洲重建问题上的已难调和的目标分歧进一步升级为价值分歧,为后来冷战对抗敲定基调。

1947 年 3 月,新任国务卿的马歇尔按例出访苏联——或许也是美国为避免与苏冷战对抗的最后一次努力,在与斯大林会晤期间,马歇尔希望苏美合作结束当时德国的动荡与分裂,斯大林在承认美苏在德国问题上的立场差异一时难以调和后,建议双方暂时搁置争议,两国以超然的姿态对待分歧冲突,不使两国关系继续恶化。③然而斯大林的这一建议,却被杜鲁门、马歇尔等美国政要解读为苏联意在听任欧洲经济恶化、爆发革命,以便将来谋取

① 王绳祖主编:《国际关系史》(第七卷),世界知识出版社,1995 年,第 115 页。

② 王绳祖主编:《国际关系史》(第七卷),世界知识出版社,1995 年,第 116~119 页。President Harry S. Truman's Address Before A Joint Session of Congress, 1947-03-12. http://avalon.law.yale.edu/20th_century/trudoc.asp。

③ [美]查尔斯·波沦:《历史的见证》,刘裘、金胡译,商务印书馆,1975 年,第 326 页。

更大利益。鉴于苏联在欧洲重建问题上的拒绝合作，美国决心自行承担起复兴欧洲的领导责任。于 6 月出台《复兴欧洲计划》，也称马歇尔计划，该计划要求欧洲受援各国在本国现有资源基础上列出受援明细，美国根据明细进行援助并检查援助物资使用情况。[1]苏联一度希望美国删除"检查资金物品使用情况"条款，以便苏联考虑加入马歇尔计划。遭到拒绝后，苏联不再参与马歇尔计划，且要求东欧各国亦不能参与。[2]在苏联看来对援助物品资金用途的核查，乃是美国干涉、操控受援国内政的不良企图，双方成见如此之深，集体领导再无可能。马歇尔计划的实施和苏联拒绝加入，标志着 1945 年后美苏勉强共享国际领导权局面的正式破裂，加上英国的离席、法国的羸弱、中国的内战，在雅尔塔会议上设想的五大国集体引领国际事务在磕绊维系不到两年后寿终正寝，美苏各自建立起了一元化的地区国际领导。

# 小　结

1939 年后，德意日轴心国全球军事征服颠覆了"凡尔赛-华盛顿"体系，对世界各国生存安全带来严重威胁。在日益严峻的国际危机下，尚未被征服但成见颇深的美英苏三国产生共同反击侵略的共识。在关注点趋同情况下，英美苏 1941 年 1 月—1942 年 6 月进行了一系列共享领导权的筹备谈判，取得共同引领反击轴心国以及重建破碎国际秩序的行动共识。《大西洋宪章》和《联合国家宣言》标志着美苏英国际秩序领导方案的提出和"引领-支持"

---

① 关于"马歇尔计划"的出台背景及内容，参见 Marshall Plan,1948,https://history.state.gov/mile-stones/1945 –1952/marshall –plan；History of the Marshall Plan,https://www.marshallfoundation.org/mar-shall/the–marshall–plan/history-marshall-plan/。

② ［美］查尔斯·波沦：《历史的见证》，刘裘、金胡译，商务印书馆，1975 年，第 328~329 页。

关系的构建。虽然 1942 年正式出现了美苏英为主体的反法西斯国际集体领导,但三大国在行动重点、行动方式上却产生了诸多分歧,围绕第二战场的开辟、联合国创建、战败国处理、战后欧洲安排、战败国殖民地处置、国际经济体系创建等各抒己见、争执不下。在大敌当前情况下,三大国领导人竭力将分歧类型控制在一致目标下的过程分歧范畴,避免事务性分歧升级为价值分歧和关系敌对。通过德黑兰、雅尔塔、波茨坦三次首脑会晤和领导人之间的频繁电文信件往来,罗斯福、丘吉尔和斯大林相互达成某种脆弱的战略共识,即三国紧密合作无论在战时或战后对世界和平均是不可或缺的,起到了防止分歧蔓延的"天花板"效应。遗憾的是,这一管控分歧模式在反法西斯战争胜利和罗斯福去世后不再奏效,新晋美国总统杜鲁门,英国首相丘吉尔、艾德礼和苏联最高领导人斯大林之间再难重建之前三巨头的基础战略共识,缺少阻隔的争执矛盾从过程分歧升级到战略目标分歧,再到价值分歧,直抵关系敌对。

1945 年雅尔塔会议上确立了战后五常维护国际秩序的集体领导体系,在旧金山会议上,五常集体领导下的联合国国际秩序得到与会 46 国支持。然而在缺少外在危机的情况下,五常国际集体领导运行极其不畅,战争期间美英通过频繁首脑会晤基本化解了横亘在两国间的分歧矛盾,培植起正向的情感认知,反观美苏和英苏之间,分歧矛盾往往通过搁置加以管控,由此累积起负向的情感认识。正/负向的情感认知不可避免带到了共同引领战后国际事务治理中,一方面是相互对"不合己意行为"的意识形态或安全威胁解读,另一方面则是美英与苏联的不断相互指责。到 1947 年,被国内困难缠身的英、法、中已无力再行承担国际领导权责,美国在抛出敌视苏联执政理念的"杜鲁门主义"后,又试图邀请苏联携手欧洲重建,理所当然地遭到苏联拒绝,至此 1942 年形成的美苏英三国集体领导及 1945 年昙花一现的五常国际集体领导终因美苏、苏英对抗冲突而瓦解。

# 第五章　七国集团国际经济集体领导的兴衰

　　七国集团国际集体领导主要指 20 世纪 70 年代布雷顿森林体系瓦解后,国际经济体系逐步出现的美国、德国(联邦德国)、日本、法国、英国、意大利、加拿大西方七个发达国家在稳定国际经济秩序、促进全球经济持续运行中相互行为协调、联合供给国际公共产品现象。1975 年美、德、法、日、英、意六国在法国朗布埃伊首次集会,标志着战后国际经济由一国领导演进为多国领导,第二年波多黎各峰会上加拿大加入,七国集团正式形成。依托全球经济份额中的显著比重和专业知识技能,七大国在汇率稳定、能源安全、贸易平衡等经济议题领域发挥国际领导作用。1997 年的美国丹佛峰会上俄罗斯加入七国集团,七国集团因此更名为八国集团,不过俄罗斯仅加入了七国领导人峰会,却未参与七国财长与央行行长集体会晤,所以八国集团的出现并未从根本上改变国际经济治理中的七国集团集体领导实质。①

---

　　① 受 1979 年伊朗人质事件和苏联入侵阿富汗影响,进入 80 年代后,七国集团年度峰会议题已不再局限于经济领域,政治、安全议题及打击恐怖主义、气候环境治理等全球性议题,也成为七国峰会关注的对象。在这一背景下,七国吸纳俄罗斯加入主要出于地缘政治、战略安全考虑,而非俄罗斯在全球经济事务中影响力,就全球政治经济治理的集体领导模式而言,八国集团更像"G7+1"。参见[加]彼得·哈吉纳尔:《八国集团体系与二十国集团:演进、角色与文献》,朱杰进译,上海人民出版社,2010 年,第 52~60 页。

亚洲金融危机后,随着中国、印度、巴西、南非等新兴经济体强势崛起,七大国在国际经济事务中的国际领导能力和领导合法性受到挑战。1999年二十国财长、央行行长会议的出现代表了七国集团尝试探索后七国时代国际经济集体领导新模式,2005年,八国集团更是演变为八国加中、印、巴、南、墨五国的"8+5"领导人峰会。然而2008年全球金融危机的爆发彻底中断了七国集团为中心国际经济集体领导转型尝试,二十国财长、央行行长会议升级为二十国领导人峰会,弥补八国集团的国际经济领导的缺位。自2008年起,二十国集团与八国集团成为全球经济事务中两大平行领导人峰会,尽管八国也是二十国集团成员,但八国却非二十国集团的核心小组,完全不同于冷战时期七国集团与经济合作与发展组织(简称经合组织)的关系。2014年,受克里米亚危机影响,俄罗斯被退出八国集团,国际舞台重现七国集团,但其却再难担负起全球经济治理的国际领导重任。

## 第一节　布雷顿森林体系的瓦解和美欧日三足鼎立经济格局

二战后期,美国、英国和苏联共同领导构建了战后国际经济制度体系(主要是美英两国),艾德礼工党执政期间,英国在内外交困下被迫放弃本已预留的国际领导席位,而美苏冷战波及至经济领域也使得美苏无法继续集体领导,所以1947年后美国基本独自承担起稳定西方国际经济环境的领导责任。[①]凭借战时累积形成的巨大经济体量,美国依托"美元-黄金"固定汇率机制和国际货币基金组织、世界银行、关贸总协定三大国际制度,成功确立

---

① 冷战期间,世界经济分裂为资本主义和社会主义两大分工贸易体系,美国及后来七八十年代七国的国际领导主要作用于非社会主义国家,苏联解体、东欧剧变后,社会主义经济体系解体。

和维系了二十余年的一国国际经济领导,虽然 1962 年国际货币基金组织框架内出现了"十国集团",①但其更多是为弥补美国在应对国际收支失衡中的领导力不足,而非颠覆美国国际领导地位。

奠定美国在西方世界经济事务中的领导地位的主要基石为 1944 年在布雷顿森林会议上确立的"黄金—美元—其他国家货币"固定汇率机制,固定汇率防止了各国在经济民族主义驱使下竞争性货币贬值行为对国际贸易的破坏性影响,成为二战后西方经济五六十年代复兴的一大保障。②由于美元只是抽象意义上的黄金,所以布雷顿森林体系的平衡、持续运转有赖于两个基础条件的满足:一是支持美元的其他国家对美元币值的坚定信心,愿意根据外汇市场行情及时买进或抛售美元,来稳定美元和黄金比价,以及美元和本国货币汇率相对稳定,同时不过分扩大对美贸易顺差;二是美国国际收支的平衡和货币政策的稳定,不滥发美元以至于改变与其他货币的实际汇率,保证当出现适当收支赤字时(1%上下浮动),其他国家亦有能力为美国融通资金、平复赤字。③

然而这两大基础条件在历经 20 年的运行后于 60 年代末和 70 年代初开始消逝。首先,西欧、日本经济的复兴和欧洲共同市场的形成,在国际贸易中对美国产品构成巨大竞争,凭借战后出口美国商品的优惠关税政策,西

---

① 十国集团,特指 1962 年为缓解国际货币基金组织(IMF)美元信用额度不足,由美国、西德、日本、法国、英国、意大利、加拿大、比利时、挪威、瑞士、瑞典共同募集一笔信用资金,成为 IMF 备用资金,十国集团在 20 世纪 60 年代发挥着补位美国国际经济领导力的作用。See C. Fred Bergsten, C. Randall Henning, *Global Economic Leadership and the Group of Seven*, Institute for International Economics, 1996, pp.16–17.

② [美]罗伯特·吉尔平:《国际关系政治经济学》,杨宇光等译,上海人民出版社,2006 年,第 126~133 页。

③ 关于布雷顿森林体系平稳运转基础条件的分析,参见[美]罗伯特·吉尔平:《国际关系政治经济学》,杨宇光等译,上海人民出版社,2006 年,第 123~125 页;[德]赫尔穆特·施密特:《伟人与大国》,隋亚琴等译,同济大学出版社,1989 年,第 192~193 页。

德、法国、日本等逐步累积起大幅出口盈余(美元外汇)。而作为世界货币一方的美国,其国际收支却逐渐恶化,美对外贸易顺差额从 1964 年的 680 亿美元一路下跌到 1967 年的 380 亿美元再到 1969 年的 6 亿美元。[①]其次,约翰逊政府时期,美国对外越南战争的升级和国内"伟大社会"的建设,庞大的财政支出造成美国联邦政府财政赤字从 1964 年的 59 亿美元陡增至 1968 年的 252 亿美元。[②]为缓解财政压力,约翰逊政府利用美元与黄金挂钩优势增发货币,结果大量美元涌入市场引发美元实际贬值,使得美国黄金储备无法继续一美元 35 盎司黄金的自由汇兑。美元被高估和其他国家货币被低估的双重扭曲,严重损害着双方的对外贸易。一方面美国不愿看到进出口贸易形势继续恶化,要求出台保护主义措施;另一方面手持大量美元储备的其他国家却不得不接受美元实际贬值和本国货币实际升值后出口不利的负面影响。在美国不愿用黄金储备回购多余美元后,重新调整美元兑黄金和美元兑其他国家货币比价,已然成为一个各国必须正视的事实。1971 年 8 月,在国内保守势力强烈要求扭转美国不利贸易地位、汇率处境的压力下,尼克松政府宣布美国暂停美元自由汇兑黄金业务,并向欧日输美商品征收 10%关税。

美元与黄金的脱钩,意味着 1944 年确立的并在战后一直调节国际货币关系的《布雷顿森林协定》终结,国际金融由此开启从固定汇率向浮动汇率过渡的大门。对当时国际货币基金组织成员来讲,尼克松的电视声明无疑是对国际规则的刻意破坏,西欧部分人士甚至认为美国这一行径无异于一次对西方工业民主国家的经济战,[③]美国同法国、西德、日本一时纷争不断。为避免与盟国在汇率、关税问题的分歧升级为日后的长期对抗,1971 年 12 月 13 日至 29 日期间,尼克松先后同法国总统、英国首相、西德总理分别举行了

①② Harold James. *International Monetary Cooperation since Bretton Woods*, Oxford University Press, 1996, p.208.

③ [美]基辛格:《白宫岁月》(第三册),杨静予等译,世界知识出版社,2003 年,第 1212~1216 页。

双边会晤,在与法国总统蓬皮杜进行的双边会晤上,两国达成初步共识,美国同意继续坚持固定汇率制,法国同意改善美元币值不利地位——美元贬值、法郎升值。一个星期后,在华盛顿举行的十国财长会议上,与会各方达成了最后挽救布雷顿森林体系的《史密森协议》,明确美元由一盎司35美元提高为38美元,其他国家货币不同程度升值,汇率浮动空间由1%扩大为2.25%,同时美国放弃对输美商品加税的决定。[1]实际上,《史密森协议》只是美国浮动汇率诉求和欧日固定汇率坚持之间相互妥协的结果,并未触及布雷顿森林体系70年代初出现全面危机的症结——美国无力再独自承担国际经济领导责任的事实,相比于国际市场上流动的大量美元,《史密森协议》对美元的贬值几乎微不足道。1973年初黄金兑美元实际价格已上涨至90美元,当年2月美国再次宣布美元贬值10%,兑黄金比价调整至42美元,停止在西欧和日本的美元黄金交易。[2]至此美、法等国尝试挽救固定汇率货币体系的努力彻底宣告失败,国际社会再次面临着稳定国际货币市场预期的共同任务,在西德总理赫尔穆特·施密特看来,美国放弃国际货币政策领导权的同时也舍弃了在西方国际经济事务中的领导国地位。[3]

此外,远比布雷顿森林体系解体更具冲击力的是1973年因中东战争而爆发的第一次石油危机,石油价格在1973年10月至1974年1月期间连翻四倍,从每桶3美元骤增至每桶12美元,瞬间拉升了美、日、欧等石油消费国家的生产消费成本,[4]而战后西方资本主义国家持续经济增长的一大外因即是石油价格的长期稳定和低廉。在石油危机下,西方各国纷纷选择扩大货

---

① Margaret Garritsen de Vries ed., *The International Monetary Fund 1966-1971:The System under Stress*(Volume 1:Narrative),IMF,1976,pp.553-556.

② The Smithsonian Agreement. https://www.federalreservehistory.org/essays/smithsonian_agreement.

③ [德]赫尔穆特·施密特:《伟人与大国》,隋亚琴等译,同济大学出版社,1989年,第188页。

④ Robert D. Putnam, Nicholas Bayne. *Hanging Together:The Seven-Power Summits*. Harvard University Press,1984,p.13.

币供给来缓解因石油价格突然上涨而受损的货币购买力、经济成本和财政赤字难题。①结果便是，通货膨胀从 1971 年前后的美国蔓延至整个西方世界，1974 年绝大多数经合组织成员陷入严峻经济衰退，失业人口从 1972 年的 900 万增长至 1975 年的 1500 万，平均通货膨胀率达到 13.5%，为正常年份的 3 倍。②在伴随石油危机而来的高通货膨胀、低经济增长、高失业人口的三重压力冲击下，西方经济陷入"滞涨危局"。与此同时，成立于 60 年代后期的七十七国集团也开始在国际舞台上向经合组织经济发达国家施加压力，要求重新调整南北市场关系，建立国际经济新秩序。可以说，布雷顿森林体系解体、石油危机、经济滞涨、南北经济冲突等国际经济领域多重危机在 1971—1975 年短短五年时间里集中爆发，严重超出了国际货币基金组织、经合组织、十国财长集团等现有制度框架组织的治理能力。③

尽管 1973 年后曾出现过美、法、英、联邦德国、日五国财长非正式的政策协调，但二战结束后国际社会出现的复合依赖关系形态，如政治议题与经济议题、国内政治与国际政治、国与国之间的相互交织，使得国际经济危机治理需要其他领域、部门、国家的政策行为的协调。浮动汇率的设定、国际经济新秩序的回应、经济滞涨的缓解等问题，可谓既是经济议题同时也涉及一国外交政策，已然超出一国自我治理能力及部长层级政策协调的能力，需要深受危机影响的各国领导人亲自出面。加之 1929—1933 年经济大萧条治理失败后的惨痛教训，更使得德斯坦、施密特、福特、基辛格、舒尔茨等西方政治、经济领导人意识到任由危机蔓延的后果。总之，20 世纪 70 年代初，国际

①　［德］赫尔穆特·施密特：《伟人与大国》，隋亚琴等译，同济大学出版社，1989 年，第 192~193 页。

②　Robert D. Putnam, Nicholas Bayne. *Hanging Together: The Seven-Power Summits*. Harvard University Press, 1984, p.13.

③　关于 20 世纪 70 年代初多重经济危机冲击下，已有国际制度框架应对乏力的分析，参见 Robert D. Putnam, Nicholas Bayne. *Hanging Together: The Seven-Power Summits*. Harvard University Press, 1984, pp.26-27。

经济体系危机的集中爆发生成了新一轮的多国集体行动需求，而美国不再承担国际经济事务领导权的事实，则促成战后国际经济管理开始由一国领导演进为多国共同领导。

除却国际体系危机，这一时期国际体系权力格局也开始朝着有利于多国集体领导的方向演进。首先是美苏核均势的出现，促使美国在遏制苏联行动中更加借重欧日盟友，愿意在国际经济事务中与盟友共享领导权，以换取盟友对苏政治军事行动中的步调一致。其次是美国自身实力的衰落，尤其西欧、日本经济崛起后，美国独自承担国际经济领导负担的乏力现象愈加突出，1973 年英国、爱尔兰、丹麦加入共同体后，欧共体与美国的国内生产总值已旗鼓相当，在世界贸易中占比甚至高于美国。[①]对此，美国财长约翰·康纳利（John Connally）1971 年在德国慕尼黑的一次多国集会上直言，在承担战后国际经济复兴领导责任 25 年后，美国经济已不再居于主导地位，相应的国际领导责任也应当在美、西欧、日本等经济大国间重新合理分配。[②]美国在尼克松政府期间重拾均势政治、大国协调无疑也诠释了国际体系权力多极化趋势的抬头，至少尼克松、基辛格在不同场合均坦言 1970 年后世界政治舞台上的美国、苏联、中国、西欧、日本五大权力中心和国际经济舞台上美、西欧、日本三大权力中心，[③]国际集体领导更加契合了国际经济领域的权力多极现实。最后是国际经济领域权力多极而非分散，美、西德、日、法、英、意、加七国在国际体系中仍享有绝对优势权力。截至 1975 年，在当时世界上最为强大的 13 个国家中，七国集团整体经济实力占比 66%，军事实力占比 50%，

---

①　Theodore H. Cohn. *Governing Global Trade：International Institutions in Conflict and Conver-gence*. Ashgate Publishing Limited，2002，pp.91–92.

②　［美］基辛格：《白宫岁月》（第三册），杨静予等译，世界知识出版社，2003 年，第 1212~1213 页。

③　John Lewis Gaddis. *Strategy of Containment*. Oxford University Press，2005，pp.278–281.

占全球全部物资生产能力的 51%；[①]七国商品的出口、进口贸易额占全球贸易总额的 50.4% 和 49.9%，国际货币储备总量中七国占一半以上；国际货币基金组织中七国份额占比 54.5%，美元、英镑、法郎、马克、日元仍是全球外汇储备的首选，占比高达 90%（其中美元 76.1%）。[②]相对体系其他国家的压倒性实力优势，保证了七国在取得国际领导权共享后，能够成功赢得其他国家对七国国际领导方案的支持。

需要补充的是，虽然苏联、中国在 70 年代的国际事务中有着举足轻重的影响力，两国都是联合国常任理事国，苏联主导着社会主义阵营，中国在亚非发展中国家声望巨大，但两国经济却未参与到全球资本主义市场分工体系中来，70 年代初的国际经济危机对两国影响较小，七国的国际集体领导也主要聚焦于国际经济领域而非政治-军事范畴。[③]

总体而言，20 世纪 70 年代也是美苏力量最为平衡、美苏对抗最为缓和的时代，东西方关系的趋暖客观上为西方经济发达国家分心经济事务创造了可能。历经 1973—1975 年的关注点趋近下的协商妥协后，美国最终决意与西德、法国、英国、日本、意大利、加拿大六国共享国际经济领导权，共同引领国际经济平稳运行，而六国在国际安全领域中对美国依赖和美国在对苏冷战中对六国的借重，也间接助推着双方在共享领导权实践中的分歧管控。

---

① John Kinton. "The Seven-Power as an International Concert", in "Contemporary Concert Diplomacy：The Seven-Power Summit and the management of International Order", http://www.g8.utoronto.ca/scholar/kirton198901/kcon1.htm.

② 数据来源于 IMF 年度报告、经济统计数据，参见 C. Fred Bergsten, C. Randall Henning. *Global Economic Leadership and the Group of Seven*. Institute for International Economics, 1996, pp.45-47。

③ John Kinton. "The Seven-Power as an International Concert", in "Contemporary Concert Diplomacy：The Seven-Power Summit and the management of International Order", http://www.g8.utoronto.ca/scholar/kirton198901/kcon1.htm.

# 第二节　七国共享国际经济领导权的取得

## ——从五国财长"图书馆小组"到郎布依埃首脑峰会

相对于1942年美苏英三国国际集体领导在日益严峻的国际安全危机下实现而言,美国、法国、联邦德国、英国、日本、意大利六国在1975年第一次尝试国际经济事务领导权的多国共享,更像一次多国集体领导的升级,即从部长层级的货币汇率议题领域升级至国家/政府首脑层级的国际经济议题领域。早在1971年尼克松宣布美元与黄金脱钩、布雷顿森林体系消解之际,时任美国总统国家安全事务助理基辛格就曾建议尼克松与法、德、英等欧洲盟友集体召开一次首脑会晤,以防止美国与盟国在汇率问题上的分歧蔓延至政治、军事领域,从而影响其行动一致。但由于当时法国总统蓬皮杜的反对而只好调整为美法、美英、美德的双边会谈。虽然美国与法国均意识到了后布雷顿森林体系时代共同引领国际经济事务的必要性,但在如何应对危机的关注点上却出现了重大分歧。

美国认为,西欧、日本的复兴以及世界贸易量的增长已然使得人为汇率规定无力反映真实的各国货币市场比价(美元被高估、其他国家货币被低估,导致美国持续扩大的国际赤字),所以应将汇率交由市场来调节,即浮动汇率制。但在法国看来,与黄金脱钩的浮动汇率意味着未来决定各国货币购买力的不再是黄金储备,而是货币作为购物凭证在国际市场上购物所得,此举必然引发货币投机行为,扰乱市场秩序。因此,未来国际货币体系的调整应当以黄金为基础,重新确定各国汇率比值而非彻底转向浮动汇率制①。1969—1974年乔治·蓬皮杜主政下的法国一致认为,美国60年代后期逐渐恶化的国际收支赤字,根源于肯尼迪、约翰逊两届政府无节制的财政赤字和滥发美元引发的通货膨胀,美国享用了作为国际经济领导的特权,却未恪守相应的领导责任。事实上,正是问题关注点的差异,迟滞了美欧在面对1971年布雷顿森林体系危机及之后1973年石油危机时国际领导权共享的实现,尽管这一时期双方一直保持了密切的沟通对话,在雷蒙·阿隆眼里,此举不过是为"巴黎与华盛顿之间无谓的争执提供了一个平台"②。

1973年初,面对美国单方面终止《史密森协议》而再次引发的国际货币体系动荡,法国、联邦德国开始意识到放任美元贬值对国际经济及两国巨大外汇储备的灾难性后果,而美国也担心他国借此在国际市场上抛售美元。在此背景下,三国于当年3月25日在华盛顿白宫图书馆进行了一次财长集会,协调三国货币汇率政策。在美国财长舒尔茨坦言美国无法坚持固定汇率制事由后,法国财长德斯坦、联邦德国财长施密特不得不接受汇率放开的事实。尽管德斯坦、施密特更希望美国通过拿出黄金储备来平衡美元汇率(这一建议为美国所拒绝),毕竟无论法郎还是联邦德国马克,当时都无法取代美元充当世界货币。作为回应,舒尔茨事后对外声明表示三国选择浮动汇率制只是暂时之举,待日后外汇市场达成新的平衡后,将重建一个新的固定汇率体系。③舒尔茨此举不过意在安抚法、联邦德国不满和市场恐慌,从日后事态来看,美国从未认真考虑过要重建固定汇率制,而且联邦德国、英国、日本

① 美国与法国1971年后关于"固定汇率制"和"浮动汇率制"的争执、分析,参见[法]雷蒙·阿隆:《雷蒙阿隆回忆录:五十年的政治反思》,杨祖功等译,新星出版社,2006年,第532~537页;[美]基辛格:《白宫岁月》(第三册),杨静予等译,世界知识出版社,2003年,第1217~1225页。

② [法]雷蒙·阿隆:《雷蒙阿隆回忆录:五十年的政治反思》,杨祖功等译,新星出版社,2006年,第546~547页。

③ [德]赫尔穆特·施密特:《伟人与大国》,隋亚琴等译,同济大学出版社,1989年,第194~192页。

之后也转向了浮动汇率制。①第一次图书馆会议后,英国和日本分别于当年7月、9月加入"图书馆小组",五国财长会议正式形成。

　　从1973年9月非洲肯尼亚内罗毕的第一次五国财长集会到1975年11月朗布依埃第一次六国首脑峰会,五国财长利用各种场合先后进行了十次会晤,②成功扮演了推进国际货币体系从"固定汇率"平稳转轨至"浮动汇率"的集体领导角色。远比问题解决意义深远的是,五国财长通过共享国际金融领导权的互动实践,逐渐培育起良好的私人友谊和利益共同体身份认知,为法国财长德斯坦和联邦德国财长施密特在1974年担任国家/政府首脑后,积极推动五国财长会议升级至五国首脑峰会奠定了基础。即使1976年七国首脑峰会定型后,五国财长会议仍被保留了下来,成为与首脑峰会平行的另一会议机制,每年秘密集会2~3次,后在意大利等国的反对下,1987年起五国财长会议被七国财长及央行行长会议所取代,③并一直延续至今。

　　需要指出的是,1973年出现的五国财长会议当时只是一个非正式的私人秘密集会,在很长一段时间里并不为外界所知,一方面受制于国内政治掣肘,身处分歧漩涡的法国、美国、联邦德国当时都很难公开做出妥协而不致遭受国内失败,只好寻求跨国共识来推动集体协作;另一方面,五国也担心来自其他中小国家的反对,避免给外界留下大国操纵的负面影响——这一

---

　　①　根据1975年8月6日英国首相与财政大臣的会谈记录,英国财长提出英国不妨支持法国在重建固定汇率制的建议,以换取法国在IMF份额改革上的合作,英国财长分析到,当时几乎所有国家都反对再次回到固定汇率制,英国对法国的支持并不会改变浮动汇率制的事实。See Memorandum, "Note of A Meeting between the Prime Minister and the Chancellor of the Exchequer", 1975-08-06, G7 Information Centre, University of Toronto, https://c59574e9047e61130f13-3f71d0fe2b653c4f00f32175760 e96e7.ssl.cf1.rackcdn.com/99CFD216A1D44DB8BCA0151D3CE32731.pdf.

　　②　会晤次数引自[加]彼得·哈吉纳尔:《八国集团体系与二十国集团:演进、角色与文献》,朱杰进译,上海人民出版社,2010年,第16页。

　　③　同上,第14~19页。

点也是后来七国集团极力想避免的，即七国对国际经济的集体领导绝非1945年前的大国政治的重现。

1973年10月中东战争爆发，为反对西方发达国家对以色列的偏袒，石油输出国组织(OPEC)利用美日欧等石油消费大国对低价石油的依赖，通过减产或禁运石油，大幅抬高石油价格，引发战后第一次石油危机。此前五国财长会议的脆弱共识瞬间被打破，在如何应对石油国组织提升石油价格打击西方经济这一问题上，美国与西欧、日本盟友产生严重分歧。11月施密特致信基辛格，建议召开一次由重要工业国外长、石油货币专家参加的私人会议，讨论针对石油输出国组织的共同政策。1974年2月能源会议如期在华盛顿召开，但由于法国外长与美国国务卿基辛格的激烈争执，能源会议无果而终。①施密特、基辛格试图将五国财长国际货币议题上的集体领导延伸至国际能源领域遭遇挫折。实际上，由于美国、法国、联邦德国、英国、日本等国对中东进口石油的依赖程度差异，在引导西方石油消费国对欧佩克的共同行动上各有优先考虑，美国因本国石油产量供给了2/3的国内消费，所以希望先行取得石油消费国政策一致，再行开展与石油输出国组织谈判，防止后者漫天要价。然而西欧、日本对中东石油的依赖却远大于美国，受石油价格翻番的负面冲击也重于美国，这些国家则更希望直接与石油输出国组织对话。美国的建议极有可能激怒石油输出国组织，促使其再次提价，因此当美国提议先行建立紧急石油共享机制——国际能源机构，减少对中东石油依赖时，一开始遭到了法国、联邦德国、英国、日本等国的软抵制。其间，来自法国的软抵制最为强烈，在1974年9月28日与福特、基辛格的一次会谈中，法国外长坦言，在西方行动一致问题上，法美有着共同认识，法国虽暂时不准备加入能源共享计划，但也不反对美国这一倡议，法国更倾向于召开一次石油

---

① [德]赫尔穆特·施密特：《伟人与大国》，隋亚琴等译，同济大学出版社，1989年，第194~195页。See Henry Kissinger, *Years of Upheaval*. Simon & Schuster Paperbacks, 1982, pp.911–920.

消费国与生产国面对面的协商。①英国同样传递了近似法国的态度——赞赏
能源共享计划,但目前不打算加入。②在 9 月 26 日与来访的意大利总统会谈
中,基辛格抱怨了西欧盟友在石油问题上与美不合作,直言倘若西欧盟友继
续拒绝与美联合行动,美国将独自行动。③在美国的坚持和压力下,经合组织
于 1974 年 11 月通过了成立国际能源机构的决定,美国、日本、联邦德国、英
国、意大利等 16 个国家成为首批会员国(法国直到 1992 年才加入)。与此同
时,法国倡议石油消费国与生产国对话也如期在巴黎举行,尽管存在分歧冲
突,但美国与法国还是达成了妥协:法国同意欧共体与国际能源机构合作,
美国不再反对经合组织、石油输出国组织、发展中国家三方一起讨论能源及
相关议题。④

　　法国与美国自 1973 年布雷顿森林体系终结后因行动关注点差异而出
现的争执摩擦,严重干扰了有效集体行动的形成。1974 年在回应石油输出国
组织被迫"冲击"国际经济秩序的行动中,更是出现了两国竞相争夺国际经
济领导权的局面,尽管这一时期美国、法国、联邦德国、英国、日本都反复重
申了共同利益的存在,但关注点的差异始终阻碍着国际领导权的共享,五国
财长会议对石油危机的讨论并不能弥合法美的立场分歧。接踵而至的是弥
漫西方经济体 1974—1975 年的全面衰退,失业人口增长、高涨的贸易保护

　　①　Memorandum of Conversation, "President Gerald R. Ford, Henry Kissinger and Jean Sauvagnar-
gues, Minister of Foreign Affairs of France", 1974-09-28, Gerald R. Fort Presidential library & Museum.
https://www.fordlibrarymuseum.gov/library/document/0314/1552809.pdf.

　　②　Memorandum of Conversation, "President Gerald R. Ford and James Callaghan, Secretary of
State for Foreign &: Commonwealth Affairs", 1974-09-24, Gerald R. Fort Presidential library & Museum.
https://www.fordlibrarymuseum.gov/library/document/0314/1552801.pdf.

　　③　Memorandum of Conversation, "President Gerald R. Ford, Henry Kissinger and Giovanni Leone,
President of Italy", 1974-09-26, Gerald R. Fort Presidential library & Museum. https://www.fordlibrary-
museum.gov/library/document/0314/1552806.pdf.

　　④　Robert D. Putnam, Nicholas Bayne. *Hanging Together: The Seven-Power Summits*. Harvard Uni-
versity Press, 1984, p.13.

主义声音、经济下行的治理要求适度刺激政策，而通货再膨胀将可能恶化本已严峻的通货膨胀。失业人口的增加（英国最为严重）要求保护性贸易措施，贸易保护却可能破坏战后确立的自由贸易体制，经济体系多重危机、多元权力和相互依赖的现实，促使美国、法国、联邦德国、英国四国领导人逐渐意识到尽早取得妥协、达成合作共识对本国、对西方、对世界的重要价值。1929—1933年应对经济大萧条时，各国自我行动、以邻为壑的经济政策惨痛教训，更在德斯坦、施密特、福特、威尔逊（英国首相）等领导人之间形成某种共识——经济危机升级将破坏西方盟国政治、军事团结，经济危机治理不应诉诸单边主义行动，①防止危机扩大和阻止保护主义干扰西方团结的共识在1974年后期开始弥合关注点差异而来的集体行动裂缝。

根据联邦德国总理施密特的回忆，举行工业民主国家首脑经济峰会源起于其与德斯坦的一次谈话。1974年5月德斯坦、施密特分别被选为法国总统、联邦德国总理后，两人对"图书馆小组"和五国财长会议有着共同良好的印象，促使二人考虑将这一模式沿用至首脑层面的经济协调，另外基辛格在其著作《混乱的年代》中也将1973年石油危机后的经济动荡视为六国首脑峰会的直接诱因，这一倡议最先由法国总统德斯坦提出。②5月就职法国总统后，德斯坦即向施密特直言经济危机乃当时西方世界的最大挑战，不比政治军事危机，经济问题上各国领导人通常委责于财长，财长的局限造成国际经济协调迟而不决，若继续放任经济危机的蔓延将引发严重政治灾难，因此

---

① 防止1973—1975年西方经济重蹈1929—1933年经济大萧条治理失败的覆辙，频繁见于当时福特与施密特、福特与日本首相、施密特与德斯坦、英国首相与财政大臣在1974年12月至1975年11月这段时间会谈文件记录中，参见美国总统福特档案馆会谈记录文档，https://www.fordlibrary-museum.gov/library/guides/findingaid/Memoranda_of_Conversations.asp，加拿大多伦多大学七国研究中心，"1975郎布依埃峰会"原始文档存录。

② Henry Kissinger, *Years of Upheaval*. Simon & Schuster Paperbacks, 1982, pp.745-746.

应立即召开一次西方领导人经济峰会,研究如何应对日益严峻的经济形势。[①]施密特虽然也赞同召开一次西方主要经济大国领导人峰会,但鉴于法国、美国之间关注焦点的巨大差异,起初并不看好领导人峰会的前景。1974 年 12 月,美法两国首脑在法属马提克岛正式会晤,通过领导人直接对话,1973 年以来长期困扰西方国家集体行动的美、法纷争开始得以化解。两国总统同意今后将采取步调一致的经济政策以便有效应对通货膨胀和减少失业人口,并决定联合倡议一次工业国家政府间会议,以取得经济大国间基本经济政策的一致。[②]美、法两国的"和解"可谓扫清了通往朗布依埃六国首脑峰会的最大障碍,1975 年 7 月下旬,美国总统福特在出席赫尔辛基欧洲安全峰会中途访问联邦德国,在波恩会谈期间,两国领导人达成了在减少失业、防止货币投机、增强市场信心等经济问题上一致行动的共识。尽管福特未正面回应施密特五国领导人经济峰会的倡议,但却欣然接受了在赫尔辛基峰会结束之际举行一次美国、法国、联邦德国、英国四国首脑经济峰会。[③]

美国总统之所以对首脑经济峰会倡议态度徘徊,一方面源于美、法、德对峰会价值期待的不同,在峰会讨论焦点上,法国希望专注于货币问题——如何重建固定汇率体系,美国对此却毫无兴趣。对于施密特的通货再膨胀建议,由于 1975 年上半年美国经济已有所起色,美国并不打算再出台一轮经

---

①③ 1975 年 7 月与造访波恩的美国总统会谈时,施密特向福特转述了他与法国总统倡议经济峰会的缘由,参见 Memorandum of Conversation,"President Gerald R. Ford,Henry Kissinger and Helmut Schmidt,Chancellor,Hans-Dietrich Genscher,Deputy Chancellor and Minister of Foreign Affairs",1975-07-27,Gerald R. Fort Presidential library & Museum,https://www.fordlibrarymuseum.gov/library/document/0314/1553186.pdf.

② Robert D. Putnam,Nicholas Bayne. *Hanging Together:The Seven-Power Summits*. Harvard University Press,1984,p.15.

济刺激政策。①另一方面是来自国内财政部官员的反对，担心福特总统与财长出身的德斯坦、施密特圆桌讨论复杂经济问题时居于下风，在后来筹备朗布依埃峰会时，美国坚决要求事先明确讨论事项和财长出席。②再则，美国不满于戴高乐政府以来，法国在西方国际事务中对美国国际领导权的竞争，担心接受一次法国邀请的集体行动将助长其在西方的影响力。所以当赫尔辛基安全峰会上勉强同意后，福特总统便要求经济峰会必须在美国召开，1971年放弃美元与黄金自由汇兑后，美国只是希望与其他国家分担国际经济领导责任，并非甘愿让渡其首屈一指的国际声望，后者也成为美国迟迟不愿与法国共享国际经济领导权的一项深层次原因。

1975年7月31日，在赫尔辛基安全峰会最后阶段的一次午餐会议后，四国领导人在英国大使馆的花园里秘密集会。正是在这次讨论会上，迟疑不决的美国总统被说服同意召开一次西方国家领导人峰会的倡议。不过从已解密的文献档案看，四国的"花园会议"并未做出一定要召开领导人峰会的决定，只是同意了安排私人代表对共同关心问题继续接触交流。③8月6日，当造访华盛顿的日本首相三木武夫表明日本愿意接受五国经济峰会邀请后，福特犹豫道，因政府高层意见不统一，目前尚不能确定美国是否参加峰

① 1975年7月27日，美国总统福特造访波恩期间与德国总理施密特会谈记录，参见 Memorandum of Conversation, "President Gerald R. Ford, Henry Kissinger and Helmut Schmidt, Chancellor, Hans-Dietrich Genscher, Deputy Chancellor and Minister of Foreign Affairs" [DB/OL], 1975-07-27, Gerald R. Fort Presidential library & Museum, https://www.fordlibrarymuseum.gov/library/document/0314/1553186.pdf。

② Robert D. Putnam, Nicholas Bayne. *Hanging Together: The Seven-Power Summits*. Harvard University Press, 1984, pp.24-25.

③ Text of Agreed on the Record statement at Helsinki, 1975-08-01, G7 Information Center, https://c59574e9047e61130f133f71d0fe2b653c4f00f32175760e96e7.ssl.cf1.rackcdn.com/E86955366A8E4B95B55B8074996C9ED3.pdf。

会。①美国最终下决心接受峰会倡议，则要等到舒尔茨 9 月 13—16 日欧洲之行后。在继续与德斯坦、施密特、威尔逊三位首脑沟通后，舒尔茨 9 月 17 日向福特、基辛格陈述了在首脑峰会问题上四国现已"骑虎难下"——拒绝峰会的那个国家将背负破坏峰会的责任，至此福特总统不再犹豫，首脑峰会由此敲定。②从 9 月中旬到 11 月 12 日，五国/六国代表先后进行了三轮筹备峰会工作磋商（意大利参加了 10 月、11 月的两次筹备会议），就程序性内容达成妥协共识，为 11 月 15 日第一次首脑峰会召开做好铺垫。大体而言，六国相互妥协事项主要有：

一是峰会形式和意图。法国、德国希望延续"图书馆小组"或五国财长会议形式——六国领导人之间的非正式讨论，领导人在峰会上的观点不代表其国家必然如此。峰会目的主要是在几个经济大国领导人之间建立某种共识，通过坦率交流来增进相互信任和对彼此政策目标、行动限制的了解，避免出现有损他国利益的经济政策，但峰会不应成为决策机构。然而美国却希望六国峰会成为西方国际经济事务的领导者，不同于法国、联邦德国强调峰会的私人性，美国更看重峰会对国际经济体系的影响。③最后妥协为形式上保留了前者初衷，但实质上峰会却承担起西方国际经济领导的责任。

二是峰会的议题。峰会的议题最为反映了当时各国关注点的差异。尽管 1975 年朗布依埃是一次六国峰会，但在前期峰会的筹备组织上，主要是美国、法国、联邦德国、英国四国发挥了引导协调作用。法国开始希望通过峰会

---

① 1975 年 8 月 6 日，福特总统与日本首相三木武夫第二次会谈记录，参见 Memorandum of Conversation, "President's Second Meeting with Prime Minister Miki", 1975-08-06, Gerald R. Fort Presidential library & Museum, https://www.fordlibrarymuseum.gov/library/document/0314/1553203.pdf。

② 1975 年 9 月 17 日，福特、基辛格、舒尔茨白宫会谈记录，参见 Memorandum of Conversation, 1975-09-17, Gerald R. Fort Presidential library & Museum. https://www.fordlibrarymuseum.gov/library/document/0314/1553233.pdf。

③ 关于美、法、西德在峰会形式及峰会目的上的争论妥协，参见 Robert D. Putnam, Nicholas Bayne. *Hanging Together: The Seven-Power Summits*. Harvard University Press, 1984, pp.21-26。

的召开,各国能够在重建固定汇率制问题上达成共识,建议峰会集中讨论货币和世界经济稳定问题,但美国却无意参加一场只讨论货币问题的国际会议,更倾向于将讨论范围扩大至与国际经济相关的各类议题。联邦德国的议题焦点最初体现在赫尔辛基四方首脑秘密会晤期间,施密特曾向与会领导人散发的一份提纲,在涵盖了法国关心的世界经济与货币体系稳定外,还增加了重新刺激经济增长、保持利率以便鼓励私人投资(这一点针对当时美联储的加息)、国际货币基金组织份额改革、石油原材料价格稳定、石油消费国与石油生产国合作等议题。①其中联邦德国最为关注的是 1974—1975 年的国际经济衰退问题,所以希望各国在峰会上就新一轮通货再膨胀达成一致。与经济衰退、通货膨胀问题相比,峰会召开之前困扰英国最为紧迫的问题是国内失业,因此英国在峰会讨论议题上与联邦德国相近,即希望各国在新的经济再增长问题上达成共识,但却反对恢复固定汇率制,希望保留现有汇率政策上的行动自由以便扩大出口,减缓国内失业速度。日本、意大利由于是被邀请才加入峰会的,所以在 1975 年 9 月、10 月、11 月三次筹备会议期间,更多扮演了参与者的角色。在 10 月 5—6 日的美国纽约筹备会议上,美法互相妥协,法国不再坚持以国际货币稳定为主要峰会主题,美国也同意将国际货币议题作为其中一项内容;六国首脑私人代表就此确定和分配六国首脑分别主持的讨论主题,国际经济整体形势评判(联邦德国)、国际贸易(日本)、国际货币(法国)、与发展中国家关的经济关系(英国)、能源问题(美国)、与苏联及东欧国家经济互动(意大利)。② 10 月 10 日,六国正式向外界

① 施密特在赫尔辛基四国领导人私人集会上散发的 6 项峰会议题内容,参见 Private Memoran-dum, "on International Concertation of Economic Action by Helmut Schmidt", 1975-07-31, Gerald R. Fort Presidential library & Museum, https://www.fordlibrarymuseum.gov/library/document/0314/1553186.pdf。

② 六国筹备峰会"牧羊人"1975 年 10 月 5 至 6 日美国纽约卡尔顿酒店会谈成果记录,参见Memo-randum of the Carlton Group, 1975-10-05/06, G7 Information Center, https://c59574e9047e61130f133f71d0 fe2b653c4f00f32175760e96e7.ssl.cf1.rackcdn.com/E86955366A8E4B95B55B8074996C9ED3.pdf。

公布各国政府首脑将于11月15—16日在法国朗布依埃举行非正式集会。

三是朗布依埃峰会邀请成员国和人员。在德斯坦、施密特最初的倡议中，峰会与会人员仅限定为各国国家首脑或政府首脑，后在美国的坚持下扩大为首脑、外长和财长。当时的美国国务卿基辛格、财政部部长罗杰担心福特总统在与法、德首脑单独会晤中处于不利地位，这一模式一直延续到了1997年的丹佛峰会，之后各国领导人开始在没有财长、外长的陪同下单独会晤。①另外在邀请哪些国家出席首脑峰会时，德斯坦坚持认为首脑峰会应控制在一个小的范围内。这一设想起初也得到了施密特、威尔逊的支持，据基辛格回忆，德斯坦最开始设想出席首脑峰会国家只美国、法国、英国、联邦德国四国，后在施密特的提议下日本也被邀请，因为日本当时是西方第二大经济体。②不过在是否邀请意大利和加拿大两国上，法国则与美国、联邦德国、英国三国出现了不同意见。接纳日本后，法国已不希望峰会成员再行扩大，当意大利在欧安会后提出参加峰会要求时，德斯坦的反应极为平淡，在另三国的劝说下才勉强接受。促使德斯坦改变立场的最大缘由并非意大利欧共体理事会轮值主席国身份，而是意大利国内影响力不断提升的左翼政党，四国希望邀请意大利能够帮助现执政党赢得接下来的选举，防止左翼政党上台。③美国本希望在意大利问题上的支持，能够换得另三国在加拿大出席峰会上的认可，但却大失所望。德斯坦明确拒绝了加拿大出席首届首脑峰会的要求，对此福特曾一度扬言倘若不邀请加拿大，美国也将不出席，但德斯坦

---

①　Nicholas Bayne. *Staying Together：The G8 Summits Confronts the 21ˢᵗ Century*. Ashgate Publishing Company，2005，pp.8—9.

②　Henry Kissinger，*Years of Upheaval*，Simon & Schuster Paperbacks，1982，p.746.

③　关于邀请意大利参加峰会的原因考虑，参见英国外交部1976年2月关于朗布依埃峰会前后情况的总结记录，Memorandum，"the Economic Summit Conference at Rambouillet 15—17 November，1975"，G7 Information Center，https://c59574e9047e61130f133f71d0fe2b653c4f00f32175760e96e7.ssl.cf1.rackcdn.com/E86955366A8E4B95B55B8074996C9ED3.pdf。

仍不为所动,最后美国妥协,[1]加拿大的参会资格要等到 1976 年第二次首脑峰会时,美国以东道国身份绕开法国直接邀请下才获得。

四是平衡法国影响力。1975 年 9 月 17 日,在听取舒尔茨汇报同意首脑峰会后,福特开始要求峰会应在美国举行,在德斯坦坚持峰会必须在法国举行下,福特做出让步,不过为平衡法国国际影响——避免给国际社会造成首脑峰会是由法国邀请组织的印象,美国要求峰会结束后发表《联合宣言》,而在五国财长"图书馆小组"会晤模式中并无此项内容。[2]

## 第三节 七国治理国际经济动荡中的战略磋商与分歧管控

### ——从 1975 年朗布依埃峰会到 1978 年波恩峰会

1971—1975 年,固定汇率制国际货币体系解体、石油危机爆发、西方国际经济滞涨等短时间内多重挑战的聚合冲击,彻底破坏了五六十年代西方经济复苏、繁荣、平稳运行的基础条件,迫使美国、法国、联邦德国、日本、英国等当时主要经济大国搁置因不满美国推脱国际领导责任而来的纷争,转向共同承担起稳定国际经济秩序的领导责任,以防止经济危机的进一步恶化。1975 年 10 月,在纽约筹备会议上确立的"低通货经济增长、多边/东西/南

---

① 美国与法国在加拿大峰会资格问题上的争执,参见英国外交部 1976 年 2 月关于朗布依埃峰会前后情况的总结记录,Memorandum, "the Economic Summit Conference at Rambouillet 15-17 November, 1975", G7 Information Center, https://c59574e9047e61130f133f71d0fe2b653c4f00f32175760e96 e7.ssl.cf1.rackcdn.com/E86955366A8E4B95B55B8074996C9ED3.pdf。

② 1975 年 9 月 17 日,福特、基辛格、舒尔茨白宫会谈记录,参见 Memorandum of Conversation, 1975-09-17, Gerald R. Fort Presidential library & Museum. https://www.fordlibrarymuseum.gov/library/document/0314/1553233.pdf。

北贸易关系、国际货币体系重建、石油能源供给稳定"六项内容也先后成为1975 年郎布依埃峰会、1976 年波多黎各峰会、1977 年伦敦峰会、1978 年波恩峰会四次峰会讨论主题，成为七国共享国际经济领导权后必须完成的首要任务目标。(本书之所以选取 1975—1978 年四次首脑峰会作为分析阐释六/七国共享国际经济领导权的实践案例，主要基于这一时期七国国际领导任务的一致。)然而在完成上述任务目标的集体行动中，六国/七国却提出不同的行动方案，首脑峰会因此也成为七国交流观点、管控分歧、累积信任的重要平台。

## 一、宏观经济政策分歧，扩张型经济政策与联邦德国、日本经济"火车头"

20 世纪 70 年代中叶，困扰西方经济体的国际经济挑战主要有三项：通货膨胀、失业问题和经济衰退。其中，1974—1975 年弥漫大西洋两岸的经济衰退是促成美国、法国、联邦德国、英国、日本、意大利六国 1975 年 11 月在法国朗布依埃集会的直接动因。从 1974 年第二季度到 1975 年第二季度，美国国民生产总值减少了 5%，德国 1975 年国民生产总值也缩水 2%，①《朗布依埃宣言》更是直言六国时下最为紧迫的任务乃重振经济和减少失业。不过与先前周期性的经济衰退不同，西方主要经济国家本轮经济衰退之余还面临着通货膨胀的威胁(各国以增发货币来缓解 1973 石油价格暴涨从而造成之后的经济通货膨胀)，这使得六国在 1975 年 11 月首次峰会上面临着行动两难：消解失业难题，需要复兴经济增长，复兴经济增长需要出台新一轮的

---

①　数据来源于朗布依埃"宏观经济形势"讨论环节，福特、施密特的发言，参见 Memorandum of Rambouillet Summit Conversation, 1975-11-15, Gerald R. Fort Presidential library & Museum. https://www.fordlibrarymuseum.gov/library/document/0314/1553299.pdf。

财政货币刺激政策,但扩张型经济政策很可能恶化已然严峻的通胀压力,造成新一轮的市场恐慌。

通货膨胀、失业问题、经济衰退三大挑战的汇聚,迫使出席朗布依埃峰会的六大经济体不得不做出一次优先次序的决策。虽然 1974 年后六国经济增长遭到不同程度的削弱,但相对而言,美日经济形势最好、法德次之、英意最为严峻,国内不同的经济压力引出六国对集体领导优先行动重点的不同期盼。11 月 15 日上午,施密特在主持首脑峰会第一场讨论时,直言六国强化国际、国内经济政策合作对于实现国际经济平稳运行的重要性,认为经济衰退乃当时西方国际经济的头号挑战,经济衰退在很大程度上源于市场主体对未来不确定性的判断失当,如石油市场的动荡、出口市场的萎缩及高涨贸易保护呼声,因此六国应立即出台一系列刺激计划——扩大预算赤字,重申反对贸易主义,积极与石油输出国组织对话,以此来拉动经济增长和恢复市场信心。[①]联邦德国这一建议基本得到了法国的支持,在施密特发言的基础上,德斯坦又补充了稳定国际货币体系对于西方经济平稳增长的重要性,以及预防因经济刺激而增加的财政赤字风险。进入第三季度后美国经济已有所恢复,经济再增长需求较小,福特总统此时更关心日益恶化的收支逆差,会上向其他成员国解释了美国为缩小收支逆差而出台的贸易投资法案,声明美国支持关贸总协定的坚定立场。[②]对日本而言,施密特的经济再增长建议已然满足了三木武夫首相要求发达国家稳定日本出口市场的诉求。宏观经济政策的分歧主要来自英、意两国,与四国相比,英意此刻同时面临国内

---

① 西德总理施密特在朗布依埃峰会第一环节宏观经济形势议题上的发言,参见 Memorandum of Rambouillet Summit(Session 1),1975-11-15,G7 Information Center,https://c59574e9047e61130f13-3f71d0fe2b653c4f00f32175760e96e7.ssl.cf1.rackcdn.com/F6E55D646BF5404188AC6841F557805B.pdf。

② 美国总统福特在朗布依埃宏观经济形势议题上的发言,参见 Memorandum of Rambouillet Summit Conversation,1975-11-15,Gerald R. Fort Presidential library & Museum. https://www.fordlibrarymuseum.gov/library/document/0314/1553299.pdf。

失业和经济衰退双重压力，日益扩大的失业人口更是成为两国最紧迫的挑战，经济再通胀建议尽管有利于改善经济境况，但却不能对失业问题产生立竿见影的效果。英国首相威尔逊在支持施密特经济刺激计划同时，要求其他国家接受英国为缓解失业而暂时出台的关税措施，①将其视为一种暂时例外之举而非英国对"抵制贸易保护主义"共识的背离，意大利也表达了近似英国的立场。英国这一"行动自由"显然违背了各国反对贸易保护主义的共识，引起其他四国不快，但朗布依埃峰会成功和六大国团结的压力又迫使其他国家不得不容许英国暂时的违规，在四国的压力下，英国同意缩小贸易保护措施至纺织业、衣服、鞋子等劳动力密集型产业。就此六国在扩张型经济政策上取得共识，承担起拉动西方国际经济增长的动力责任。

朗布依埃峰会结束七个半月后，美国、法国、联邦德国、英国、日本、意大利、加拿大七国在美国波多黎各再行集会。在波多黎各峰会上，美国绕开法国，直接以东道国的身份邀请加拿大参加，七国集团正式形成，德斯坦极不情愿地接受了这一事实。1976 年系美国大选之年，福特、基辛格倡议召开第二次峰会更多出于影响国内选情考虑，尽管福特在倡议召开峰会时给出的理由为研究应对意大利国内日益高涨的左翼政党势力。因此，波多黎各峰会的准备工作远不及前后的巴黎、伦敦首脑峰会，峰会主题基本延续了朗布依埃峰会讨论主题。在宏观经济政策上，历经 1975 年 11 月后的通货再膨胀后，各国经济已扭转衰退局势，通货膨胀和收支不平衡势头开始凸显。所以在波多黎各峰会上，法国、联邦德国建议缓和经济增长速度，减少财政赤字，

---

① 英国首相威尔逊 11 月 15 日在峰会宏观经济形势讨论环节发言和 11 月 17 日峰会结束时的声明，参见 Memorandum of Rambouillet Summit(Session 1), 1975-11-15, G7 Information Center, https://c59574e9047e61130f13-3f71d0fe2b653c4f00f32175760e96e7.ssl.cf1.rackcdn.com/F6E55D646BF5404188AC6841F557805B.pdf;Text of on the Record Statement Made by the Prime Minister to British Correspondents, 1975-11-17, G7 Information Center, https://c59574e9047e61130f13-3f71d0fe2b653c4f00f32175760e96e7.ssl.cf1.rackcdn.com/E86955366A8E4B95B55B8074996C9ED3.pdf。

实现各国经济低通货增长。由于英国、意大利两国经济恢复较慢，失业问题仍未得到根本改善，英国担心法、德放缓经济增长可能再次诱发经济衰退，葬送刚刚见好的经济形势，主张各国应继续实施扩张型经济政策，意大利希望各国容许其贬值货币以便刺激出口，减缓失业压力，尽管此举将带来货币市场的动荡。美国、日本、加拿大立场基本与法国、联邦德国一致——维持经济增长，但避免通货膨胀。最后，七国以基本行动一致和有节制的行动自由相结合的方式，化解了彼此在宏观经济政策上的分歧。《波多黎各宣言》既包含了保持经济增长的决议，也强调了防范通货膨胀风险的内容，还重申了反对竞争性货币贬值的共识，但峰会上也默许了里拉（意大利货币单位）贬值的例外。①

二战后，西方经济国家长期奉行凯恩斯经济思想和大力推行福利社会建设，刺激型财政货币政策和扩大出口成为拉动经济增长的两大主力，到70年代后期，除美国外其他六国普遍面临着国内市场饱和的窘境，而当时的北美、西欧又吸纳吞吐了全球大部分的进出口贸易，寻找新的经济增长点或增长动力成为七国这一时期必须正视的焦点。进入1977年，困扰国际经济的已然不再是经济衰退，而是日益严峻的通货膨胀和青年失业人口，以及二者交互影响下的国际经济不稳定，通货膨胀压力使得刺激型财政货币政策再难为继，庞大的失业人口又驱动着七国继续探索经济低通货增长。在1977年的伦敦峰会和1978年的波恩峰会期间，英、法、加、意一度希望通胀压力较小、收支盈余的美、德、日三国担负起拉动西方经济增长的"火车头"。这一建议在伦敦峰会前夕，也曾为美国所赞同，美国一度希望美、西、日三国承担起拉动西方经济增长的"火车头"。然而到1975年4月，在美国国内利益集团的反对下，卡特政府却撤回了本已提交国会的经济刺激方案，美国开始寄

---

① 波多黎各峰会宣言，参见 Joint Declaration of Puerto Rico Summit, 1976-06-28, G7 Information Center, http://www.g8.utoronto.ca/summit/1976sanjuan/communique.html。

希望于德、日继续承担这一重任。①经济"火车头"角色的扮演意味着德、日两国必须再出台一轮经济扩张政策,但无论施密特还是福田赳夫,均不希望打破脆弱的收支平衡,加重通货膨胀危机。在伦敦峰会上,施密特直言了与英国首相卡拉汉对国际经济形势的不同判断,他认为1977年的经济增长放缓更多是一种经济周期现象而非衰退,1977年的经济形势总体上好于1975年和1976年,国际经济当前最大的危险是通货膨胀和市场信心不足,从能源、货币、贸易多个领域稳定国际经济秩序才是重点。②法国总统德斯坦则认为70年代西方遇到的是一种结构性经济危机而非传统周期性危机,以往能源价格低廉、原材料容易获取、缺少来自发展中国家的竞争等有利条件在70年代开始消逝,扭转国际经济反复波动的局面需要重塑现有国际经济秩序,援助发展中国家,稳定发展中国家的进出口市场。③

美国的后撤,英、德、法、日等集体领导国对国际经济形势研判的分歧,在某种程度上减轻了德、日经济"火车头"的压力,两国实质性承诺的做出被拖延至1978年的波恩峰会上。这一次法、美、英实现了立场一致。在1978年5月27—28日的波恩峰会筹备会议上,为迫使联邦德国做出进一步经济刺

① Robert D. Putnam,Nicholas Bayne. *Hanging Together:The Seven-Power Summits*. Harvard University Press,1984,p.71.

② 德国总理施密特在伦敦峰会第一环节"宏观经济形势"上反驳英国首相卡拉汉的发言,参见 Memorandum of London Summit(Session 1),1977-05-07,G7 Information Center,https://c59574e9047e61130f133f71d0fe2b653c4f00f32175760e96e7.ssl.cf1.rackcdn.com/09A2DD75C8B14E3AA1ED71FA32D25E4A.pdf。

③ 法国总统德斯坦在伦敦峰会"宏观经济形势"讨论环节施密特之后的发言,参见 Memorandum of London Summit(Session 1),1977-05-07,G7 Information Center,https://c59574e9047e61130f133f71d0fe2b653c4f00f32175760e96e7.ssl.cf1.rackcdn.com/09A2DD75C8B14E3AA1ED71FA32D25E4A.pdf。

激承诺,美法英代表一度建议推迟波恩峰会召开时间,[①]最终施密特承诺峰会结束后向联邦德国议会提交新一轮的经济增长计划。与联邦德国相比,70年代日本经济速度长期领跑西方发达国家的一大主因是出口优势,这既为日本带来了数额醒目的出口盈余,也造成了日本同美、英、法等国的贸易不平衡问题。因此在峰会上,美、英等国要求日本在扮演经济"火车头"之余,同步缩小其不断拉大的出口顺差。在意识无法再行回避后,福田赳夫承诺1978年日本经济增长速度将在1977年5.4%的基础上提升至7%,1978年的顺差额将不超过1977年,同时扩大进口,加大日本海外援助(ODA)度,缩小出口盈余。[②]联邦德国、日本无奈接受成为经济"火车头",这在某种程度上保证了波恩峰会的成功,暂时化解了主要经济大国在宏观经济政策上的分歧。

自1974—1975年经济衰退起,西方主要经济大国一直在探索结束经济动荡,实现经济低通货增长的解决之道,即从1975年走出衰退困局下的普遍扩张型经济政策到1978年防范通货膨胀恶化的德日经济"火车头"。然而由于德、日两国市场的先天局限,很难完全承担起吸纳西方过剩资本、过剩产能和维持经济平稳增长的引领作用,70年代西方国际经济滞涨困局的真正缓解实际上要到80年代后中国改革开放、东南亚"四小龙""四小虎"等全球新型经济增长动力的出现。

---

① 1978年5月29日英国代表发给首相卡拉汉的"峰会筹备会议内容明细第六款",参见 Bonn Summit(Hunt note on meeting of Sherpas),1978-05-29,G7 Information Center,https://c59574e9047e6130f133f71d0fe2b653c4f00f32175760e96e7.ssl.cf1.rackcdn.com/1564010CB2424D3784C28D2D96CB68C3.pdf。

② 日本首相福田赳夫在波恩峰会宏观经济政策议题的发言,参见 Memorandum of Bonn Summit(Session 1),1978-06-16,G7 Information Center,https://c59574e9047e61130f133f71d0fe2b653c4f00f32175760e96e7.ssl.cf1.rackcdn.com/047FE8BD543345D9990F8C17D38A35DD.pdf。

## 二、国际货币体系分歧,有限度的浮动汇率与欧洲货币体系

　　1973 年布雷顿森林体系彻底终结后,美国、法国一直在浮动汇率制还是重返固定汇率制问题上争执不下, 严重阻碍着国际货币基金组织的改革进程。1975 年法国郎布依埃首脑讨论期间,联邦德国总理施密特建议美法两国结束无休止的固定或浮动汇率之争, 在浮动汇率的基础上寻求一种相对稳定的货币汇兑安排,这一建议为两国所接受。美国坚持浮动汇率制,初衷在于扭转美国不利的贸易局面,而非所任汇率的肆意波动,法国对固定汇率制的坚持,亦是出于担心汇率波动对国际金融市场的破坏性影响,联邦德国的这一建议恰好弥合了两国的分歧。当时英国、日本、意大利等国也不同意重返固定汇率制,为获取出口竞争优势和缓解国内就业压力,三国更希望依据市场行情自主决定本国币值的浮动,只要减少汇率动荡即可,施密特有限度的浮动汇率倡议,因而也得到英、日、意三国支持。六大国货币汇率政策共识直接推动了次年国际货币基金组织《牙买加协定》的达成。

　　20 世纪 70 年代,主要经济大国在货币汇率安排上的分歧从表面看是消除外汇市场动荡,实现货币关系大体稳定,但实质上却是寻求一种有利于本国出口的优惠汇率。[①]因为国内需求的乏力,当时各国不得不寄希望于出口来拉动经济增长,所以才有了英、日、意等国坚持保有干预货币市场的权利,但竞相货币贬值而来的通货膨胀又使得各国不敢在浮动汇率上走得太远。从这层含义上讲,《牙买加协定》的妥协并未实现法德的深层次企图——谋求一种优惠且稳定的货币安排,1977—1978 年美元的贬值行动, 促使法、德开始在欧共体范围内倡议建立一种相对固定的货币体系计划——仿照布雷

---

　　① ［美］罗伯特·吉尔平:《国际关系政治经济学》,杨宇光等译,上海人民出版社,2006 年,第 151~152 页。

顿森林体系,欧共体成员国之间货币汇率固定,然后共同对美元浮动,以此减少对美元的依赖,提升欧共体在国际市场的竞争力。[①]在波恩峰会前后,施密特将这一计划和盘托出给美国总统卡特,对于法德积极鼓吹的稳定欧洲货币体系方案,美国极不情愿。在波恩峰会货币议题讨论环节,卡特直言法德此举意图并非稳定国际货币市场,而是针对美元,美国不认为浮动汇率给西欧、日本带来严重冲击,而且美国在市场准入方面给予了欧洲大幅优惠,尽管卡特最后认可了法德建立欧洲统一货币体系的设想,但也要求法德做出三项保证:欧洲货币体系不应与国际货币基金组织已有协定冲突,储备基金主要由收支盈余国分担,具体进展情况及时告知美国。[②]为缓和美国不满情绪,德斯坦、施密特基本接受了卡特的三项要求,德斯坦向卡特解释称,欧洲货币体系乃应对国际经济动荡之举,无削弱美元企图,愿意对美国共享所有相关信息。施密特同样阐明了欧洲货币计划目的在于应对浮动汇率体系对欧洲的负面冲击,保证德国不会因此而减持美元外汇,认为欧共体货币的稳定将有益于美元及国际货币市场的稳定。[③]

欧洲货币体系而来的分歧主要集中在美国与法国、联邦德国之间,英国、日本、加拿大、意大利等国虽青睐于自主决定本国币值的浮动汇率体系,但也不愿看到美元不断贬值带来的升值压力。美国最终选择接受法德倡议,同意国际货币基金组织框架外另一套地区货币体系安排。其缘由一是无法

---

① Harold James. *Making the European Monetary Union*. The Belknap Press of Harvard University Press,2012,pp.143–145. "History of the European Monetary System",Investopedia,https://www.investopedia.com/terms/e/ems.asp.

② 美国总统卡特在波恩峰会货币议题上的发言, 参见 Memorandum of Bonn Summit(Session 2),1978–06–16,G7 Information Center,https://c59574e9047e61130f13–3f71d0fe2b653c4f00f32175760e96e7.ssl.cf1.rackcdn.com/92813B0AB4DB469EAB2AE4111F53A6B1.pdf。

③ 法德领导人在波恩峰会货币议题上的发言,参见 Memorandum of Bonn Summit(Session 2),1978–06–16,G7 Information Center,https://c59574e9047e61130f13–3f71d0fe2b653c4f00f32175760e96e7.ssl.cf1.rackcdn.com/92813B0AB4DB469EAB2AE4111F53A6B1.pdf。

提供更好的替代方案,满足法德希望美元汇率稳定的要求;二是强行阻拦的话,势必会激化美国与法、德之间的矛盾,引发分歧升级,进而危及七国共享国际经济领导权的绩效。

## 三、石油能源分歧,对话石油输出国组织、核能利用与石油应急储备

1973年石油危机后,国际石油市场动荡不稳的难题并未得到根本性解决,西方发达国家也一直担心石油输出国组织再一轮的石油禁运、减少,使前者应对经济危机的努力付之东流。在1975年的朗布依埃峰会上,美国总统福特再次质疑了与石油输出国组织谈判对于稳定国际油价的可行性,认为石油输出国组织不会在垄断石油定价、降低石油价格等问题上做出让步,除非石油消费国采取团结、强硬的立场。为此福特总统建议与会五国一致行动,挖掘新的石油供给渠道,减少国内石油消费,削减对石油输出国组织石油进口,增加应急石油储备,逐步剥夺石油输出国组织垄断国际油价的局面,[①]福特这一建议得到了英国首相威尔逊的支持。法国、联邦德国、日本、意大利尽管支持美国建议的增加石油供给来源、石油储备计划及减少对石油输出国组织进口石油依赖,但仍同步与石油输出国组织协商谈判,拒绝对其施压,毕竟应对经济衰退才是当下首要任务,美国解决石油危机的长远之道,并不能克服石油价格再行上涨而来的严峻困难。

不过与石油输出国组织的会谈并不顺利,在1977年伦敦峰会上,法国总统首次承认了1974年后,发达国家试图通过与欧佩克国组织谈判,分化

---

① 美国总统福特在朗布依埃峰会"能源、原材料与发展中国家经贸关系"议题上的发言,参见 Memorandum of Rambouillet Summit(Session 3),1975–11–16,G7 Information Center,https://c59574e90 47e61130f133f71d0fe2b653c4f00f32175760e96e7.ssl.cf1.rackcdn.com/F6BDB799BEC34F93850B6F7330 F29331.pdf。

石油输出国组织成员国立场进而降低石油价格的努力,已被证明失败,石油价格仍然居高不下。①此后,1975 年美国在朗布依埃峰会上建议的"减少国内石油消费和欧佩克石油进口,扩大石油供给源,增加石油应急储备"等内容开始得到更多国家支持。为扩大能源供给和减少石油依赖,在伦敦峰会、波恩峰会上七国一致同意增大煤炭使用比重,英国承诺增加北海油田开采,法国、日本、西德决定提高核能利用比重,美国也承诺增加国内石油生产,运用其在中东的政治影响力说服沙特、伊朗等国将维持现有油价至 1979 年初,卡特一度建议七国从苏联、中国等社会主义国家进口石油。②

尽管七国在稳定国际石油市场上采取了一系列的协作行动,然而在开发新能源——核能问题上,美加却与法国、联邦德国、日本产生了不同意见。1977 年卡特当选美国总统后,美国开始担心核武器技术的全球扩散,在伦敦峰会上与加拿大联合宣布,两国将停止核燃料出口,要求德、法、日等国也做出相应承诺,减少核技术、核能源的使用,不再出口核技术(主要针对当时法、德向巴基斯坦和巴西供应核燃料再处理技术)。美国、加拿大的上述倡议一经提出,便遭到了法、德、日三国的反对和抵制,面对石油价格高居不下的困境,三国均将核能的和平开发利用视为缓解石油紧张的利器,德斯坦直言轻水反应堆技术的推广应用,并不相悖于美国、加拿大防止核武器技术扩散的建议,③双方在核能商业开发是否会引发核扩散议题上各执己见,一时争

①  法国总统德斯坦在波峰峰会第一环节宏观经济形势议题上的发言,参见 Memorandum of London Summit(Session 1),1978-07-16,G7 Information Center,https://c59574e9047e61130f13-3f71d0fe2b653c4f00f32175760e96e7.ssl.cf1.rackcdn.com/09A2DD75C8B14E3AA1ED71FA32D25E4A.pdf。

②  美国总统卡特在波恩峰会能源议题上的发言,参见 Memorandum of Bonn Summit(Session 2),1978-06-16,G7 Information Center,https://c59574e9047e61130f13-3f71d0fe2b653c4f00f32175760e96e7.ssl.cf1.rackcdn.com/92813B0AB4DB469EAB2AE4111F53A6B1.pdf。

③  法国总统德斯坦在伦敦峰会期间核能利用与防止核扩散议题上的发言,参见 Memorandum of London Summit(Session 2),1977-05-07,G7 Information Center,https://c59574e9047e61130f13-3f71d0fe2b653c4f00f32175760e96e7.ssl.cf1.rackcdn.com/6E71830C82FC4EDCA206EA2E8BBDEA82.pdf。

执不下,最后只好选择达成原则性共识,保留技术性分歧的方式暂时稳控矛盾,同意伦敦峰会后组建研究小组,寻求核能利用与防止核武器扩散二者间的平衡。在三国的反对下,美国、加拿大收回不再出口核燃料的决定,而法国、联邦德国事后也分别终止了与巴西、巴基斯坦的核技术出口合作。[1]

与石油输出国组织会谈无果的情况下,七国开始意识到新一轮的石油涨价风险。鉴于当时美国第一大石油消费国和国内油价远低于国际平均油价的事实,联邦德国、法国等国 1978 年后便不断要求美国提高国内石油价格,减少石油进口,增加国际能源机构(IEA)中的石油储备量,希望后者在应对进口石油脆弱性方面承担起更多的领导责任。尽管有着来自国会对石油提价的反对,卡特总统还是在波恩峰会上做出了盟友期盼的承诺,保证在 1978 年和 1979 年的进口石油数量不超过 1977 年水平,1978 年底出台详尽的石油能源政策,建立 10 亿桶的战略石油储备,到 1985 年实现每天约 2.5 百万桶的进口石油储备。[2]不过,长时间的分析严重限制了七国在稳定国际石油市场上的努力成果,波恩峰会行动分歧的化解后来也被证明太迟而无补于事,1979 年第二次石油危机爆发,不仅彻底打破了七国试图避免国际石油价格波动的目标,而且也间接断送了 1975 年峰会形成以来尝试国际经济低通货增长的努力。

## 四、国际贸易与援助,关贸总协定东京回合谈判、南北关系与东西关系

1948 年关贸总协定生效以来,国际贸易一直是拉动国际经济增长的重

---

[1]  Robert D. Putnam, Nicholas Bayne. *Hanging Together: The Seven-Power Summits.* Harvard University Press, 1984, p.76.

[2]  《波恩峰会宣言》"能源部分内容",参见 Declaration of Bonn Summit, 1978-07-17, G7 Information Center, http://www.g8.utoronto.ca/summit/1978bonn/communique.html。

要动力,1970年之前的六轮多边贸易谈判大幅降低了关贸总协定成员国之间的关税水平,促进了国际贸易繁荣,使得扩大出口成为各国应对1974—1975年经济衰退危机的备选治理方案之一。就出口市场而言,受美苏对抗影响,美日欧等西方经济体的进出口贸易主要集中在北美、西欧等发达国家地区和拉美、中东、东南亚、非洲等除社会主义阵营外的发展中国家地区。70年代后,来自发展中国家要求建立国际经济新秩序的呼声和其不断恶化的贸易逆差,促使经合组织成员国意识到稳定发展中国家进出口市场的重要价值,同时期的东西方关系缓和也使得扩大对苏联、对东欧贸易成为可能。因此围绕改善国际贸易环境这一任务目标,七国首脑从削减贸易壁垒、稳定发展中国家进出口市场、拓展苏联东欧市场等三个方面,给出了个各自的解决方案。

(一)反对贸易保护主义,推进关贸总协定及完成东京回合谈判

在经济衰退、失业人口的压力下,参加朗布依埃峰会的六国首脑均不同程度地面临着贸易保护主义的压力,不过20世纪30年代美英法治理经济大萧条失策的惨痛教训,使得这一时期七国首脑基本拒绝用贸易保护政策来解决国内经济危机,从1975年的《朗布依埃峰会宣言》到1978年的《波恩峰会宣言》,反对贸易保护主义成为七国国际经济集体领导共识之一。不过单单贸易保护主义的反对并不能带来国际贸易的扩张以及国际经济的复兴,后者仍需各国在削减关税或非关税贸易壁垒上做出切实行动,1973年关贸总协定成员国便开始了第七轮的多边贸易谈判。只是在石油危机、经济衰退压力面前,各国均不愿在削减关税问题上做出实质性让步,东京回合谈判也一直停滞不前。鉴于朗布依埃峰会后多边贸易谈判仍阻力重重,1976年波多黎各峰会上,美国总统福特建议七国积极承担起推动多边贸易谈判成功的领导作用,在削减关税壁垒、非关税壁垒行动上做出表率,增强关贸总协

定在解决贸易争端中的作用,推动东京回合谈判 1977 年底前完成。[①]福特这一倡议基本得到了其他与会六国的支持,尽管英、意、法、日等国在减少贸易壁垒问题上与美分歧较大,但各国均不愿留下抵制自由贸易、破坏多边贸易谈判的形象, 七国在关贸总协定东京回合谈判上的分歧也因此一直被限制在部长或技术专家层级。1977 年卡特总统上台后,美国进一步加强了推动东京回合谈判的力度,美国之所以在减让关税问题上表现积极,目的在于二战后为使西欧、日本盟友接受美国在国际事务中领导地位,美国在国际贸易给予了支持国不对称的优惠政策,70 年代随着美国收支不平衡加剧、经济实力减低,国内利益集团开始要求对等的贸易条件,美国也希望六国与其共担国际经济领导责任。不过这一时期的法、英、意等国却不愿在关税问题上做出美国期盼的让步程度。历经六轮的关税减让后,三国能够用以削减的大多集中在农业、纺织业等贸易竞争力薄弱部门,拆除保护措施必然加重国内失业压力, 法国总统德斯坦波恩峰会期间直言法国在农业方面很难做出关税减让,认为欧洲在前六轮的多边谈判中已然在非关税壁垒上做出大幅让步,东京回合谈判美日应承担更多的关税减免责任。[②]

为不使 1977 年伦敦峰会后东京回合谈判已取得的成果付之东流,美国最终做出妥协,不再坚持《伦敦峰会宣言》附件中减少农业补贴和农业关税等要求,美欧多边贸易谈判分歧得以化解,1979 年 7 月东京回合谈判在历经 6 年拉锯,4 次敦促后终于成功签署,成为七国国际经济集体领导继《牙买加协定》后的第二大领导成果。

---

① 波多黎各峰会第二/三部分会议记录, 参见 Memorandum of Puerto Rico Summit(Sessions 2&3),1976-06-28,G7 Information Center,https://c59574e9047e61130f13-3f71d0fe2b653c4f00f321757 60e96e7.ssl.cf1.rackcdn.com/1E952FACD57543BC91C2F2F37319DDF5.pdf。

② 法国总统德斯坦在波恩峰会贸易主题上的发言, 参见 Memorandum of Bonn Summit(Session 3),1978-06-17,G7 Information Center,https://c59574e9047e61130f13-3f71d0fe2b653c4f00f32175760e 96e7.ssl.cf1.rackcdn.com/9AD035C1445B4C69997C26893C574140.pdf。

## (二)减少对发展中国家贸易不平衡和收支赤字

对七国及其集体领导下的经合组织发达国家而言，改善发展中国家贸易不利地位，经济援助最不发达国家不仅仅是缓和七十七国集团、石油输出国组织兴起后的南北政治经济冲突，更重要的是稳定发达国家原料进口市场和工业制成品出口市场。在 1975 年朗布依埃峰会上，英国首相威尔逊即呼吁六国在稳定发展中国家出口产品价格、资金技术援助等经贸关系议题上做出实质性的贡献，英国这一建议得到了法、美、日等国的积极响应。尤其是法国，朗布依埃峰会结束后，发达国家与发展中国家会谈协商即在巴黎举行，1977 年伦敦峰会关于国际经济新秩序的讨论环节，法国总统德斯坦转达了巴黎南北会谈中发展中国家关于延迟债务的呼吁，对此法国建议在稳定原材料出口价格外，还应对那些债务负担严重的发展中国家进行经济援助。[①]虽然七国在缓和南北紧张的经济关系，援助不发达国家方面有着基础共识，但在如何实现这一问题却有着各自的理解。德国总理施密特在第一次峰会上就明确表达了不赞同发展中国家关于建立国际经济新秩序的诉求，认为在经济衰退危机下，调整现有国际经济秩序中的不合理内容更为可取，建议选取稳定出口商品价格和出口收入两个相对容易的领域援助发展中国家，使其出口价格免受市场波动的影响。[②]施密特的这一建议在波多黎各峰会上遭到了美国总统福特的质疑，美国认为通过签署《商品价格协定》来稳定出

---

① 法国总统德斯坦在伦敦峰会南北关系议题上的发言，参见 Memorandum of London Summit (Session 3)，1977-05-08，G7 Information Center，https://c59574e9047e61130f13-3f71d0fe2b653c4f00f3 2175760e96e7.ssl.cf1.rackcdn.com/BC92863200EF47E69A1443CEB0319C03.pdf。

② 德国总理施密特在朗布依埃峰会"能源、原材料与发展中国家经贸关系"议题上的发言，参见 Memorandum of Rambouillet Summit (Session 3)，1975-11-16，G7 Information Center，https://c59574 e9047e61130f133f71d0fe2b653c4f00f32175760e96e7.ssl.cf1.rackcdn.com/F6BDB799BEC34F93850B6F73 30F29331.pdf。

口价格大范围上不具可行性,主张通过发挥市场优势,依靠私人投资来解决发展中国家不利的贸易地位,要求发展中国家在保护私人投资、资本自由流动方面做出承诺,①美国要求保护私人投资的倡议针对的是战后新兴独立的民族国家的国有化运动。

尽管在减少发展中国家贸易不平衡问题有着各自的偏好,最终仍是基于联邦德国建议的基础上结束了这一分歧,毕竟这一方案中发达国家给付成本是最低的。在对最不发达国家及收支赤字严重的发展中国家的援助中,德法英三国建议设立一笔共同援助基金,欧共体成员国也对这一倡议达成初步共识,美国原则上接受了共同基金的建议,但拒绝加入多边援助机构,可以在双边安排下进行对外援助,日本等国则不希望因对发展中国家援助而损害刚刚复苏的经济形势。为此七国最后决议在联合国、国际货币基金组织、世界银行框架下进行对外经济援助,以便要求经济互助委员会成员国、石油输出国组织成员国也来分担部分资金负担。事实上,由于七国及其领导下的发达国家意图只停留在稳定进出口市场,防止南北经济冲突恶化升级,因此无论在解决发展中国家贸易失衡,还是对发展中国家经济援助上,均不愿付出更多的领导责任,更遑论国际经济新秩序的建立。

## (三)扩大苏东集团经济贸易和信贷援助

1975 年赫尔辛基安全峰会后,扩大与东欧国家的经济联系成为可能。朗布依埃峰会上,六国即在增加东欧国家贸易和信贷两大议题上取得基本共识,虽然期间美、英一度希望能在对东欧国家贸易、信贷议题上有更为具体

---

① 美国总统在波多黎各峰会南北关系议题上的发言,参见 Memorandum of Puerto Rico Summit (Sessions 2&3),1976–06–28,G7 Information Center,https://c59574e9047e61130f13–3f71d0fe2b653c4f0 0f32175760e96e7.ssl.cf1.rackcdn.com/1E952FACD57543BC91C2F2F37319DDF5.pdf。

的规定,但受法、德反对,首次峰会宣言仅停留在了一般性的表述上。① 1976
年后,由于发展中国家经济援助需求的提升,发达国家不得不在给予发展中
国家还是给予东欧国家信贷援助二者之间做出选择,而且与东欧国家贸易
的扩大也引发了后者贸易赤字问题,其信贷偿还能力受到质疑,波多黎各峰
会上英国一改先前立场,提议减少对苏对东欧信贷规模或附加额外限制条
件,以免加重西方国家的收支逆差。加拿大亦赞成减少对苏联、东欧国家信
贷,优先给予最不发达国家,建议附加额外限制条件迫使受援助的苏联、东
欧国家减少国防开支,德国也附和了对苏联、东欧信贷援助上施以某种限
制,认为西方国家的信贷援助某种程度上成为苏联、东欧国家社会主义国家
维持高额军费开支的"帮手"。不过美国对此却提出了不同看法,基辛格建议
七国首脑只应将信贷援助与苏联、东欧国家对外政策挂钩,而非与其国内政
策挂钩,由于对苏联、东欧国家经济援助牵涉冷战政治议题,加之各国立场
分歧较大,七国在这一议题上仅保留了基础共识。②

　　另外,为解决对发展中国家经济援助金额不足问题,联邦德国、英、美、
加等国希望苏联为首的经济互助委员会成员国在援助金额上做出贡献,施
密特直言对发展中国家 170 亿美元的援助资金中,OECD 国家贡献了 80%,
而经济互助委员会成员国只占 5%,③对于苏联向非洲、中东地区发展中国家
输出武器行为,七国更是大为恼火,波恩峰会上美、英、加等国一度希望《宣
言》在援助发展中国家问题上能够以较为明确表述对经济互助委员会成员

---

　　① 《郎布依埃峰会宣言》第 10 条,参见 Declaration of Rambouillet, G7 Information Centre, http://
www.g8.utoronto.ca/summit/1975rambouillet/communique.html。

　　② 七国波多黎各峰会期间"东西关系"议题上的讨论,参见 Memorandum of Puerto Rico Summit
(Sessions 2&3),1976-06-28, G7 Information Center, https://c59574e9047e61130f13-3f71d0fe2b653c4f0
0f32175760e96e7.ssl.cf1.rackcdn.com/1E952FACD57543BC91C2F2F37319DDF5.pdf。

　　③ 德国总理施密特在伦敦峰会南北关系议题上的发言, 参见 Memorandum of London Summit
(Session 3),1977-05-08, G7 Information Center, https://c59574e9047e61130f13-3f71d0fe2b653c4f00f32
175760e96e7.ssl.cf1.rackcdn.com/BC92863200EF47E69A1443CEB0319C03.pdf。

国施压,但由于法国总统德斯坦的反对,只好作罢,法国坚持七国国际集体领导应限制在经济领域,而东西关系更多涉及政治领域。

朗布依埃峰会后,西方国际经济体系中逐渐形成美、法、德、英、日、意、加七国共享国际领导权的集体领导现象,通过 1975—1978 年四轮首脑磋商,成功阻止了 1974—1975 年经济滞涨危机加重的势头,虽然七大经济体在如何实现国际经济低通货增长、重建国际货币汇率秩序、稳定石油价格、捍卫多边开放贸易秩序和缩小南北差距等次一级任务目标上出现了形形色色的分歧冲突。如 1975 年峰会上的法美汇率安排之争、1978 年峰会上西德与英国的经济"火车头"之争,但通过最高领导人之间寻求共识、协调政策和相互谅解,将国家之间的一时难以化解的分歧压缩至部长层级或技术专家层级以下。由此既防止了因误判或误解而来的冲突升级,也成功化解了彼此间在共同引领国际经济危机治理中的分歧矛盾,这无疑在共享国际经济领导权的实践进程中培植起正向的集体情感认知,便利了 1978 年以后七大国共同国际经济治理领导权的继续。与二战期间美、苏、英三国聚焦于国际政治、军事领域的领导权共享实践相比,七国这一时期国际经济领导权的共享有着两大明显特点:一是领导权共享进程中的分歧冲突相较前者低缓,二是针对国际体系的领导效力相较前者疲软。在领导权共享分歧冲突方面,七国集团在 1975—1978 年四次峰会上的分歧,基本都可归类为过程分歧——目标实现方式分歧,从未升级为价值分歧和关系敌对。这显然拉低了分歧管控的难度系数,即使出现一时难以化解的行动分歧,继续共享的动机和保证峰会成功的意愿,也避免了分歧搁置不会造成领导国成员国彼此意图的怀疑。面对 1946 年后美苏在德国、欧洲问题上的日益升级分歧冲突,斯大林一度向马歇尔建议"暂时搁置争议",但被后者理解为一种别有用心的战术拖延。①

①　[美]查尔斯·波沧:《历史的见证》,刘裴、金胡译,商务印书馆,1975 年,第 326~327 页。

在国际经济领导效力方面，由于法国一直反对将首脑峰会制度化为国际经济事务的决策机构，德、英、日等其他成员国也不愿因国际领导作用的发挥而损害国内政治经济诉求，除美国外六国更希望首脑峰会停留为协调各国经济政策的俱乐部，所以无论是供给国际公共产品还是吸引他国追随的意愿，都远逊于二战时期的美苏英，这大大束缚了七国的国际集体领导能力。相比于打败德意日轴心国、创建联合国等较为具体明确的领导任务，20世纪70年代国际经济危机的治理涉及领域广、耗时长，尽管七国共享国际经济领导权的困难少于前者，但就影响国际体系的领导效力则逊色前者，如在1975年首次峰会上，七国便决定推动关贸总协定东京回合谈判1977年完成，但直至1978年波恩峰会后，东京回合谈判才得以完成。

## 第四节　七国"引领-支持"国际领导关系的构建

尽管西方经济大国首脑峰会诞生前后，德斯坦、施密特试图将六国/七国峰会止步于一个各国领导人寻求经济政策共识的非正式论坛，但无论国际货币体系的改革，还是反对贸易保护主义的重申，或是东京回合谈判的成功均离不开七国之外其他国家的支持或配合行动。而且七国首脑讨论的大多都是会后对国际经济形势产生重大影响的议题，其他国家几乎不可能不对七国峰会表示关切，从这层含义来讲，七国实现国际经济平稳运行的努力需要其他国家的后续支持，七国关于影响其他国家利益的行动倡议或宣言，亦使得后者无法漠视一年一度的七国首脑峰会。

1975年朗布依埃峰会成功举行后，六国首脑不得不面临如何回应经合组织、欧共体其他成员国对首脑峰会的关切，尤其是来自比利时、爱尔兰等欧共体成员国的质疑声，冲击着七国国际集体领导的合法性。比利时、爱尔兰等国一方面质疑出席峰会成员国的资格，另一方面反对未与当事国协商的前提下，首脑峰会便做出影响当事国权益或行为的决策。①布雷顿森林体系解体后，国际经济动荡的升级虽然促使受经济危机冲击较大的中小国家——无论经济发达国家还是非社会主义阵营的发展中国家，希望美、日、法等经济大国在结束国际经济动荡中承担领导角色，但却也不希望本国完全置身事外，更希望经济大国在联合国经贸委员会、国际货币基金组织、世界银行、关贸总协定、欧共体等既有制度框架内发挥引领作用，而六国/七国集团的出现，让其他中小国家担心"以往大国专断国际事务，中小国被置于次等地位"的大国协调梦魇的回归。因此，取得国际经济领导权共享后的七大国，若想赢得其他国家对其领导行为的支持，将七国倡议的某些行为准则升级为国际社会共同遵循的规则规范，不仅需要解决各国普遍关心的国际经济动荡，也需要缓和其他国家被排除在外的不满情绪和担心被支配的忧虑。从这一点上也可以看出，七国集团国际"引领-支持"关系构建的挑战要大于20世纪40年代美苏英三国国际领导地位的确立。

为赢得其他国家对七国国际经济领导行为的支持，七国凭借雄厚的经济实力和影响力，一方面通过其国际领导倡议的吸引力——解决其他国家普遍关心的汇率动荡、贸易保护、增长缓慢等问题，让其他国家相信支持七国的综合获益远大于拒绝或反对，实现国际经济低通货增长既是七国也是其他支持国的预期目标；另一方面尽量淡化七国国际经济领导作用而来的支配、等级色彩，开放决策议程至部分支持国国家，缓和支持国对领导国垄断国际事务的不满和消除支持国对领导国可能谋求私利及被从属的担心。由于受东西方冷战影响，70年代的国际体系被划分为了三大阵营：美日欧等西方资本主义国家阵营，苏联东欧等社会主义国家阵营，其他亚非拉发展中

---

① Robert D. Putnam, Nicholas Bayne. *Hanging Together: The Seven-Power Summits*. Harvard University Press, 1984, pp.261-263.

国家阵营，七国的国际经济领导最先直接体现在西方资本主义经济发达国家阵营，对后两大阵营的经济领导则更多通过三大世界经济机构来实现。

## 一、赢得欧共体和经合组织成员国的支持

1975 年朗布依埃峰会结束后，在英国的建议下，法、德、意、英四国向比利时、荷兰、丹麦、爱尔兰、卢森堡等欧共体成员国通报了朗布依埃峰会情况，针对欧共体成员国普遍关心的峰会成员国选择标准、分裂欧共体、新型国际组织等质疑，德斯坦、施密特、威尔逊三国领导人（意大利当时为欧共体轮值主席国，主持会议）做出了如下保证：一是参加峰会的成员国并非随意选取，而是根据其在国际经济中的分量；二是朗布依埃峰会只是一次临时集会，并非正式会议，从未寻求将首脑峰会制度化，未来是否再行集会将取决于国际经济形势；三是无分裂欧共体的企图，峰会宣言不是决策决定。[1]此外，施密特、威尔逊还分别阐释了首脑峰会的现实价值——获得美国、日本在稳定货币汇率、抵制贸易关税等当时欧共体成员国最为关心议题上的承诺，在意识到七国国际经济领导——首脑峰会的现实利益，以及获得首脑峰会不是大国专断国际事务的保证后，欧共体成员国基本也选择接受和支持六国治理国际经济动荡的领导实践。为缓解其他经合组织成员国担心首脑峰会在前者不知情的情况下讨论或做出涉及经合组织全体成员国的议题决议，1976 年起经合组织年度会议通常被调整至首脑峰会前举行，以此确保首脑峰会讨论议题基本为经合组织全体成员国共同关心或至少知情。不过，1976 年波多黎各峰会召开后，德斯坦、施密特等关于首脑峰会不寻求制度化

---

[1] Rome European Council Record of Conversation, 1975-12-01, G7 Information Center, https://c59574e9047e61130f133f71d0fe2b653c4f00f32175760e96e7.ssl.cf1.rackcdn.com/BB0A34D0102240D68CF8CE4012C6CAD5.pdf.

和不作决定的承诺已不攻自破，为安抚欧共体其他成员国被排除在首脑峰会之外的不满情结，1977 年伦敦峰会起，七国领导人同意欧洲理事会主席及欧洲委员会主席出席并参加七国首脑峰会讨论。总之，在赢得西方资本主义发达国家阵营对七国国际经济领导支持方面，七国集团主要凭借了集体领导倡议的吸引力——解决共同关心的热点问题，辅之以协商说服和信息分享，较少使用优势权力以"迫使"其他发达国家支持。

## 二、赢得非社会主义阵营发展中国家的支持

与西方其他经济发达国家不同，尽管发展中国家在稳定国际经济宏观秩序方面与七国集团有着共同诉求，但在具体行动的立场上双方还是存在着一定的分歧。诸如关贸总协定框架下的关税减让，法国、英国、日本等刻意保护不愿放开的农产品、纺织品市场，却是发展中国家最希望减少贸易壁垒的环节。因此，在获取发展中国家对七国集团国际经济领导支持方面，七国集团除设计出吸引力的领导倡议和反复说服外，还充分运用了其在国际货币基金组织、世界银行和关贸总协定三大机构中的实力优势。毕竟七国在上述三大机构中拥有着绝对优势的表决权和影响力，往往成为三大机构讨论决策的"幕后核心"，只要七国取得行动共识，总是有办法将七国倡议的行动升级为三大机构所有成员国共同行动。1975 年，当六国首脑在法国朗布依埃峰会上达成关于"有管理的浮动汇率"共识后，基本意味着国际货币基金组织未来改革方向的确定，即使其他国家有所反对，但七国（含加拿大）在国际货币基金组织框架内的绝对优势也保证了 1976 年《牙买加协定》反映了朗布依埃峰会上六国首脑的共识。1979 年 4 月关贸总协定东京回合谈判最后阶段，当发展中国家以未参与《草案》起草为由，要求将谈判推迟至 1975 年联合国贸易和发展年度会议后再行宣布结束。然而当七国为领导的发达国

家单方面宣布 4 月 12 日结束东京回合谈判后,部分发展中国家只好选择签署《东京回合谈判协定》,之后的联合国贸易和发展年度会议上,未签署的发展中国家纷纷谴责东京回合谈判成果在改进发展中国家不利贸易局面贡献太少,拒绝接受东京回合谈判关于关税减免政策上的限定。但在 80 年代后债务危机和进口替代型战略的失败双重打击下,这些国家不得不重返七国领导下的关贸总协定框架。[①]可以看出,由于行动立场的分歧,七国集团在 20世纪七八十年代只是有选择地赢得了发展中国家对其国际经济领导行为的支持,集中体现在三大世界经济机构覆盖的金融、贸易领域,而在石油能源领域,七国终究未能说服欧佩克接受缓慢提升价格的建议,这一点也侧面印证了本书第三章"引领—支持"部分提到的,领导国与支持国的权力差距越大,越容易赢得支持国的国际支持和追随。

## 三、20世纪90年代后七国国际经济治理主体扩容下的支持

冷战结束后伴随东西方"铁幕"的消逝,七国集团开始尝试将七国国际集体领导角色从经济、政治领域扩展至更多的全球性、地区性议题领域。1998 年吸纳俄罗斯加入七国集团,无疑是七国提升自身国际领导实力的一次尝试。这一时期,为适应国际关系民主化潮流和增强七国国际领导倡议的吸引力,七国开始尝试向目标支持国开放峰会讨论议程,在涉及全球性、地区性议题时,不仅主动邀请联合国秘书长、国际货币基金组织总裁、世界银行行长、世界贸易组织总干事等主要国际机构负责人参与到七国/八国首脑峰会的工作午餐会讨论环节,而且邀请相应议题涉及的主要国家领导人参

---

① 关于七国集团在推进东京回合谈判中与发展中国家的争执,参见 Theodore H. Cohn. *Governing Global Trade:International Institutions in Conflict and Convergence*,Ashgate Publishing Limited,2002,pp.112–113。

与到《宣言》草案的讨论中来。从1996年里昂峰会起,四大国际组织领导人出席一年一度的七国/八国首脑峰会已成惯例,尽管并不总是被邀请,如2004年美国海岛城八国首脑峰会就未邀请国际组织的领导人参加,但七国/八国集团在决议全球性议题时,四大国际组织已然成为主要咨询对象,2005年英国格伦伊格尔斯八国峰会更是明确了国际组织之于八国集团的协作伙伴和执行机构双重身份,①这一点显著区别于七八十年代七国集团幕后共识,国际组织被动执行七国集团决议的"引领-支持"现象。除却与国际组织开展密切的协作外,八国集团在2000年以后逐渐非固定地邀请一些地区影响力的发展中国家参与到首脑峰会的讨论环节中,2000年日本东京峰会上,不结盟运动轮值主席南非总统、七十七国集团轮值主席尼日利亚总统、非洲统一组织轮值主席阿尔及利亚总统以及东盟主席泰国总理,均受邀出席峰会前的晚宴,②首开发展中国家出席峰会之先河。2002年加拿大卡那那斯基(Kananaskis)峰会讨论《八国非洲行动计划》时,南非、尼日利亚、阿尔及利亚、塞内加尔四国领导人参与期间,而后2003年、2004年、2005年非洲国家领导人均受邀参加峰会,2004年美国海岛峰会上六个中东国家领导人也受邀出席。即使在七国集团一直主导的国际经济领域,1997年亚洲金融危机后,七国也开始了有限度地让渡部分国际经济领导权,让一些新兴经济体分担维护国际经济秩序的领导责任,以此吸引这些新兴经济体对现存国际经济体制的维护和支持,1999年二十国财长会议的创立和2001年接纳中国加入世界贸易组织,无疑是七国维系其国际经济领导地位两大典型事件。不仅如此,2003年法国埃维昂峰会上,八国领导人首次尝试与中国、印度、巴西、南非、墨西哥五大新兴经济体齐聚一堂,2005年英国为东道国的首脑峰会

---

① [加]彼得·哈吉纳尔:《八国集团体系与二十国集团:演进、角色与文献》,朱杰进译,上海人民出版社,2010年,第115页。

② 同上,第63页。

上,再次复兴与五大经济体领导人对话模式,并延续至 2006 年圣彼得堡峰会。

可以说,直至 2009 年二十国集团领导人峰会,八国集团一直尝试在不损害七国经济领导核心的前提下,通过让渡部分国际经济领导责任至新兴经济体,让新兴经济体在既有框架内分担公共产品,以便赢得后者对七国国际经济领导的支持,维系早已脆弱的国际"引领-支持"关系。这一点显著区别于冷战期间七国封闭俱乐部式的集体领导现象,不过让新兴经济体和部分发展中国家参与到七国首脑峰会的讨论环节,并未改变七国在国际经济治理中的核心地位。

自 20 世纪 70 年代中叶取得国际经济领导权共享后,七国集团一方面通过为各类国际危机挑战供给应对方案,化解影响国际经济平稳运行的系列难题,另一方面通过优势权力的巧妙运用和支配等级色彩的淡化,在七八十年代赢得国际社会的广泛支持和认可,至少在亚洲金融危机前,七国的国际集体领导绩效大体可观。亚洲金融危机后,国际社会对七国领导下的治理失策和不满,迫使七国开始调整其国际经济领导模式,七国一度试图通过扩大讨论决策议程至部分支持国,进而维系和增强七国国际集体领导的合法性。然而国际经济体系权力天平向新兴经济体的偏移最终促使七国这一努力在 2008 年金融危机冲击下化为泡影。

## 第五节　七国集团常态化与
## 七国国际集体领导的延续、衰落

1975 年六大国首脑在法国朗布依埃集会时,并未设想过此后将首脑峰会定型为引领西方国际经济治理的集体领导,这一点无论从峰会前美国总统福特是否出席峰会上的迟疑,还是峰会结束后德斯坦、施密特、威尔逊向欧共体其他成员国的保证中都可窥出一二。即六大经济体领导人峰会是临时的,意在应对 1974 年以来不断疲软的经济形势,随着经济增长的恢复,货币汇率的稳定,首脑峰会也将自动退出历史舞台。但事实却是,西方经济大国领导人峰会不仅在不到半年里再行召开,而且一直延续至今,成为 20 世纪最后二十年引领全球经济治理的主要角色。在 2008 年金融危机后,七国集团的国际经济领导地位被涵盖新兴经济体和更多中等强国的二十国集团取代,但七国集团并未因此解体,仍作为一支影响国际经济局势重要力量保留下来。

## 一、正向集体情感、集体认同与七国国际经济集体领导的定型

六国首脑峰会之所以能延续并在 1976 年后制度化为七国集团,根本受益于六国/七国领导人在朗布依埃峰会、波多黎各峰会乃至伦敦峰会、波恩峰会期间坦诚交换意见、化解分歧、有效扭转经济颓势中不断培植起的正向集体情感认知,已有盟友关系加上这一时期发展中国家改革国际经济秩序的呼声、石油输出国组织兴起的 1973、1979 年两次石油危机,更坚定了七国集团共命运、共身份的集体认同,波恩峰会后共享国际经济领导权自然延续。

美国起初对朗布依埃峰会的忧虑,主要是担心法国、联邦德国通过多边领导人会晤向美国施压,迫使美国重返固定汇率制并承担起暂时不愿担负的经济增长拉动责任。然而峰会结果却大出美国意料,法国放弃固定汇率制上的坚持,其他国家亦同意出台刺激经济增长的措施,美国并未做出一些可

能遭受国内反对的领导责任承诺,实际收获大于预期。[①]因此,在朗布依埃峰会后第二年,福特、基辛格即倡议在美国召开第二次首脑峰会,虽然促使福特匆忙召开波多黎各峰会的直接诱因是 1976 年大选,但更为深层次的考虑则是分摊国际经济领导责任于六国,朗布依埃、波多黎各两次峰会的交流讨论和政策协调,让美国看到了联邦德国、日本、法国、英国、意大利、加拿大六国对布雷顿森林体系主要内容的认可,这让美国宽心于国际经济领导权的让渡。1977 年卡特入主白宫后,七国领导人年度会晤的机制也被继承下来。在卡特的要求下,自伦敦峰会起,七国集团首脑峰会开始以更加制度化、程式化的方式举行,讨论内容事先已准备妥当,领导人自由发挥的空间受到挤压。[②]

法、德等国之所以倡议并参加首脑峰会,本意希望西方经济大国协调彼此内外经济政策,减少政策外部性,以应对西方国家不断恶化的经济形势和来自石油输出国组织"刻意"抬高石油价格,七十七国集团谋求国际经济新秩序的挑战。朗布依埃峰会基本实现了五国领导人对首脑会晤的成果预期,一方面实现了各国经济政策的协调,在应对石油危机、汇率动荡、经济滞涨等跨国问题上一致行动,美法实现汇率安排和解,英意有选择的贸易保护政策得到其余四国谅解。根据尼古拉斯·贝恩(Nicholas Bayne)2005 年从"领导力、有效性、内聚力、持久性、接受性和一致性"六大测量指标对 1975—2004 年 30 场首脑峰会效果的综合评估,朗布依埃峰会得分仅次于波恩峰会列第二,1975—1978 年第一阶段的峰会得分又是历届峰会中最高的。[③]另一方面是朗布依埃峰会上各国领导人坦诚交流,集体培育起对这一非正式首脑协

---

① 福特总统 1975 年峰会结束后对媒体的声明,参见 Post-summit statement to the press by US President,1975-11-27,G7 Information Center,https://www.margaretthatcher.org/document/110955。

② Robert D. Putnam, Nicholas Bayne. *Hanging Together: The Seven-Power Summits*. Harvard University Press,1984,pp.57-58.

③ Nicholas Bayne. *Staying Together: The G8 Summits Confronts the 21st Century*. Ashgate Publishing Company,2005,pp.12-18,214-216.

商机制的极佳印象。根据 1975 年 11 月 28 日英国驻巴黎大使呈交英国首相
《法国对朗布依埃峰会评价报告》显示，德斯坦高度肯定了领导人小范围私
密会晤、坦率交换意见对实现相互经济政策协调的积极意义，建议如有必
要，首脑峰会可再行召开。[①]法国总统的态度基本代表了当时英、德、日、意对
朗布依埃峰会的评价，对于德、日而言，首脑峰会无疑是一次改善战败国形
象，提升国际影响力的难得契机。所以当 1976 年 5 月，福特总统致电六国领
导人建议召开波多黎各峰会时，六国不约而同给予了积极响应。到 1978 年伦敦
峰会结束之际，尽管有法国反对美国提议的在《波恩峰会宣言》中加入峰会
1979 年春季再次召开的内容，但第二年东京会晤已成七国领导人共识。[②]

　　波恩峰会后，七国集团共享国际经济治理领导权正式定制，即使完成国
际经济低通货增长、石油价格缓慢增长、东京回合谈判、国际货币汇率有限
浮动等预设任务目标后，七国集团仍将作为国际货币基金组织、世界银行、
关贸总协定多边框架内外国际经济治理的核心集团而存在。

## 二、七国国际经济集体领导的转型与衰落

　　平复第二次石油危机后，七国国际集体领导开启了新一轮的转型之旅，
主要体现在三个方面：一是领导领域的扩大，从引领国际经济治理扩大至引
领政治安全、全球性议题的治理；二是主要领导对象的扩容，从其他西方发
达国家扩大至冷战后的全世界；三是领导方式的转型，邀请其他成员国参与

---

① Rambouillet:the French View,1975-11-28,G7 Information Center,https://c59574e9047e61130
f133f71d0fe2b653c4f00f32175760e96e7.ssl.cf1.rackcdn.com/B2DCEF5408F44E858D9659A3A39A0A12.
pdf.

② Memorandum of Bonn Summit(Session 4),1978-06-17,G7 Information Center,https://c59574e
9047e61130f133f71d0fe2b653c4f00f32175760e96e7.ssl.cf1.rackcdn.com/CF8F92A3C6954B79B3713FC69
4BBA98B.pdf.

到七国集团引领议题的讨论中来。

1979 年石油价格的再次陡涨,迫使当年东京峰会上预设讨论议题搁浅,应对石油危机及能源问题成为七国领导人讨论交流主要焦点;同年发生的苏联入侵阿富汗又使得 1980 年的威尼斯峰会上阿富汗问题成为能源问题之外的另一峰会焦点,70 年代后期突发性政治危机不断地推动着七国集团偏移其最初的领导方向。苏联入侵阿富汗彻底断送了 20 世纪 70 年代的东西方缓和局面,里根入主白宫后一反卡特对苏缓和政策转而对苏强硬,东西方关系变冷不可避免地波及了七国集团的年度峰会,与 1975—1978 年第一阶段相比,80 年代峰会议题夹杂了明显的政治色彩。90 年代后,防止核武器、生化武器扩散,防治传染性疾病,推进民主人权,打击恐怖主义等全球性非传统安全议题进入七国集团年度峰会议程。不过在国际经济领域,七国集团的领导主体地位仍是绝对主导的,至少在亚洲金融危机之前如此,这一时期也形成了相对稳定的关注议题,即世界经济增长与稳定、货币汇率、经常账户失衡、对其他国家的行动立场、国际经济体系的调整五个方面。[1]

在将国际领导领域由国际经济延伸至国际政治、安全及非传统跨国性议题领域的同时,七国集团冷战结束后也主动尝试了将国际经济领导对象扩容至原东欧社会主义国家,凭借冷战初期的单极权力格局,依托国际货币基金组织、世界银行、世界贸易组织构建起覆盖全球的"引领-支持"关系网络。不过,七国国际集体领导的衰落也源于此——领导雄心或目标任务远超出七国自身的领导能力。帮助俄罗斯完成市场经济转型、治理 1994—1995 年的墨西哥金融危机和 1997 年的亚洲金融危机,可谓七国国际集体领导 90 年代最为国际社会瞩目的三大任务,然而在这些问题的治理上七国集团的国际领导却乏善可陈。事实再一次证明,当缺少体系危机压力时(上述三大

---

① C. Fred Bergsten, C. Randall Henning. *Global Economic Leadership and the Group of Seven*. Institute for International Economics, 1996, p.27.

危机对七国均不具紧迫性），领导国履行并共享国际领导权责的意愿要弱得多，两德统一后，德国马克的低估和接纳东德的财政负担使德国无暇旁顾。以 1991 年《马斯特里赫特条约》签署为标志，欧洲 90 年代加速一体化进程，在接纳捷克、奥地利、芬兰等新成员国之余，启动欧元区建设，法、德、英、意四国更关注本地区，不愿将有限资源精力挪作他用。

　　七国集团另一重要成员——日本，在 20 世纪 90 年代则饱受泡沫经济破灭的打击，也不愿分担更多的领导责任，而且类似于欧洲四国，日本此时更倾向于在东亚地区发挥引领作用。关注重心的差异不仅带来了七国集团在如何保证国际经济平稳运行上的不同解读，优先增长还是优先稳定，赤字国（美国）和盈余国（德日）谁应承担更多调整责任，[1]而且最终妥协而成的治理方案远不足以应对领导任务。1997 年亚洲金融危机爆发后，克林顿政府一度建议七国集团出台新一轮的经济刺激计划以及向遭受危机冲击严重的国家提供资金援助。该倡议起初并未得到其他六国积极响应，后在美国的反复呼吁下，七国集团才同意在国际货币基金组织框架内设立一笔 900 亿美元的紧急基金，但要求受援国在接受国际货币基金组织援助时增加国内金融政策透明度——执行严格的国际会计标准和银行监管调控，将东亚金融危机根源归结为印尼、泰国、韩国等国的金融政策不透明，认为透明度的提升将使投资者意识到风险，进而减少金融投机行为，起到缓解危机的目的。[2]显然，对缓解东亚金融危机的紧迫性而言，这是一条错误的治理建议，或者说七国集团推脱领导责任的一项借口，因为在大面积市场恐慌下，优先刺激经济增长以稳定市场预期远比改革金融政策更为要紧，这也是 1975 年西方经

---

① 关于七国集团中美国、日本、德国在 20 世纪 90 年代引领世界经济平稳运行中的侧重点争执、讨论，参见 C. Fred Bergsten, C. Randall Henning. *Global Economic Leadership and the Group of Seven*. Institute for International Economics, 1996, pp.55-73。

② 关于七国集团在亚洲金融危机治理中的作用分析，参见［美］罗伯特·吉尔平：《全球政治经济学，解读国际经济秩序》，杨宇光、杨炯译，上海人民出版社，2006 年，第 239~242 页。

济危机、2008 年金融危机短时间内得到治理的关键原因。

总而言之,七国集团在 20 世纪 90 年代非体系危机事件中的领导缺位或错误引领,极大损害了国际社会对七国集团国际经济领导的信心,1998 年后,东亚国家广泛批评了国际货币经济组织的错误治理,2000 年东盟与中日韩"10+3"财长会晤上《清迈协议》签署等也从侧面表明七国国际经济集体领导公信力的下降。

正是在这一背景下,七国集团于亚洲金融危机后开启了第三轮转型之旅,邀请引领目标对象国中的部分发展中国家参与到国际经济治理讨论中来,一则增加七国集团引领国际经济事务的合法性,二则分摊部分治理责任。1997 年美国丹佛峰会上俄罗斯加入七国集团,1998 年英国伯明翰峰会上更名为八国集团,1999 年创立二十国财长与央行行长会商机制,2005 年后尝试探索七国集团为中心的八国加中国、印度、巴西、南非、墨西哥的"8+5"集体领导模式。诚然,七国集团国际集体领导转型的主导意图是在保留七国在国际经济治理中核心引领作用的同时,通过分摊国际领导责任,以提升其国际集体领导的公信力和接受度。

不过,七国集团邀请部分支持国参与到领导决策讨论议程的做法,并未从根本上扭转七国国际经济集体领导衰落的势头。20 世纪 70 年代西方国际经济滞涨危机有效治理后,七国集团的国际经济集体领导之所以延续的主要原因,一方面在于集体命运认同下七国继续共享国际经济领导权的共识,另一方面则在于七国集团在当时国际经济体系权力格局中相对其他国家的压倒性优势。虽然 90 年代七国内部的分歧争执并未妨碍其在国际事务中的领导权共享,但七国集团国际经济体系格局中的优势权力却在 21 世纪技术、资本、信息跨国自由流动下渐趋消逝。以金砖国家为代表的新兴经济体强势崛起,经济实力赶上甚至超过了七国/八国集团中的部分成员国,这无疑极大限制了七国/八国集团国际经济集体领导的问题解决能力和"引领–支持"关系维系能力。2008 年由美国"次贷危机"引发的波及欧洲、美洲的全球金融危机,彻底中断了 2005 年后八国集团的"稳步"转型之路,为吸引新兴经济体参与到金融危机治理的领导责任分担中来,七国集团无奈只好向中国、印度、巴西等让渡更多的国际经济领导权,对七国集团为中心国际经济领导模式进行改革,扩大新兴经济体和中等强国的话语权重,2009 年二十国集团匹茨堡峰会上,二十国集团被确立为国际经济事务治理的首要平台,七国集团 20 世纪 70 年代后形成的国际经济集体领导开始为领导成员国更具代表性、包容性的二十国集团取代。

# 小　结

　　七国集团国际集体领导,主要指 1975 年以来美国、德国(联邦德国)、日本、法国、英国、意大利、加拿大七个西方经济强国在稳定国际经济秩序、促进国际经济有序运行中联合供给公共产品、动员协调多国内外经济政策的现象。1973 年"美元–黄金"固定汇率体系的终结,意味着美国无意独自承担国际经济的领导责任,1973—1975 年不到三年时间里接连爆发的货币体系动荡、石油危机和经济衰退,严重超出了国际货币基金组织、世界银行等现有国际体制框架的应对能力,产生治理多重经济挑战的国际领导需求及领导意愿。七大西方经济体当时在国际经济体系中的绝对主导实力——无论在国民生产总值、进口贸易量、外汇储备等多项测量指标中的绝对值还是相对值,也赋予了其有实力承担起引领其他国家——主要是西方资本主义阵营经济发达国家,进而治理危机的领导负担。

　　1974 年 5 月德斯坦和施密特分别成为法国、联邦德国总统总理后,两国领导人开始筹划召开一次西方主要经济大国领导人非正式集会,以遏止不断蔓延的经济危机势头。12月,德斯坦与美国总统会晤期间就汇率争执取得谅解,横在七国集团共享国际领导权面前的最大障碍——美法对国际金融体系安排的矛盾,暂时得以突破。1975年7月,在赫尔辛基安全峰会后的四国首脑秘密花园会议上,四国领导人就召开美、法、德、英、日五国首脑峰会达成共识,同意派遣私人代表先行筹备谈判,筹备期间意大利加入,在完成峰会目的、峰会谈论议题、峰会出席人员及国际影响力平衡等谈判妥协后,1975年11月朗布依埃峰会如期举行。这标志着六大经济体共享国际经济治理领导权的开始,1976年波多黎各峰会上,加拿大加入,至此七国集团正式定型,从1975年的朗布依埃峰会到1978年的波恩峰会,围绕实现走出经济滞涨困局,实现国际经济低通货增长这一任务目标,七国集团领导人从宏观经济政策制定、国际货币体系重建、石油市场稳定和新能源开发、多边国际贸易与发展中国家援助四大领域进行协作行动。面对优先经济增长还是缓解通胀压力,重返固定汇率还是继续浮动汇率,选择与石油输出国组织谈判还是对欧佩克施压等行动选项上的分歧,七国集团通过寻求领导人之间的共识和一致,进而将分歧压缩至财长或技术专家层级,有效防止了分歧的升级,保证了七国共同引领国际经济治理的持续进行。其间,逐渐培植起正向集体情感和集体命运认同,促使七国集团决议在危机缓和后继续共享国际经济领导权。

朗布依埃峰会后,七国集团面临着如何赢得其他国家支持和追随七国国际领导倡议的又一任务,凭借雄厚的经济实力和在三大国际经济机构中的主导影响力。七国集团一方面通过提供目标国普遍关切的国际公共产品,如化解汇率动荡、贸易保护、增长缓慢等难题,让其他国家看到支持七国的获益远大于拒绝。另一方面通过淡化七国国际经济领导中的支配等级色彩,开放讨论议程至部分支持国国家,缓和支持国被排除出领导国行列的不满。受两极对立影响,冷战期间,七国集团的"引领-支持"关系构建重点聚焦于西方经济发达国家,对于非社会主义阵营的亚非拉发展中国家,则更多通过优势权力的运用"迫使"其遵从七国集团在国际贸易、国际金融领域的行为规则设定。

　　共同引领治理"美元–黄金"固定汇率解体后西方国际经济体系危机的良好印象,促使七国集团之间不断培植起延续紧密协作协调关系的正向集体情感和集体命运认同。1978 年波恩峰会上共享国际领导权已然成为与会七国的潜在共识,国际经济集体领导由此也从治理体系危机过渡至国际经济秩序稳定的日常维护。进入 20 世纪 80 年代,七国集团开启了集体领导的转型之旅,一是领导议题从经济领域扩大至 80 年代的政治安全领域,冷战后的全球性非传统安全议题领域;二是领导对象从冷战时期的资本主义阵营国家扩大至全球所有国家;三是参与领导决策讨论的主体由原先七国增员至俄罗斯、新兴经济体和议题相关国。七国集团在 1997 年转型为八国集团,2005 年后尝试"8+5"十三国集团。尽管七国国际集体领导转型的初衷意在增强其集体领导的合法性,但 90 年代后七国国际经济集体领导的一系列错误治理以及 21 世纪后,中国、印度、巴西等新兴经济体的崛起,不仅冲击了七国集团的国际经济领导公信力,而且动摇了七国集团在国际经济权力格局中的优势地位,无论全球经济问题解决,还是"引领–支持"关系维持,均不免捉襟见肘。2008 年次贷危机爆发后,已然无力独自引领的七国集团不得不邀请新兴经济体和中等强国一起参与金融海啸阻治,七国集团国际集体领导开始淡出中央舞台。

# 第六章　二十国集团国际经济集体领导的兴起

　　1999 年 12 月 25 日,在八国首脑和七国财长的倡议下,来自北美洲的美国、加拿大、墨西哥,欧洲的法国、德国、英国、意大利、俄罗斯、土耳其,亚洲的中国、日本、印度、韩国、印度尼西亚、沙特阿拉伯,南美洲的巴西、阿根廷,大洋洲的澳大利亚,非洲的南非共 19 国家及欧盟的财长、央行行长齐聚柏林,商讨研判 1997 年亚洲金融危机以来的国际经济体系稳定事宜,之后形成一年一度的会晤制度。二十国集团财长及央行行长会议的常态化,标志着发展中国家开始参与到长期为七大发达国家所掌控的国际经济事务治理中来。尽管其并未立即取代七国集团的全球经济事务中的集体领导角色,但说明西方发达国家为主体的国际经济领导局面已开始式微。2008 年在由美国"次贷"危机升级的全球金融危机冲击下,布什总统邀请二十国集团的首脑在华盛顿会晤,商讨如何应对全球金融危机,二十国集团正式由财长、央行行长会议升级为首脑峰会,2009 年美国匹兹堡峰会上,二十国集团荣膺国际经济协商合作首要论坛,二十国集团代替八国集团承担起维系国际经济平稳运转的国际领导责任。后金融危机时代，由于发达国家与发展中国家、新兴国家与其他发展中国家的关注点差异，二十国集团在推动全球经济走出金融危机后集体领导效力有所下滑，七国集团并未因二十国集团的出现而自动退出历史舞台。但作为一个能够将国际经济体系中散布各地且最具影响力的国家凝聚在一起的平台，二十国集团仍发挥着引领世界经济持续平稳运转的枢纽作用。

# 第一节　国际金融危机的爆发与七国集团的无力

　　二十国集团实质上是发达国家与发展中国家、传统经济大国与新兴经济强国共享国际经济领导权的非正式对话协商机制，二十国集团的出现深刻反映了 21 世纪以来国际经济体系内不同类型国家的权力消长变化。1997年的亚洲金融危机虽然严重削弱了泰国、印尼、韩国等东亚新兴经济体的增长势头，但却未阻断全球财富由发达国家向发展中国家转移的大趋势。进入 21 世纪后，中国、印度、巴西、南非、俄罗斯等金砖国家强势崛起，取代 20 世纪 90 年代的亚洲"四小龙""四小虎"成为新一轮的全球经济增长驱动器，至2008 年金融危机前叶，东亚、北美、欧洲已然无可争辩的成为全球经济增长最为活跃的区域。①

　　正如 20 世纪六七十年代，西欧、日本经济复兴对美国国际经济领导国地位冲击一样，来自发展中国家阵营新兴经济体的崛起，也彻底改变了 20世纪 70 年代后国际经济体系内传统领导国与其他国家间的实力对比。七国集团先前压倒性的经济优势已然逝去，其治理国际经济事务和赢得国际社

---

① Jonathan Luckhurst. *G20 since the Global Crisis*. Palgrave Macmillan, 2016, pp.107–108.

会支持的领导能力受到削弱。根据国际货币基金组织 2009 年之前的统计数据,2000—2009 年新兴市场和发展中国家占世界经济的比重,如果按市场汇率计算,由 23.6% 上升为 33.6%,发达国家则由 76% 下降至 66.4%,如果按购买力评价计算,前者由 40.4% 上升至 50%,后者由 59.6% 下降至 50%。中国、巴西、俄罗斯均在 2008 年前跻身全球十大经济体行列。出口方面,新兴市场和发展中国家占比由 2001 年的 29.7% 上升至 43.5%;外汇储备方面,新兴市场和发展中国家 2009 年达 55002 亿美元,比 2000 年增加 5.45 倍,经常项目顺差由 2000 年的 929 亿美元增长至 2008 年的 7034 美元。①与新兴市场和发展中国家 2000 年以来不断增长的经济盈余相比,发达国家却出现了日益高企的财政赤字和主权债务,以美国为例,其长期债务规模由 2002 年 6 月的约 32 万亿美元增加至 2008 年 6 月的约 51 万亿美元。②

新兴经济体和发展中国家在全球经济体系权重的相对增长,无疑意味着七国集团供给国际经济公共产品能力的下降,无论国际经济整体福利的增进还是问题挑战的应对,客观上也需要前者其承担起相应的责任负担。此外需要认识到的是,这一时期新兴经济体和发展中国家的经济崛起,离不开 90 年代信息技术革命驱动下的全球产业分工,即发达国家聚焦技术研发、产品创新、金融服务等高端产业,将制造业等中低端产业转移至发展中国家地区。这种产品价值链上的分工,在发达国家和发展中国家形成某种密切的经济相互依赖,发展中国家需要来自发达国家的外溢资金、技术和出口市场拉动本国经济增长,发达国家市场的动荡将不可避免经由相互依赖网络传导至发展中国家。可以说,以金砖国家为代表的新兴经济体和发展中国家经济实力的增长,一方面彻底改变了国际经济体系中传统领导国与支持国的经济权力格局,原本领导国的国际经济责任愈加需要支持国的能力贡献;另一

---

①② 数据引自陈凤英:《二十国集团机制化,适应时代发展潮流》,《当代世界》,2010 年第 12 期。

方面也与七国集团为代表发达国家形成某种"利益攸关责任共同体",七国集团封闭式的集体领导模式已然难以适应国际经济体系的权力多元化现实,国际经济领导主体需要新一轮的扩容。①

2007—2008 年,当一场源于美国的"次贷危机"升级为弥漫全球的金融危机后,国际经济集体领导主体的扩容正式提上议事日程。对于七国集团为核心的发达国家来讲,由次贷危机转变而来的金融危机,首先造成资产损失和债务链条断裂,其次流动资金短缺,再次市场恐慌,结果便是经济增长的放缓和国家财政赤字的加剧。

虽然金融危机尚未直接波及中国、印度等发展中国家,但来自工业发达国家信贷资本的减少和出口市场的萎缩,同样也导致了后者经济增长的放缓和财政收入的锐减,引发部分低收入国家出现严重收支逆差。根据国际货币基金组织 2009 年年度报告,2008 年第四季度至 2009 年第一季度期间,全球国内生产总值缩水 6%, 金融危机策源地美国 2008 年第四季度国内生产总值缩水更是超过 6%,2009 年第一季度缩水 5.7%,失业率上升至 8.5%,日益严峻的经济形势迫使已然经济命运共同体的发达国家、新兴经济体、发展中国家必须协作一致,共同推动世界经济走出危局,毕竟无论金融危机蔓延的阻遏,还是债务危机的缓和,或是低收入国家收支逆差的平衡,甚至最为关键的全球经济增长的重振,都需要新一轮资本的注入,2007—2009 年金融危机和债务危机的双重打击下,美、德、法、英等先前的国际经济领导国开始意识到仅靠美欧和七国集团无法有效应对这场空前灾难。②作为前期贸易顺差累积起巨额外汇储备的中国、沙特等新兴经济体或石油国家,自然成为各

---

① [美]斯图特瓦·帕特里克、杨文静译:《全球治理改革与美国的领导地位》,《现代国际关系》,2010 年第 3 期。

② 庞中英、王瑞平:《相互治理进程——欧洲与全球治理的转型》,《世界经济与政治》,2012 年第 11 期。

方关注的焦点,对于这些国家来讲,以美元为主体的外汇构成也使其担心金融危机加剧将进一步损失已然贬值的外汇资产,不过承担金融危机治理领导责任初衷的差异,也为 2010 年后危机时代二十国集团国际集体领导绩效趋缓埋下了伏笔。

总之,21 世纪以来金砖国家为代表的新兴经济体的经济崛起,渐趋改变了国际经济体系的权力格局分布,促使七国集团为代表的经济权力多极体系逐渐向七国集团、金砖国家、石油国家等经济权力无极体系演进,七国集团的维护国际经济秩序平稳运行的领导能力和领导意愿受到客观削弱。2007—2008 年全球金融危机及紧随其后的欧洲债务危机爆发后,国际社会集体行动治理金融危机的呼声不断高涨,而身处次贷危机和债务危机漩涡中心的七国集团已然无力继续承担重振国际经济的领导责任,出台新一轮的经济增长刺激计划后,若再行包揽给国际货币基金组织所需注资金额,势必引发严重通货膨胀,为此七国集团不得不将重振国际经济形势的领导权责分享至经济形势尚未被危机波及的新兴经济体,借助后者实力走出困局。①

## 第二节　二十国集团共享国际经济领导权的
## 取得与实践

虽然传统经济大国与新兴经济体共享国际经济领导权责乃大势所趋,但由此得出国际经济集体领导形态必然为二十国集团却推论不足,表面上

---

① 关于二十国首脑峰会与经济危机的关系分析,参见 Jonathan Luckhurst. *G20 since the Global Crisis*, Palgrave Macmillan, 2016, pp.2–5; Paul Martin. "The G20: From Global Crisis Responder to Global Steering Committee", in Colin I. Bradford, Wonhyuk Lim, eds., *Global Leadership in Transition, Making the G20 more Effective and Responsive*, Korea Development Institute & Brookings Institution Press, 2011, pp.13–15。

看二十国集团占据着全球生产总值的 85%、国际贸易的 80%、世界人口的 2/3（一说为 67%），①但其间七国集团、欧盟与金砖国家所占份额远远大于余下 7 国。如金砖国家中的中国，2008 年前后不仅跻身全球第一大外汇储备国，第二大进出口贸易国和第三大经济体，而且经济规模抵得上其余"金砖四国"总和。所以二十国集团能够在 2008 年全球金融危机和欧洲债务危机中脱颖而出，成为引领全球经济的集体领导国，实乃各方利益权衡的结果，毕竟单就世界经济影响力排名，西班牙、荷兰、泰国等似乎也应入选。

## 一、华盛顿首次峰会前的关注点趋同和妥协共识

早在 2005 年前后加拿大就曾倡议将二十国集团财长会议升级为二十国首脑峰会，以适应新兴经济体、发展中国家不断提升的国际经济影响力，但这一建议并未引起其他六国首脑的兴趣。2008 年 9 月，在次贷危机冲击下美国雷曼公司的破产，股价暴跌、银行倒闭、信贷冻结等多重金融灾难出现于美国及欧洲大陆。在 9 月 23 日联合国大会上，法国总统萨科齐倡议尽快召开八国集团首脑峰会，并邀请中国、印度、巴西、南非、墨西哥等新兴经济体领导人与会，将国际经济领域的八国集团集体领导转变为十三国集团集体领导。②法国总统这一呼吁也未收到七国集团或八国集团其他成员国的积极响应，作为国际经济集体领导是否扩容关键点的美国，在金融危机初期更希望依靠七国/八国集团引领下的现有国际经济体制应对危机，而非即刻求助于新兴市场国家。随着"次贷危机"的不断升级和欧盟成员国债务危机爆

---

① ［美］斯图特瓦·帕特里克、杨文静译：《全球治理改革与美国的领导地位》，《现代国际关系》，2010 年第 3 期。Ken Moak. *Development Nations and the Economic Impact of Globalization*, Palgrave Macmillan, 2017, p.156.

② ［加］约翰·柯顿：《二十国集团与全球治理》，郭树勇等译，上海人民出版社，2015 年，第 300 页。

发，美国开始意识到单靠七国集团已无力再如 20 世纪 70 年代那般引领本轮经济危机的治理，10 月初英国首相布朗致电美国总统布什，建议召开一次二十国集团领导人峰会，商讨应对日益严峻的经济形势，这一次布什总统勉强接受了建议。①

邀请未遭受金融危机冲击的新兴经济体、发展中国家承担治理危机领导责任在不断升级的危机挑战压力下，逐渐成为美、法、英、德、加等传统领导成员国的共识。而中国、印度、巴西、墨西哥等新兴经济体也对参与到全球经济治理中心舞台表现出了积极的兴趣，一者可以尽早遏止危机蔓延势头，避免殃及自身，二者可以利用这一契机改革现有国际经济体制对发展中国家不公平的制度安排，提升新兴经济体国际影响。不过，采取何种国际经济集体领导模式——共享领导权的具体路径，发达国家与新兴经济体之间仍需协调彼此立场，尤其是长期居于国际经济中央舞台的七国集团成员国之间。

大体而言，这一时期与新兴经济体及发展中国家共享国际经济领导权的路径有四种：其一，联合国或国际货币基金组织、世界银行框架下全员参与，淡化危机治理国际领导痕迹，这一方案为未能跻身二十国集团的一些发展中国家所倡议；其二，八国集团加中、印、巴、南、墨五国的"十三国集团"，这一方案一直是 2003 年后八国集团的尝试改革方案，为法国所力推；其三，将现有的二十国财长和央行行长会议升级为二十国集团首脑峰会，这一方案得到英国、加拿大支持；其四，效仿七国集团的创立，重新创建一个首脑峰会论坛。第一种方案虽然最大化了危机治理行动的合法性，但行动效率不足也最为突出，基本不为主要经济大国所认同，第四种方案曾一度为美国所考虑，白宫 2008 年 10 月初曾考虑邀请 7~24 国聚集华盛顿，商讨危机治理，但

---

① ［加］约翰·柯顿：《二十国集团与全球治理》，郭树勇等译，上海人民出版社，2015 年，第 303 页。

鉴于行动成本和时间——邀请哪些国家、邀请理由，只好妥协为已有体制安排基础上进行。①因此，七国集团、新兴经济体及发展中国家的选择主要集中在了十三国集团还是二十国集团类型上。

相比于二十国集团，十三国集团成果规模小，较容易达成共识，国际公共产品供给集体行动难题较弱，这也是法国坚持将领导人峰会控制在八国和二十国之间理由。然而对共享国际经济领导权模式有着决定权的美国在权衡是十三国集团还是二十国集团后，最终选择了支持英国，将二十国集团作为未来传统经济大国与新兴经济体共享国际经济领导权、共同治理本次全球经济危机的集体领导平台（2009 年匹兹堡蜂会，美国立场有所松动）。其理由主要立足于二十国集团更具包容性，更少大国协调色彩，更容易赢得国际社会的支持和为国际货币基金组织、世界银行、联合国等其他国际组织所接受。加之中国、巴西、韩国、墨西哥、澳大利亚等新兴市场国家也更偏好二十国集团方案，如 2008 年二十国财长和央行行长会议轮值主席国的巴西总理卢拉，协调发达国家与发展中国家行动偏好的澳大利亚总理陆克文，均积极向美国、中国等未来国际经济集体领导的核心成员推销二十国集团方案，澳大利亚、韩国等明显对将本国排除在外的十三国集团设计不满，中印等国也不愿未来国际经济的引领集体仍由西方发达国家绝对主导。而在十三国集团设计中，五大新兴市场国家的话语权重无疑弱于其余八国，且国内严峻的金融危机也迫使美国选择一个相对容易为新兴市场国家所接受的国际经济领导权共享途径，以便吸引后者尽早参与到治理危机中来。②

2008 年 10 月 22 日，美国白宫发言人正式向媒体宣布，美国将邀请1999

---

① ［加］约翰·柯顿：《二十国集团与全球治理》，郭树勇等译，上海人民出版社，2015 年，第 302 页。

② Lan Xue and Yanbing Zhang, "Turning the G20 into a New Mechanism for Global Economic Governance: Obstacles and Prospects", in Colin I. Bradford and Wonhyuk Lim, eds., *Global Leadership in Transition, Making the G20 more Effective and Responsive*, Korea Development Institute & Brookings Institution Press, 2011, pp.60–61.

年创立的二十国集团的 19 个国家领导人，欧盟领导人及联合国秘书长、国际货币基金组织总干事、世界银行总裁、金融稳定论坛主席等国际组织负责人，于当年 11 月 15 日集聚华盛顿，商讨如何应对当前弥漫全球的经济危机。[①] 虽然决议召开二十国集团首脑峰会是于 10 月下旬发出，但二十国集团首脑峰会的筹备工作却贯穿了整个 10 月和 11 月的前半个月，其间既有国际货币基金组织和世界银行框架内的二十国财长会议(华盛顿)，也有巴西圣保罗年度例行二十国财长和央行行长会议，更有七国财长会议和 11 月初的金砖国家会议，二十国频繁的会晤中就会议地点、议程达成妥协和取得共识，法国、巴西等国本希望首脑峰会地点选在纽约。鉴于纽约乃 2008 经济危机的爆发地，但在美国的反对下，调整为华盛顿，美国不愿给外界留下太多美国责任的印象。

## 二、二十国集团应对金融危机中的战略磋商与分歧管控

对于承担金融危机治理国际领导权责的二十国集团来讲，2008 年峰会上必然绕不开的三大任务为：金融危机成因的厘清，政策建议、行动倡议的提出和引领危机治理公共产品的供给。中国外交部副部长何亚非在 11 月 6 日的媒体吹风会上，坦言华盛顿峰会应主要讨论三项议题，即金融危机产生的原因、国际社会应对金融危机已取得的成就，以及探讨国际金融监管和国际金融体制改革；[②] 11 月 15 日，《二十国领导人华盛顿峰会宣言》亦将重振

---

① Statement by Press Secretary Dana Perino. The White House of President George W. Bush, 2008-10-22. https://georgewbush-whitehouse.archives.gov/news/releases/2008/10/20081022.html.

② 《中国外交部副部长何亚非 2008 年 11 月 6 日就中国国家主席胡锦涛出席华盛顿峰会媒体吹风会》，人民网，http://world.people.com.cn/GB/8212/14450/46162/8297216.html。

经济增长,稳定金融市场,改革世界金融体制作为本次峰会的主题。①围绕三大主题,与会的 19 个发达国家、新兴经济体国家和发展中国家,从 2008 年华盛顿峰会起直至 2010 年首尔峰会,先后五轮战略磋商,就确定金融危机成因,复兴全球经济增长及实现全球经济持续平稳增长,加强金融监管稳定金融市场,改革国际金融体系及增加新兴经济体权重,反对贸易保护主义及推进多哈回合谈判等议题,进行密切协作,妥善管控偏好分歧,大体完成了 2008 年召开二十国集团首脑峰会的预期目标。

第一,金融危机的原因界定。在金融危机责任归咎方面,法国、德国等欧洲国家和中国、巴西等新兴市场国家要求美国承担过度金融衍生品在导致本轮经济危机中的首要责任。美国虽然承认了本轮金融危机源起于美国,却不愿承担导致金融危机的全部责任,因为责任或危机原因的界定将直接关系接下来治理措施的走向,试图将部分原因归咎于新兴市场国家不平衡的金融政策,此举遭到中国抵制,认为"不平衡"暗指人民币汇率。②最后《华盛顿宣言》以一种相对模糊的危机责任表述处理了三方的分歧,即市场主体的投机行为、部分发达国家市场监管缺位和各国宏观经济政策的不协调,③避免了专门指涉美国、七国集团及新兴经济体。

第二,复兴全球经济增长及实现全球经济强劲、可持续、平衡增长。呼吁出台新一轮财政货币扩张政策以拉动全球经济增长乃美国召集二十国集团

---

① Declaration of the Summit on Financial Markets and the World Economy. The White House of President George W. Bush, 2008 -11 -15. https://georgewbush -whitehouse.archives.gov/news/releases/2008/11/20081115-1.html.

② [加]约翰·柯顿:《二十国集团与全球治理》,郭树勇等译,上海人民出版社,2015 年,第 320 页。

③ 关于 2008 年金融危机原因责任归咎, 参见 Declaration of the Summit on Financial Markets and the World Economy, The White House of President George W. Bush, 2008-11-15, https://georgew-bush-whitehouse.archives.gov/news/releases/2008/11/20081115-1.html。

领导人峰会的首要目标。①从事后看,刺激经济增长的领导责任主要由两大
主体来承担:一是新兴经济体的大幅经济刺激计划,二是国际货币基金组织
的反周期贷款。因新兴经济体通胀压力较小,而新一轮融资计划又与国际货
币基金组织投票权重挂钩,所以此类议题上各国分歧较小。新兴经济体主要
代表中国国家主席胡锦涛在峰会发言时,承诺中国将在 2008 年财政基础上
再行增加 1000 亿人民币,从 2008 年第四季度到 2010 年预计财政投资 4 万
亿人民币。②中国巨大的经济体量加上其大幅经济刺激计划无疑有效缓解了
全球经济的下行压力。关于给国际货币基金组织新一轮注资计划,在日本
2008 年 11 月 100 亿美元增资引领下,美国和欧洲在 2009 年伦敦峰会前后
也分别注资 1000 亿美元,其他二十国集团成员国也承诺基于现有份额比例
认缴国际货币基金组织新一轮 5000 亿融资。③在重振经济增长之余,中国等
新兴市场国家在华盛顿峰会上,倡议还应关注发展中国家在危机中的困难,
切实给予发展中国家援助,帮助其稳定金融市场和经济增长。④这一建议得
到了英国等国的积极呼应,毕竟发展中国家经济的恢复关系着出口市场的
稳定。2009 年伦敦峰会上,英国首相布朗倡议融资 1.1 万亿美元,以帮助发
展中国家渡过危机(含国际货币基金组织增资部分),虽然加拿大等国曾质
疑数目的可行性,但最后《伦敦峰会宣言》还是承诺筹资 1.1 万亿美元以促进

---

①　Press Briefing by Senior Administration Officials on Summit on Financial Markets and the World Economy. The G20 Information Center of Toronto University,2008-11-15. http://www.g20.utoron-to.ca/2008/2008officials.html.

②　《胡锦涛在金融市场和世界经济峰会上的讲话》,中华人民共和国中央人民政府网,2008-11-16,http://www.gov.cn/ldhd/2008-11/16/content_1150355.htm。

③　[加]约翰·柯顿:《二十国集团与全球治理》,郭树勇等译,上海人民出版社,2015 年,第359~361 页。

④　《胡锦涛在金融市场和世界经济峰会上的讲话》,中华人民共和国中央人民政府网,2008-11-16,http://www.gov.cn/ldhd/2008-11/16/content_1150355.htm。

世界经济增长、信贷恢复和就业增加。[①]到2009年9月美国匹兹堡峰会召开之际，世界经济形势已有起色，考虑到财政刺激而来的通胀压力，部分国家建议放缓经济刺激计划。然而美国、加拿大等国高居不下的失业率，又担心经济下行再现。在这一背景下，《匹兹堡峰会宣言》及第二年的《多伦多峰会宣言》将全面经济刺激计划调整为先刺激，再退出，然后整顿宏观经济政策，以实现全球经济强劲、可持续、平衡增长。[②]

　　第三，加强金融监管以稳定金融市场。本轮经济危机源起于国际市场上金融衍生品的泛滥，加强金融监管，规范全球金融市场秩序，也因此成为与会19国的共识，但在如何实施金融监管上美国、欧洲、新兴市场国家却给出不同的行动方案。美国并不认为现有金融体制已然到了彻底变革的地步，仅仅主张"轻举轻放"，依靠行业自律和政府监管来稳定金融秩序，而非统一的超越国家主权的国际金融监管，反对因金融市场的整顿而损害自由市场原则。[③]与美国不同，法国、德国等欧洲国家则要求严格的金融监管，主张制定一项覆盖全球的金融市场规则和监管机构，法国甚至提议对跨国银行、保险公司、大型投行等金融机构征收银行税，萨科齐在2009年伦敦峰会上扬言，若峰会不能就金融监管采取措施，法国将提前退出。[④]新兴市场国家立场比较接近美国，虽然支持完善现有金融监管体系，建立金融危机早期预警系统，但却不希望看到损害本国经济主权的国际金融监管机构。最终伦敦峰会

①　London Summit—Leaders' Statement. The G20 Information Center of Toronto University, 2009-04-02, http://www.g20.utoronto.ca/2009/2009communique0402.pdf.

②　The G20 Toronto Summit Declaration. The G20 Information Center of Toronto University, 2010-06-27, http://www.g20.utoronto.ca/2010/to-communique.html.

③　美国关于金融市场整顿或监管不能损害自由市场原则观点，参见Press Briefing by Senior Administration Officials on Summit on Financial Markets and the World Economy, The G20 Information Center of Toronto University, 2008-11-15, http://www.g20.utoronto.ca/2008/2008officials.html。参见[加]约翰·柯顿：《二十国集团与全球治理》，郭树勇等译，上海人民出版社，2015年，第315页。

④　法、德等欧盟国家关于监管国际金融的观点，参见[加]约翰·柯顿：《二十国集团与全球治理》，郭树勇等译，上海人民出版社，2015年，第316~317、358页。

上达成了基于市场原则的国际金融监管方案，各国同意提高金融市场透明度和责任性，强化合理监管，促进金融市场的稳定和有效国际合作，[①]法国银行税的提议未被接纳，美国获得了自由市场原则的保证，新兴市场国家避免了本国金融体系的国际干预。在后来的匹兹堡峰会、多伦多峰会期间，法国等欧洲国家再度提议征收银行税，但在加拿大、日本、澳大利亚和几乎所有新兴市场国家的联合抵制下落败。[②]

第四，国际金融体制的改革和新兴经济体权重的增加。国际金融体制改革主要集中在国际货币基金组织、巴塞尔银行监管委员会、金融稳定论坛等长期为七国集团所主导的国际组织中，增加新兴经济市场国家的权重。此议题既是中国、巴西等新兴经济体选择出席二十国集团峰会，承担国际金融危机治理领导责任的一大考虑，也是二十国集团中七国集团与金砖国家分歧最大的地方。在2008年峰会准备阶段，巴西分别提交了两份关于国际货币基金组织、世界银行和金融稳定论坛的改革方案，要求增加包括巴西在内新兴经济市场国家的话语权重。[③]中国也将改革国际金融机构，推动国际货币体系多元化作为出席峰会的四项立场原则之一。[④]为吸引新兴经济体积极参与国际货币基金组织新一轮的反周期贷款融资，在华盛顿峰会闭幕新闻发布会上，美国总统布什倡议改革1944年成立以来的国际货币基金组织和世界银行，使其更好地反映当今全球经济现实，给予发展中国家更大的表决权

---

① 关于伦敦峰会对国际金融市场的监管，参见 Declaration on Delivering Resources through the International Financial Institutions, The G20 Information Center of Toronto University, 2010-04-02. http://www.g20.utoronto.ca/2009/2009delivery.html。

② [加]约翰·柯顿:《二十国集团与全球治理》，郭树勇等译，上海人民出版社，2015年，第316~317、444页。

③ 同上，第318页。

④ 《中国外交部副部长何亚非2008年11月6日就中国国家主席胡锦涛出席华盛顿峰会媒体吹风会》，人民网，http://world.people.com.cn/GB/8212/14450/46162/8297216.html。

和代表权,特别是那些已经增加会费的发展中国家。[1]在新兴经济体的努力下,2009 年 3 月西方主要发达国家同意金融稳定论坛全员接纳中国、印尼等二十国集团中的非论坛成员国,在 4 月的伦敦峰会上,二十国领导人更是同意创立由峰会成员国,西班牙、瑞士、荷兰、新加坡、中国香港等 25 个国家、地区组织参加的金融稳定委员会(Financial Stability Board),以取代 1999 年为七国集团所创立的金融稳定论坛(Financial Stability Forum),担负起预警国际宏观经济和金融风险的职责。[2]另外,巴塞尔银行监管委员会也正式接纳中国、巴西、印度、俄罗斯、韩国、墨西哥和澳大利亚 7 国为新会员国,当年 6 月增员至二十国集团中的非委员会成员国、新加坡和中国香港。

在国际货币基金组织改革方面,2009 年 6 月,中国、俄罗斯、巴西、印度金砖四国在俄罗斯叶卡捷利纳堡首次会晤后,即联合倡议 9 月美国匹兹堡举行的二十国领导人峰会,呼吁改革现行国际金融体制,增加新兴市场和发展中国家在国际金融机构中的发言、代表权重,建立一个稳定、可预期、多元化的国际货币体系。[3]匹兹堡峰会基本采纳了金砖国家要求完善国际金融体制,以期校准国际经济领导责任与权利不平衡的事实,同意将 5% 的权重由发达国家转移至新兴经济体发展中国家,2010 年的多伦多峰会和首尔峰会上,商定 5% 权重从代表权过高的欧洲挪出。

与前述议题相比,无论刺激经济增长还是监管金融市场甚至给国际货

---

①　President Bush Hosts Summit on Financial Markets and the World Economy. The White House of President George W. Bush,https://georgewbush–whitehouse.archives.gov/news/releases/2008/11/20081115–5.html.

②　Claudia Schmucker and Katharina Gnath. "From the G8 to the G–20:Reforming the Global E-conomic Governance System",in Christoph Herrmann, eds., *European Yearbook of International Economic Law 2011*,Springer Heidelberg,2011,p.391. 关于金融稳定委员会成员国信息, 参见其官方网站,http://www.fsb.org/about/fsb–members/?page_moved=1。

③　《"金砖四国"领导人俄罗斯叶卡捷琳堡会晤联合声明》,中华人民共和国中央人民政府网,2009–06–16,http://www.gov.cn/ldhd/2009–06/17/content_1342167.htm。

币基金组织融资,都可归类为国际公共产品责任的分担,而改革国际金融体制则意味着新兴经济体将获得重塑国际金融领域行为规则、议程的权力。在2009年伦敦峰会期间,中国人民银行行长周小川就大胆建议全球储备货币应从单一依靠美元逐步转变为依靠特别提款权,并将人民币纳入特别提款权。①鉴于金融危机以来美元贬值事实和未来贬值风险,中国这一建议无疑对那些持有大量外汇储备的发展中国家有较强吸引力。但美国却不愿看到为稳定金融秩序、减少金融风险而动摇美元的世界货币中心地位,最终伦敦峰会只是同意了将人民币纳入特别提款权货币篮子。由于美国国会的阻力,人民币进入特别提款权序列和国际货币经济组织表决权重改革都推迟到了2015年。

第五,反对贸易保护主义及推进多哈回合谈判等议题。贸易保护主义几乎是所有经济危机治理中必须应对的普遍性挑战,华盛顿峰会、伦敦峰会上二十国领导人均重申了不寻求贸易保护政策以应对本轮经济危机和支持自由贸易,推进多哈回合谈判成功的决心。但由于多哈回合谈判中发达国家、新兴市场国家、其他发展中国家彼此立场分歧过大,截至2010年第五次首尔峰会上仍未见起色,二十国集团首脑峰会只是实现了抵制贸易保护主义的蔓延,特别是考虑到2010年希腊主权债务危机引发的欧盟债务危机。

总而言之,2008年9月次贷危机蔓延至大西洋两岸,布什总统在意识到七国/八国集团无力遏制危机的情况,接受英国首相布朗建议,倡议召开二十国领导人峰会,邀请新兴市场国家参与全球金融危机治理。2008年11月,二十国首脑峰会在华盛顿如期召开,开启了传统经济体与新兴经济体共同引领体系危机治理的联合行动。尽管在金融危机原因界定、金融秩序监管、全

---

① [加]约翰·柯顿:《二十国集团与全球治理》,郭树勇等译,上海人民出版社,2015年,第360~361页。Lan Bremmer,Nauriel Roubini,"A G-Zero World:The New Economic Club Will Produce Conflict Not Cooperation". *Foreign Affairs*,2011,90(2).

球金融体系改革、反对贸易保护主义上，二十国集团成员国之间就治理方向、治理措施进行了激烈争吵，如当欧盟国家、新兴市场国家要求增强国家政府在全球金融市场中的监管力度时，美国反对到不能因此而损害"华盛顿共识"下的自由市场原则；但在尽早走出体系危机的迫切需求下，二十国还是选择了通过寻求最高领导人一致来管控分歧烈度，将争议较大的分歧事项搁置，选择最大公约数问题进行治理。历经华盛顿峰会、伦敦峰会两轮战略磋商和联合治理后，至 2009 年 9 月匹兹堡峰会前后，国际经济形势已明显好转，二十国领导人峰会治理金融危机的集体领导任务目标已初步达成。

## 第三节　二十国集团"引领－支持" 国际领导关系的构建

一如 1975 年朗布依埃峰会后的七国集团，2008 年决议共享国际金融危机治理领导权的二十国集团，同样面临着如何赢得其他国家对二十国集团公布的金融治理方案的支持，将二十国集团有关金融监管、反对贸易保护主义等行动倡议转化为国际社会的行动共识。2008 年 11 月，在二十国集团华盛顿首次领导人峰会前后，国际社会其他国家对二十国集团的反应和态度大体可分为四类：一是外围互动型，这类国家不谋求加入二十国集团，认为加入二十国集团将弱化其影响力，相反以院外的形式积极影响着二十国领导人峰会的决议，要求二十国集团在讨论涉及当事国利益的行动时，当事国须参加讨论，典型代表为以新加坡为首的"3G 集团"（The Global Governance Group）。二是支持候补型，以西班牙、荷兰为代表的传统上与西方大国关系密切的国家，这类国家本来是有资格成为本轮经济危机治理的核心成员国，只是限于二十国集团成员的代表分布平衡考虑，未能受邀，如果将来二十国集团扩员,这些国家将是第一批次考虑对象,其对二十国首脑峰会的决议往往支持和肯定,也常常受邀派代表出席峰会。三是漠不关心型,即对二十国集团不持任何肯定或否定态度,这类国家大多为一些不受金融危机影响的小国。四是反对抵制型,即否定二十国集团的合法性和代表性,将二十国集团视为大国协调、强权政治的产物,主张治理金融危机应以联合国大会为中心、各国平等协商,这类国家代表有挪威、瑞士及拉美的玻利瓦尔联盟国家。①因此,二十国集团共享国际领导权之余的吸引对象主要集中为"外围互动型"和"反对抵制型"两类国家。

相比于二战期间美英苏中国际"引领–支持"关系构建,以及 1975 年七国集团国际集体领导关系的培育,二十国集团在赢得其他国家支持的进程中,遇到的质疑和抵制要明显得多。这基本也印证了本书在第三章中的理论假设,即国际体系权力的分散将增加国际集体领导关系的构建难度。最具代表性的事件莫过于 2009 年 6 月,在新加坡、瑞士等国倡议下,于美国纽约联合国总部成立的全球治理组织(The Global Governance Group),也称"3G 集团",这一组织由来自东南亚和太平洋地区、中东、非洲、欧洲、拉丁美洲、中美洲的 30 个中小国家组成。②大体对应着二十国集团成员国的区域分布,意在平衡或制衡二十国集团对国际经济事务的影响力,促使二十国国际经济集体领导更具包容性且更多顾及中小国家的利益和感受。"3G 集团"成员国之一的挪威外交部部长 2010 年便直言二十国集团决议合法性的不足,质疑二十国集团成员选择,认为二十国集团的国际经济领导系自我委任,未获得

---

① Andrew F. Cooper. "The G20 and Contested Global Governance: BRICS, Middle Powers and Small states". *Caribbean Journal of International Relations & Diplomacy*, 2014: 2(3). 刘宗义:《二十国集团的角色转型与法国戛纳峰会展望》,《国际展望》,2011 年第 2 期。

② 关于全球治理组织参加成员国的信息, 参见 The Global Governance Group, https://www.mfa.gov.sg/content/mfa/overseasmission/newyork/nyemb_statements/global_governance_group/2018/201811/Press_20181129.html。

其他国家授权。新加坡外长在 2010 年 2 月接受澳大利亚媒体采访也表示了对 2009 年伦敦峰会宣言将新加坡、瑞士等国列入金融监管"灰名单"的不满，认为作为当事国新加坡竟在事先不知情也未被邀请参与协商情况下，却被迫对这一后果做出反应。①鉴于此，在 2010 年加拿大多伦多峰会前夕，"3G 集团"即联合向峰会主席国加拿大提出三项建议：一是二十国首脑峰会举行之前应与联合国大会成员国进行协商，保证首脑峰会的协商性、包容性和透明度；二是邀请联合国秘书长出席峰会，保证联合国应有的角色地位；三是邀请其他地区国际组织负责人列席峰会。②"3G 集团"可谓二十国集团建构国际"引领-支持"领导关系路程上遇到的一大挑战。

为消除国际社会其他国家对二十国集团国际领导的合法性质疑，早在 2008 年二十国首脑峰会成立之始，二十国集团便通过不断淡化国际领导权的等级支配色彩，开放讨论决策议程和增强经济危机的治理实绩来打消他国疑虑，吸引他国支持，毕竟金融危机治理的收益将惠及各方，而且选择二十国集团而非"十三国集团"，作为本轮经济危机治理集体领导平台，也恰恰出于代表性的考虑。新加坡、瑞士、挪威等国对二十国集团的不满和质疑，更多在于被排除于领导决策议程的愤怒，兼具国家荣誉和现实利益二者考虑，对此二十国集团在赢得国际社会支持和追随其经济危机治理倡议方面，大体采用了如下手段：

一是国际领导权运用和客观约束。尽管存在新加坡、挪威等中小国家对

---

① 挪威外长和新加坡外长对二十国集团的不满，参见 Iftekhar Ahmed Chowdhury,"The Global Governance Group and Singaporean Leadership: Can Small be Significant?", ISAS(Institute of South Asian Studies)Working Paper, 2010-05-19, https://www.files.ethz.ch/isn/116447/ISAS_Working_Paper_108_-_Email_-_The_Global_Governance_Group_19052010134423.pdf.

② Statement pf Global Governance Group. The Global Governance Group(3G), 2010-06-08, https://www.mfa.gov.sg/content/mfa/overseasmission/newyork/nyemb_statements/global_governance_group/2010/201006/press_201006_3.html.

二十国集团国际领导的抵制，但二十国集团在世界经济中的绝对优势份额以及各成员国在本地区的巨大影响力，保证了二十国倡议行动宣言的实施。只要二十国达成一致意见，其他国家的抵制或反对，并不能阻止《行动方案》的推进，一如伦敦峰会上因金融监管而列出的全球非法避税"黑名单""灰名单"，即使上述名单中的中小国家有所不满，却也不得不接受规则。此外，由于二十国集团本身并非一个内聚力强的领导集体，七国集团、金砖国家、其他中等强国相互对国际经济事务都有着各自的判断，立场分歧较大，彼此相互牵制，客观上约束了其国际领导权的实际影响。2010 年后二十国集团国际领导力式微也不同程度地削弱了其他国家对二十国集团整体显著权力优势下实施大国协调、谋求特殊利益的顾虑。

二是开放讨论决策议程至中小国家、其他国际组织。邀请非成员国和国际组织代表出席峰会一直是二十国领导人峰会不成文的惯例，名义上 19 个国家和 1 个欧盟最高领导人参加峰会。但实际上每年出席峰会的代表国家、国际组织数远超过 20 个，2008 年首次峰会上荷兰、西班牙以及联合国、世界银行、国际货币基金组织、金融稳定论坛四大国际组织负责人共计六位非成员国代表获得邀请，这一传统一直延续到 2018 年的阿根廷峰会。不过起初中小国家受邀的情形也的确少见，为此 2010 年首尔峰会上确立了"G20+5"的邀请机制，即举办峰会的主席国可邀请 5 个非成员国参加峰会讨论，"3G集团"担心当事国（中小国家）被排除在相关行动议题之外的顾虑也得到了二十国集团的回应，同意邀请当事国出席相关主题决议讨论，新加坡于 2010 年、2011 年连续两次受邀参加首尔峰会和戛纳峰会。① 开放领导决策议程至其他非成员国和国际组织，一方面增加了二十国国际集体领导决议的透明度，迎合了当今时代国际关系民主化的大趋势，有效缓和了中小国家被支配

---

① Andrew F. Cooper. "The G20 and Contested Global Governance:BRICs,Middle Power and Small States", *Caribbean Journal of International Relations & Diplomacy*,2014,2(3).

的忧虑和不满大国协调的愤怒；另一方面充分汲取当事国的意见、建议，也提升了首脑峰会后《行动宣言》的国际认可度，2010 年首尔峰会后，国际社会对二十国集团的质疑声音已基本消退。

三是治理金融危机的领导绩效。二十国集团用了不到一年的时间阻止2008 年金融海啸不断蔓延，无疑使其收获了更多的国际赞誉。即使最早抵制二十国集团的瑞士，在 2010 年 12 月的联大讨论会上也承认二十国集团应对 2008 年金融危机时的及时和高效。尽管不满于联合国被边缘化，[①]伴随金融危机的消退和二十国集团决策议程的开放，中小国家开始接受二十国集团在当今国际经济事务中的国际引领角色。

总之，正是二十国集团的国际领导权优势（成员国代表广泛，相对其他国家经济实力优势），讨论决策议程的开放性、开放性和集体领导实绩，三者共同保证了二十国集团得以成功应付来自非二十国集团成员国的批评、质疑，进而赢得后者的支持，构建起"引领–支持"国际领导关系。

# 第四节　二十国集团引领国际经济治理的延续与松散协作

全球金融动荡的渐趋舒缓也提出了二十国首脑峰会的去留问题，鉴于次贷危机的近距离、惨痛教训，绝大多数成员国认识到在跨国资本自由、快速流动的 21 世纪，相互财政货币政策协调、联合监管对于实现国际金融平

---

① Andrew F. Cooper. "The G20 and Contested Global Governance：BRICs，Middle Power and Small States"，*Caribbean Journal of International Relations & Diplomacy*，2014，2(3).

稳运转的重要意义。[①]而且次贷危机在不到一年的时间里得到有效遏制的良好印象,也让刚刚培植起正向集体情感的传统经济大国、新兴经济体看到之后共享国际经济领导权的可能。

## 一、二十国集团国际经济治理中心地位的确立

对于决意将因应对金融危机而出现的国际经济领导延续至后危机时代的七国集团和新兴市场国家而言,在匹兹堡峰会前后不得不做出领导权共享平台的选择,即十三国集团与二十国集团之间的取舍。事实上,在二十国集团领导人齐聚一堂商讨如何引领世界经济早日走出危机之余,2005年后兴起的八国加中国、墨西哥、巴西、南非、印度等十三国领导人峰会也在八国首脑峰会的年度日程框架内进行。2009年7月8—10日,十三国领导人峰会如期在意大利拉奎拉举行,会后十三国领导人发表联合声明,决议引领世界经济沿着平衡、公正、可持续的路径发展,并决定未来两年内仍继续这一对话进程,也称十三国首脑"海利根达姆-拉奎拉"对话进程(the Heiligendamm-L'Aquila Process)。[②]似乎一切迹象表明,五大新兴经济体此时尚未决定是通过十三国集团还是二十国集团来与传统经济体共享国际经济领导权责。直到2009年10至11日在华盛顿举行的筹备匹兹堡峰会上,当美国代表询问中国、印度、巴西、南非、墨西哥五国是愿意选择一个受邀国家组成待定的集团,还是二十国集团作为未来全球经济治理的中心时,中国、巴西、印度、南非选择了二十国集团。在四国看来,十三国集团虽然给予了新兴经济体参与

---

① 金融危机消退后,主要经济大国财政政策、货币政策的协调分析,参见 Tamin Bayoumi, After the Fall:Lessons for Policy Cooperation from the Global Crisis. IMF Working Paoer,2014-06,https://www.imf.org/external/pubs/ft/wp/2014/wp1497.pdf。

② The Agenda of the Heiligendamm-L'Aquila Process. The G7&G8 Research Group of Toronto University,2009-07-09,http://www.g8.utoronto.ca/summit/2009laquila/2009-g5-g8-2-hap.html.

国际经济事务的领导权。但在"8+5"的框架内其与八国却非对等关系,美欧眼中的负责任大国,更多是对华盛顿、布鲁塞尔负责。①作为"海利根达姆-拉奎拉"对话进程的托管人——墨西哥,此时倾向于十三国集团。此外,美国之外的几乎其他八国集团成员国也不希望看到二十国集团取代七国/八国集团成为全球经济治理的中心,特别在金融危机已退潮的背景下,毕竟加拿大、意大利等国在二十国集团中的话语权重低于七国/八国集团。不过二十国集团终究还是获得了多数国家的支持,在 2009 年匹兹堡峰会后,美国在中、印、巴等新兴经济体和其他非八国集团成员国的支持下,宣布二十国集团成为未来国际经济合作治理的首要论坛,②标志着二十国集团正式取代七国/八国集团成为集体领导国际经济事务的核心。

## 二、关注点分歧拉大下二十国国际经济集体领导的时隐时现

如果说二十国集团国际经济多国合作治理首席论坛的确立,从法理意义上认可了中国、印度、巴西等新兴经济市场国家跻身全球经济领导成员国行列,那么 2010 年 11 月韩国作为东道国举办的首尔峰会则从事实层面确认了这一点。自 20 世纪 70 年代国际经济集体领导出现以来,首尔峰会是第一次由非西方国家作为主席国来召集讨论全球经济事务的首脑峰会。在首尔峰会上,在新兴市场国家、其他发展中国家的努力下,华盛顿经济发展共识得到"修订"。《宣言》承认各国自身情况的多样性、差异性,不再追求一套

---

① Gordon Smith. "The G8 and the G20:What Relationship Now?",in Colin I. Bradford,Wonhyuk Lim,eds.,*Global Leadership in Transition*,*Making the G20 more Effective and Responsive*. Korea Development Institute & Brookings Institution Press,2011,pp.49~51.

② 匹兹堡峰会前,八国集团、国家与新兴经济体国家在二十国集团还是十三国集团方案上的分歧梳理,参见[加]约翰·柯顿:《二十国集团与全球治理》,郭树勇等译,上海人民出版社,2015 年,第 360、388~389 页。

普遍适用于所有发展中国家的发展模式，接受当地经验作为一国发展路径的指导价值。①然而承认世界各国发展的多样性，间接否定贸易自由、资本自由、金融开放为主要内容的"华盛顿共识"，②却挑战了国际经济自 18 世纪以来的"盎格鲁-撒克逊"主导地位，引致美英等七国集团的不满。无论是 19 世纪盛行的亚当·斯密主义，还是 20 世纪后期盛行的凯恩斯主义，均诞生于美英两国，两国事实上长期主导和引领了国际经济的发展走向。

首尔峰会淡化华盛顿共识以及 2012 年之后兴起的北京共识，都为奥巴马总统执政后期，七国集团与金砖国家、二十国集团中两个经济体量最大的国家中美矛盾分歧埋下了引线。匹兹堡峰会确立二十国集团替代八国集团作为全球经济治理的枢纽地位后，美国为首的西方发达国家本意希望中、印、巴等新兴经济体在国际货币基金组织、世界银行等既有体系框架内，依据"华盛顿共识"分担国际领导权责，但新兴经济体并不愿照单全收"华盛顿共识"，更倾向于对现有经济体系进行改革完善，使其适应发展中国家的发展实际和接受多种经济社会模式并行的事实。新兴经济体对"华盛顿共识"的拒绝客观上造成了七国集团和金砖五国虽有继续合作的正向情感，但集体身份认同的暂时缺失，也使得双方金融危机后国际经济治理侧重点频现差异，限制着二十国集团国际经济领导作用的发挥。如在实现国际贸易平衡、稳定国际金融秩序方面，美国等发达国家 2011 年前后各种场合指责新兴大国——中国，人为操纵汇率，造成与美贸易失衡，而中国等新兴市场国家则批评美国财政赤字导致国际金融动荡，滥发美元造成盈余国外汇损失，在不少新兴经济体看来，美欧奉为瑰宝的西方国际金融体制恰恰是导致

---

① Jonathan Luckhurst. *G20 since the Global Crisis*, Palgrave Macmillan, 2016, pp.112–113.
② 李永成:《国际关系中的领导力探析》,《当代世界》,2010 年第 4 期。

2008年全球金融危机的症结之一。①传统经济体与新兴经济体2010年后不断凸显的分歧摩擦,在某种程度上也证明了联合国2017年2月将中国国家主席习近平倡议的"构建人类命共同体"作为全球共识的现实性。在一个缺少集体命运认同的组织内,二十国集团的国际经济领导注定是低效或缺失的,但集体命运认同的形成终非一蹴而就。因此,2009年匹兹堡峰会、2010年首尔峰会,虽然标志了美日欧等西方经济强国与中印等新兴崛起国共同引领的雏形,但缺少集体命运认同下双方频现摩擦分歧也是不争事实,不过作为当下最具包容性、代表性的国际经济领导组织,二十国集团的枢纽地位仍是不容忽视。

# 小　结

金砖国家等新兴经济体亚洲金融危机后的崛起,彻底改变了国际经济体系长期为传统经济发达国所主导的权力格局,客观上削弱了七国集团引领国际经济事务的能力和意愿。2007—2008年全球金融危机及接踵而来的欧洲债务危机,再次滋生出多国治理危机的集体行动紧迫需求和领导需求,而身处次贷危机和债务危机漩涡中心的七国集团不得不求助于尚未被危机波及的新兴经济体,期望后者与七国共担本轮危机治理的责任。基于稳定出口市场、防止危机延及自身及外汇储备继续贬值的考虑,新兴经济体也愿意分担一定的危机治理领导责任,借此契机改革国际金融体制中不利于发展中国家的规则安排。2008年11月,在美国总统小布什的邀请下,前身为二十国财长及央行行长会议成员国的19国首脑加欧盟主席,齐聚华盛顿,商讨

---

① Lan Bremmer, Nouriel Raubini. "A G-Zerp World the New Economic Club Will Produce Conflict Not Cooperation", *Foreign Affairs*, 2011, 90(2).

如何推动国际经济走出衰退低谷和防范未来金融风险。面对金融危机成因界定、全球金融监管、国际金融体制改革和多花回合谈判等治理举措上的分歧,二十国集团成员国通过汇聚共识、搁置争议,寻求治理行动最大公约数的方式来模糊彼此间存在的分歧,不使过程分歧、目标分歧损害金融危机治理的集体引领。不过横亘在传统经济体与新兴经济体之间关于后金融危机时代国际金融体系改革、各国经济发展模式、自由贸易规则等根本性议题上的分歧,并未在二十国集团共享国际经济领导权进程中得以化解,由此双方只是累积起正向的集体情感认知——全球化时代的利益共同体,而非集体身份认同,随着多伦多峰会后金融危机的退潮,金砖国家与七国集团的目标分歧、价值分歧以及国际经济规则领导权竞争再次凸显,二十国集团的国际集体领导力也相对式微。取得共享国际领导权后,面对新加坡、挪威、瑞士等中小国家组成的"3G"集团对二十国集团国际领导的质疑和不满,二十国集团依托在国际经济体系中占比优势的影响力,通过有效治理国际金融危机和邀请非成员国参与开放决策讨论议程,一方面满足了非成员国防止国际金融危机扩散的利益诉求,毕竟金融秩序的稳定、国际经济的持续增长,是所有国家的共同心声;另一方面也缓解了非成员国被排除在行动倡议讨论之外的愤怒,2010 年后国际社会已基本认可二十国集团在国际经济事务中的引领核心地位。不过,缺少集体命运身份认同也带来了西方经济强国与新兴市场国家在二十国首脑峰会框架内不同引领方案的激烈交锋,削弱了二十国集团的领导力。

# 第七章　对当代国际集体领导的总结与反思

## 第一节　国际集体领导三大案例的对比分析

为验证本书第三章提出的国际集体领导在国际体系权力多极和治理体系危机二重情境中较为容易实现的理论假设和形成路径，笔者选取了当代国际关系史上较为著名的三次国际体系危机，德意日法西斯对"凡尔赛-华盛顿"国际体系的颠覆，20 世纪 70 年代初受固定汇率体系瓦解、石油价格上涨等多重危机冲击下的西方国际经济体系动荡和 2008 年受美国次贷危机影响的国际金融危机。三大体系危机均不同程度地造成了当时国际制度安排的失灵，超出一国免疫、应对能力——或威胁着国家生存安全，或威胁着国家经济社会的有序运转，危机重压下需要某些国家在无政府状态的国际舞台上承担起引领体系危机治理的国际领导角色。本书恰是立足于对三大国际体系危机爆发时的国际领导供需客观情况分析，从领导国视角探析其在引领体系危机治理和构建国际领导关系实践中，如何共享国际领导权且

培植起"引领-支持"关系,以及体系危机消解后领导成员国之间的协作、竞合、冲突等不同方向互动形态。(见表 7.1)

## 一、体系危机爆发时的国际领导供需情形对比分析

如果说当代国际体系的权力多元(权力多极、国家行为体数目增多和权力形态内容多样)决定了国际领导的供给模式和供给能力,那么国际体系危机的爆发则生成了国际领导的供给意愿和客观需求。就三大案例的相似和相异之处来讲,主要表现在以下方面:

相同点一,在体系危机出现之前国际集体领导的作用领域都呈现出权力中心多元的趋势,无论是二战前夕美、苏、英、法、德、日、意七大优势权力国,还是 20 世纪 70 年代西方资本主义阵营经济格局的三足鼎立和 21 世纪头十年经济飞速增长的新兴市场国家,均是多元中心。相同点二,都爆发了现有国际体系失序、国际制度失灵的突发性重大危机,德意日轴心国 1937 年后的全球军事扩张严峻威胁着其他主权国家的生存安全;布雷顿森林体系解体后接二连三的多重危机严重干扰着西方资本主义国家正常的经济社会秩序;2008 年金融危机更是扰乱了经济相互依赖状态下发达国家、发展中国家的经济运行。在后两类国际经济体系危机中,之前为保证国际经济平稳运行而设计的国际组织——国际货币基金组织、世界银行、世界贸易组织等都无法有效动员组织起应对危机的有效集体行动,需要某些能力优势国家站出来弥补国际组织的职能失灵。相比于领导国大体可置身事外的一般性国际危机,如 1997 年的东亚金融危机中的七国集团,国际体系危机面前领导国的引领动力要强劲得多。相同点三,均出现了先前国际秩序领导国的能力不足问题,英法无力捍卫"凡尔赛-华盛顿"国际体系,美国无力支撑布雷顿森林体系的继续运转,七国集团无力凭借自身力量遏制扭转全球金融危机。

　　不同点一,尽管均可归类为国际体系危机,但德意日全球扩张下的国际政治体系危机之于国家行为体的压力,显然大于后两类国际经济体系危机。在德意日轴心国侵略铁骑面前,国家参与反法西斯集体行动的意愿要坚定得多,所以美苏英的国际集体领导权遭受国际社会的质疑、挑战要远小于七国集团和二十国集团,质疑二十国集团合法性的声音起初最为强烈。不同点二,1945 年之前国际体系的权力集中程度要远高于 20 世纪 70 年代和 2008 年前后。从 20 世纪 60 年代后期起国际经济体系先于国际政治体系出现权力多元化势头并一直延续至 21 世纪,因此美苏英为主体的国际集体领导中,少数大国垄断国际事务的现象最为明显,最接近传统意义上的大国协调。伴随着国际体系权力格局的分散演进,国际领导主体也开始不断扩容,国际引领方式也增添了更多与支持国对话、协商的成分,更接近于公共政治中的集体行动组织,淡化与支持国的等级支配色彩成为领导成员国的必要考虑事项。在 2008 年金融危机治理中,美国之所以最终选择二十国集团而非"8+5"十三国集团作为传统经济强国与新兴市场国家共享国际经济领导权的平台,很大原因也在于二十国集团更具包容性,而在罗斯福、斯大林、丘吉尔时代,三巨头的联合决议几乎可以左右一时国际局势。不同点三,七国集团兴起于美苏对立的冷战大背景,由此决定了七国国际经济集体领导主要针对西方资本主义阵营——之所以将其归类为国际体系危机而非地区危机,主要基于当时世界经济格局中,七国集团及发达国家阵营显著的实力占比,与此相比美苏英、二十国集团的国际集体领导更具全球影响力。不过七国集团国际经济领导权的取得并未从根本上动摇或改变着国际政治体系的权力格局,这一点也是有别于其他两个案例中的国际领导权"共享–外溢"效应。

　　对比三大案例,不难看出国际体系危机的爆发和加剧,国际社会自然滋生出国际领导需求和供给意愿。而国际领导的类型为一国引领还是多国引领,则还需要考虑国际领导的供给能力,即国际体系的权力分布情形。随着国际体系权力的多元分散演进,国际集体领导的大国协调色彩也逐渐减弱,支持国在多国集体行动中的话语权重和感受也越来越得到领导国看重。

## 二、国际集体领导的任务目标和领导主体资格对比分析

### (一)国际集体领导任务本身特性的对比分析

除却相似的"引领-支持"国际领导关系构建外,美苏英的国际集体领导既包含有击败德意日轴心国的扩张企图,也包括了保证战后和平的国际政治、经济秩序制度创建,涵盖军事、政治、经济三大议题的国际集体领导;而七国集团和二十国集团则主要是聚焦经济议题的国际集体领导。相比打败轴心国、重建主权国际秩序、创建联合国和三大国际经济组织等较为具体的领导目标,无论是20世纪70年代国际汇率体系的稳定、防止石油价格的再度上涨、经济滞涨困局的扭转、2008年跨国流动资本的监管、市场信心的恢复等都要相对宽泛、模糊的多。无疑,在一个目标明确、边界清晰的任务范畴——参与国际集体行动的国家(领导国与支持国)容易就共同目标、如何实现目标、获益分配等达成共识,[①]国际集体领导的实现更为顺畅。加之在七国集团和二十国集团的国际集体领导实践中,部分领导成员国既是治理主体又是治理对象,而美苏英三国却是治理主体,这也带来了美苏英的国际集体领导现象——共享国际领导权和国际"引领-支持",最为醒目。

---

① Narayanan Raman, et al., "International Policy Coordination Why When and How", in Tamim Bayoumi, et al. eds., *Managing Complexity Economic Policy Cooperation after the Crisis*, Brookings Institution Press, 2016, p.368.

## （二）国际集体领导成员国的选择对比分析

在国际集体领导成员国资格方面，通常宽泛地依据治理体系危机中的能力贡献进行筛选。以美英苏为领导主体的国际集体领导无疑最为符合这一标准，美苏英三国共同引领了打败轴心国同盟和重建战后和平秩序的国际集体行动，但在战后自由贸易和稳定货币体系创建中，则主要是美英发挥了领导作用，相称于美英战前国际贸易中的分量。七国国际集体领导成员国则一定偏离这一标准，虽然1976年后西方国际经济事务中出现了七国共享国际领导权的现象，但实际发挥引领作用的主要是美国、法国、联邦德国、英国、日本五国，意大利和加拿大的加入已然夹杂有意识形态竞争、地缘政治的考虑。二十国集团的脱颖而出更像是必然与偶然的交汇，即已然承认传统经济大国与新兴经济体共享国际领导权后，双方需要一个平台来共同引领本轮国际金融危机治理。二十国集团恰好成为最佳妥协方案，一方面是二十国集团本身的包容性，相比法国青睐的十三国集团，二十国集团的成员国覆盖全球五大洲；另一方面，在国际金融危机不断蔓延的现实压力下，若"另起炉灶"——依照全球经济影响力确定集体领导成员国，无疑将拖延甚至加剧危机形势。由此可看出，当国际体系权力多元且相对集中于少数几个大国时，国际体系危机治理的领导权往往为权力大国所垄断；当国际体系权力多元却分散时，共享国际领导权主体在危机治理能力贡献指标外，也关注国际社会的接受程度、各方利益平衡及行动成本，不可否认国际领导成员国的选择受到即时性、偶然性因素的干扰。

## 三、国际领导权共享的取得和共同引领危机治理的对比分析

### （一）国际领导权共享酝酿阶段的关注点趋同和妥协共识

大体而言，美苏英、七国集团和二十国集团共享国际领导权的取得均经历了从危机之初的行动关注点差异到危机升级后的关注点接近的变化。从1941 年 8 月美英《大西洋公约》起到 1942 年 5 月美苏、英苏《互助协定》的签署，美苏英历经 10 个月的谈判妥协终于达成联合引领反法西斯的集体行动共识，《大西洋公约》的签署只是一个意向的流露，美国真正同英国承担起反法西斯领导责任要等到珍珠港事件后的《美英互助协定》签署。英苏携手反对轴心国的妥协谈判几乎与美英同时期进行，但受困于边界承认争端，两国谈判一直拖到苏军冬季反攻失利，苏联才不再坚持将承认 1941 年边界作为联合反法西斯行动的前提。20 世纪 70 年代布雷顿森林体系解体后，美日欧三足鼎立的西方国际经济体系未能及早出现治理动荡的集体行动，主要原因便在于美、法治理关注点上一时难以弥合的分歧，如固定汇率与浮动汇率之争，优先统一西方发达国家立场与优先和石油输出国组织对话之争等。直至 1974 年西方几个经济大国"滞涨"危机严峻后，美法两国领导人才借机"和解"，美、英、日也积极响应法、德倡议的召开一次西方工业大国首脑峰会，以便结束 1971 年后西方国际经济的动荡局面。

2008 年金融危机爆发初期，当法国总统萨科齐建议召开一次八国首脑与新兴市场国家领导人峰会时，美国总统小布什更倾向于凭借八国集团自身力量来遏止金融危机蔓延，之后在已然意识到八国集团无力同时治理次贷危机和欧债危机后才不得已同意与新兴市场国家共享国际经济领导权。而对美国、欧洲市场和资本的依赖，也促使新兴市场国家在尚未被危机波及

之前承担起七国/八国集团期望的危机治理引领责任。与美苏英和七国集团共享国际领导权筹备时间相比，二十国集团共享国际领导权的取得耗时最短——从 2008 年 9 月危机爆发到 2008 年 11 月。由此也可看出，在以损耗国内短期福利来满足国际公共产品缺口为主要内容的国际集体领导过程中，意向领导国的供给意愿和共同关注，远比价值观一致的作用显著，①而国际体系危机的升级往往成为意向领导国弥合争执，趋同关注点进而达成妥协、达成共识的助推器。

在"妥协共识"阶段，领导国之间的现实利益冲突和次级领导任务的确定通常是共享领导权谈判进程中的主要妥协对象。1941 年苏联边界外交承认的现实冲突可谓阻碍英美共享国际反法西斯领导权的头号障碍，而击溃德意日扩张野心相对明朗的战略目标，反倒使得美苏英次级领导任务确定得相对简单。已然将优先打败德国作为首要行动目标后，欧洲西部开辟第二战场无可争辩的成为各方行动共识，美英甚至默许了苏联暂不对日宣战的保留。七国集团和二十国集团成员国之间因现实利益冲突的不明显，妥协谈判往往集中于次级领导任务——峰会议题的确定。1975 年 9—11 月，七国集团历时三轮谈判后达成稳定汇率、石油危机应对和新能源开发、刺激经济增长、反对贸易保护主义和增进多边自由贸易四项治理事项，几乎将美国、法国、联邦德国、英国、日本五国的关注统统纳入。2008 年 10—11 月初，历经二十国财长、七国财长、金砖国家四轮多边协商后，确定恢复经济增长、稳定金融市场、改革金融体系三大讨论议题，承诺改革金融体系显然是七国集团向新兴市场国家最大的妥协。由于体系经济危机、金融危机本身任务边界的模糊性，增加次级领导任务便成为有意共享国际领导权的成员国平衡各方利

---

① 需要说明的是，本书在此并未刻意贬低价值观、意识形态在增进领导国之间、领导国与支持国之间集体协作的积极作用，只是文化价值观作用的凸显往往是在政治、经济博弈大体稳定的情形下。

益、寻求妥协和共识的不二选择。当然,这样不免会将一些与体系危机关系较远的议题纳入,甚至分散集体领导成员国引领危机治理的有限精力。

(二)共同引领国际体系危机治理中战略磋商与分歧管控对比分析

对于共同引领体系危机治理的国际集体领导成员国而言,共享国际领导权的取得绝非意味着分歧争执的终结和接下来共同引领多国集体行动的平顺,相反分歧冲突几乎充斥于美苏英、七国集团和二十国集团的共享国际领导权实践,因此分歧管控也成为共享国际领导权进程的题中之义。通过最高领导人之间的信件交流、直接会晤,部长官员、技术专家层级的协商对话等多渠道、多类型的战略磋商,三大案例中的共享领导权国家至少在体系危机消退之前成功设置起一道防止分歧冲突升级的"隔离带""防火墙",一者表现为将分歧类型控制在过程分歧和次级目标分歧范畴,避免升级为价值冲突和关系敌对;二者表现为努力在最高领导人之间培育战略共识,将分歧限制在部长、技术专家层级。

因过往宿怨、意识形态冲突,美英苏在共享国际领导权之前处于某种潜在竞争或明显敌对关系。如美英 1929—1933 年经济大萧条后的贸易竞争,美苏意识形态对立及英苏敌视。所以美苏英在携手打败轴心国及重建战后国际政治、经济秩序之余,不得不面临任务型分歧(过程分歧、目标分歧)随时转化为价值冲突、关系敌对的可能。如围绕第二战场开辟时间上爆发的丘吉尔与斯大林争吵,伯尔尼事件中的罗斯福与斯大林争辩等。为防止任务型分歧的螺旋升级危及领导目标的实现,美英苏一方面通过最高领导人之间频繁的信件往来、定期会晤来营造基础战略共识,解决部长、技术官僚层级一时难以化解的分歧,安理会否决权运用的分歧便是美国代表绕开莫洛托夫直接联系斯大林后化解。另一方面根据分歧问题本身,或相互妥协化解冲突,或暂时搁置"延后"矛盾。然而由于美英之间共同的语言、历史文化、意识形态背景,两国之间的战略互信和交流磋商成效均高于美苏、英苏之间,横亘在美英之间的大部分分歧终因英国大幅妥协、美国小幅让步后化解,但苏联与美英之间的战略互疑和价值冲突,使得双方短时间内很难就一些重大分歧,如东欧问题、战败德国处置等,找到一个双方都满意的解决方案,只好以暂时搁置的方式加以稳控。

与美苏英相比,无论七国集团还是二十国集团,在共同引领西方经济危机、全球金融危机治理之余,均无明显的价值冲突和关系敌对,这使得后者的分歧管控,主要集中在危机治理方式、优先事项选择等过程分歧和目标分歧领域。在分歧管控上,主要通过定期首脑峰会的召开,先行取得领导人间的战略共识,再行推进分歧解决,此举可谓既加速了技术官僚层级的妥协谈判进程,也设置起一道防止分歧愈演愈烈的"隔离墙",如 20 世纪 70 年代关贸总协定框架下"东京回合"谈判的成功。搁置一时难以解决的分歧历来是大国协调、集体领导成员国管控分歧的惯常手段,区别之处在于美苏英的分歧搁置往往被相互视为一种寻求有利的摊牌时间,七国集团、二十国集团则更多视为减少"行动公约数"障碍,显然体系危机爆发尽管能冷却集体领导国之间的冲突敌对,却无法帮其培植起战略互信。

## 四、构建国际"引领-支持"关系的对比分析

赢得国际社会对领导国国际倡议的支持和响应,无疑是集体领导成员国共同引领体系危机治理之外的另一大任务。为增强国际反法西斯事业和匡扶国际政治体系失序领导行动的合法性,美苏英一方面针对国际社会其他国家对安全、自由、秩序等公共产品的珍视,提出以打败德意日轴心国为目标的《联合国家宣言》,倡议创建以维护战后和平为目标的联合国国际组织和以增进战后经济复苏繁荣的国际货币、贸易体系;另一方面通过铲除战

争策源地、物资援助等引领实绩和国际声望,来说服其他国家支持美苏英的国际领导行动。可见,领导国为构建"引领–支持"关系而提供的公共产品,既包含有行动倡议为代表的言辞声明,也包括了主权秩序、自由贸易协定、国际组织等实体性内容。不过与七国集团、二十国集团相比,1945年前后国际体系权力集中于美苏英等少数大国的事实,也使得美英苏在拟定和推广国际领导方案时,较少关心支持国的感受,首先是美苏英大国特殊利益的平衡,而后才是国际社会接受程度考虑。《联合国家宣言》基本照搬于美英《大西洋宪章》,美英苏中讨论《联合国宪章》蓝本时也未邀请其他国家参与,总之美苏英在构建"引领–支持"关系时,更凸显了优势领导权的运用,几乎未刻意淡化国际领导的等级支配色彩,安理会常任理事国及否决权的设计更有着19世纪大国协调的味道,只是后来在澳大利亚等中小国的要求下,才选择限制否决权使用。

七国集团国际经济集体领导,由于身处美苏冷战对立的两极体系,其吸引支持的目标对象主要为欧美资本主义阵营国家——受布雷顿森林体系解体、石油危机冲击最为直接的发达国家。为减少西方其他发达国家的抵制和不满,七国集团在努力解决好共同关心的汇率动荡、增长放缓、石油价格上涨、通货膨胀等难题外,及时向比利时、荷兰、丹麦等欧共体成员国通报首脑峰会的讨论情形、成员国资格选择等内容,承诺七国国际经济集体领导绝非少数大国垄断国际事务的翻版。七国集团只是临时性的领导人交流平台,非正式国际组织,峰会宣言不是最终决定,同时自1977年伦敦峰会起,邀请欧共体(欧盟)领导人出席峰会,以此来平息其他国家被支配、被排除的焦虑。对其他发达国家而言,七国集团有效治理经济动荡的公共产品收益,也使其愿意看到七国国际领导作用的发挥,所忧心的不过是少数大国支配国际事务,在得到七国集团行动保证且无力改变既成事实后,只好选择接受。不过在赢得非社会主义阵营发展中国家对七国集团引领国际经济的支持方面,如关贸总协定东京回合谈判成果的支持，七国集团优势领导权的运用要明显多，更多强制慑服更少协商妥协，近似于美苏英旧金山会议上让其他国家接受含有否决权的《联合国宪章》。冷战后为弥补七国领导能力的不足以及增强七国国际倡议的吸引，七国集团采取了扩容——邀请俄罗斯加入升级为八国集团和向关键支持国开放讨论议程的办法，不过终因 90 年代七国集团的错误引领，21 世纪的新兴市场国家崛起，七国集团的国际经济领导公信力日趋式微，2008 年金融危机后为二十国集团取代。

显然，二十国集团构建国际领导关系方面是最少大国协调色彩的，国际经济的复合相互依赖和资本、人员、技术跨国流动而来的权力流散，迫使二十国集团在吸引国家社会支持其国际金融危机行动倡议时更加关注支持国的实际获益和感受——淡化支配等级色彩，自二十国集团华盛顿首次峰会起，联合国、国际货币基金组织、世界银行等大型国际组织领导人便被邀请参加峰会，2010 年首尔峰会起更是增加了额外 5 个名额，允许峰会东道国邀请其他中小国家参加峰会讨论。相比美苏英、七国集团，二十国集团在构建"引领-支持"关系时更多选择了领导权的约束、等级支配色彩的淡化和《宣言》拟定讨论议程的开放，对应于国际体系 1945 年后权力格局的多元演进。

对比三大案例中国际领导关系的实现路径，不难看出三大国际集体领导国均通过提供让支持国实际获益且价值认同的国际公共产品，如消除体系危机、重建秩序规范等，赢得国际社会对其国际集体领导实践公信力的认可。差异之处在于，伴随领导国与支持国在国际体系中的权力差距变化（从扩大至缩小），三大领导国集团的实际领导风格迥异，美苏英最接近大国协调，七国集团虽淡化等级支配色彩，但仍保留国际领导权的"少数共享"，二十国集团国际集体领导的开放性、协商性最明显。

## 五、体系危机缓解后国际集体领导的存续与否对比

1978 年波恩峰会后七国集团的国际集体领导延续和 2010 年首尔峰会后二十国集团成员国的松散合作相比,1945 年后的苏联与美英却走向了冷战对抗,联合国的合作制度设计,维护和平、复苏经济的共同利益不仅未能让美苏再次携手,也没能让两国冲突争执止步于正常关系。造成截然相反结果的表象,原因固然是美苏英之间较难调和的重大地缘政治冲突,苏联绝对安全理念下坚持东欧国家亲苏政权的安排,完全相斥于美国要求东欧自由竞争民主政体和资本、人员自由出入的理念。但更为根本的则是苏联与美英之间体系危机压力消解后,不断加剧的严重价值分歧和关系敌对,相互负向的集体情感认知——视彼此为恶意竞争者,导致 1945 年后双方勉强共同引领缔结《五国和约》后,再难继续共享领导权,国际集体领导自然结束。

对于七国集团而言,在实现货币体系稳定,多边贸易谈判成功,经济滞涨危机趋缓后,不仅没有重大经济利益冲突,而且体系危机的有效治理促使七国相互培植起对共享国际领导权的正向集体情感认知,1979 年后国际局势的风云突变又进一步坚定了七国集团共命运的集体身份认同,在政治盟友关系之余进一步演进为经济利益共同体,共享国际领导权自然得以延续,加之七国集团在当时国际经济权力格局中的优势地位,国际经济集体领导也伴随七国集团紧密协作而得以保持。

二十国首脑峰会实质是传统经济强国与新兴经济体共同引领全球金融危机治理的一个合作平台,用短短一年多的时间遏止全球金融危机,表明二十国集团的显著领导绩效。2009 年危机形式缓和后,防止金融危机再次爆发的正向集体情感也促使匹兹堡峰会上,二十国首脑峰会取代七国/八国首脑峰会成为国际经济治理的首席论坛。不过与波恩峰会后的七国集团相比,美

日欧与金砖国家为代表的新兴市场国家对后危机时代世界经济发展主导模式、国际金融体制的改革上却出现了一时难以调和的矛盾冲突——尚未形成集体命运认同。所以二十国首脑峰会虽然在 2010 年之后每年如期召开，但不断加剧的分歧争执也使得二十国集团更像一个磋商平台，而非一个国际经济集体领导组织。

表 7.1　国际政治经济体系危机治理中的三大国际集体领导案例对比

| 国际集体领导的形成脉络 | 1939—1947 年美苏英国际集体领导 | 20 世纪 70 年代以来七国集团国际集体领导 | 2008—2010 年二十国集团国际集体领导 |
|---|---|---|---|
| 体系危机爆发与国际领导供需 | 德意日军事扩张，"凡尔赛－华盛顿"体系颠覆，国家生存安全受到威胁，产生重建国际秩序的领导需求和供给意愿。 | 1971 年后多重危机诱发西方国际经济体系动荡。产生尽早结束经济体系动荡的领导需求和供给意愿。 | 2008 年次贷危机蔓延至全球，引发全球金融体系动荡，稳定金融秩序促使国际社会涌现国际领导需求和供给意愿。 |
| 国际领导任务及领导主体资格 | 挫败轴心国，重建国际政治经济秩序，目标具体明确。体系剩余权力中心国美苏英成为候选领导主体。 | 体系危机源于某些国家自利政策，治理国际经济动荡，涉及面广，目标相对模糊。美日欧经济三足鼎立，依据经济体量候选领导主体。 | 体系危机源于某些国家不当政策，规范跨国资本流动和刺激经济增长，涉及面广，目标较模糊。非西方新经济体崛起与传统西方经济体共同候选领导主体。 |
| 国际领导权共享的取得 | 1939—1942 年，从共同利益出现到体系危机加剧下关注点的趋同，及之后围绕共享领导权系列妥协和共识完成。 | 1971—1975 年，从共同利益出现，期间其他应对措施不足，经济危机加剧下，美欧关注点趋同下，达成谅解，共享领导权。 | 2008 年 9—11 月，金融危机陡然升级下，美国一改迟疑态度，决意与新兴经济体共享领导权。 |
| 共同引领危机治理实践 | 过程、目标、价值、关系四类分歧同时存在，通过首脑共识管控分歧，商讨危机治理，美英之间多化解，苏与美／英之间多搁置。 | 过程和目标两类分歧，通过首脑共识，管控和化解分歧，引领危机治理。 | 过程、目标、价值分歧，通过首脑会商，寻求治理行动最大公约数，稳定金融秩序和管控分歧。 |
| "引领－支持"关系的构建 | 治理危机的绩效。引领倡议的吸引力。优势领导权的运用，但较少领导权约束。 | 治理危机的绩效。引领倡议的吸引力。领导权的约束和优势领导权的运用。 | 治理危机的绩效。引领倡议的吸引力。领导权的约束和讨论议程的开放。 |

续表

| 国际集体领导的形成脉络 | 1939—1947 年美苏英国际集体领导 | 20 世纪 70 年代以来七国集团国际集体领导 | 2008—2010 年二十国集团国际集体领导 |
|---|---|---|---|
| 体系危机之后的国际集体领导 | 负向集体情感累积下的美苏对抗,五常国际集体领导瓦解。 | 集体命运身份认同下的七国国际经济集体领导延续。体系权力结构不利变迁下,七国国际集体领导式微。 | 正向集体情感培植下的二十国国际经济集体领导延续。缺少集体身份认同下,二十国集团成员国关注点趋异。 |

资料来源:笔者自制。

## 第二节　复合相互依赖全球治理时代的国际集体领导供需

关于国际集体领导何以在某些特定情境中实现的解释,学界大体有"能力不足说""利益说"和"议题说",即一国引领能力不足只好与他国共同引领,共同引领合作的收益与中低阶议题中领导权竞争结构性矛盾易缓和。但这些解释有时却不免与经验事实相悖。美苏 1945 年后在维护国际和平、重建战后经济等领域无疑有着诸多共同利益,但却走向了冷战对抗;美国 1971 年布雷顿森林体系解体之初便已现领导能力的不足,直至 1975 年才与盟友共享国际领导权责;低阶议题的气候治理更多时候是国际领导赤字。因此,本书意在提炼当代国际体系中多国共同引领国际事务的一般现象,指出影响国际集体领导相对容易达成的体系层次影响因素和单元层次形成路径。对于以多国集体行动为背景的国际集体领导而言,其出现至少意味了共享国际领导权和"引领-支持"关系的兼备,需要潜在的领导国与支持国共同克服领导权竞争、报酬不合理、能力/意愿不匹配、认知差异等国际集体行动难题。一边是那些有能力有意愿领导国跨越独享国际领导权的"诱惑"共担共享国际领导权责,另一边是国际社会其他国家愿意支持领导国的国际引领倡议,尤其身处不得不共存互动的全球治理时代,国际社会对国际领导行动的支持响应对国际集体领导的建构与引领实绩更为要紧。

## 一、全球治理时代国际集体领导供需失衡

自 1648 年以威斯特伐利亚体系所确立的主权原则为标志的现当代国际体系诞生以来,国际集体领导通常时候以大国协调、少数西方大国/强国垄断国际事务的形态呈现,如 1815—1853 年克里米亚战争期间主导欧洲国际秩序安排的"神圣同盟""四(五)国同盟"。在大国协调式的国际集体领导模式下,"被领导"国家的命运往往从属于领导国之间的权力政治平衡,前者所谓的支持与追随更多情况下是生存安全压力下的无奈妥协。在一个权力高度集中于少数大国的国际体系情境中,国际集体领导的兴衰基本钟摆于大国间的冲突与合作两端,国际集体领导所承载的动员协调、公共产品供给等"公域"角色也不过是少数大国"私域"获益及彼此冲突妥协后的衍生品,罗伯特·基欧汉、约瑟夫·奈、金德尔伯格、伊肯伯里等早先涉足国际集体领导研究的学者,便直接将国际集体领导默认为少数大国协调的翻版或霸权理论框架下国际公共产品的联合供给。

然而复合相互依赖全球治理时代的来临,却使得少数大国协调式的国际集体领导效力日渐式微——尽管全球治理中大国的引领作用仍不可小觑。全球治理源起于伴随全球化而来的负面效应或全球问题,如地区贫富差距加剧、族群冲突、地区冲突、难民危机、生态环境恶化、全球金融动荡等,此类全球性问题往往跨越国界,影响多个国家或地区,需要多国协作加以应对。尽管非政治性的全球问题早已有之,但信息技术的即时扩散却带来了非政治议题的政治化与局部分歧的全球化,迫使素来聚焦于外交、军事及宏观经济等高阶政治领域的国家元首、政府首脑、外长转身寻求中低阶全球性问

题的治理,以免事态螺旋升级。不过在非传统安全为主要内容的中低阶议题全球治理时代,国家间的集体行动逻辑却不再等同于政治安全等高阶议题互动中的大国一致——少数大国行动一致即可聚集起一次有效的国际集体领导与多国集体行动。

### (一)首先是缺少即时压力下"引领-支持"意愿起伏不定

就国际集体领导所处的四类体系情境而言,传统与非传统问题交织的全球治理时代最接近于缺少"体系危机和权力中心"的第三象限情境。尽管诸如水域治理、难民救济、传染性疾病防治等跨国性问题的挑战攸关各方安危,但与战争冲突、经济动荡等高阶政治领域撼动国际体系的即时性危机相比,这些问题挑战之于国际社会要相对长远,在缺少生存安全等即时压力外因的督促下,多国引领与多国支持为特征的国际集体领导自然更多依赖于参与国的行动意愿或领导人的认知判断。从影响当今国际事务运转的政治型权力、经济型权力、军事型权力、科技型权力、知识型权力等五类主要权力形态的分布状况来看,在中低阶议题等非传统国际政治领域发挥作用的多半为科技型权力和知识型权力,即跨国挑战的治理需要的不单是或者完全不是强大的军事实力及雄厚的国内生产总值,而是针对具体问题的技术/知识储备——能否提出一套既能让各国信服又能有效解决问题且切实可行的治理方案。这一点对于一贯只在国际政治经济军事领域发挥领导作用的领导国而言,不免出现领导能力不足的尴尬。一如在"9·11"事件后针对全球恐怖事件治理中,虽然美国引领下的打击恐怖主义军事行动最初取得了明显成效并得到了中俄等其他大国的积极响应,但之后针对恐怖主义温床的治理中,美国强推的"大中东计划"等治理方案却未收到预期效果且饱受国际社会诟病,显然美国首屈一指的军事/政治/经济实力并不必然保证其在解决全球恐怖主义问题上领导行动的成功,就是说在当今全球治理的一些新型问题领域,传统的领导国相比其他国家,并无显著的能力优势以保证领导任务的达成,这也导致构建起"引领-支持"关系昙花一现,全球治理频现领导赤字、治理赤字。总之,在中低阶议题大量充斥的全球治理时代,由于缺少即时行动的紧迫感和问题挑战的复杂性、不确定性,无论领导国还是支持国,其参与国际集体领导行动无疑要谨慎许多,往往伴随长期观察与反复利弊权衡。

## (二)全球化的能力/认知结构失衡引发各方不满

15 世纪以来,世界不同国家地区参与适应全球化的能力不平等已是不争事实,欧美一直主导着全球化的进程,收获不成比例的财富,甚至操控治理议程的设定。由此,当面对全球化到来的一系列问题挑战时,重要性和紧迫感的不同而带来的认知差异不免使国际集体领导的实现出现滞后,只有欧美等少数大国眼中的"国际危机"才是值得国际社会关注的国际危机。全球变暖、新冠疫情蔓延之于不发达国家的冲击远大于经济发达国家,前者因应变能力不足更希望后者承担起领导责任,但后者因替代性、防范性等备选方案的充沛和其他关切事项的干扰,一时并不热心于在不发达国家急盼忧心的跨国威胁面前发挥引领作用。1945 年后的全球化,实质上是美欧日主导下的强势推广西方私人企业自由市场经济和竞争性民主制度的过程,如在国际货币基金组织、世界银行、关贸总协定/世界贸易组织为代表的战后国际经济治理领域,七国集团凭借经济实力、技术优势、规则设计垒起的国际领导与表面公正程序下其他国家的支持响应构成全球经济治理的某种平衡,发展中国家、不发达国家虽有资格参与到全球经济事务讨论中来,但谈判能力的先天不足又使得他们不得不跟随美欧等国提议的方案行事——西方国家先行以封闭或半封闭的讨论中取得一致后发展中/不发达国家再行补充/表决。①

---

① 关于全球治理中的能力不平等问题分析,参见[英]安德鲁·赫里尔:《全球秩序与全球治理》,林曦译,中国人民大学出版社,2018 年,第 237~242 页。

　　然而随着新兴经济体融入全球化进程后的高速增长和21世纪头20年间欧美国家的增长疲软、国内矛盾激化,全球化原有的共识基础开始消解。一方面表现为发展中国家对全球治理中国际领导的质量与方式有了更高诉求,从引领实绩和决策程序两个方面冲击着国际领导传统治理方式。如"一揽子协议"一直是推动关贸总协定/世界贸易组织多边贸易谈判的有效方式,因为它便利了谈判桌上不同利益诉求的国家之间通过议题间的相互妥协进而一致行动。但多哈回合谈判开启后,由于发展中国家再难容忍发达国家在农业、农产品等领域"口惠而实不至"的让利,将农业议题的进展与其他新老议题的谈判相联系,要求发达国家切实履行已然承诺的降低农产品进口关税和国内农业补贴、扩大市场准入等,遭到发达国家抵制,世界贸易组织多哈回合谈判随因各方认知分歧而陷入僵局。在欧美等发达国家看来,议题联系策略已蜕化为某些在谈判议题上无重大利害关系的国家牟取"不当收益"的工具,转而寻求"诸边主义"(plurilateralism)谈判方式。①由此也带来被排除于谈判桌之外的其他世界贸易组织成员方的不满,损害着国际集体领导的合法性。

　　另一方面表现为欧美等全球化的传统引领主体承担国际领导的兴趣锐减,开始不满其冷战结束后一手主导下的"减少国家干预、开放国家边界"的自由制度主义全球化进程。2008年金融危机后,全球化的负面效应波及美欧等全球化的传统受益国家,跨国公司产业全球布局,业务外包等不可避免地造成美欧发达国家内部产业结构的调整和工作岗位的外流,直接冲击了中低收入群体的切实利益,债务危机、贫富差距、社会极化最终推动民粹主义势力的抬头,原先支持发达国家积极参与全球化、参与全球治理的国内民意

---

　　① Gary Winslett, "Ctitical Mass Agreements:The Proven Template for Trade Liberalization in the WTO", *World Trade Review*, 2018, 17 (3). Robert Dasedow, "The WTO and the Rise of Plurilateralism——What Lessons can we Learn from the European Union's Experience with Differentiated Integration?", *Journal of Internatinal Economic Law*, 2018, 21 (2).

基础遭到破坏。①以 2016 年特朗普击败希拉里入主白宫为标志,逆全球化现象在欧美愈演愈烈,七国集团的政治精英转而内顾,优先国内议题,甚至推脱在国际事务中的领导责任。

不仅如此,针对中国为代表的新兴经济体这一时期在国际事务中不断攀升的影响力,不少西方政客为推脱责任或转移国内焦点,指责现有全球经济环境规则的"不公",以有色眼镜挑剔前者之于全球问题治理的多边倡议,片面夸大与新兴大国的分歧,将功能性矛盾上升为结构性矛盾,认为中国方案的全球推广为其他国家参与全球化提供了另一种选择,导致美欧维护现有秩序的成本提高,方案吸引力下降,②最为瞩目的莫过于对中国的诸多不实指责。针对新兴经济体在全球事务中不同于西方理念的行动倡议,法德等欧盟国家倾向于在坚持战后西方主导的国际制度核心价值前提下进行功能性调整,以便与新兴经济体共同引领全球问题治理。如英法德意等欧洲国家并未一味抵制中国提出的亚洲基础设施投资银行、"一带一路"倡议,而是要求这些倡议项目的实施应符合主流"国际规则"。美国、日本等国则不满新兴经济体在国际事务中不断提升的影响力,要求较大幅度地结构性改革,对来自新兴经济体且不合西方价值理念的行动倡议要么抵制要么提出针锋相对的方案,如美国在奥巴马执政后期大力推进的跨太平洋伙伴协议,特朗普上台后以"退群"、制裁为借口胁迫其他国家接受"美国优先"的国际规则调整方案,有效的国际集体行动也在各方的分歧争辩中"流产"。在某种程度上看,全球化的治理能力和认知结构在发达国家、新兴经济体、发展中国家内部及相互间的失衡成为制约当下全球治理国际集体领导行动的一大深层次原因。

---

① John Mearsheimer,"Bound to Fail:The Rise and Fall of the Liberal International Order",*International Security*,2019,43(4).

② 庞珣、王帅:《中美对外援助的国际政治意义——以联合国大会投票为例》,《中国社会科学》,2017 年第 3 期。

### (三)产业全球化增大主要政治经济大国之间固有裂痕

2008 年全球金融危机后,新兴经济体已跻身全球治理舞台中央,中印等新兴大国以责任大国姿态参与引领伊朗核协议签署、朝鲜半岛局势缓和、全球温室气体减排、国际金融秩序完善等跨国问题治理中亦是不争事实。然而特朗普 2017 年入主白宫后不断挑起的中美、美欧、美日、美俄等大国争端摩擦,世界贸易组织上诉机构的停摆、美国的频频"退群"等事实让不少官员、学者、企业家反思近年来全球治理中缘何涌现的领导赤字现象。

2020 年,在席卷全球的新冠肺炎疫情中,国际社会未能出现之前传统经济体与新兴经济体共同引领金融危机治理的多国集体行动,相反是那些有能力担负全球疫情防控领导力的国家争端分歧不断,不仅表现在货物、技术、信息等物质利益上的争执,而且蔓延至民主、自由、公正、信仰等价值观念上的分歧。中国在疫情暴发初期全民动员、全面防控等卓有成效治理举措,却被西方某些别有用心的政客学者解读为与西方价值理念不和的"极端政治"及与美国竞争全球公共卫生领域、世界卫生组织内的领导权。[1]从表面上看,当下全球治理中的领导赤字源于权力转移视角下的传统大国与新兴大国冲突,但更为深层次的则是全球化能力与认知结构失衡后各主要大国的不适或重新调试。针对愈益明显的产业链全球化趋势,各大国为摆脱束缚或降低被束缚风险均做出了不同的反应,依据各自历史记忆、价值认知及国内诉求给出了相应的行动倡议,但这些倡议要么南辕北辙,要么冲突与合作理由都足够充分以至其间公约数尚不足以使各方共享国际领导权。[2]

---

① 王正毅:《物质利益与价值观念:全球疫情下的国际冲突与合作》,《国际政治研究》,2020 年第 3 期。Kurt M. Campbell and Rush Doshi, "The Coronavirus Could Reshape Global Order:China is Maneuvering for International Leadership as the United States Falters", *Foreign Affairs*, 2020-03-18.

② Evan S. Mederios, "The Changing Fundamentals of US-China relations", *The Washington Quarterly*, 2019, 42(3).

在美国学者亨利·法雷尔（Henry Farrell）、亚伯拉罕·纽曼（Abraham L. Newman）眼中，产业全球化并非自由主义者20世纪90年代鼓吹的那样——自由市场经济欣欣向荣与各国协商如何管理市场机制，伴随数字网络、资金流、供应链的全球扩张，深度参与全球化的各个国家逐渐被嵌套于一张大网之中，彼此既相互依赖又相互约束，而那些居于产业/资金/信息链枢纽位置的国家便拥有了相对于其他非枢纽位置国家的权力优势。①美国可以通过国际资金清算系统（SWIFT）随时监控和追踪其他国家银行美元业务的全球交易，斯诺登曝出的棱镜门计划更让世人意识到美国信息网络枢纽的独特权势，无怪乎两位学者将产业链、供应链的全球化时代描述为"被绑缚的全球化"（chained globalization）②。面对供应链全球化而来的国内就业岗位流失和国际上行动选择被限制被绑缚的事实，主要政治经济大国（七国集团与金砖国家）一方面在国内通过开列"战略性产业"或"敏感性工业目录"，监管和限制本国之外的跨国公司对所列产业的投资、运营，保护那些被认定为在第四次工业革命时代对国家安全、国家竞争力至为要紧的核心知识技术。③不过核心战略产业目录的认定上主要大国之间并无共识，各国的自我认定也带来了国家安全的泛化，成为某些政客、利益集团借国家安全之名打压正常竞争对手的工具，引发东道国与母国之间的争执。

另一方面在国际舞台上各主要大国之间的应对却南辕北辙，中俄德法意等国更突出全球化时代的"利益共同体"与"命运共同体"，主张现有多边主义国际制度框架内讨论全球化负面问题的解决；美日加等更青睐绕开现有国际制度框架，诉诸意识形态画线后的多边或双边协定，如跨太平洋伙

---

① ②　Henry Farrell and Abraham L. Newman，"Chained to Globalization：Why It's Too Late to Decouple"，*Foreign Affairs*，2020，99（1）.

③　王正毅：《物质利益与价值观念：全球疫情下的国际冲突与合作》，《国际政治研究》，2020年第3期。

伴协定(TPP)、全面与进步跨太平洋伙伴关系协定(CPTPP)、《美加墨自由贸易协定》。巴西、印度、南非等新兴经济体国家这一时期也不再如20世纪90年代至21世纪头十年那般热衷引领发展中国家参与全球问题的治理。

因此,后金融危机时代主要政治经济大国之间围绕全球化新负面效应如何应对不断凸显的争执不可避免地影响了诸多全球问题挑战中地有效协作。尽管全球治理时代的国际领导承载主体并非总是系于政治经济大国/强国,但后者冲突摩擦却能干扰中小国家、国际组织引领协调下的多国集体行动的出现,全球气候治理在2015年《巴黎协定》签署后的持续走低,2020新冠肺炎疫情暴发后国际社会的应对不足无不与同时期美国拒绝同中、俄、德、法等大国的相向行动有关。

## 二、国际集体领导方式中不断凸显的关系属性

在全球化进程中,各国复合相互依赖程度的加深与各类非传统安全问题的不断出现,促使主权国家客观上应不断强化多边合作,共同应对层出不穷的问题挑战,进而降低因全球化负面效应而来的诸多不确定性。尽管从应然层面当如此,但缺少即时压力下的参与国际集体行动意愿走低,参与全球化的能力与认知结构失衡,以及裂痕日趋明显的主要政治经济大国分歧等叠加一起,使得后体系危机时代国际集体领导形成困难重重。诚然,由于国家之上缺少更高一级的权威主体,国际关系范畴内的多国集体引领国际事务形式上接近于少数大国垄断国际话语权的大国协调。1945年以前的国际集体领导甚至可以直接等同于大国协调——只不过大国协调意在防止权力大国行为之间的互斥和冲突,共享领导权意在共同目标实现过程中领导国之间的责任共担、权益共享。随着二战后《联合国宪章》原则精神的广泛认可与国际体系权力结构的多元分散,少数大国垄断国际话语权的国际集体领

导模式越来越为国际社会所抵制,国际领导权的包容、开放成为大势所趋,意在承担和共享国际事务领导权的引领国家需要在大国协调之间探索出一套契合当今国际社会价值观念的国际集体领导方式。

可以说,全球治理时代的国际领导、国际集体领导更多接近政治学、管理学范畴的领导题之中义——兼备问题治理的任务属性和它者追随的关系属性,而非梅特涅–俾斯麦时代的大国协调,相应对国际集体领导的理解当聚焦于共同目标达成过程中多国引领和多国支持的集体互动,仅有国际公共产品联合供给却不能得到其他国家的积极响应,这样领导过程注定事倍功半。之于国际集体领导而言,关系属性除了如何在领导能力有限、认知价值多元且可能冲突的国际舞台上推广国际倡议,建构"引领–支持关系",还包含着如何在合作与竞争公约数均充分的情境中,探索出一条与其他领导国/竞争国相互共享领导权之道。随着全球时代国际体系权力结构"无极"化趋势演进,尽管仍存在权力大国却无法如单极/两极/多级时代那样主导或决定国际事务,全球治理的内容已很难被简化为国际公共产品的供给或为天然具备广泛共识的集体行动问题提供解决方案,[①]而以"引领–支持"为特征的国际集体领导行动也难再简化为少数领导国就问题解决先期的达成初始方案之后支持国家围绕初始方案补充、赢丛。

在体系危机的消退与越来越多的国家行为体、非国家行为体分割国际话语权的背景下,当今的全球治理多国集体行动不得不直面参与主体参与能力不平等、参与能力和参与意愿不对等,治理认知分歧,治理价值冲突等难题。因此,国际集体领导需要同时跨越问题复杂和非均质参与主体认知、价值多元冲突的双重障碍,进而寻找出足以让各方集体行动的最大利益公约数。加之全球化时代国内国际议题的相互交织,意味着一些比较复杂的跨

---

① [英]安德鲁·赫里尔:《全球秩序与全球治理》,林曦译,中国人民大学出版社,2018年,第336页。

国挑战的治理很可能要深度干预国内事务,涉及政治、经济、社会、生态等范围更广的国际国内互动。所有这一切既考验着意向领导国协调平衡国与国关系、国际与国内事务的能力,也增加了国际集体领导前景的不确定和不稳定因素。①特别是在大国竞争、大国分歧日益凸显的后金融危机时代,如何绝缘大国间的纷争互疑波及至跨国挑战化解的共同引领治理领域,化解全球治理赤字、发展赤字背后的领导赤字、国际领导力匮乏,自然成为当下甚至未来国际领导、国际集体领导的探索焦点。虽然科技的进步与变迁为那些诸如网络安全、传染性病毒防治、热带雨林砍伐、气候变暖、海洋污染等影响人类生存发展的疑难杂症争取了时间和创造了解决之法,但更不应忽视的是与问题治理同一进程中的参与主体之间的关系治理。关系治理应当成为当今全球治理时代国际集体领导的题中之义,一方面表现为引领主体相互间正向情感认知和良性竞争,另一方面则表现为引领主体与支持主体之间基于能力/责任分工基础上的平等合作,支持主体不应处于非领导国而利益受损和滋生被歧视、被排斥的认知。理清挑战源头,直奔主要症结无疑是全球问题治理的正道,但由此而来的利益调整阵痛、认知价值分歧却需要意向领导国将关系属性与问题属性同时考虑,选择短时间的问题规模稳控,以期围绕问题治理参与主体关系互动的持续而非中断,从而扭转危局。

## 三、国际集体领导研究的未来关注

本书建构的国际集体领导形成理论解释框架,主要包括体系层面的动力因素(体系危机和权力多元)和国家层面的过程机制(国际领导权共享和"引领-支持"关系构建),这里的过程机制特指外在客观因素作用下国家主

---

① 关于国际体系权力多元情境中全球治理有效集体行动组织面临的挑战,参见[英]安德鲁·赫里尔:《全球秩序与全球治理》,林曦译,中国人民大学出版社,2018 年,第 340~346 页。

观行为的互动形态。就是说在国际体系危机爆发的权力多元情境中,并不必然出现国际集体领导,只是供给了主权国家通往国际集体领导互动的最大推力。国际集体领导的实现与否还有赖之后意向领导国能否共享国际领导权并赢得其他国家的支持响应,如 1929—1933 年世界经济大萧条尽管严重破坏了当时国际经济体系的有序运转,但美法英几轮磋商谈判后仍无法弥合分歧、对焦彼此行动关注点,共同引领危机治理的期望落空,只好各自为政、以邻为壑。国际体系危机爆发后,多元权力格局中的意向领导国须经由"关注点趋同"和"妥协共识"后方可共享国际领导权,领导任务(治理体系危机)的复杂性、嬗变性又决定了共享领导权后的集体领导成员国仍需通过定期的"战略磋商"和妥善的"分歧管控",以便推出有效的问题治理方案和维系脆弱的共享领导权关系。[1]倘若未能妥善管控分歧,极可能造成共享国际领导权的解体,国际集体领导的半途而废。取得共享国际领导权后,"引领-支持"国际领导关系的构建与否,不仅需要领导国提供符合支持国"利益和理念"的国际公共产品,而且还需要领导国在推销国际行动倡议时,或约束优势领导权,或淡化与支持国的等级支配色彩,或向支持国开放与其有关的倡议讨论议程,以便打消后者主权受损的印象。

不过,本书关于国际体系中多国集体领导现象的规律性研究主要聚焦全球层面而非地区层面,虽然七国集团的国际经济集体领导冷战期间主要针对西方资本主义阵营,但七国在国际经济格局中的领先占比,使其国际领导效力扩散至第三世界国家地区。对于地区层面的国际集体领导现象,如欧洲一体化进程中的法德、东亚一体化进程中的东盟与中日韩等,本书理论框架的解释力则粗糙许多,毕竟地区层次的国际集体领导研究不能不关注域

---

[1]　国际集体领导中任务治理、关系治理进程中的诸多不确定因素决定了行为体之间持续协调、协调和调整的必然性,参见 Yaqing Qin,"A Relational Theory of World Politics",*International Studies Review*,2016,18(1)。

外大国的干扰,域外大国支持、沉默、反对三类态度往往深刻影响着地区国际集体领导的形态, 大体而言国际集体领导的未来探索方向集中在如下三方面:

首先是集体领导国之间的能力/权力差距对国际集体领导形成的影响。本书对国际集体领导相比一国国际领导合理性的判断主要基于当代国际体系优势权力多极、国家数目众多和权力内容形态多样的三重事实,认为国际体系的权力多元演进根本上削弱了一国履行国际领导职责的能力, 需要多国联合供给国际公共产品和动员协调它国行为。不过,权力的多元绝非意味着集体领导国之间实力/权力的均衡,七国国际经济集体领导中,美国无疑是居于中心的。由此便产生集体领导成员国之间权力差距、权力对比的变化是增进还是滞缓了国际集体领导的实现, 当国际集体领导成员国内部出现一个中心、两个中心或无中心三种情境时,国际集体领导的实现有无不同? 弗雷德·伯格斯坦(Fred Bergsten)、兰德尔·亨宁(Randall Henning)两位学者在梳理七国集团 1991 年后国际经济领导衰落原因时, 就认为七国领导中心美国由最大债权国转为最大债务国的事实, 严重限制了其赢得其他六国响应其行动倡议的能力,缺乏领导中心的七国集团各执一词、行动迟缓,国际经济领导绩效因此大为受损。[1]

其次是体系危机的不同源头对国际集体领导实现的影响。本书只是指出了体系危机对多国集体领导形成的显著推动作用, 但未细究诱发体系危机的原因。仔细对比三大案例,不难发现,"凡尔赛–华盛顿"体系的颠覆源于德意日的对外扩张,相应治理对象为德意日三国侵略行为,美苏英顺理跻身治理危机的领导国;而 70 年代的西方国际经济动荡和 2008 年的全球金融危机,却源起于某些国家的不当行为,并非刻意破坏现行体系秩序,相应治

---

[1] C. Fred Bergsten, C. Randall Henning. *Global Economic Leadership and the Group of Seven.* Institute for International Economics, 1996, p.74.

理对象往往是一系列跨国经济国际事务而非特定国家，且作为领导国之一的美国既是治理危机的责任国，又是引发体系危机的责任国。因此，不同特质或不同源头的体系危机是否造成了国际集体领导实现的差别形态呢？当领导国成为体系危机肇始地时，其承担及共享国际领导的意愿与其他情形是否有所区别？这些问题皆是本书尚未涉及的空白领域，也成为国际集体领导进一步的研究议题。此外，当国际社会出现一系列尚不构成体系危机的跨国挑战时，围绕有效多国集体行动组织背后的共享领导权与"引领-支持"关系建构，仍是未来国际集体领导关注的一大焦点。

最后是领导国与支持国先前关系形态对国际领导关系构建的影响。体系危机之于国际社会的巨大破坏力和集体行动紧迫性，不仅掩盖了领导国之间的分歧冲突，也遮蔽了领导国与支持国之前的关系形态，相对领导国的各支持国成员之间并非一种同质状态。在"引领-支持"关系建构之前，提出国际倡议的意向领导国的目标对象群体可归类为支持者、反对者、中立者，"引领-支持"构建主要内容便是消除/减少反对者，争取中立者。通常认为，与意向领导国的同盟伙伴关系国可归类为支持者，正常关系国归类为中立者，敌对关系国归类为反对者，"引领-支持"关系的建构主要目标对象即为正常关系国，不过现实中三者之间并不总能完美对应，作为美国重要盟友之一的法德引领下的欧盟就常常在国际舞台上与美国唱反调。就是说，尽管消除/减少反对者，争取中立者是建构国际领导关系的主要内容，但仅仅基于同盟伙伴是与否的视角并不能真实揭示支持国群体的异质形态及其对国际领导关系建构的不同影响。国际舞台上行为主体能力不平等生成了国与国之间对称、非对称实力差距，辅之以经济社会全球化的相互依赖，自然形成对称和非对称相互依赖，相对国际领导关系的时段性而言，后者更为持久或常量。因此，揭示测量国家间依赖关系的对称或非对称形态、依赖程度的大小差异与"引领-支持"关系建构之间是否存在显著相关，应当成为未来国际集体领导研究的又一关注点。

## 第三节　从俱乐部型国际集体领导
### 到协进型国际集体领导

　　当代国际体系中的国际集体领导实质脱胎于 19 世纪的大国集体协调国际事务,少数大国以封闭俱乐部形式交流讨论、彼此达成共识后再将联合倡议推广至国际社会。自 1815 年维也纳和会诞生的英、俄、奥、普四国协调欧洲国际秩序以来,19 世纪的英、俄、法、奥、德(普)五强和 20 世纪上半叶的美、英、法、苏、德、意、日七强基本占据或垄断着国际体系的集体领导国资格,引领甚至左右着国际局势的一时走向。1945 年后,伴随国际体系民族主权国家的增多、美苏两极对抗和国际社会对传统大国协调的厌恶,大国协调式的国际集体领导走向衰落,转型为权力大国、中小国家参与的多边国际制度、国际组织框架内的"最少多边主义"集体领导。①为解决多边国际组织框架内众多主权国家的集体行动难题,少数问题能力优势国(通常系之前的权力大国)通过定期正式或非正式协商协调来引领多边国际组织做出有效决议,如联合国框架内五大安理会常任理事国,1973—1999 年国际货币基金组织、世界银行内的"五国财长会议"。与传统大国协调相比,二战后兴起的"最少多边主义"领导权共享模式,虽然也属于封闭的俱乐部,但受制于多边国际规则的限制,其支配强制色彩要隐蔽许多。21 世纪后国内国际、不同议题复合交织下的全球性问题增多,中、印等新兴市场国家的勃兴,挑战冲击着"最少多边主义"式的俱乐部型领导,从领导能力和领导行动合法性两个方

---

　　①　关于多边国际组织内"最少多边主义"大国合作引领的分析,参见 Miles Kahler. "Multilater-alism with Small and Larger Numbers". *International Organization*,1992,46(3)。

面促使七国集团为代表的封闭俱乐部型国际集体领导朝对其他发展中国家更加包容、开放、共商、共享的趋势演进,二十国首脑峰会的召开和定型无疑反映了这一权力演进趋势。不过,金融危机后西方经济大国与新兴市场国家之间凸显的争执纠纷、新兴市场国家间的不同关注、西方发达国家内部民粹主义的兴起以及中、美相对其他大国不断提升的综合国力等,也带来了对未来多国集体引领国际事务前景的疑虑。

## 一、全球治理新趋势对封闭俱乐部型国际集体领导的否定

无论是少数大国封闭俱乐部集体领导还是多国引领与多国支持交融一体的协进型国际集体领导,其要旨皆在依据国际领导权的共享主体和共享方式的来选择针对领导任务目标实现的适宜领导类型。本书之所以得出少数大国封闭俱乐部型国际集体领导的有效性、合法性趋弱,正是基于对全球化时代国际社会面临的问题挑战和主权国家的问题应对能力现状二者间的综合评估。

就问题挑战而言,当代全球化背景下需要发挥国际领导作用,引领多国集体行动治理的危机可分为三大类:首先是冷战后全球化进程中发展失衡问题凸显,在"南北差距"尚未扭转之余更增添了西方发达国家的"失落感",表现为"脱欧"运动下的民粹主义思潮、逆全球化现象泛起。南北发展失衡由来已久,自 20 世纪初全球"中心–边缘"分工体系形成以来,美日欧等发达国家一直独享全球化的收益,即使 20 世纪 80 年代后东亚跻身全球经济增长驱动器行列,也只是挤占全球经济分工体系的中低端一角,高端制造、创新研发等高利润、高附加值产业仍聚集西方发达国家。金融危机后,以金砖国家为代表的新兴经济体强势崛起开始改变这一趋势,新兴市场国家进阶技术、资金输出国和科技创新、高端制造行列的事实打破了长期为西方发达国

家独享的利润空间,金融危机、债务危机、增长乏力的三重打击下,发达国家中下层民众感受到全球化负面效应。如果将不断恶化的南北发展失衡视为滋生跨国难民问题、传染性疾病、地区族群冲突、恐怖主义的温床,那么发达国家中底层民众的"失落感"则成为 2015 年英国脱欧后不断蔓延的民粹主义、反全球化浪潮的"沃土"。显然,上述全球化进程中的地区发展失衡、阶层贫富差距拉大等问题的缓解,要超出治理对象的少数发达国家俱乐部型国际集体领导能力。

其次是需要多国协作治理的跨国性非传统安全议题增多并加重。在中国学者秦亚青看来,全球化时代的非传统威胁有别于传统威胁的主要特征在于,传统威胁系国家对国家的威胁,威胁由国家制造且由国家解决,如世界大战、地区冲突;非传统威胁则是针对国际社会整体而非特定个体国家的威胁,威胁并非国家刻意制造,但解决却需体系大多数独立主权成员国的有效集体协作,如全球气候治理、跨国游资监管等。①

最后是复合相互依赖时代大国内外行为的"负外部性"协调。21 世纪全球治理国家行为协调的内容,除既有对外行为协调外,更添加了对那些可能滋生国际影响的国内政策的协调,对中、美、俄等一些能够影响国际体系运转的权力大国来讲,避免内部行为的对冲丝毫不输对外行为的协调。美国学者瓦伦·西瓦兰(Varun Sivaram)、特林·诺里斯(Teryn Norris)就认为 21 世纪头十年中国政府对太阳能产业的大力支持扶助政策间接导致了美国太阳能面板企业的破产,要求美国政府加大对太阳能产业研发的资金支持。②这里并非刻意贬低抹黑国家主权,只是试图说明全球市场交融的背景下一国国内政策的外溢效应。在中国学者陈志敏看来,一国国内的治理过度和治理不

---

① 秦亚青:《全球治理失灵与秩序理念重建》,《世界经济与政治》,2013 年第 4 期。

② Varun Sivaram, Teryn Norris. "The Clean Energy Revolution Fighting Climate Change with Innovation". *Foreign Affairs*, 2016, 95(3).

足均可能给国际社会带来负外部性。治理过度表现为狭隘民族主义理念下以损害域外国家民众利益为代价而实现的国内有效治理,如2008年前后美联储宽松货币政策造成他国外汇资产贬值和全球金融秩序动荡;治理不足则表现为一国国内治理的失败或缺失而引发周边地区动荡,如难民问题、非洲埃博拉病毒等。①国家间内外政策的交互协调,必然带来一国主权行使的限制,将协调责任方排除在外的封闭俱乐部型领导模式显然无法胜任。

就国家行为的应对能力而言,全球化时代最为显著的趋势莫过于影响全球治理进程的权力类型多样及参与主体多元。其一是全球关注议题多元而来的权力内容形态多样,用以实现地区稳定的权力类型显然不能完美契合全球环境问题的治理,由此产生权力大国、中小国家不得不接受的一个事实,即几乎没有一个国家能够斩获所用议题领域的权力优势或能力优势。其二是非西方新兴经济体、发展中国家冷战后的勃兴,尤其是中国、印度等新兴市场国家经济在2008年后高势头增长和同时期美日欧等传统经济体的低迷,全球经济增长驱动器在位移出欧美地区的结果之一便是与"华盛顿共识"不同的经济发展阶段、历史文化和政治制度的国家地区,将深度参与到全球问题治理中来,②成为一支不可或缺的责任贡献主体。由此带来协调不同价值、理念引领主体的有效集体领导的难题,代表性不足的俱乐部型领导不得不适应新兴经济体的非西方经验的责任贡献,以期全球挑战的克服。其三是国际组织、跨国社会组织、跨国公司等大批非国家、非政府行为体在现代科技信息技术的支撑下登上国际舞台,在防止轻型武器扩散、改善全球生态环境、救济贫困人口等低层次议题领域填补着国家行为体的空白,挑战单

---

① 陈志敏:《国家治理、全球治理与世界秩序建构》,《中国社会科学》,2016年第6期。

② 王缉思:《理解世界政治的多样性——身处百年未有之世界大变局时代》,《环球时报》(环球网),2019-03-07,http://opinion.huanqiu.com/hqpl/2019-03/14484173.html?agt=10588。

一主权国家为载体的国际集体领导、多边集体行动治理模式的合法性，①国际集体领导的包容性、决策议程的开放性已然成不争事实。

总之，全球化复合相互依赖大背景，需多国集体行动应对的全球问题的多样性、交织性以及责任主体多元而来的能力分散事实，从根本上动摇了七国集团为代表的少数大国引领下的封闭俱乐部型国际集体领导，国际集体领导的问题治理和引领行动代表性客观上要求国际集体领导朝更具包容、协商、共进的方向演进。如一组来自亚洲开发银行的预测数据显示，从2010到2020年里亚洲每年公路、铁路、港口、发电等基础设施投资需求高达七八千亿美元，世行和亚开行每年仅能拿出三百亿美元左右，即使新成立的亚投行其第一期资本也只一百亿美元，②可见全球发展失衡问题的彻底解决需更多国家行为体、非国家行为体的能力贡献，而在缺少体系危机的压力下，如何将众多认知偏好迥异的行为体动员组织起来，也成为今后国际集体领导学理研究尝试探索的一大命题。

## 二、大国竞争摩擦是否黯淡了国际集体领导的未来前景？

本书在理论部分提出多个意向领导国引领行动关注点的趋同是国际集体领导得以实现的前提条件，国际体系危机的爆发更多也是加速了意向领导国对焦行动关注点的进程，对于中、美、俄、法、德、英、印、日、巴等21世纪的权力大国、强国而言，其在全球事务治理中的关注点或优先次序的趋同，

---

① 关于非国家行为体对国家行为体为主体的全球治理范式的挑战分析，参见 Shepard Forman, Derk Segaar. "New Coalition for Global Governance:The Changing Dynamics of Multilateralism". *Global Governance*,2006,12(2)。

② 数据引自朱杰进：《新型多边开发银行的运营制度选择——基于历史制度主义分析》，《世界经济与政治》，2018年第8期。《多边金融格局中的新力量》，2015-03-28,http://money.163.com/15/0328/18/ALQJTO4F002555CV.html。

既是国际集体领导形成的关键，也是治理全球化负面问题时多边集体行动出现的保证。遗憾的是，2010年全球金融危机消退之后，美日欧等当代体系传统强国、中印巴等新兴经济体之间却频现一时难以弥合的分歧冲突甚至国际领导权竞争。虽然在一些非传统低阶议题或地区议题领域，权力大国共享领导权、共同引领问题治理的现象仍不时上演，但在关于国际体系结构变迁的政治、经济等高阶议题领域，大国间的零和博弈也是不容忽视的事实。这样一种竞争不仅表现在传统强国与新兴经济体之间，也表现在美日欧、中印等新兴经济体各自阵营内。法国前总理拉法兰在2018年8月接受《金融时报》中文网的采访中，便认为当下全球几大重要经济体面临着滑入国际领导角逐陷阱的风险——有意引领未来世界经济的几大经济体，因领导理念差异而频现摩擦冲突，中、法、美等经济大国今后应在尊重彼此不同文化、价值基础上，寻求对话协作，共享全球事务领导权，而非在角逐中走向"经济战"。[①]

　　体系权力大国、权力强国近年来因竞逐国际领导权而陡然升温的争执摩擦，极大冲击了传统强国与新兴大国二十国集团峰会后在全球经济、环境治理中初兴的国际领导权共享局面，造成一些议题领域的国际领导赤字。首先是美日欧与"金砖五国"关于完善国际经济治理体系的改革之争。21世纪非西方权力中心勃兴，继1945年后社会阵营出现、20世纪60年代后第三世界阵营登上过舞台后，第三次赋予了世界政治多样性的实质内容，迥异于西方文明的发展经验，促使接近全球治理中央舞台的新兴经济体，在尊重"华盛顿共识"的前提下提出自身关于世界经济可持续发展的引领方案。然而新兴经济体基于自身发展经验而提出的领导倡议却往往被美日欧等国视为对主流国际规则的挑战。在意识到七国/八国集团引领下的国际经济体系无法

---

充分解决东南亚、中亚落后地区的发展不平衡问题和发展需求后，2013年中国国家主席习近平倡议共建"一带一路"和"亚洲基础设施投资银行"。然而美日等对中国提出的这一倡议所关注的不是改善亚洲基础设施、减少全球地区发展失衡等不同类型公共产品的对接，相反是担忧中国"影响力范围"和对国际货币基金组织、亚开行所谓"最佳国际标准"的"挑战"。①其次是"逆全球化"思潮在西方发达国家泛起后美、英、法、德等国的分歧加剧。以英国脱欧和特朗普入主白宫为标志，美英等西方大国愈加不满于冷战后其引领创建的国际体系制度安排，美国2016年后以一种拒绝国际引领的姿态频频退出其之前引领的《巴黎协定》《伊朗核协议》、联合国教科文组织、万国邮政联盟，2018年起更是针对欧盟、日本、加拿大等传统盟友加征高额关税，特朗普白宫贸易主管罗伯特·莱特希泽2019年3月在参议院一次听证会上直言，如果世界贸易组织不能做出美国希望的改革，美国将退出该组织。②与美英这种"内顾"式的单边主义行径相比，法德为首欧盟国家更希望在现行制度框架内和全球化进程中解决全球化的负向结果，以及消化、接纳新兴大国对西方曾经引领创建的当代国际体系的冲击。再次是大国地缘政治竞争、冲突加剧干扰彼此在全球治理中的共同领导。虽然中俄美欧2015年共同推动了《伊朗核协议》的签署，但2010年后大国地缘政治的竞争陡增也是不容忽视的事实，因2013年叙利亚内战、2014年克里米亚事件而爆发的俄罗斯与西方对立延及至今，后果之一便是俄罗斯退出八国集团，2013年、2017年两次中印边界对峙，中美南海问题交锋、2018年以来中美经贸摩擦等。尽管21世纪的大国交往互动覆盖政治、经济、环境、网络等多议题领域，往往出现竞

---

① 关于亚洲基础设施投资银行成立前后的大国博弈分析，参见朱杰进：《新型多边开发银行的运营制度选择——基于历史制度主义分析》，《世界经济与政治》，2018年第8期。

② 《莱特希泽称美中贸易谈判成败未定》，FT中文网，2019-03-13，http://www.ftchinese.com/story/001081847?full=y。

争、合作、冲突同时上演的现象,但由于议题之间并非孤立存在,所以大国地缘政治竞争的加剧必然带来一些跨国性事务领域内大国集体领导的失落。最后是权力转移下的中美对抗风险。作为当今唯一两个国内生产总值超十万亿美元的大国,中美在国际体系权力格局中的优势地位,自金融危机后愈加突出,2009年匹兹堡峰会上二十国集团能够在德、加、意等发达国家迟疑声中制度化并跻身全球经济治理中心,在很大程度上要归因于中美的通力合作。①然而相对于其他大国继续拉大的权力优势,也使中美面临着国际关系史上反复上演的主导国与崛起国权力转移冲突风险或"修昔底德陷阱",美国学者格雷厄姆·艾利森(Graham Allison)类比古希腊伯罗奔尼撒战争中雅典和斯巴达冲突史实,认为随着中国接近美国体系主导权,出于国家间的利益、安全、荣誉(情感)零和竞争逻辑,两国可能爆发一系列分歧摩擦,倘若分歧摩擦不能得到妥善管控,便可能滑向冲突陷阱。②对于国际集体领导而言,体系优势权力涌向中美两国,既增加了两国对抗式竞争的风险,也削弱了体系其他大国承担国际领导的意愿和能力。

　　大国竞争摩擦在21世纪第二个十年的升温是否逆转了全球问题挑战治理中大国共享领导权的长远趋势?特别在中美经贸摩擦频繁的2017—2019年,这一问题的回答也成为时下国际集体领导研究不得不正视的现象。然而通过仔细梳理国际集体领导得以兴盛的根源性动因——国际体系权力分布格局,以及本轮大国摩擦的直接诱因,便可以得出以"共商、共建、共享"为特征的国际集体领导仍是未来全球治理领导模式的发展方向。理由一,权力多元分散演进的趋势并未因金融危机之后国家的回归、中美两国优势权

---

①　Geoffrey Garrett. "G2 in G20:China,the United States and the World after the Global Financial Crisis". *Global Policy*,2010,1(1).

②　See Graham Allison. *Destined for War Can America and China Escape Thucydides's Trap?*, Houghton Mifflin Harcourt,2017,pp.21–28,47–62.

力的凸显而改变,在高中低阶议题并现交互的国际舞台上,国家行动能力的受限已是不争事实, 而且中美两国的领先地位主要体现在经济领域, 在军事、政治、环境及其他领域,俄罗斯、欧盟、日本、印度的优势亦不容忽视,即国际领导的候选主体仍是多元。理由二,全球问题挑战的交织性和国家内外政策相互协调程度的加深。问题挑战的多国交织性决定了多国携手应对挑战的必然趋势, 而主权基础上不断加深的政策相互协调, 意味着不加顾及"负外部性"的国家单方面行径愈加难以达成初始预期,倒逼大国接受政策协调和寻求共享领导权。①理由三,虽然美国自特朗普入主白宫后,重返单边主义,不仅拒绝国际领导更遑论共享国际领导,但中、俄、德、法、印等其他大国仍坚持多边主义的治理框架,秉持多边协商、开放包容、平衡共赢的国际领导权共享的理念,而非单边竞逐国际领导权。②大国国际领导权的竞逐、大国分歧冲突的当下升温, 在很大程度上是双方共同利益下的关注点优先次序差异所致, 所以判断国际集体领导未来的前景应主要聚焦于大国交往互动的动态过程,而非静态的因素,倘若在一系列分歧矛盾的化解进程中,培植起正向的集体情感认知和共命运身份认同, 那么有理由预期大国共同引领国际事务的未来。

## 三、协进型国际集体领导之于当今国际领导赤字的优势

无疑,国际集体领导模式的选择必须适应其所处的外在情境、所需应对的问题任务和所要引领的支持国需求。伴随全球化进程的深入和新兴经济

---

① G. John Ikenberry. "Is American Multilateralism in Decline?". *Perspectives on Politics*, 2003, 1(3).

② 《习近平在首届中国国际进口博览会开幕式上的主旨演讲》,新华网,2018–11–05,http://www. xinhuanet.com/world/2018–11/05/c_1123664692.htm。《王岐山出席 2018 年创新经济论坛开幕式并致辞》,新华网,2018–11–06,http://www.xinhuanet.com/politics/2018–11/06/c_1123673872.htm。

体的崛起,国际政治舞台上多边主义上升趋势愈加明显,从全球经济化到全球社会化不仅意味着国家间相互依赖程度的加深,同时也带来了一国问题的国际化、地区问题的全球化,原先诸如社会、环境等"低级政治"领域的问题通过信息传导、人员流动机制放大至国家政府出面应对的"高级政治"问题。新近涌现出气候变暖、难民治理、民粹主义、发展失衡等全球性问题,往往波及多个国家地区,问题解决难度、时间周期长度等远超出一国之力,需要多国长期耐心的合作和政策协调。传统的多极化主要指政治-军事领域的国家间权力分布状态,21世纪世界政治舞台上的权力多极化则是建构在议题多元化事实之上的,经济-贸易、环境治理、网络安全等多层次议题领域权力分布形态各异且交互影响。

中国、印度、俄罗斯、巴西等新兴经济体力量的崛起,在改善国际领导力量分布之余,也使得传统大国与新兴大国之间的竞争性互动增多,表现为发达国家内顾倾向和发展中国家权利意识凸显,所有这些都构成了国际集体领导不得不关注的现实。如果说新兴经济体的崛起、非传统安全问题的频发促使国际集体领导不得不在代表性(包容性)和有效性(领导效率)中寻求某种妥协或平衡,[1]如七国集团在2000年后尝试探索的"8+5"治理模式,那么2010年后传统大国、新兴大国围绕国际领导权竞逐、地缘政治博弈而来的矛盾摩擦,则意味着秉持不同价值理念的意向领导国需在潜在共同利益的基础上,校准各自关注的优先顺序和引领责任解读,[2]寻找出共识性的领导权共享方案,以免全球问题挑战治理所需的国际领导失落于大国相互争吵中。

显然,在一个权力多元分散、国家权利意识高企的新型国际关系背景下,通过限制领导国数目以增强国际集体领导效率的做法已然不可取,赢得国

---

① C. Fred Bergsten, C. Randall Henning. *Global Economic Leadership and the Group of Seven*. Institute for International Economics, 1996, pp.138—140.

② 秦亚青主编:《大国关系与中国外交》,世界知识出版社,2011年,第17~18页。

际社会支持和协调不同国家政策的挑战都要求国际集体领导扩容势在必行,①与传统支配、自利的少数大国封闭俱乐部型领导范式相比,那些能够有效缓解集体行动难题和大国竞争难题的领导方式将更为持久,鉴于世界多极化、社会信息化、经济全球化、文明多样化的时代背景下和历史上大国冲突对抗的惨痛教训,笔者认为未来的国际集体领导方式首应摒弃"你输我赢、赢者通吃"的零和思维,在尊重世界政治多样性和各国发展独特性的基础上,凝聚各国关注"最大公约数",探索领导国与支持国合作共赢之道。②为此,本书提出协进型国际集体领导,即集体领导成员国在不断累积起的共命运身份认同下,通过协作、共进、吸引和赋权的方式,引领和推动国际体系中其他成员有效达成相互共识目标,实现共同发展,其中"协作"指的是国际领导方案或倡议的提出是领导成员国之间,领导国与支持国先期平等协商、充分交流的结果,而非领导国强加支持国;"共进"指的是国际集体领导聚焦的任务目标往往是国际社会普遍关心的,而非领导国集团偏好的;"吸引"指的是"引领-支持"国际领导关系的建立主要依赖于领导国的经济互惠、价值吸引而非强制胁迫;"赋权"相对应传统领导国大包大揽、为完成领导任务不惜损害支持国主权的引领行为而言,既指支持国参与国际领导任务目标实现过程,又指领导国尊重和帮助支持国自身能力建设。③与传统国际集体领导更多关注领导国集团利益或领导问题解决相比,协进型多国领导在上述题

① Anna Schmidt,et al.,"Geopolitics Global Governance and Crisis Narratives",*IDS Bulletin-Institute of Development Studies*,2009,40(5).

② 关于新型国际关系的分析阐述,参见王毅:《构建以合作共赢为核心的新型国际关系:对21世纪国际关系向何处去的中国答案》,《学习时报》,2016年6月20日;郭树勇:《新型国际关系:世界秩序重构的中国方案》,《红旗文摘》,2018年第4期;刘建飞:《新型国际关系基本特征初探》,《国际问题研究》,2018年第2期。

③ 关于协进型领导的内涵特征,参见陈志敏、周国荣:《国际领导与中国协进型领导角色构建》,《世界经济与政治》,2017年第3期。Zhimin Chen,Guorong Zhou,Shichen Wang,"Facilitative Leadership and China's New Role in the World",*Chinese Political Science Review*,2018,3(1).

意外另增添了支持国对国际集体领导实践过程的能力、责任贡献和领导国对支持国荣誉、感受的尊重。

当代国际事务中多边主义合作停滞不前、国际领导赤字频发的现象，很大程度上可归结为二战后美、英所倡导约束型国际制度领导方式，不再完全适应国际体系政治经济文化多样化的演进趋势。1945 年后无论美国引领创建的西方国际政治经济体系，还是苏联引领创建的社会主义阵营国际体系，作为领导国的美苏以及 70 年代后涌现的七国国际领导，通常在多边主义制度框架内享有某种特权——否决权、投票权重或不利条件下单方面撤出等，[1]如 1971 年美国单方面终结美元自由汇兑黄金的固定汇率体系后，其他国家只能选择与美国重建一个浮动汇率体系，而无法对美国不负责任的单边主义行径做出"惩罚"。在权力对比不利的格局中，支持国默许领导国在国际制度中一些特权某种程度上也是对其提供国际公共产品的一种交易。然而在权力多元分散、发展中国家权利平等意识兴盛的 21 世纪，领导国的这种特权却越来越不为国际社会所接受，支持国更希望领导国在对等基础上发挥国际领导作用，一如世界银行、国际货币基金组织中，倡议国美国的投票权重不会因新资本的注入而缩减，但在亚洲基础设施银行中，倡议国中国的投票权重将随着新资本的注入而不断稀释，特朗普主政下的美国频频退出其引领创建的二战后多边国际组织，一大原因便是美国作为领导国的特权不断受到侵蚀，而美国又不愿以对等姿态与其他支持国交往。

此外，就实力不断兴起的新兴经济体、发展中国家而言，其对主权珍视又使其不愿接受强制约束性的国际制度设计，更倾向于基于国家自愿自觉的国际集体性行动，防止权力大国借国际制度安排损害本国利益。然而全球化时代一系列非传统跨国危机挑战的有效应对，往往却需要跨越国家主权

---

[1]　G. John Ikenberry. "Is American Multilateralism in Decline?", *Perspectives on Politics*, 2003, 1(3).

界限,如金融资本的监管、水域治理、恐怖主义打击等,但是世界政治文化的多样性,发展中国家之间、发展中国家与发达国家之间较低的互信水平和缺失的共同身份,又使得二战后美日欧之间得心应手的国内外政策深层次协调、约束性制度领导,难以在非西方国际事务的治理中得到充分施展。毕竟约束型国际制度领导的一大基础,在于集体领导成员国之间、领导国与支持国之间已然形成某种战略互信和共命运集体认同。在体系危机消退和文化价值观多元甚至相斥的组织群体中,强约束型国际制度领导的运转必然困难重重。西方国家质疑发展中国家集体行动承诺的可信度,要求增加透明度和核查度,但发展中国家则认为这既是西方发达国家对本国的不信任,更是其试图干涉本国主权的不良企图。

因此,在发达国家、发展中国家尚未培植起基础信任的前提下,未来全球事务中的多国集体领导方式应优先选择包含信任、赋权的协进型国际集体领导。秉持领导国与支持国"共商、共建、共享"全球治理观,引领负责任主权国家行为体建设,领导国的协助支持国强化国家良性治理能力,减少国际舞台上失败国家、脆弱国家数目,通过一国国内治理的"正外部性"来推动全球危机的逐步化解。①在集体引领全球性问题治理之系,不忽视引领关系治理,促使参与集体行动的成员国彼此间培植起正向集体情感,推动集体命运身份认同的形成,以便国家内外政策的深度协调和多边集体行动的持续开展。

---

① 陈志敏:《国家治理、全球治理与世界秩序建构》,《中国社会科学》,2016 年第 6 期。秦亚青主编:《大国关系与中国外交》,世界知识出版社,2011 年,第 149 页。

# 参考文献

## 一、中文部分

### （一）书籍

1.［加］阿米塔·阿查亚：《美国世界秩序的终结》，秦亚青、肖莹莹译，上海人民出版社，2017年。

2.［美］埃莉诺·奥斯特罗姆：《公共事务的治理之道：集体行动的制度演进》，余逊达、陈旭东译，上海译文出版社，2012年。

3.［美］彼得·圣吉：《第五项修炼：学习型组织的艺术与实践》，张成林译，中信出版社，2009年。

4.［加］彼得·哈吉纳尔：《八国集团体系与二十国集团：演进、角色与文献》，朱杰进译，上海人民出版社，2010年。

5.［美］查尔斯·波沧：《历史的见证》，刘裘、金胡译，商务印书馆，1975年。

6.[美]查尔斯·米:《在波茨坦的会晤》,上海《国际问题资料》编辑部译,上海三联书店,1978 年。

7.[美]查尔斯·P.金德尔伯格:《世界经济霸权 1500—1990》,高祖贵译,商务印书馆,2003 年。

8.[俄]弗·奥·佩恰特诺夫、伊·爱·马加杰耶夫:《伟大卫国战争期间斯大林与罗斯福和丘吉尔往来书信》(上下卷),于淑杰等译,世界知识出版社,2017 年。

9.[美]富兰克林·罗斯福:《罗斯福选集》,关在汉编译,商务印书馆,1982 年。

10.[美]戈登·克雷格、亚历山大·乔治:《武力与治国方略》,时殷弘等译,商务印书馆,2004 年。

11.顾维钧:《顾维钧回忆录》(第五分册),中华书局,1985 年。

12.韩昇:《东亚世界形成史论》,中国方正出版社,2015 年。

13.[英]赫德利·布尔:《无政府社会,世界政治秩序研究》(英文原版影印),北京大学出版社,2007 年。

14.[德]赫尔穆特·施密特:《伟人与大国》,隋亚琴等译,同济大学出版社,1989 年。

15.[美]亨利·基辛格:《白宫岁月》(第三册),杨静予等译,世界知识出版社,2003 年。

16.胡鞍钢:《民主决策:中国集体领导体制》,中国人民大学出版社,2014 年。

17.[英]杰弗里·巴勒克拉夫:《当代史导论》,张广勇、张宇宏译,上海科学院出版社,2011 年。

18.[匈]卡尔·波兰尼:《巨变:当代世界政治与经济的起源》,黄树民译,社会科学文献出版社,2013 年。

19.[法]雷蒙·阿隆:《雷蒙阿隆回忆录:五十年的政治反思》,杨祖功等译,新星出版社,2006年。

20.[美]理查德·霍夫施塔特:《美国政治传统及其缔造者》,崔永禄、王忠和译,商务印书馆,2012年。

21.[美]莉萨·马丁、贝思·西蒙斯编:《国际制度》,黄仁伟、蔡鹏鸿等译,上海人民出版社,2006年。

22.刘建军:《领导学原理——科学与艺术》(第四版),复旦大学出版社,2014年。

23.[美]罗伯特·基欧汉、约瑟夫·奈:《权力与相互依赖》(第四版),门洪华译,北京大学出版社,2012年。

24.[美]罗伯特·吉尔平:《国际关系政治经济学》,杨宇光等译,上海人民出版社,2006年。

25.[美]玛格丽特·杜鲁门:《哈里·杜鲁门》,南京大学历史系近现代英美对外关系研究室译,生活·读书·新知三联书店,1976年。

26.[美]曼瑟尔·奥尔森:《集体行动的逻辑》,陈郁等译,格致出版社,2014年。

27.[美]米歇尔·海克曼、克雷格·约翰逊:《领导:沟通的视角》,王瑞华译,上海人民出版社,2004年。

28.庞中英:《全球治理与国际秩序》,北京大学出版社,2012年。

29.[美]乔恩·皮尔斯、约翰·纽斯特罗姆编:《领导力:阅读与练习》,马志英等译,中国人民大学出版社,2009年。

30.秦亚青主编:《大国关系与中国外交》,世界知识出版社,2011年。

31.[美]塞缪尔·亨廷顿:《文明的冲突与世界秩序的重建》,周琪等译,新华出版社,2016年。

32.[美]舍伍德:《罗斯福与霍普金斯:二次世界大战时期的白宫实录》,

福建师范大学外语系编译室译,商务印书馆,1980年。

33.沈志华总主编:《苏联历史档案选编》(第16~18卷),社会科学文献出版社,2002年。

34.时殷弘:《对外政策与历史教益——研判与透视》,世界知识出版社,2014年。

35.时殷弘:《现当代国际关系史——从16世纪到20世纪末》,中国人民大学出版社,2006年。

36.[英]史蒂文·卢克斯:《权力:一种激进的观点》,彭斌译,江苏人民出版社,2012年。

37.[英]苏珊·斯特兰奇:《权力的流散,世界经济中的国家与非国家》,肖宏宇、耿协峰译,北京大学出版社,2005年。

38.唐世平:《国际政治的社会演化:从公元前8000年到未来》,董杰旻、朱鸣译,中信出版社,2017年。

39.王缉思、唐士其:《多元化与同一性并存,三十年世界政治变迁(1979—2009)》,社会科学文献出版社,2012年。

40.王绳祖主编:《国际关系史》(10卷本),世界知识出版社,1995年。

41.王钰:《技术与国家地位:1200—1945年的世界经济》,社会科学文献出版社,2018年。

42.[美]威廉·哈代·麦克尼尔:《美国、英国和俄国:它们的合作与冲突(1941—1946年)》,叶佐译,上海译文出版社,2007年。

43.[英]温斯顿·丘吉尔:《第二次世界大战回忆录》(第1~12册),贾宁、朱建国等译,北京时代华文书局,2017年。

44.吴心伯:《世事如棋局局新——二十一世纪初中美关系的新格局》,复旦大学出版社,2011年。

45.[美]伊曼纽尔·沃勒斯坦:《现代世界体系》(四卷本),郭方、吴必廉等译,社会科学出版社,2013年。

46.[美]约翰·刘易斯·加迪斯:《长和平:冷战史考察》,潘亚玲译,上海人民出版社,2012年。

47.[美]约翰·伊肯伯里:《大战胜利之后:制度、战略约束和战后秩序重建》,门洪华译,北京大学出版社,2008年。

48.[加]约翰·柯顿:《二十国集团与全球治理》,郭树勇等译,上海人民出版社,2015年。

49.[美]詹姆斯·麦格雷戈·伯恩斯:《领袖》,常健、孙海云译,中国人民大学出版社,2016年。

(二)文章

1.陈凤英:《二十国集团机制化,适应时代发展潮流》,《当代世界》,2010年第12期。

2.陈志敏、常露露:《权力的资源与运用:兼论中国外交的权力战略》,《世界经济与政治》,2012年第7期。

3.陈志敏、周国荣:《国际领导与中国协进型国际领导角色的构建》,《世界经济与政治》,2017年第3期。

4.陈志敏:《多极世界治理模式》,《世界经济与政治》,2013年第10期。

5.陈志敏:《国家治理、全球治理与世界秩序建构》,《中国社会科学》,2016第6期。

6.陈志敏:《全球治理中中国的协进性力量定位》,《国际政治研究》,2012年第4期。

7.陈志敏:《新型大国关系形态分析》,《国际观察》,2013年第5期。

8.顾炜:《双重领导型地区秩序的构建逻辑》,《世界经济与政治》,2017年第1期。

9.管传靖、陈琪:《领导权的适应性逻辑与国际经济制度变革》,《世界经济与政治》,2017 年第 3 期。

10.李永成:《国际关系中的领导力探析》,《当代世界》,2010 年第 4 期。

11.庞中英、王瑞平:《相互治理进程——欧洲与全球治理的转型》,《世界经济与政治》,2012 年第 11 期。

12.庞中英:《效果不佳的多边主义和国际领导赤字》,《世界经济与政治》,2010 年第 6 期。

13.秦亚青、阿米塔·阿查亚、时殷弘:《世界秩序:思考与前瞻》,《世界经济与政治》,2017 年第 6 期。

14.秦亚青:《国际体系的延续与变革》,《外交评论》,2010 年第 1 期。

15.秦亚青:《全球治理失灵与秩序理念重建》,《世界经济与政治》,2013年第 4 期。

16.孙祥华:《中国新外交:一个领导力的解释模型》,《外交评论》,2010年第 2 期。

17.熊炜:《"借权威"与妥协的领导——德法合作的欧盟领导权模式》,《世界经济与政治》,2018 年第 6 期。

18.熊炜:《2016 年版〈德国国防白皮书〉评析——"来自中间的领导"困境》,《国际论坛》,2017 年第 3 期。

19.阎学通:《政治领导与国际规范的演化》,《国际政治科学》,2011 年第 1 期。

20.杨国庆、黄帅:《国际领导力视角下的中美贸易摩擦》,《复旦国际关系评论》,2014 年第 15 辑。

21.赵可金:《建设性领导与中国外交转型》,《世界经济与政治》,2012 年第 5 期。

22.朱杰进:《新型多边开发银行的运营制度选择——基于历史制度主义

分析》,《世界经济与政治》,2018 年第 8 期。

23.朱明权:《领导世界还是支配世界？分析美国国家安全战略的一种视角》,《国际观察》,2004 年第 1 期。

## 二、英文部分

### (一)书籍

1.Alfred E. Eckes Jr., *A Search for Solvency Bretton Woods and the International Monetary System, 1941–1947*, University of Texas Press, 1975.

2.Amitav Acharya, ed., *Why Govern? Rethinking Demand and Progress in Global Governance*, Cambridge University Press, 2016.

3.Ariel Ilan Roth, *Leadership in International Relations: The Balance of Power and the Origins of World War II*, Palgrave Macmillan Press, 2010.

4.Barbara Kellerman, *Bad Leadership*, Harvard Business School Press, 2004.

5.Barry Buzan and George Lawson, *The Global Transition, History, Modernity and the Making of International Relations*, Cambridge University Press, 2015.

6.Bryan D. Jones ed., *Leadership and Politics*, University Press of Kansas, 1989.

7.C. Fred Bergsten, C. Randall Henning, *Global Economic Leadership and the Group of Seven*, Institute for International Economics, 1996.

8.Charles A., Kupchan, *How Enemies Become Friends: The Sources of Stable Peace*, Princeton University Press, 2010.

9.Charles P. Kindleberger, *The World in Depression 1929-1939*, University of California Press, 2013.

10.Christopher M. Dent ed., *China, Japan and Regional Leadership in East Asia*, Cheltenham, Edward Elgar, 2008.

11.Colin I. Bradford and Wonhyuk Lim eds., *Global Leadership in Transition, Making the G20 more Effective and Responsive*, Korea Development Institute & Brookings Institution Press, 2011.

12.Craig L. Pearce & Jay A. Conger, *Shared Leadership:Reframing the Hows and Whys of Leadership*, Sage Publications, 2003.

13.David A. Lake, *Hierarchy in International Relations*, Cornell University, 2009.

14.Dean Williams, *Real Leadership:Helping People and Organizations Face Their Toughest Challenges*, Berrett-Koehler Publishers, 2005.

15.G. John Ikenbery, Liberal Leviathan: *The Origins, Crisis, and Transformation of the American World Order*, Princeton University Press, 2011.

16.George R. Goethals eds., *The Quest for a General Theory and Leadership*, Edward Elgar, 2006.

17.Graham Allison, *Destined for War Can America and China Escape Thucydides's Trap?*, Houghton Mifflin Harcourt, 2017.

18.Harold James, *International Monetary Cooperation since Bretton Woods*, Oxford University Press, 1996.

19.Henry Kissinger, *World Order*, Penguin Press, 2014.

20.Henry Kissinger, *Years of Upheaval*, Simon & Schuster Paperbacks, 1982.

21.Henry Kissinger, *Diplomacy*, Simon & Schuster Paperbacks, 1994.

22.James MacGregor Burns, *Leadership*, Harper &Row Publishers, 1979.

23.John Lewis Gaddis, *Strategy of Containment*, Oxford University Press, 2005.

24.John Lewis Gaddis, *The United States and the Origins of the Cold War 1941-1947*, Columbia University Press, 2000.

25.John M. Bryson and Barbara C. Crosby, *Leadership for the Common Good: Tacking Public Problems in a Shared-Power World*, Jossey-Bass Publishers, 1992.

26.John M. Bryson, Barbara C. Crosby, *Leadership for the Common Good: Tacking Public Problems in a Shared-Power World*, Jossey-Bass Publishers, 1992.

27.Jonathan Luckhurst. *G20 since the Global Crisis*, Palgrave Macmillan, 2016.

28.Joseph S. Nye, *The Powers to Lead*, Oxford University Press, 2008.

29.Joyeeta Grupta and Michael Grubb eds., *Climate Change and European Leadership, A Sustainable Role for Europe?*, Kluwer Academic Publishers, 2000.

30.Ken Moak, *Development Nations and the Economic Impact of Globalization*, Palgrave Macmillan, 2017.

31.Kenneth A. Oye eds., *Cooperation under Anarchy*, Princeton University Press, 1985.

32.Ludwig Dehio, *The Precarious of Balance: The Politics of Power in Europe 1494-1945*, Chatto & Windus Ltd., 1963.

33.Margaret Garritsen de Vries ed., *The International Monetary Fund 1966-1971: The System under Stress*(Volume 1: Narrative), IMF, 1976.

34.Martin Wrigh, *Power Politics*, Holmes & Meier Publishers, Inc., 1978.

35.Michael Schiffer, David Shorr eds., *Powers and Principles, International Leadership in a Shrinking World*, Rowman&Littlefield Publishers, 2009.

36.Morman A. Graebner, Edward M. Bennett, *The Versailles Treaty and Its Legacy, the Failure of the Wilsonian Vision*, Cambridge University Press, 2011.

37.Nicholas Bayne, *Staying Together: The G8 Summits Confronts the 21$^{st}$ Century*, Ashgate Publishing Company, 2005.

38.Patricia Dawson Ward, *The Threat of Peace James F. Byrnes and the Council of Foreign Ministers, 1945 –1946*, The Kent State University Press, 1979.

39.Paul Kennedy, *The Rise and Fall of The Great Powers*, Random House, 1987.

40.Philip T. Hoffman, *Why did Europe Conquer the World?*, Princeton University Press, 2015.

41.Richard N. Gardner, *Sterling–Dollar Diplomacy in Current Perspective, the Origins and the Prospects of Our International Economic Order*, Columbia University Press, 1980.

42.Robert C. Tucker, *Politics as Leadership*, University of Missouri Press, 1995.

43.Robert D. Putnam, Nicholas Bayne, *Hanging Together: Cooperation and Conflict in Seven–Power Summits*, Harvard University Press, 1987.

44.Robert D. Putnam, Nicholas Bayne, *Hanging Together: The Seven–Power Summits*, Harvard University Press, 1984.

45.Robert O. Keohane, *After Hegemony: Cooperation and Discord in the World Political Economy*, Princeton University Press, 1984.

46.Step M. Walt, *The Origins of Alliances*, Cornell University Press, 1987.

47.Susan Strange, *State and Market*, Continuum, 1994.

48.Tamim Bayoumi, et al. eds., *Managing Complexity Economic Policy Co-operation after the Crisis*, Brookings Institution Press, 2016.

49.Theodore H. Cohn., *Governing Global Trade: International Institutions in Conflict and Convergence*, Ashgate Publishing Limited, 2002.

50.Wonhyuk Lim eds., *Global Leadership in Transition, Making the G20 more Effective and Responsive*, Korea Development Institute & Brookings Institution Press, 2011.

## (二)论文

1.Andrew F. Cooper, "The G20 and Contested Global Governance: BRICS, Middle Powers and Small States", *Caribbean Journal of International Relations & Diplomacy*, 2014: 2(3).

2.Aseem Prakash, "Organizational Leadership and Collective Action in International Governance: An Introduction", *Global Policy*, 2015, 6(3).

3.Barbara Karemenos, "The Role of State Leadership in the Incidence of International Governance", *Global Policy*, 2015, 6(3).

4.Carsten K. W. De Dreu & Laurie R. Weingart, "Task Versus Relationship Conflicts, Team Performance, and Team Member Satisfaction: A Meta-Analysis", *Journal of Applied Psychology*, 2003, 88(4).

5.Craig L. Pearce, et al., "New Forms of Management: Shared and Distributed Leadership in Organizations", *Journal of Personnel Psychology*, 2010, 9(4).

6.David A. Lake, "American Hegemony and the Future of East-West Relations", *International Studies Perspectives*, 2006, 7(1).

7.David A. Lake, "Anarchy Hierarchy and the Variety of International Relations", *International Organization*, 1996, 50(1).

8.David A. Lake, "Regional Authority and Legitimacy in International Relations", *American Behavior Scientist*, 2009, 53(3).

9.Dirk Nabers, "Power, Leadership, and Hegemony in International Politics: The Case of East Asia", *Review of International Studies*, 2010, 36(4).

10.Francis J. Yammarino, et al., "Collectivistic Leadership Approaches: Putting the 'We' in Leadership Science and Practice", *Industrial and Organizational Psychology*, 2012, 5(4).

11.G. John Ikenberry and Charles A. Kupchan, "Socialization and Hegemony Power", *International Organization*, 1990, 44(3).

12.G. John Ikenberry, "Is American Multilateralism in Decline?", *Perspectives on Politics*, 2003, 1(3).

13.G. John Ikenberry, "Liberal Internationalism 3.0: America and the Dilemmas of Liberal World Order", *Perspectives on Politics*, 2009.

14.G. John Ikenberry, "The Future of International Leadership", *Political Science Quarterly*, 1996, 111(3).

15.Geoffrey Garrett, "G2 in G20: China, the United States and the World after the Global Financial Crisis", *Global Policy*, 2010, 1(1).

16.Jean-Louis Denis, et al., "Leadership in the Plural", *The Academy of Management Annals*, 2012, 6(1).

17.Jean-Louis Denis, et al., "The Dynamic of Collective Leadership and Strategic Change in Pluralistic Organizations", *The Academy of Management Journal*, 2001, 44(4).

18.Jens L. Mortensen, "Crisis, Compromise and Institutional Leadership in

Global Trade:Unfair Trade,Sustainable Trade and Durability of the Liberal Trading Order", *Chinese Political Science Review*,2017,2(4).

19.Jessica E. Dinh,et al., "Leadership Theory and Research in the New Millennium:Current Theoretical Trends and Changing Perspectives", *The Leadership Quarterly*,2014,25(1).

20.Jonas Tallberg, "The Power of the Chair:Formal Leadership in International Cooperation", *International Studies Quarterly*,2010,54(1).

21.Lucia Crevani,et al., "Shared Leadership:A Post—Heroic Perspective on Leadership as a Collective Construction", *International Journal of leadership Studies*,2007,3(1).

22.Magus G. Schoeller, "Explaining Political Leadership:Germany's Role in Shaping the Fiscal Compact", *Global Policy*,2015.

23.Maria J. Mendez,et al., "Beyond the Unidimensional Collective Leadership Model", *Leadership & Organization Development Journal*,2015,35(6).

24.Michael Barnett and Raymond Duvall, "Power in International Politics", *International Organization*,2005,59(1).

25.Miles Kahler, "Multilateralism with Small and Larger Numbers", *International Organization*,1992,46(3).

26.Noshir S. Contractor,et al., "The topology of collective leadership", *The Leadership Quarterly*,2012,23(6).

27.Nye S. Joseph, "The Future of American Power:Dominance and Decline in Perspective", *Foreign Affairs*,2010,89(6).

28.Oran R. Young, "Political Leadership and Regime Formation:on the Development of Institutions in International Society", *International Organization*,1991,45(3).

29.Robert Jervis,"A Political Science Perspective on the Balance of Power and the Concert", *The American Historical Review*,1992,97(3).

30.Sandra Destradi, "Regional Powers and Their Strategies:Empire,Hegemony and Leadership", *Review of International Studies*,2010,36(4).

31.Shepard Forman,Derk Segaar, "New Coalition for Global Governance: The Changing Dynamics of Multilateralism", *Global Governance*,2996,12(2).

32.Stefan A. Schirm, "Leaders in Need of Followers:Emerging Powers in Global governance", *European Journal of International Relations*,2010,16(2).

33.Steve Chan, "Exploring Puzzles in Power-Transition Theory:Implication for Sion-America Relations", *Security Studies*,2004,13(3).

34.Tamara L. Friedrich,et al., "Collectivistic Leadership and George C. Marshall:A Historiometric Analysis of Career Events", *The Leadership Quarterly*, 2014,25(3).

35.Varun Sivaram,Teryn Norris, "The Clean Energy Revolution Fighting Climate Change with Innovation", *Foreign Affairs*,2016,95(3).

36.Walter Mattli and Jack Seddon, "New Organizational Leadership:Non-state Actors in Global Economic Governance", *Global Policy*,2015,6(3).

37.Webster. Charles K., "The Making of the Charter of the United Nations", *History*,1947,32(115).

38.Wendy Reid & Rekba Karambayya, "Impact of Dual Executive Leadership Dynamics in Creative Organization", *Human Relations*,2009,62(7).

39.Wendy Reid & Rekba Karambayya, "The Shadow of History:Situated Dynamics of Trust in Dual Executive Leadership", *Leadership*,2016,12(5).

40.Yaqing Qin, "A Relational Theory of World Politics", *International Studies Review*,2016,18(1).

41.Zhimin Chen, Guorong Zhou, Shichen Wang, "Facilitative Leadership and China's New Role in the World", *Chinese Political Science Review*, 2018,3(1).

42.Zhimin Chen, "China, the European Union and the Fragile World Order", *Journal of Common Market Studies*, 2016,54(4).

## 三、网络数据库

1."20th Century Documents: 1939—1947". The Avalon Project Documents in Law History and Diplomacy, Lillian Goldman Law Library of Yale School http://avalon.law.yale.edu/subject_menus/20th.asp.

2.G7 Information Centre. University of Toronto. http://www.g8.utoronto.ca/.

3.G20 Information Centre. University of Toronto. http://www.g20.utoronto.ca/.

4.Memoranda of Conversations 1973 –1977. Gerald R. Ford Presidential Library &Museum.https://www.fordlibrarymuseum.gov/library/guides/findingaid/Memoranda_of_Conversations.asp.

5.The G7 Summits: Declassified Records Published from 1975 to 1979, Margaret Thatcher Foundation. https://www.margaretthatcher.org/archive/g7.asp.

# 后 记

　　本书是我学术生涯的第一本专著,以博士论文为基础修改而成。从最开始的构思,到后来的撰写成稿及书稿修订,所有环节都得到诸多师长学友们的关怀和帮助,在此向所有人表达我最诚挚的敬意与谢意。

　　非西方新兴经济体21世纪的崛起和议题政治的兴起,意味着全球治理格局、治理内容的深刻变革。就全球治理格局而言,以中国为代表的非西方权力中心在丰富全球治理公共产品供给主体之余,也稀释了美欧全球治理的传统领导力,客观上造成全球治理格局的结构性变化。无论新兴经济体主观意愿如何,作为一支新兴力量,其崛起势必影响全球治理既有的利益格局、地位格局和影响力格局,引起国际社会本能的关注。就全球治理内容而言,议题政治的方兴未艾则带来了大国协作或全球多边合作关注焦点的多元,国际金融危机、气候变化、非传统安全、传染性疾病防治等中低级政治议题成为与权力、安全等高级政治议题并行的国际社会热点话题。议题政治的关联性、跨国性、少等级性决定了更为紧密、更大程度的全球公共事务多边合作。不过全球治理格局变革与治理内容变迁的叠加,却带来了全球治理多边集体行动的新难题,一方面是议题政治背景下渐趋高涨的全球多边协作需求,另一方面却是权力消长、权力转移背景下的大国猜忌和摩擦,由此导致全球治理进程中的国际领导力不足,这一点在 2020 年弥漫全球的新冠肺炎疫情防治中无疑得到了最好印证。

《吕氏春秋·慎大篇》写道:"凡大者,小邻国也;强者,胜其敌也。胜其敌则多怨,小邻国则多患。多患多怨,国虽强大,恶得不惧?恶得不恐?故贤主於安思危,於达思穷,於得思丧。"自 2010 年跻身全球第二大经济体以来,中国在全球治理中负责任大国的作用愈加凸显,"一带一路"、亚投行、金砖开发银行、2015 年《巴黎协定》与《伊朗核协议》、向全球提供逾 1 亿剂的新冠疫苗等,凡此种种无不体现着中国在百年未有之大变局下的国际公共产品供给实践。日益走向世界舞台中央的事实,使得中国在今后的全球治理中将更多成为各方瞩目的国际领导源,但全球治理格局变迁而来的结构性矛盾亦给中国的国际引领实践带来诸多风险与挑战。巨额的经济体量、广泛的外部依赖及频现的全球性问题决定了中国在未来的全球多边治理行动中已然不再是一般参与主体,而是能够发挥国际领导作用的责任大国。因此,中国之于全球性问题治理的国际领导实践更应着眼于国际引领领域和方式的选择。中国在全球性问题治理进程中的国际引领、国际领导实践应至少具备三项题意:国内经济社会发展的有利外部环境塑造,全球性问题挑战的缓解和国际社会疑虑的释疑。本书关于国际集体领导理论与经验的系统分析恰希冀在三者间寻找到某一枢纽节点进而探索中国发展与全球善治的同频共进规律。

书稿的相对顺利完成,离不开导师陈志敏教授对论文选题、写作、修改等全过程的悉心指导。犹记第一次与陈老师交流讨论毕业论文研究方向时,陈老师在认真听完我的研究设想陈述后,一一指出了我陈述设想中的几处先天不足。之后他建议我聚焦全球治理中的国际领导现象研究,全球治理需要多个国家或非国家行为体参与,而一次有效的多边治理行动总是需要某一个或某几个国家发挥引领作用。在陈老师看来,学界目前对全球治理的研究更多聚焦于多边国际合作,将全球治理与国际领导结合起来的研究,尚存一些空白。他的一番分析让我茅塞顿开,首先是全球治理实质系针对全球性问题的多边治理行动,参与主体的能力差异又使得全球治理多边集体行动不同于一般意义上的集体行动,国际公共产品的供给难题也不单是投入与报酬的不匹配,无政府状态下的多边治理行动往往离不开某一或某些行为体引领协调作用的发挥;其次在我的印象中,学术研究突破或创新,更多来自于不同领域知识的交汇,更少来自于单一领域的深度挖掘,研究兴趣加研究可行性最终让我选择了国际集体领导的写作方向。

在此,还要感谢复旦大学薄燕老师、陈玉刚老师、杜幼康老师、黄河老师、潘忠岐老师、沈丁立老师,唐世平老师、徐以骅老师、郑宇老师、朱杰进老师,同济大学夏立平老师,上海外国语大学武心波老师,他们在书稿的章节设计、修改完善过程中提出了宝贵的批评和建议。感谢师门张骥老师、贝芸师姐、姚旭师兄、骁骁师兄、Andrea 师兄、雪滢、丹逸、Ciwan、Olya 在书稿论文写作、结构设计中给予的指导和帮助,定期的师门研讨会让我收获了不少写作灵感。一点体会是,长时间的论文写作很容易让自己陷入"只缘身在此山中"的单通道思维,这个时候走出去多听听大家的意见不失一件坏事,常常收获豁然开朗的意外喜悦。

时光荏苒,离开复旦邯郸校园已二载有余,书稿论文的部分内容也以专题论文的形式发表于《复旦国际关系评论》等期刊,在此予以说明。复旦三载读博于我而言更像一次"休假"——可以有大把时间来享受深度思考的快乐,早春、深秋两季上午九点半至十点半间,在理图二楼择一窗户位置坐下,静待一缕晨光从指尖滑过,顺着洒落书桌的光影回望,依稀可见树叶缝隙处的湛蓝穹庐,一道难以言说的美景,颇感"俯仰之间,已为陈迹"。学术研究离不开兴趣和时间的投入,能辅之以恰当的研究方法无疑更佳,而探索未知的艰辛与快乐恐怕也只有亲历其间方能真正体会,所谓是非经过不知难。2021
年的诺贝尔物理学奖颁给了三位对人类理解复杂物理系统做出开创性贡献
的学者(for groundbreaking contribution to our understanding of complex physi-
cal systems),其实我们所处全球社会、全球政治又何尝不是一项复杂的系统
呢,或许唯其复杂才更需要我们对未知领域的不断探索,对自己研究结论的
谨慎以及对研究批评、不同流派观点的包容。既然无法一次窥得全貌,那么
面对诸多不确定性的未知世界,保持研究问题意识和发现引人入胜研究困
惑也许更为可取。

周国荣

2021 年 10 月 1 日